미래사회 진로교육과 상담

한국생애개발상담학회
진로진학상담총서 10

미래사회 진로교육과 상담

2020년 2월 28일 초판 1쇄 발행
2022년 5월 31일 초판 2쇄 발행

지은이 임은미 · 강성현 · 고홍월 · 김은경 · 김장회 · 김희수 · 박가열
　　　　손진희 · 어윤경 · 이형국 · 이효남 · 최윤정 · 최지영 · 허은영

펴낸이 윤철호 · 고하영
책임편집 임현규
편집 최세정 · 정세민 · 김혜림
디자인 김진운
본문조판 토비트
마케팅 최민규

펴낸곳 ㈜사회평론아카데미
등록번호 2013-000247(2013년 8월 23일)
전화 02-2191-1131
팩스 02-326-1626
주소 03978 서울특별시 마포구 월드컵북로6길 56
홈페이지 www.sapyoung.com
이메일 academy@sapyoung.com

ISBN 979-11-89946-51-7 93180

미래사회 진로교육과 상담

임은미 · 강성현 · 고홍월 · 김은경 · 김장회 · 김희수 · 박가열

손진희 · 어윤경 · 이형국 · 이효남 · 최윤정 · 최지영 · 허은영

사회평론아카데미

차례

3부 진로교육과 상담의 실제

서문

　진로교육과 상담은 개개인의 과거와 현재에 대한 이해를 바탕으로 미래를 설계하고 준비하도록 돕는 일이다. 과거에 꿈꾸던 모습이 현재가 아니듯이 미래 또한 오늘 예상하고 꿈꾸는 모습과 다를 것임을 현대를 살아가는 우리는 실감하고 있다. 특히 진로교육에서는 더욱 그러하다. 초지능과 초연결의 시대에 과학과 산업의 혁신이 빠르게 진행되고, 그 결과가 인간의 삶의 방식과 사고방식에 직접적인 영향을 미치며, 이에 따라 직업세계의 구조와 직업시장의 근본적인 틀조차 빠르게 바뀌고 있다.

　학령기 동안 교사의 가르침에 순응하며 성실히 생활하여 좋은 성적을 얻고 '좋은' 대학에 진학하면 인정받는 삶을 편안하게 살 수 있다는 선형적 가정에 근거한 믿음은 전설 속의 신화가 되어 가고 있다. 교육은 학교라는 틀 밖에서도 일어나고 있으며, 학령기 또한 점차 확대되고 있다. 미래사회의 교육은 학생들의 삶에 유용한 태도와 지식을 효과적으로 습득할 수 있도록 구조화되어야 할 뿐 아니라 학생들 각자가 주도적으로 미래를 설계하며 꿈을 이루는 데 도움이 되도록 재편되어야 한다.

　진로교육과 상담은 유아부터 성인에 이르기까지 전 인류가 과거와 현재의 경험을 바탕으로 자기주도적인 미래 삶을 설계하고 영위하도록 돕기 위한 전문 분야이다. 진로교육은 학생들이 도달해야 할 목표 상태를 설정하고, 그곳으로 가까이 가는 바람직한 변화를 이끌어 내는 의도적인 활동이다. 교육은 다수의 학생들에게 바람직한 목표를 제시하고, 목표를 이루기 위해 학습기회를 제공하며, 학습 성과를 평가하는 장면으로 수행된다. 이에 비해 상담은 학생의 현재 상태와 과거의 경험들에 대한 심층적인 이해를 바탕으로 저마다 다른 변화목표를 설정하며 스스로 이뤄 가도록 돕는 탐색과 공감, 그리고 격려, 옹호, 코칭 등의 심리적 서비스로 이루어진다.

　최근 들어 진로교육과 상담의 경계가 허물어지고 있다. 진로상담자들이 교육을, 진로교육자들이 상담을 수행해야 하는 일이 빈번하게 일어나기 때문이다. 또한 교육의 패러다임이 포스트모더니즘과 구성주의로 변화하면서, 교육을 실현하는 미시적인 방법으로 상담이 요구되기도 한다. 상담 또한 개인의 내면을 바라보는 작업에서 시작하지만 바람직한 목표에 대한 정보를 제공하는 교육 작업을 필요로 하는 내담자들의 요구에 직면하고 있다. 내러티브 중심의 최근 진로상담이론들은 내담자의 진로발달에 영향을 미치는 환경의 개선에도 많은 관심을 두기 때문에 상담자들이 교육적 개입을 요청받는 경우도 많다.

이와 같이 현대인 모두가 진로발달에 관한 한 교육과 상담을 넘나드는 서비스를 요청하는 상황이기 때문에 진로교육과 상담을 구분하는 것은 큰 의미가 없다. 양자를 구분하려는 시도보다는 융합하여 어떻게 현대인의 요구에 부합하는 서비스를 제공하느냐가 진로교육과 상담 분야의 존재가치를 결정한다. 이에 이 책에서는 진로교육과 상담을 맥락에 따라 혼용하여 사용하고 있다.

현대사회의 직업인의 모습은 운전자로 비유되기도 한다. 바뀐 세상을 탐험하며 목적지까지 오롯이 자기 책임으로 가야 한다. 중간중간 쉴 수도 있고, 다른 차에 매달려 갈 수도 있고, 넓은 길을 만날 수도 있고, 좁고 험한 길을 지나야 할 수도 있다. 길도 알아야 하지만 자신을 잘 알아야 즐기며 완주할 수 있다. 학습자는 빠르게 생성되고 소멸되는 직업세계와 함께 성장하고 변화한다. 진로 관련 현상 자체가 복합적인 데다 변화 양상마저 복합적이다. 더 이상 과거의 관행만으로 미래를 예측할 수 없는 현실이 진로교육과 상담이 맞닥뜨린 가장 중요한 난제이다.

따라서 개인과 직업세계의 '변화'를 이해하고 그것을 받아들이며 활용하는 역량이 진로교육과 상담의 결과로 길러져야 할 필요가 있다. 변화가 일상화된 시기에 '과거와 현재는 미래로 가는 길을 제시한다'는 진로학자의 주장과 그에 대한 공감은 진로교육과 상담자에게 가능성을 열어 주는 희망의 메시지이다. 미래를 예측한다는 것은 매우 어렵지만 과거와 현재라는 열쇠를 통해 미래로 가는 방향을 찾도록 도울 수 있다는 가능성과 연구 결과들을 바탕으로 한 말이기 때문이다.

이 책은 진로교육과 상담 전문가를 기르기 위한 입문서이다. 이를 위해 첫째, 진로교육과 상담을 포괄적으로 다루었다. 1부에서는 진로교육과 상담의 개념과 윤리를 다루었고, 2부에서는 진로교육과 상담의 이론적 나침반을 제공하기 위해 전통적 이론부터 최신 이론까지를 포괄적으로 정리하였다. 3부에서는 진로교육 및 상담 수행에 지침이 되는 법과 제도, 정보 탐색, 심리검사, 프로그램 제작과 활용방안을 제시하였고, 4부에서는 전 생애 진로교육 현장을 생애주기별로 묶어서 제시하였다.

진로교육 및 상담 전반을 아우르는 포괄적인 교재를 개발하기 위해 각 장의 저자들은 중요한 자료를 알기 쉽게 전달하려고 노력하였다. 그럼에도 불구하고 여러 세부 분야의 전문적인 내용들을 포함하다 보니 모든 독자가 책의 전체 내용을 무리 없이 이해하기가 쉽지 않을 거라는 걱정도 앞선다. 저자의 한계이기도 하고, 진로교육 및 상담이 광범위하며 배우기 쉽지 않은 분야이기 때문이기도 하다. 이 책을 구성하면서 전반적인 구조가 빠르게 변화하는 직업세계에서 매일매일 성장하는 학습자에게 도움을 주어야 하는 전문가들에게 필요한 내용을 알기 쉽게 풀어낸다는 것이 얼마나 어려운 일인지를 실감할 수 있었다. 독자들 중 어느 분이라도 애정 어린 비판을 보내 주신다면, 개정판을 구상할 때 반드시 참고하여 보다 유용한 도서로 발전할 수 있을 것이다.

그럼에도 불구하고 이 책에서 다루는 기본적이면서도 포괄적인 주제와 개념들은 진로교육과 상담의 전문가가 되기 위해 숙지해야 할 가치가 있는 자료들이다. 첫째, 진로상담 전반에 대한 이해를 얻기 위한 학부 교과목에 추천하며, 아울러 대학원의 진로 관련 교과에서도 도입 교재로 활용하기에 적절하다. 둘째, 특히 매 장마다 제시한 학습문제들에 진지하게 답하고 토론하다 보면 책에서 다루는 내용을 체득하는 데 도움이 될 것이다. 셋째, 초·중등학교, 대학교 그리고 성인교육기관에서 진로교육 및 상담 관련 프로그램을 기획하고 실행하고자 할 때 참고할 수 있다.

진로교육과 상담 분야에서 꼭 필요한 포괄적인 교재를 기획하고, 집필진을 구성하며, 협의 과정을 이끌고, 원고를 모으는 긴 기간 동안 지지하며 함께 해 주시고, 원고 편집 과정에 전문성을 발휘해 주신 사회평론아카데미의 관계자 여러분께 감사드린다.

저자 대표
임은미

1부

진로교육과 상담의 기초

제1장

진로교육과 상담의 이해

학 습 목 표

1 협의적·광의적 접근을 통해 생애 단계별 진로교육에 대한 목표와 내용을 이해한다.

2 진로교육과 상담의 국내·외 연구동향에 대해 이해한다.

3 진로교육 담당자의 역할과 4차 산업혁명 시대의 효과적인 진로교육 방향을 탐색한다.

이 책의 내용은 다양한 진로선택이론과 최신의 진로상담이론에 더하여 '현대인의 진로선택 및 직업윤리'와 '진로직업 관련 법과 제도'를 함께 소개함으로써, 진로교육 담당자가 학생의 진로역량을 강화하는 데 도움을 주고자 하였다. 또한 진로상담 과정에서 필요한 기법으로서 심리검사, 프로그램 구성과 운영에 대한 내용을 소개함으로써 초등학교, 중학교, 고등학교 진로교육의 내실화를 돕고 교육의 방향을 제시하였다.

이 장은 기초 부분으로서 진로교육과 상담을 전체적으로 포괄하는 내용으로 구성되어 있다. 우선 진로교육과 상담의 이해 부분에서 진로교육에 대한 협의의 접근과 광의의 접근에 대해 다루고 있고, 국내·외 연구동향을 다룸으로써 전 생애에 걸친 진로교육의 필요성을 강조하고 있다. 아울러 4차 산업혁명 시대를 맞이하여 진로교육이 나아가야 할 방향을 탐색하고 이에 맞는 진로상담자의 역할을 제시함으로써 이 책의 전체 내용을 이해하기 위한 기초를 다지고자 하였다.

01 진로교육의 의미

이 절에서는 진로교육이란 무엇인가? 그리고 생애 단계별 진로교육의 필요성은 무엇인가에 대하여 협의적·광의적 차원에서 고찰해 보고자 한다.

1) 협의의 진로교육

최근 정치·사회환경이 급변하고 미래 직업세계 변화에 대한 불확실성이 고조되면서 진로교육을 위한 정책적 관심과 논의가 확대되는 추세이다. 이러한 관심에서 출발하여 2015년 「진로교육법」이 제정되었다. 「진로교육법」에서는 진로교육에 대하여 국가 및 지방자치단체 등이 학생에게 자신의 소질과 적성을 바탕으로 직업세계를 이해하고 자신의 진로를 탐색·설계할 수 있도록 학교와 지역사회의 협력을 통하여 진로수업, 진로 심리검사, 진로상담, 진로정보, 진로체험, 취업지원 등을 제공하는 활동이라고 규정하고 있다(진로교육법, 2015).

「진로교육법」에서 규정하고 있는 진로교육의 개념을 좀 더 심층적으로 조망한다면 진로교육은 협의의 개념과 광의의 개념으로 접근해 볼 수 있다. 즉, 진로교육 대상자를 전 생애적 차원에서 진로를 선택하는 단계에 관심을 둔다면 이는 진로교육을 협의의 관점에서 접근하는 것이라고 할 수 있다. 초·중등교육 단계에서 학교의 정규교육과정을 통해 이루어지고 있는 진로교육이 이에 해당한다.

자신의 미래에 대해 진로계획을 수립하는 것은 청소년 시기에 매우 중요한 발달 과업임에 틀림없다. 실제로 직업에 대한 생각은 아동기 이전부터 형성된다고 보고되었으며(Schmitt-Rodermund & Vondracek, 2002), 아동기에 진로의식이 성숙하기 시작하여 점진적으로 발달하다가 청소년기에 비약적으로 발달한다는 연구 결과가 보고되기도 하였다(Gribbons & Lohnes, 1965).

진로성숙은 개인이 평생 동안 수행하는 직업생활에 영향을 미치는 심리·사회적, 교육적, 물리적 요인 등의 발달 과정이라고 정의할 수 있다(Zunker, 2002). 진로의식이 성숙되는 과정을 살펴보면 인생의 각 단계에서 발달 과업을 달성함으로써 성숙되기 때문에 아동·청소년기, 성인기의 진로성숙 양상이 다르게 나타날 수밖에 없고 개인차가 있다. 일례로 사비카스(Savickas, 2002)는 아동·청소년기 발달 과업은 미래에 대한 초보적 관심, 진로선택과 계획, 실행에 대한 자신감 등을 갖는 것이라고 제시하고 있다. 생애 단계별 진로발달 과업은 제4장에서 자세히 설명하고 있다.

발달적 관점에서 아동·청소년의 진로성숙을 연령대에 따라 살펴보는 것은 협의의 진로교육을 이해하는 데 유용하다. 발달적 관점에서 볼 때, 진로성숙은 직업선택을 일회성으로 간주하는 특성이론이나 구조이론과는 달리 전 생애적 차원에서 발생하는 것으로 간주한다(어윤경, 2008). 또, 수퍼(Super, 1990)는 그의 진로발달이론에서 전 생애에 걸쳐 진로의식이 발달하며, 직업선택은 개인과 환경과의 상호작용에 의한 적응 과정이라고 주장하였다. 자아개념이 유아기에서부터 형성(formation), 전환(trans-lation), 실천(implementation) 과정을 거쳐 발달하는데, 이 과정에서 인간은 자신의 자아 이미지와 일치하는 직업을 선택하게 된다고 한다.

긴스버그(Ginsberg)는 직업선택이론에서 연령대에 따라 진로성숙 수준이 달라진다고 설명하였다. 또 개인의 진로발달을 진로포부(career aspirations)에 초점을 맞추었던 갓프레드슨(Gottfredson, 1981)은 진로포부도 발달한다는 것을 전제로 하고 여기에 사회적 요소를 가미하여 이론을 전개하고 있다. 해당 장에서 각 이론에 대한 상세한 내용을 다시 다루고 있으므로 이 장에서는 협의의 진로교육을 이해하기 위하여 이를 간단하게 요약하고자 한다. 즉, 진로발달 각 단계는 순서대로 진행되지만 모든 사람이 동일한 연령에 동일한 양상으로 각 단계를 거치는 것은 아니다. 또 각 단계는 특징적인 발달 과업을 가지며, 이를 성공적으로 수행하면 다음 단계를 준비하게 되는데, 각 단계를 성공적으로 수행하는가의 여부는 개인의 진로성숙도에 달려 있기 때문에 이를 지원하기 위하여 진로교육과 상담이 필요하다.

지금까지 우리나라 진로교육은 초·중등단계 학생들이 건전한 직업의식을 갖고, 창의적 진로경로를 개척하면서 생애 전반에 걸쳐 지혜롭게 자신의 진로를 준비하고 실현하도록 지원하는 역할을 수행해 왔다. 과거의 진로교육은 심리검사, 상담과 같이 개인 차원에 국한된 서비스를 제공하는 것으로 인식되었으나 최근에는 공교육체제 내에서 교과를 통한 진로교육, 심리검사 실시, 전문가 초빙 강연, 개인상담 및 집단상담, 온라인 상담 등 다양한 활동이 진로교육에 활용되고 있다. 진로교육 내용도 학업문제, 자신의 흥미 및 적성 파악, 직업정보, 진학문제 등 다양한 내용을 포괄하고 있다는 점에서 과거의 진로상담에서 한 걸음 더 나아갔다고 볼 수 있다.

또 초·중등단계 진로전담교사 배치, 중학교 진로집중학년제 실시, 「진로교육법」 제정 등 공교육 안에서 진로교육이 어느 때보다 더욱 강조되고 있고, 최근에는 '교실혁명과 공교육 혁신' 그리고 '교육희망 사다리 복원'을 선도하며 진로체험 인프라를 확대하고 사회소외계층 대상의 진로교육 지원을 위한 콘텐츠 개발 및 진로상담자 연수를 강화하면서 그 외연을 확장해 가고 있다.

2) 광의의 진로교육

직업의 경계가 모호해지고 평생직장의 개념이 사라지면서 개인은 전 생애적 차원에서 창의적으로 진로를 설계하고 개척할 필요성을 인식하게 되었다. 더욱이 4차 산업혁명 시대가 도래함에 따라 특정 직무 분야의 일자리 감소라는 위기상황이 초래될 수 있다는 막연한 불안감이 개인에게 새 직업 환경에 대처할 수 있는 미래 역량을 갖추어야 한다는 압박감으로 작용하고 있다. 이에 진로교육 분야에서도 이에 부응하는 변화가 필요하다는 인식을 갖게 되었다.

이러한 사회 분위기에 발맞추어 진로교육을 진로선택의 시점까지가 아닌 전 생애에 걸친 과정을 포함하여 진로선택 이후 진로계획, 직업적응과 자기계발을 포함하는 일련의 과정으로 이해한다면 이것은 진로교육을 광의의 개념으로 접근하는 것이라고 할 수 있다. 즉, 학령기의 아동·청소년에만 국한되지 않고 성인에 이르기까지 전 생애에 걸쳐 국가-지역-단위학교 차원에서 교육 및 상담의 활성화를 꾀하는 것은 진로교육의 광의적 접근이라고 할 수 있다.

교육부는 '공교육 혁신을 통한 사회통합과 사회적 가치 실천'이라는 목표를 추구하고 있다. 이와 같이 진로교육은 개인의 삶의 질과 깊은 연계성을 갖고 있기 때문에 활성화 및 내실화가 절실히 필요하다. 우리가 생애 단계별 진로교육을 추구하는 것은 학교 교육과정을 중심으로 한 협의의 개념에서 벗어나서 광의의 개념으로 확장해 나아가야 할 필요성에서 출발하였다고 볼 수 있다.

생애 단계별 진로교육에 대한 광의의 접근을 위해서는 발달적 진로이론이 유용하다. 수퍼와 긴스버그는 모두 발달적 관점에서 성인의 진로성숙에 대해 관심을 가졌다. 특히 긴스버그는 개인이 자신의 욕구, 능력, 가치관, 흥미 등의 내적인 요인과 가정환경, 부모의 영향, 직업조건 등 외부의 현실적인 요인을 고려한 타협을 통해 직업을 선택하게 되는데, 이러한 능력은 나이가 들수록 발달한다고 보았다. 직업선택은 삶의 어느 한 시점에서 갑자기 결정되는 것이 아니라 장기간에 걸쳐 지속적으로 발달해 가는 의사결정 과정이다. 이러한 발달 과정은 대체적으로 불가역적이어서 나중에 이루어지는 결정은 그 이전 결정의 영향을 받게 된다.

그러나 수퍼는 그의 진로발달이론에서 긴스버그 이론의 미흡성을 지적하고 보다 포괄적이고 발전된 이론을 정립하였고 아울러 진로발달에 대한 열 가지 명제를 제시하였다. 수퍼가 제시한 열 가지 명제는 전 생애적 차원에서 진로교육과 상담의 필요성을 잘 설명해 주고 있다.

① 능력, 성격, 가치관 등 여러 측면에서 개인차가 존재한다.

② 각 직업도 필요로 하는 능력과 성격적 특성이 있고 차이가 존재한다.

③ 개인차로 인해 어떤 사람은 보다 많은 직업에 적합한 특성을 가지고 있을 수 있다. 따라서 한 사람에게 적합한 직업이 하나만 있는 것도 아니고, 어떤 직업에 맞는 사람이 한 사람만 존재하는 것도 아니다.

④ 개인의 직업선호성, 능력, 자아개념은 시간 흐름에 따라 변한다. 직업선택과 적응은 전 생애에 걸친 계속적인 과정이다.

⑤ 발달 단계는 성장기-탐색기-확립기-유지기-쇠퇴기로 나뉜다.

⑥ 개인의 진로는 부모의 사회경제적 수준, 개인의 지적 능력, 인성적 특성, 직업 계획 등에 의해 결정된다.

⑦ 개인의 진로발달은 능력, 흥미 성숙의 촉진, 자아개념의 발달을 통해 이루어질 수 있다

⑧ 직업발달 과정은 자아개념으로 발달해 나가는 과정이다.

⑨ 자아개념과 현실 간의 타협은 직업발달상 역할 수행의 과정이다.

⑩ 직업의 만족도는 개인의 능력, 적성, 성격특성, 가치관에 맞는 진로를 찾아 종사했는지 여부에 달려 있다.

많은 연구자들이 생애 단계별 진로교육 및 상담 서비스에 대한 필요성을 언급하고 있다(지용근, 김옥희, 양종국, 김희수, 2009). 초·중·고등학교 각 학교급별로 진로 프로그램의 목표를 차별화하여 진로교육 및 상담 서비스를 제공할 필요가 있음을 주장하고 있으며, 성인의 진로교육 프로그램에 대한 요구도 높아지는 추세이다. 드러커(Drucker, 1992)는 진로변경을 꾀하는 성인의 수가 급격히 증가하고 있기 때문에 성인

의 진로교육에 대한 필요성이 증가하고 있다고 하였다. 즉, 의미 있는 일을 찾는 동안 성인들의 욕구변화, 현재 일과 다시 세운 목표 간의 불균형, 개인적 목표와 고용주의 목표 간의 괴리, 일터에서의 고립감, 일에 대한 절망감 등을 경험하면서 생애 진로교육 및 상담 서비스의 요구가 점점 높아지고 있다(지용근 외, 2009, pp. 35-36).

4차 산업혁명 시대에 새로운 50년을 설계하고 도약하기 위해서는 전 생애적 관점에서 과거부터 현재까지의 진로교육의 성과를 살펴보고, 진로교육이 양적인 확대를 넘어 질적인 성숙을 도모할 수 있는 방안을 다각도로 논의할 필요가 있다.

02 최근 진로교육과 상담의 연구동향

1) 개요

우리나라 진로교육은 크고 작은 정책적 변화를 거치며 양적으로 성장해 왔다(그림 1-1). 이러한 양적 성장은 진로상담·지도, 진로체험, 진로교과 및 교과연계 진로교육 등 다양한 방법으로 개인의 꿈과 비전을 지원하며, 공교육을 혁신하고, 교육의 희망 사다리 역할을 실현하는 기반이 되었다.

그러나 진로교육이 가지고 있는 고유한 역할, 성과와 가치에도 불구하고 학교 현장에서 진로교육 담당자들은 진학지도를 강조하는 분위기에서 제대로 된 진로교육이 어려운 상황이다. 학생들이 흥미와 적성에 따라 진로선택을 하지 못하고 입시 위주로 지도함으로써 장기적인 꿈과 미래에 대한 비전을 상실하는 경우가 발생하고 있다.

우리나라의 진로교육 연구의 역사를 살펴보면, 1980년대 한국교육개발원의 유네스코 사업으로 시작된 이래 한 단계씩 성장해 오게 되었다. 더욱이 최근 들어 초·중등 단계 진로전담교사 배치, 진로와 직업 교과목 개설, '공교육 혁신'을 위해 '진로탐색 활동 지원'을 강화하는 등 진로교육에 대한 중요성이 강조되고, 국가-지역-단위학교 수준에서 활성화되고 있다.

특히 「진로교육법」(2015.6.22. 제정, 2015.12.23. 공포)이 제정됨으로써 초·중등단계 학생들의 진로교육체제를 확립하고 전 생애적 차원에서 진로개발역량을 함양하는 법제화를 통해 명실상부 진로교육이 획기적인 도약의 발판을 마련하는 계기가 되었

2005
'국가 진로교육 지원체제 구축 방안' 수립 ⋯⋯⋯

2006
⋯⋯⋯⋯⋯⋯ '평생진로개발 활성화 5개년 (2007~2011) 계획' 수립

2010
'진로교육 종합계획(2009~2013)' 수립 ⋯⋯⋯⋯
'진로진학상담교사 충원 및 활용 기본계획' 수립

2011
⋯⋯⋯⋯⋯⋯ 진로진학상담교사 배치 시행

2012
(교과부) 학교 진로교육 목표와 ⋯⋯⋯⋯⋯⋯
성취기준 마련

2013
⋯⋯⋯⋯ (교육부) 2013 진로교육 활성화 방안, 자유학기제 시범실시

2015
(교육부) 「진로교육법」 제정 ⋯⋯⋯⋯⋯⋯⋯

2016
⋯⋯⋯⋯⋯⋯ 자유학기제 전면 시행, 진로전담교사 초등학교 배치, (교육부) '제2차 진로교육 5개년 기본계획(2016~2020)'

2017
(교육부) 국가진로교육센터 설치,
(교육부, 관계부처) 제2차 진로교육
5개년 기본계획 세부 시행 계획 수립

그림 1-1 한국 진로교육정책의 주요 변화 개요
출처: 이지연, 김재희, 이서정(2017)을 수정 제시.

다. 2016년 모든 중학교에 전면적으로 자유학기제를 실행하면서 양적인 확대가 꾸준히 이루어져 왔다. 이렇듯 학교 진로교육이 활성화되면서 학생 성장 측면의 변화를 살펴보거나, 초·중등학교 내 진로교육 인프라 확대와 같은 다양한 지표를 통해 그 효과를 살펴보고자 하는 연구들이 수행되었다.

2) 국내 연구동향

지금까지 진로교육의 효과에 대하여 꾸준한 연구가 이루어져 왔다. 성장 측면의 지표로서 학생의 진로성숙도, 진로개발역량, 진로준비행동 등 진로와 관련된 역량·인식·행동 등에 대한 연구가 진행되었는데, 그 결과 진로교육이 학생들의 진로 관련 역량의 향상뿐 아니라 청소년의 학습 동기 증진, 행복, 학교생활 만족 등 다양한 측면에서 긍정적인 영향을 미치는 것으로 입증되었다. 또한 학교변화 측면의 지표로는 초·중·고등학교 내 진로전담교사 배치 비율, 학교의 진로교육 관련 예산 편성 비율, 수업 중 진로교과 운영 비율, 교사의 진로교육 필요성 인식 등에 대해 연구함으로써 진로교육이 양적·질적으로 성장하고 있음을 확인할 수 있다(표 1-1). 또한 청소년들에게 다가오는 초불확실성의 시대를 살아가기 위한 창의적 진로개발역량 함양이 더욱 중요해지고 있기 때문에 진로교육 연구는 진로교육이 질적으로 더욱 성장할 수 있는 발판이 되고 있다.

그러나 진로교육은 학생, 학부모, 교사 등 다양한 이해 관계자의 목표가 서로 상충되기 때문에 그 성과에 대한 연구가 쉽지 않은 상황이다. 또한 진로교육의 성과를 어떤 측면에서 평가해야 할지에 대한 개념화가 선행되지 못하였기 때문에 현재까지는 개인에 초점을 맞추고 있는 실정이다. 진로교육은 개인의 변화뿐만 아니라 고용, 경제, 사회적 측면에서 다양한 파급효과를 나타낼 수 있다. 그러므로 진로교육 성과를 명확히 개념화한 이후 다양한 측면에서 효과를 살펴볼 필요가 있다. 진로교육 효과에 대한 선행연구 사례들은 표 1-1에서 제시하고 있다.

표 1-1 진로교육 효과에 대한 선행연구 사례

구분	진로교육	진로지도 및 상담	진로개발역량 함양
2016	• 여대생의 진로지향성과 진로적응성의 관계에서 진로준비행동의 매개효과 • 중학교 진로교육 운영 실태 분석: 교육과정 우수학교를 중심으로	• 중·고등학생의 진로의사결정 단계별 주 호소문제 및 상담전략 • 진로상담프로그램이 학교폭력 피해 중학생의 회복탄력성과 진로결정 자기효능감에 미치는 효과	• 고등학생 진로체험과 프로그램 평가가 진로성숙도에 미치는 영향 • 지역사회 기반 직업체험이 중학생의 진로정보 탐색과 합리적 의사결정에 미치는 효과
2017	• 고등학생의 진로정체감 지위에 따른 진로태도 성숙과 진로준비행동의 차이 • 전문대 재학생이 지각한 직업기초능력과 진로결정 수준, 구직효능감, 진로준비행동의 구조적 관계	• 진로집단상담 프로그램이 고등학생의 진로발달에 미치는 효과에 대한 메타 분석 • 진로진학상담교사의 직업정체성에 대한 근거이론 연구	• 청소년 진로개발역량 측정도구 개발 및 타당화 연구 • 4년제 일반대학 취업준비생의 취업스터디를 통한 경력개발에 대한 질적 연구
2018	• 근거이론을 활용한 고등학교 교사의 교과연계 진로교육 수업경험 분석 • 진로, 취업상담 관련 종사자의 윤리위반에 대한 대학생 인식 탐구	• 대학생 진로상담 사례개념화 요소 도출에 관한 질적 연구 • 진로진학프로그램에서 진로멘토의 참여가 고등학생의 진로준비행동과 그릿에 미치는 영향	• 학교 진로교육활동 참여와 만족도가 중학생의 진로개발역량, 학습 동기 및 자기주도학습에 미치는 영향 • 학교 밖 위기청소년을 위한 진로개발역량 척도 개발연구

3) 국외 연구동향

많은 국가들이 진로개발역량 함양에 대해 사회적 공감대를 형성하고, 정부의 적극적인 역할 수행을 기대하고 있다. 불확실한 미래 노동시장 환경에 대응하기 위해 교육 및 훈련 제도에서 유연성이 요구되고 있다. 진로역량 및 성공적인 진로전환에 초점을 맞춘 교육 및 노동 부문의 진로서비스 개혁을 위한 성공요인을 분석한 연구 결과를 살펴보면 표 1-2와 같다(Lee & Vuorinen, 2017).

국외 연구동향을 통해 진로교육에 대한 성공요인을 도출해 보면 진로교육 인력을 위한 교육 및 훈련, 진로교육 서비스 제공을 위한 인프라 구축, 제도 및 정책을 통한

표 1-2 교육·노동 부문의 진로서비스 개혁을 위한 성공요인 요약

국가	성공요인
호주	• 정부가 직업교육훈련 및 실습 제도 프로그램의 이수율을 높이기 위하여 노력 중임
오스트리아	• 진로서비스(진로전환·취업능력이 교육과정 및 프로그램의 필수 요소)가 정착되어 있음 • 모든 이해관계자가 적극적으로 참여함
캐나다	• 주 정부의 우선순위 및 일정에 따라 교육과정을 설계할 수 있는 유연성이 있음 • 진로개발을 교육 및 노동 부문의 진로전환, 취업능력, 창업 기술을 확보할 수 있는 사전 예방적 해결책으로 인정함
칠레	• 중고등학교에서 고등교육으로의 진학을 장려하고 있음
덴마크	• 진로학습 역량에 대한 관심이 증가하고 있음 • 진로학습을 모든 수준의 교육과정에 통합하여야 한다는 인식이 증가하고 있음
핀란드	• 진로·직업교육이 학교 교육과정의 필수 교과목임 • 진로·직업교육 시간이 법으로 정의되어 국가 교육과정으로 편성되어 있음 • 원스톱 진로지도센터를 개발 중임
잉글랜드(영국)	• 청소년의 진로준비를 돕기 위하여 학교 지원에 많은 노력을 기울였음 • 최근 개발된 진로서비스는 주로 교육부 소관임
아일랜드	• 정부(NCGE)에서 현재 학교에 적용할 진로학습 및 개발(career learning and development) 체계를 개발 중임
캄보디아	• 정부가 개혁을 위하여 노력 중임
한국	• 평생학습에서 진로·직업교육이 차지하는 중요성에 대한 관심이 커지고 있으며, 법제가 마련되었음(「진로교육법」)
룩셈부르크	• 진로지도위원회(MO)가 다양한 부처와 서비스 기구를 통합하였으며 대표적으로 협동서비스를 제공하고 있음
노르웨이	• 정부기관들이 더 나은 공공서비스 정책(better public services, BPS)에 따라 협력하고 있음 • 뉴질랜드 교육과정과 핵심 역량의 연계가 분명함 • 정부 각 부처가 성공적인 진로전환을 가져올 수 있는 역량 습득을 위하여 노력하고 있음
필리핀	• 졸업생의 진로준비는 교육계, 노동시장, 정부기관 모두에 중요한 사안임
미국	• 국가 및 정부 차원의 진로개발 지침이 존재함 • 노동부에서 원스톱 진로센터를 설립하였음 • 수준 높은 진로개발 프로그램을 시행 중임
웨일스(영국)	• 정부에서 진로관리 역량을 중시함

출처: Lee & Vuorinen(2017, pp. 12-14) 재구성.

국가의 노력, 모든 이해관계자들의 진로교육 중요성 인식 등이 진로교육 혁신을 이끄는 주요한 성공요인임을 확인할 수 있다.

03 4차 산업혁명 시대의 진로교육과 상담의 방향 탐색

1) 개요

2016년 세계경제포럼(World Economic Forum, WEF)의 핵심의제인 4차 산업혁명은 미래사회의 새로운 모습을 예견한다는 점에서 우리에게 동기를 유발하기도 하지만 동시에 경험하지 않은 미래에 대한 막연한 두려움을 느끼게 한다. 4차 산업혁명은 기술혁신이 주도하는 차세대 산업혁명으로서 우리의 삶과 직업생활에 큰 변화를 몰고 올 것이 예상되기 때문이다.

2015년 개정된 교육과정은 지식정보사회에서 새로운 가치를 창출하고, 상호 존중하는 인성을 갖춘 창의적 인재를 양성하는 데 주안점을 두고 있다. 즉, 창의 인성교육을 목표로 하여 교과별 수업시수의 증감을 통해 자율성을 확대하고, 미래사회가 요구하는 핵심 역량을 갖춘 인재를 육성하기 위해 변화를 꾀한 것이라고 볼 수 있기 때문에 4차 산업혁명 시대에 적절한 교육과정이다(어윤경, 2015).

2015년 발표된 초·중등학교 교육과정은 교육을 통해 기르고자 하는 인재상을 창의융합형 인재로 정의하고, 인재 양성을 위한 핵심 역량 개발을 교육과정 목표로 설정함으로써 6개의 '초·중등학교 교육과정 핵심 역량'을 표 1-3과 같이 제시하고 있다.

개정 교육과정에서는 진로활동, 자율활동, 동아리활동, 봉사활동을 통해 배려와 나눔의 교육을 실현하도록 하고 있다. 하나의 예로 학생의 다양한 진로에 맞게 맞춤형 진로집중 과정을 개설하도록 하고, 학교가 진로 교과목을 선택하고 진로를 고려하여

표 1-3 초·중등학교 교육과정 핵심 역량

구분	내용
자기관리 역량	자아정체성과 자신감을 가지고 자신의 삶과 진로에 필요한 기초능력과 자질을 갖추어 자기주도적으로 살아갈 수 있는 역량
지식정보처리 역량	문제를 합리적으로 해결하기 위하여 다양한 영역의 지식과 정보를 처리하고 활용할 수 있는 역량
창의적 사고 역량	폭넓은 기초 지식을 바탕으로 다양한 전문 분야의 지식, 기술, 경험을 융합적으로 활용하여 새로운 것을 창출하는 역량
심리적 감성 역량	인간에 대한 공감적 이해와 문화적 감수성을 바탕으로 삶의 의미와 가치를 발견하고 향유하는 역량
의사소통 역량	다양한 상황에서 자신의 생각과 감정을 효과적으로 표현하고 다른 사람의 의견을 경청하며 존중하는 역량
공동체 역량	지역·국가·세계 공동체의 구성원에게 요구되는 가치와 태도를 가지고 공동체 발전에 적극적으로 참여하는 역량

출처: 교육부(2015).

교육과정을 이수할 수 있도록 하는 것이 그것이다(박제윤, 2013).

최근 사회·경제·문화적 환경에서 두드러진 변화는 과거에 비해 진로문제에 대한 사회의 전반적인 관심 수준이 크게 증대되고 있다는 것이다. 그러나 학생들을 대상으로 학교교육이 생활·직업·취업에 도움이 되는지 조사한 결과는 기대에 못 미치는 것이 현실이다. 그림 1-2에서와 같이 학생들은 학교교육의 효과를 상대적으로 낮게 인식하고 있는 것으로 나타났다(어윤경, 황여정, 2016). 즉, 진로문제에 대한 교육수요자들의 관심과 고민은 깊어진 데 비해, 교육은 이러한 수요를 제대로 충족시켜 주지 못하는 것으로 보인다.

그러나 진로교육을 통해 진로개발역량(career development competencies)을 향상시킴으로써 점차 이러한 욕구를 충족시킬 수 있을 것이고, 4차 산업혁명 시대에 맞는 창의융합적 인재를 육성할 수 있을 것으로 기대한다. 진로교육은 협의의 관점이든 광의의 관점이든 자기이해를 바탕으로 환경을 탐색하며 직업정보를 수집하고 이를 바탕으로 진로계획을 세워 실행에 옮기는 전 과정을 조력하는 활동이다. 따라서 진로개발

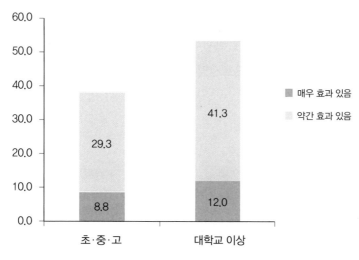

그림 1-2 재학생의 학교급별 학교교육의 생활·직업·취업활용 효과인식
출처: 통계청(2014), 「사회조사」.

역량을 향상시켜 4차 산업혁명 시대에 효과적으로 진로설계를 할 수 있도록 대비해야 하며, 진로교육과 상담이 이를 가능하게 할 것이다.

4차 산업혁명을 이끌어 갈 창의적 인재의 특성은 인지적 접근과 정의적 접근으로 나누어 살펴볼 수 있다. 인지적 접근에서는 창의적 사고능력을 강조한 반면(Guilford, 1967), 정의적 접근에서는 개인의 흥미, 어려운 문제에 대한 집착, 높은 에너지, 독립성, 자율성, 통찰력, 자신감, 개방성을 강조하였고(어윤경, 2015), 애매모호함에 대한 참을성, 인내, 새로운 경험에 대한 개방성, 모험정신, 스스로에 대한 확신 등을 꼽기도 한다(Sternberg & Lubart, 1991; 어윤경, 2015 재인용). 이렇게 진로개발역량과 창의적 인성 요소들이 상당 부분 중복되기 때문에 진로교육을 통해 4차 산업혁명 시대에 맞는 창의융합적 인재를 키울 수 있을 것이다.

교육부에서는 이러한 현 상황에 발맞추어 2016년 개인 맞춤형 진로·직업교육 지원 체계를 구축하는 것을 핵심사업으로 하고 있다. 이를 위해 2015년 「진로교육법」을 제정했으며, 2016년 '제2차 진로교육 5개년 기본계획'을 확정하였고, 국정과제 68-6(개인 맞춤형 진로설계 지원)의 성공적인 마무리를 통해 학생들의 소질과 적성을 살리는 행복교육 실현을 위해 노력을 기울이고 있다. 그뿐만 아니라 진로교육 교원 역량 강화 사업에 중점을 두어 진로전담교사를 배치하고 전문성 신장을 꾀하고 있다. 학교 당 1인 이상 진로전담교사 배치를 원칙으로 하고, 교육대학원 '진로진학상담' 부전공 재교육과정을 통해 체계적으로 진로전담교사를 양성하는 시스템을 구축하였다.

2) 진로상담 영역 및 진로상담자의 역할

진로상담의 영역은 진로지도, 구인·구직상담, 진학상담, 경력개발상담, 직업적응 상담, 직업전환상담, 창업상담, 은퇴후상담 등으로 매우 폭이 넓다. 한국직업능력개발 원(1998)에서는 진로상담을 담당하고 있는 사람들이 활동하고 있는 영역을 공공직업 알선기관, 초·중·고등학교의 진로상담실, 대학의 학생생활연구소, 직업교육훈련기관 의 취업지도실, 기업체의 채용·인사 관련 부서, 사설 취업알선기관, 비영리 기관, 취업 전문업체 등으로 구분하였는데(김수향, 2009 재인용), 이렇듯 진로교육 담당자가 진출 하는 분야는 광범위하다.

학교 진로상담자의 역할은 학생의 미래진로 설계와 진로지도 활동을 이끌고 자기 주도적인 학습과정을 통해 사회변화에 능동적으로 대처하고 인생을 주체적으로 살아 가도록 생애설계를 체계적으로 지원하는 것이다. 학교 진로교육은 교과교육을 하면서 해당 교과와 관련된 생활 및 직업정보를 함께 지도하는 교과통합적 진로교육방식이 학생들에게 실질적인 도움이 되는 것으로 보고되고 있다. 따라서 학교 진로상담자들 은 직업에 대한 이해를 바탕으로 자기주도적으로 진로목표 및 진로개발 계획을 수립 하도록 해야 한다.

진로상담의 목표는 자기 자신에 대한 이해, 일의 세계에 대한 이해, 직업선택에 대 한 책임감, 의사결정 능력 배양, 건전한 직업가치관의 배양, 직업 현장에서 위기관리 능력 배양 및 생애 직업설계 등을 포함한다. 이러한 진로상담의 목표를 달성하기 위하 여 진로상담자가 갖추어야 할 역량은 다음 여섯 가지로 요약할 수 있다(김수향, 2009).

① 정보관리능력: 교육·훈련, 직업, 고용정보, 산업동향 등의 정보를 수집·가공하여 필요한 내담자에게 효과적으로 전달할 수 있는 지식과 기술을 의미한다.

② 전문가 정신: 일에 대한 긍정적 가치관과 자기 관리 등 전문가가 갖추어야 할 개인적 자질 및 태도를 의미한다.

③ 진로 및 직업상담능력: 상담 장면에서 내담자와 관계를 형성하고 진로설계, 직업적응 등의 진로문제를 해결하도록 진로 및 직업상담을 실시하는 데 필요한 지식과 기술을 의미한다.

④ 내담자에 대한 긍정적 태도: 진로 및 직업상담자로서 내담자와의 협력관계를 형성할 수 있게 하는 인간에 대한 태도와 관계형성능력을 의미한다.

⑤ 진로프로그램 개발 및 운영능력: 진로프로그램을 개발하고 운영·관리하는 과정에서 요구되는 능력을 의미한다.

⑥ 진로상담에 대한 전문지식: 인간이해를 위한 심리적 이론, 진로발달과 관련한 직업심리 이론, 상담 장면에서 활용되는 상담 관련 이론에 대한 전문지식을 의미한다.

또한 한국직업상담협회에서는 직업상담자의 직무내용에 대해 구인·구직, 은퇴 후 직업생활, 진로경로 개척 등과 관련된 상담 실시, 직업정보처리, 검사실시 및 해석, 직업문제에 대한 심리치료, 직업상담 프로그램 개발과 운영, 직업소개 등으로 규정하고, 직업상담자의 역할을 다음 열 가지로 제시하고 있다.

① 내담자의 직업욕구에 적절한 상담을 제공하는 상담자

② 직업에 관한 심리검사를 실시하는 심리검사도구 해석자

③ 내담자의 직업문제를 진단·분류하고 처치하는 직업문제 처치자

④ 내담자가 자신의 정보가 불충분함을 인지하고 문제해결을 하도록 돕는 조언자

⑤ 내담자의 자기이해와 직업의식을 촉구하는 직업지도 프로그램 개발자

⑥ 개발된 직업상담 프로그램을 적용하는 지원자

⑦ 각종 유관 기관과 직업정보 제공원들과 유기적 관계를 맺는 협의자

⑧ 상담 및 정보수집 업무 등을 관리통제하는 관리자

⑨ 고용시장의 변화를 예측하고 내담자와 직업 환경의 변화 등에 대해 분석하는 연구자

⑩ 위 사항의 평가자

그렇다면 진로탐색기에 있는 학생들을 지도하는 진로상담자의 역할과 생애개발 측면에서의 진로상담자의 역할에는 어떠한 공통점과 차이점이 있을까? 이 두 영역의 공통점은 개인이 자신의 소질과 적성을 바탕으로 직업세계를 이해하고 자신의 진로를 탐색·설계할 수 있도록 하는 상담, 진로정보 제공, 취업지원과 같은 일련의 활동이라는 점을 들 수 있다.

차이점을 살펴보기에 앞서 진로교육 현장에서 혼용되고 있는 다양한 용어에 대해 정리해 볼 필요가 있다. 즉, 여러 직업들 중 선택할 수 있는 대안을 검토하고 영역 확장을 통해 자신에게 알맞은 직업을 결정해 나가는 과정을 의미하는 직업탐색행동(job search behavior), 일반적으로 청년층 내담자에 해당하는 것으로 자신의 직업을 결정하고 그 방향으로 나아가겠다는 의지와 해당 직업을 얻기 위한 일련의 행동을 의미하는 취업준비행동(employment preparation behavior), 그리고 전 생애적 차원에서 진로를 결정하고 생애를 준비하는 포괄적인 행위인 진로준비행동(career preparation behavior) 등이 진로교육 현장에서 혼용되고 있다. 진로교육은 이러한 것들을 효과적으로 성취하기 위해 동원되는 체계적인 절차이며 방편이라고 할 수 있다.

이러한 개념들을 정리하면 협의의 진로교육은 직업탐색행동과 취업준비행동에 초점을 맞추어 학교 정규 교육과정을 통해 교육하는 것을 뜻하며, 광의의 진로교육은 직업탐색행동과 취업준비행동을 포함하여 학령기 이후 진로준비행동을 포괄하는 일련의 교육활동을 의미한다.

다음으로 차이점을 살펴본다면 아래와 같이 정리할 수 있다. 진로탐색기에 있는 학생들에 대한 진로교육을 협의의 관점이라고 했을 때 진로상담자는 학생 개개인의

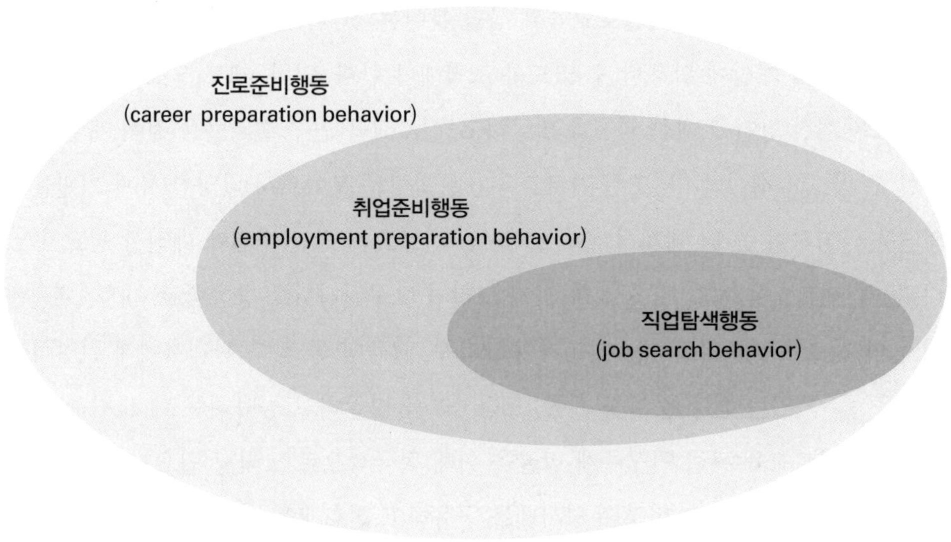

진로준비행동
(career preparation behavior)

취업준비행동
(employment preparation behavior)

직업탐색행동
(job search behavior)

그림 1-2 협의와 광의의 진로교육

진로성숙도와 진로의사결정 수준에 좀 더 초점을 맞추는 역할을 담당한다. 이에 비해 성인 대상 진로상담자들은 생애개발 의지와 근로의욕을 포함한 심리적 요인과 취업에 필요한 기술에 좀 더 초점을 맞추는 역할을 담당한다.

3) 미래 진로교육의 전망

로봇과 인공지능 같은 기술의 발전이 인간의 일자리 감소로 이어질 것인가 새로운 일자리 창출을 가져올 것인가는 예측하기 어렵다. 그러나 분명한 것은 4차 산업혁명이 몰고 올 변화에 대처하기 위해 우리는 진로개발역량을 갖추어 나가야 한다는 것이다.

이러한 변화는 경제 성장과 함께 우리의 생활이 편리해질 수도 있겠으나 한편으로는 우리의 일자리를 침범하여 부익부 빈익빈의 현상을 심화시키는 요인으로 작용할 수도 있다. 현 시점에서 득과 실을 정확하게 예측하기는 어렵다. 다만 어떤 경우라도 사회변화에 대비해 자기주도적 진로설계 역량을 갖추도록 '진로교육과 상담'의 방향을 모색해야 한다.

이런 변화에 대응하여 진로교육과 상담 분야는 첫째, 진로교육의 학문적 성숙을 이루어서 정책 개발에 활용할 수 있도록 조력해야 한다. 인력, 제도, 인프라와 관련된 진로교육 혁신 방안에 대한 과제를 발굴하고, 진로교육 연구 결과물을 정책 개발에 활용할 수 있도록 해야 한다. 또한 진로교육은 통합학문 분야로서 다양한 유관 기관들의 의견을 반영하여 좀 더 체계적이며 효과적인 진로교육 방안 수립에 매진할 필요가 있다. 둘째, 진로교육 혁신 및 활성화 의지 고취가 요구된다. 초·중등학교, 대학, 고용센터 등의 진로교육을 담당하는 전문가와 교육부, 교육청 등 정부 관계자에게 실질적인 도움을 줄 수 있는 심층 정보를 제공, 모범사례를 발굴하고 공유하는 데 노력해야 한다. 셋째, 진로교육 관련 연구주제 발굴을 위해 적극적으로 노력할 필요가 있다. 유관 기관에 학술연구 결과와 현장 운영사례를 공유하고 진로교육 연구주제를 발굴함으로써 미래 핵심 역량을 향상시킬 수 있는 창의적인 아이디어를 적극 창출하여야 한다.

변화하는 미래에 적절하게 대응하기 위해 개인의 생애설계는 지금까지와는 전혀 다른 방식으로 접근할 필요가 있다. 인간의 일자리를 대체하는 첨단 기술의 발달로 인해 인간이 살아가기 위해 새롭게 요구되는 핵심 역량은 무엇인가? 또 그것을 어떻게 갖추어야 할 것인가? 이러한 물음에 대하여 효과적인 진로교육과 상담은 개인의 요구와 교육현장의 요구를 충족시키는 데 도움이 될 뿐만 아니라 미래의 생애설계를 위해 최적의 해법을 제시해 줄 수 있다.

요약

　진로교육은 협의의 개념과 광의의 개념으로 구분해 볼 수 있다. 진로교육의 대상자의 진로를 선택하는 단계에 초점을 맞춘다면 이는 진로교육을 협의의 관점에서 접근하는 것이라고 할 수 있다. 이에 비해 진로선택의 시점까지가 아닌 전 생애에 걸친 과정을 포함하여 진로선택 이후 진로계획, 직업적응과 자기계발을 포함하는 일련의 과정으로 이해한다면 이것은 진로교육을 광의의 개념으로 접근하는 것이라고 할 수 있다.

　우리나라의 진로교육 연구는 1980년대 한국교육개발원의 유네스코 사업으로 시작된 이래 지속적으로 성장해 왔다. 더욱이 최근 들어 초·중등단계 진로전담교사 배치, 진로와 직업 교과목 개설, '공교육 혁신'을 위한 진로탐색활동 등 학교 진로교육이 활성화되면서 학생 성장 측면의 변화를 살펴보거나, 초·중등학교 내 진로교육 인프라 확대와 같은 다양한 지표를 통해 그 효과를 살펴보고자 하는 연구들이 수행되었다.

　첨단 기술의 발달로 인해 인간의 일자리가 대체되어 가는 4차 산업혁명 시대에 우리가 새롭게 갖추어야 할 핵심 역량이 무엇이며, 그것을 어떻게 개발해야 할 것인가? 효과적인 '진로교육과 상담'은 이에 대한 최적의 해법을 제시해 줄 수 있을 것으로 기대한다.

학습문제

1 진로교육이 다루어야 할 영역과 진로교육 담당자의 역할에 대해 논하시오.

2 4차 산업혁명 시대를 맞이하여 생애 단계별 진로교육의 목표에 대해 논하시오.

3 첨단 기술의 발달로 인해 인간이 직업생활을 하는 데 요구되는 핵심 역량을 키우기 위해 진로교육 담당자들은 어떠한 노력을 해야 하는가에 대해 논하시오.

제2장

현대인의 진로설계와 직업윤리

학 습 목 표
1 현대사회에서 전 생애에 걸친 진로설계의 필요성을 이해한다.
2 다양한 직업관을 이해하고 자신의 직업관을 확립한다.
3 직업윤리의 개념과 중요성을 이해한다.
4 직업윤리의식을 향상시킬 수 있는 교육적 방안을 이해한다.

이 장은 크게 세 부분으로 구성되어 있다. 첫째, 4차 산업혁명 시대에 현대인의 진로설계가 어떻게 이루어져야 할지를 제시하고 있다. 저출산, 고령화, 평균수명의 연장 등으로 특징지어지는 현대사회에서는 전 생애적 관점에 기초한 지속적인 진로설계가 중요하다. 이러한 진로설계 과정에서 자신과 직업세계에 대한 이해, 합리적 의사결정과 관련하여 고려해야 할 요인들을 살펴보고자 하였다. 둘째, 직업에 대한 인식과 직업의 변화에 따른 진로설계의 중요성을 제시하였다. 직업과 삶의 관계와 일과 여가에 대한 태도를 살펴봄으로써 직업에 대한 의미를 생각해 보고, 건강한 직업관을 갖는 것이 필요하다는 점을 제시하였다. 셋째, 직업윤리의 중요성과 직업윤리가 부재한 경우에 어떠한 부정적인 영향이 있는지에 대해 고찰하고, 직업윤리의식을 향상시키는 교육적 방안을 제시하였다.

예전에는 평생직업 또는 평생직장의 개념이 중요했다면, 현대사회에서는 진로의 변경이 자주 일어나고, 직업의 생성과 소멸 주기가 짧아지고, 한 직장 내에서도 업무가 바뀌기도 하면서 직장에서 요구되는 직무 역량과 기술이 늘어나기도 한다. 이러한 상황에서 개인이 직업에 대해 건전한 생각을 갖고 직업윤리를 지킬 필요성은 더욱 강조된다. 따라서 이 장에서는 현대인이 진로설계 과정에서 고려해야 할 중요한 질문과 직업윤리에 대해 살펴볼 것이다. 자신의 삶에서 일이라는 것이 어떠한 의미를 지니는가? 일과 삶의 조화를 어떻게 이룰 수 있는가? 자신의 직업에서 중요하게 고려되어야 할 직업윤리는 무엇인가? 직업윤리는 왜 중요하고 어떠한 역할을 하는 것인가? 직업윤리가 지켜지지 않았을 때 윤리적·경제적 측면에서 어떠한 영향을 미치는가 등에 대해서 깊이 있게 성찰해 보고자 한다.

01 4차 산업혁명 시대의 진로설계

1) 전 생애에 걸친 진로설계의 필요성

예전에는 평생직장이라는 개념이 중요하게 여겨졌지만, 4차 산업혁명 시대에는 평생직장이라는 개념이 적용되기 힘들게 되었다. 기술과 의학의 발전으로 평균수명이 계속 증가하고 있고, 직업세계에도 많은 변화가 있다. 사회변화에 따라 사라지는 직업도 있을 것이고 새롭게 등장한 직업도 있을 것이다. 또한 같은 직장 내에서 업무를 바꾸는 경우도 많은데, 이러한 경우에는 자신에게 요구되는 직무 역량이 달라지기 때문에 한번 직장을 구했다고 해서 안주할 수 없고 계속해서 노력해야 한다(Rojewski, 2004). 이러한 사회적 변화를 고려해 볼 때 청년기와 같이 어느 특정 시기에서만 진로설계가 필요한 것이 아니라 전 생애에 걸쳐 진로설계를 할 필요가 있다.

로제브스키와 힐(Rojewski & Hill, 2014)은 21세기를 살아가는 사람들에게 필요한 '21세기 직업준비모형'을 제시하였다. 이 모형에는 진로항해(Career Navigation), 직업윤리(Work Ethic), 혁신(Innovation)의 세 가지 요인이 포함된다. 여기서 진로항해는 한 개인이 자신의 진로발달을 위해 유치원부터 초 · 중 · 고등학교 시기를 거치면서 진로인식, 진로탐색, 진로계획, 진로참여 등의 과정을 통해 진로를 개발해 나가는 것을 의미한다. 또한 직업윤리는 직업인으로서 갖추어야 할 기본적인 태도와 기술을 의미하고, 진취성, 대인관계 기술, 사려깊음, 신뢰성 등을 포함한다. 마지막으로 혁신은 테크놀로지, 창의성, 문제해결능력, 고차원적 사고능력 등을 포함한다. 즉, 직업을 잘 준비하기 위해서는 어린 시절부터 진로탐색과 설계를 지속적으로 해야 하고, 자신의 직업에서 요구하는 직업윤리를 잘 이해하고 적용하는 것이 필요하며, 혁신적 사고와 태도가 요구된다는 것이다.

한편 최근 국가 차원에서 초 · 중 · 고등학교 시기와 대학생과 성인 대상의 진로교육 활성화 방안이 발표되었다. 교육부는 2018년 11월에 '진로교육 활성화 방안'을 통해 4차 산업혁명 시대와 고령화사회를 대비하여 생애주기별 맞춤형으로 모든 국민의 진로설계에 도움이 되는 여러 가지 정책을 제시하였다. 우선, 학생들의 경우는 교육과정 안에서 진로 중심의 교육과정을 운영하는 것을 제시하고 있는데, 예를 들면 진로학기제, 자유학기제, 자유학년제, 고교학점제 등이 이에 포함된다. 이를 대비하여 교사교육도 강화되는데, 교육대학교와 사범대학의 교육과정에서 진로교육이 강화되고 현직교사들은 연수 등 재교육을 받게 된다. 또한 다문화·탈북·학교부적응 및 특수학교 학생에 대한 맞춤형 진로 프로그램을 운영하게 된다. 둘째, 혁신사회에 필요한 인재를 양성하기 위해 메이커 교육, 기업가정신 교육 등을 포함한 초·중등 창업체험교육을 활성화한다. 셋째, 대학생과 생애전환기에 있는 성인을 대상으로 진로개발 지원을 확대한다. 특히 실직이나 은퇴 등 진로장벽에 부딪힌 중장년층의 자존감 회복과 진로개발역량을 지원하기 위해 평생교육기관을 통한 진로탄력성 프로그램을 시범적으로 적용한다. 넷째, 지역사회의 진로교육 지원 역량을 강화하고 관련 법규를 마련한다(교육부, 2018). 교육부는 이미 2016년에 제2차 진로교육 5개년 기본계획을 발표하면서 초·중·고등학교 진로전담교사를 배치하는 계획을 세웠고, 대학에서도 진로교육을 정규교육과정에 포함하도록 권장한 바 있다.

2) 고령사회를 대비하는 진로설계

현대사회의 특징과 관련하여 가장 두드러진 현상 중의 하나는 고령화와 평균수명 연장이라고 할 수 있다. 우선 고령화와 관련하여 많은 나라에서 인구를 세 그룹으로 분류하고 있다. 0~14세까지를 유소년인구로, 15세~64세 인구를 생산가능인구로, 65세 이상을 고령인구라고 부른다. 이 세 집단 중에 국가의 경제활동을 주로 담당하는 집단은 생산가능인구이다. 이러한 구분을 바탕으로 UN은 고령화사회, 고령사회, 초고령사회를 구분하고 있는데, 65세 이상 인구가 전체 인구의 7% 이상이면 고령화사회, 14% 이상이면 고령사회, 20% 이상이면 초고령사회로 정의하고 있다. 우리나라는 이미 2000년에 고령화사회로 진입하여 2018년에 고령사회가 되었다. UN 보고서에 따르면 우리나라는 2026년경에 초고령사회로 진입할 것으로 전망되고 있다(박성호, 2015).

우리 사회가 고령화되어 가는 과정에서 다양한 사회적 문제가 발생하기도 하는데, 예를 들어 경제적, 보건·의료적 측면에서 보면 경제적 성장의 둔화, 연금과 복지 분야의 지출 증가, 치매환자 증가 등의 문제점이 발생하고 있다. 그동안 특히 저출산과 고령화의 문제가 사회적으로 대두되면서 그에 대한 다양한 정책적 연구들이 수행되어 왔다. 가령 저출산 고령사회에 필요한 정책수립을 하기 위한 기초연구(김영미, 2018; 정성호, 2009), 저출산 고령사회를 대비한 학교교육 연구(전미경, 오경선, 2010), 저출산 고령사회에서의 도시정책연구(이상대, 박신영, 홍순영, 2011) 등이 수행되어 왔다. 이와 더불어 저출산 고령사회에서 특히 중요하게 다루어야 할 문제는 고령자들에 대한 진로설계라고 할 수 있다.

한편 통계청(2019) 자료에 따르면, 2017년에 우리나라에서 출생한 아이들의 기대수명은 평균 82.7세, 남아는 79.7세, 여아는 85.7세로 나타났다. 해를 거듭할수록 기대수명이 높아지고 있는데, 예를 들어 2008년도 자료에 의하면, 기대수명의 평균이 79.6세, 남아 76.2세, 여아 83.0세이다.

우리 사회가 고령사회가 되고 평균수명이 증가함에 따라 고령자들이 경제활동에 참가하는 경향이 증가할 수 있는데, 이러한 상황을 고려했을 때 고령자에게 적합한 직업능력을 개발하고, 적절한 취업지원 서비스를 제공하는 것이 필요하다. 따라서 고령자 대상의 진로설계 및 취업지원 서비스가 보다 효과적으로 수행될 수 있도록 관련 상담자의 전문성 향상을 위한 지원이 이루어져야 할 것이다(이지현, 2007).

3) 진로설계 과정에서 고려해야 할 요인

전 생애에 걸쳐 자신의 진로를 설계하기 위해서는 몇 가지 질문에 대한 진지한 고민이 필요하다. 그 질문들은 자신에 대한 이해, 직업세계에 대한 이해, 합리적인 의사결정 등과 관련된 것들이다. 예를 들어 자신의 흥미, 가치관, 적성 등을 발견하고, 변화하는 직업세계에 대한 정보를 충분히 탐색하면서 진로를 결정하고 구체적인 목표를 세워 나가야 한다. 그 과정에서 '나는 어떤 삶을 살고 싶은가?', '나는 어떤 사람인가?',

'나에게 맞는 직업세계는 어떤 특성을 가지고 있는가?', '내가 설정한 장기목표와 단기목표는 무엇인가?', '목표를 달성하기 위해 필요한 세부계획은 무엇인가?', '앞으로 목표를 성취해 나가는 과정에서 내가 겪게 될 어려움은 무엇인가? 그리고 이 어려움을 어떻게 극복해 나갈 수 있을까?' 등의 질문에 대해 고민하다 보면 진로설계가 잘 이루어질 수 있을 것이다. 또한 좀 더 구체적으로 다음과 같은 활동을 하는 것이 진로설계에 도움이 될 것이다(황매향 외, 2011).

- 자신의 꿈이 어떻게 변화해 왔는지 꿈의 변천사를 살펴본다.
- 자신이 중요하다고 생각하는 가치가 무엇인지를 확인한다.
- 자신의 능력과 강점이 무엇인지 파악한다.
- 다양한 매체를 활용하여 자신이 원하는 진로와 직업정보를 탐색한다.
- 현대사회에서 새롭게 등장한 직업과 그 직업을 위해 필요한 역량이 무엇인지 탐색한다.
- 합리적인 의사결정 과정을 통해 진로 및 직업을 결정한다.
- 장·단기 목표를 세우고 실천방안을 구체적으로 세운다.
- 진로에 방해가 되는 요인과 해결책을 찾는다.

02 개인의 직업관

1) 직업이 갖는 의미

대학생이 인식하고 있는 직업의 의미를 유형화한 한 연구(박용호, 박소연, 2016)에 따르면 대학생들은 네 가지 유형으로 직업을 인식하고 있는 것으로 나타났다.

첫째 유형은 행복 추구형이다. 이 유형에 속한 대학생들은 직업을 '행복의 근원',

'꿈의 실현', '기쁘고 사랑하는 것을 하는 것'으로 생각하였다. 이 유형에 속한 학생들은 직업이 '고된 노동', '이상과는 다른 현실의 생활', '스트레스의 근원'이라고 생각하지 않았다. 이론은 직업을 주로 행복을 추구하고 꿈을 실현하는 기회로 인식하고, 스트레스나 고된 노동, 꿈이나 이상과는 다른 현실의 근원으로 인식하지 않는 것을 알 수 있다.

둘째 유형은 현실 직시형이다. 이 유형에 해당하는 대학생들은 직업이 '생계수단', '돈벌이', '대학졸업 후 가져야 하는 것'이라고 생각하는 경향이 강했다. 반면 '신으로부터의 소명', '인류사회에 기여하는 일', '사회의 부조리에 맞서는 기회'라는 의견에 대해 부정적인 태도를 보였다. 이 유형의 학생들은 주로 직업을 생활을 영위하기 위한 도구적 수단으로 이해하고 있으며, 직업을 통해 다른 사람의 행복에 기여하기보다는 자신의 필요를 채우는 것이 중요하다고 인식하고 있었다.

셋째 유형은 성장 지향형이다. 이 유형에 해당하는 학생들은 직업을 '하고 싶은 일에 인생을 투자하는 것', '성장의 계기', '자신의 역량을 발휘하는 장'이라고 생각하였다. 반면 현실 직시형과 마찬가지로 '신으로부터의 소명', '가업을 잇는 일', '사회의 부조리에 맞서는 기회'라는 의견에는 부정적인 편이었다. 이 유형의 학생들은 직업을 자신의 인생에 대한 투자나 성장의 기회를 제공하는 통로로 이해하고 있으며, 자신의 역량을 발휘하여 미래의 새로운 기회를 포착하기 위한 계기로 인식하고 있었다.

넷째 유형은 독립기반 조성형이다. 이 유형에 속한 학생들은 직업을 '자유로운 삶을 가능하게 해 주는 것', '경제적 독립을 가능하게 해 주는 것', '생계수단'으로 생각하였다. 반면 직업을 '인생의 행로를 좌우하는 주요 요인', '인생의 소명을 달성하는 기회', '삶의 목표'라는 의견에 대해서는 부정적인 편이었다. 이 유형에 해당하는 학생들은 많은 비중을 차지하지는 않았지만, 직업을 자신의 독립과 자유로운 삶을 가능하게 해 주는 계기로 인식하고 있다는 점에서 다른 유형과는 차이가 있었다(박용호, 박소연, 2016).

한 개인이 직업에 대해 어떠한 생각을 하는가는 개인적인 선택의 문제이지만 개인이 가지고 있는 직업의 의미에 따라 직장에서 일을 대하는 태도, 직무역량 발휘 정도, 직무만족도, 나아가서 전반적인 삶의 만족도가 달라질 수 있기 때문에 직업에 대한 자신의 인식을 점검해 볼 필요가 있다.

표 2-1 직업과 삶에 대한 태도의 관계

직업 / 삶	의미 있음	의미 없음
의미 있음	철저한 직업윤리 자신의 처지에 만족하는 생산적인 근로자 일은 자신에게 궁극적 또는 도구적 가치 50%의 근로자	직업은 삶의 의미와 일치되지 않는 강제적인 의무 해결책: 직업의 가치를 가르쳐라 / 업무를 조정하거나 직업을 바꾸어라 20%의 근로자
의미 없음	직업의 전도된 종착적 가치 직업은 나의 존재 이유 해결책: 강제적으로 휴식을 갖게 하라 / 삶의 최우선을 재조정하라 / 관심 영역을 다양화시켜라 10%의 근로자	직업은 해결책이 없는, 무감각한 고달픈 업보 직업을 갖기보다는 복지수당을 선호 해결책: 정당한 행동, 생활에 헌신하는 방법을 가르쳐라 20%의 근로자

출처: 이관춘(2006), p. 90.

2) 직업, 삶, 여가에 대한 태도

한 개인의 직업에 대한 태도는 그의 삶이나 여가에 대한 태도와 관련된다. 직업과 삶에 대한 태도의 관계를 살펴보면 표 2-1과 같다. 표 2-1은 미국의 근로자를 대상으로 수행된 연구에 의해 제시된 것으로(이관춘, 2006), 인생과 직업 모두 의미가 있다는 근로자가 50%밖에 되지 않는다는 사실을 보여 주고 있다.

또한 일과 여가에 대한 태도를 통해 직업에 대한 태도를 알 수 있다(이관춘, 2006). 표 2-2에 따르면 A형은 일도 여가활동도 모두 열심히 하는 사람이다. B형은 청교도형으로서 일은 열심히 해야 하는 것이고, 여가는 가치가 없는 것이라고 생각한다. C형은 쾌락주의형으로서 일은 하기 싫어하는데 여가활동은 즐기는 유형이다. D형은 소외형으로서 일과 여가를 모두 반대하는 사람이다. 조화로운 삶을 위해서는 A형의 삶이 바람직해 보인다.

한편 일과 여가에 대해 어떻게 생각하고 있는가가 일과 여가에 대한 태도를 결정하는데, 일과 여가에 대한 관계를 설명하는 세가지 이론이 있다(이관춘, 2006). 첫째는

표 2-2 일과 여가에 대한 태도

여가 ＼ 일	좋아함	싫어함
좋아함	A	C
싫어함	B	D

출처: 이관춘(2006), p. 94.

연장이론으로 여가를 일의 연장선상에서 이해하는 것이다. 주로 일을 중심으로 생각하는 사람의 경우에 일과 여가를 비슷하게 생각하는 경향이 있다. 둘째, 보상이론으로 일을 열심히 한 후에 주어지는 여가는 일에 대한 보상이라고 생각하는 것이다. 이 관점에서 보면 일과 여가는 서로 상반되는 것이다. 셋째, 중립이론으로 일과 여가가 뚜렷하게 구분되지 않는다는 관점이다.

대학생의 직업세계 인식에 관한 또 다른 연구(윤명희, 신현순, 서희정, 2010)에 따르면, 대학생들은 괜찮은 일자리를 판단할 때 '고용 안정성'을 가장 중요하게 생각하는 것으로 나타났다. 그다음이 '자아실현', '임금', '근무여건' 순이었다. 2007년도 교육인적자원부의 연구에서는 자아실현(28.3%)이라는 응답이 제일 높았고, 그다음이 고용 안정성(17.5%) 그리고 근무여건(16.3%) 순으로 나타났다. 이러한 연구 결과들을 통해 대학생들의 경우 어떤 직업이 괜찮은 일자리인가를 판단할 때 '얼마나 그 직장에서 오랫동안 안정적으로 일할 수 있는가?', '그 일이 나의 적성과 능력에 잘 맞는 일인가?' 등을 많이 고려하는 것을 알 수 있다.

3) 직업에 대한 인식

고등학교 교과서에 제시된 직업에 관한 내용을 분석한 연구(장명희 외, 2015)에 따르면 직업에 대한 인식과 관련하여 몇 가지 중요한 사실을 알 수 있다. 우선, 교과서에 제시된 내용이 거의 3,000건에 달했으나 직업에 대한 소개와 묘사가 다양하게 이루어지지 않았다. 둘째, 교과서에 제시된 직업의 종류는 1,140개로 나타났는데, 이 숫자는 우리나라 직업사전에 제시된 직업의 10% 정도에 해당된다. 그중에서도 표 2-3에 따르면 대통령, 공무원, 의사, 교사가 각각 51회 이상 제시되어 특정 직업에 대한 편중현상이 나타난 것을 알 수 있다. 셋째, 교과서에 제시된 직업에 대한 표현이 직업군에 따

표 2-3 고등학교 교과서에 나타난 직업명 제시 빈도

기술 빈도	직업명
11~20회	기술자, 요리사, 은행 사무원, 소방관, 연구원, 영화감독, CEO, 과학자, 승려(스님), 예술가, 장관, 축구선수, 작가, 심리학자, 영화배우, 검사, 기업가, 아나운서
21~30회	가수, 정치인, 간호사, 철학자
31~40회	판사, 사회학자, 국회의원, 기자, 교수
41~50회	운동선수, 군인, 농부(농민), 변호사, 경찰
51회 이상	대통령, 공무원, 의사, 교사

출처: 장명희 외(2015), p. 138.

표 2-4 직업 영역에 따른 직업 표현 경향

(단위: 건, %)

구분	7과목(16종)			합계
	긍정	중립	부정	
관리자	61(17.5)	255(73.5)	31(8.9)	347(100.0)
전문가 및 관련 종사자	398(21.0)	1,459(77.0)	38(2.0)	1,895(100.0)
사무 종사자	8(9.4)	72(84.7)	5(5.9)	85(100.0)
서비스 종사자	32(15.4)	161(77.4)	15(7.2)	208(100.0)
판매 종사자	2(3.0)	54(80.6)	11(16.4)	67(100.0)
농림·어업 및 숙련 종사자	9(9.9)	69(75.8)	13(14.3)	91(100.0)
기능원 및 관련 종사자	8(10.4)	58(75.3)	11(14.3)	77(100.0)
장치·기계 조작 및 조립 종사자	4(8.3)	41(85.4)	3(6.3)	48(100.0)
단순 노무 종사자	7(8.9)	49(62.0)	23(29.1)	79(100.0)
군인	4(7.5)	43(81.1)	6(11.3)	53(100.0)
합계	533(18.1)	2,261(76.6)	156(5.3)	2,950(100.0)

출처: 장명희 외(2015), p. 141.

라 많이 차이가 났는데, 예를 들어 전문직은 좀 더 긍정적으로, 단순 노무직은 상대적으로 부정적으로 기술되었다(표 2-4). 이 연구에서는 직업에 대해 청소년들이 건전하고 올바른 인식을 가질 수 있도록 교과서 내용의 변화가 필요하다는 점을 제안하고 있다.

한편 직업에 대한 사회구성원들의 인식과 관련하여 '직업위세'라는 개념이 있다. 직업위세는 일반적으로 사회구성원들이 어떤 직업에 대해 갖고 있는 권위, 중요성, 가치, 존경 정도 등을 의미한다(장홍근, 2012). 직업위세에 대한 한 연구(장홍근, 2012)에서는 한국, 미국, 일본, 독일을 대상으로 국제비교연구를 하였는데, 그 결과에 따르면 한국에서는 국회의원, 약사, 중·고등학교 교사가 상위권으로 평가되었고, 일본에서는 의회의원, 약사, 소프트웨어 개발자가, 미국에서는 소프트웨어 개발자, 기계공학 엔지니어, 약사가, 독일에서는 소프트웨어 개발자, 약사, 중소기업 간부가 상위권으로 나타났다. 흥미로운 점은 중·고교 교사가 한국에서는 상위권으로 평가되었는데, 다른 세 나라에서는 중위권으로 평가되었다는 것이다. 또한 이 연구에 따르면 한국이 다른 나라에 비해 직업 간에 위세 차이가 많은 것으로 나타났다. 즉, 한국사회에서 사람들이 직업에 대해 갖는 인식이 다소 차별적인 측면이 있다는 것이다. 따라서 다양한 직업이 존재해야 하는 필요성과 각 직업의 사회적 중요성에 대해 학교교육에서 강조할 필요가 있다. 다른 사람이 가지고 있는 직업에 대해 차별적인 시각을 가지고 있다는 말은 곧 자신의 진로와 직업을 선택하는 과정에서도 차별적인 시각이 적용될 수 있다는 뜻이기 때문이다.

직업에 대한 인식을 이야기할 때 성역할 사회화와 관련지어 논의하기도 한다. 사회적으로 부여받은 '남자다움' 또는 '여자다움'이 직업을 선택하는 과정에도 적용된다는 것이다. Box 2-1의 '나의 꿈은 취미로밖에 할 수 없나요?'를 읽고 함께 생각해 볼 문제에 대해 이야기를 나누어 보면 직업에 대한 성역할 사회화의 개념을 좀 더 잘 이해할 수 있을 것이다.

Box 2-1

나의 꿈은 취미로밖에 할 수 없나요?

어릴 적 부모님은 작은 식당을 하셨다. 나는 주방에서 어머니가 요리하시는 모습을 보면서 자연스레 요리에 관심이 생겼고, 어느새 요리에 남다른 재능이 있음을 알게 되어 요리사 자격을 갖추고 어머니의 식당을 이어받아 보고 싶다는 생각을 했다. 하지만 어머니는 내가 요리에 재능이 있다고 인정하시면서도 남자인 내가 요리사가 되거나 식당을 운영하는 것은 완강히 반대하셨고, 대신 취업이 잘되는 공대로 진학해서 직장생활을 하기를 바라셨다. 주변 분들도 남자가 주방에서 요리하는 모습은 보기 좋지 않다며 그저 취미 생활로만 여기고 평생 할 수 있는 일을 찾아야 한다고 조언하셨다. 결국 나는 공대를 진학했고 지금 건설업에 종사하는 직장인이 되었다. 하지만 여전히 주말마다 교회 식당에서 봉사를 하고 있다. 간단한 식사를 준비하는 것이지만 많은 사람들을 위해 요리를 하다 보면 삶의 활력이 되고 요리에 대한 열정이 생기기 때문이다.

　나는 요리를 할 때가 정말 즐겁다. 하지만 내가 가장 좋아하는 일을 그저 취미로밖에 할 수 없다는 것이 여전히 아쉽기만 하다. 최근에는 남자 요리 전문가들을 대중매체를 통해 많이 접할 수 있다. 그럴 때마다 '만약 내가 꿈을 포기하지 않고 끝까지 노력했다면 어땠을까?' 하는 미련을 가져 보기도 한다.

함께 생각해 볼 문제

1 이 사례에서 주인공이 정말 하고 싶은 일을 직업으로 삼았다면 지금의 모습과는 많이 다른 모습이었을 것 같은가요? 만약 그렇다면 어떻게 달라졌을지에 대해 이야기를 나누어 보세요.

2 이 사례에서 만약 나라면 어떤 결정을 했을까요? 그 이유를 함께 나누어 보세요.

3 여러분은 여성이기 때문에 또는 남성이기 때문에 자신의 꿈을 포기한 적이 있나요? 있다면, 그 이야기를 함께 나누어 보세요.

4) 4차 산업혁명 시대 직업의 변화

교과서에 제시되는 직업의 종류는 제한적인 편인데, 4차 산업혁명 시대에는 새로운 직업이 부상하기도 하고 기존의 직업 중 일부가 사라질 수도 있다. 따라서 인공

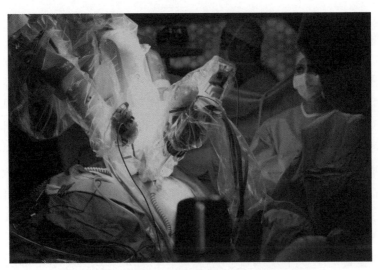

그림 2-1 다빈치 로봇으로 수술을 하는 장면

지능 로봇으로 대체될 가능성이 있는 직업군들에 대해 살펴볼 필요가 있다(이종호, 2017). 첫째, 화이트칼라 사무직이다. 서류작성이나 계산 등 일정한 틀에 의해 이루어지는 일상적인 업무를 하는 직업이나 변호사, 금융계의 애널리스트 등이 이에 해당된다. 둘째, 산업 분야에서는 가게 점원, 계산원, 도장공, 수위, 조경사, 환경 미화원 등을 들 수 있다. 셋째, 의료 분야에서도 다빈치 시스템 같은 수술 로봇이 의사의 역할을 대신할 수 있다(그림 2-1). 약사, 간호사, 치과 의사 등도 마찬가지이다. 넷째, 운송업 분야에서는 무인 자동차 시대가 열릴 것으로 예상된다. 다섯째, 드론의 영향으로 택배 배달원, 음식 배달원, 우편 배달원, 조경 기사, 해충 박멸업자, 목축업자, 토지 측량사, 환경 엔지니어, 지질학자, 긴급구조요원, 소방관, 사진기자, 건설현장 모니터요원, 경비원 등이 일자리를 잃을 수 있다. 여섯째, 서비스업으로 요리 로봇이 인간의 요리기술을 넘어서 수많은 요리를 담당할 수 있다. 예를 들어 미국 캘리포니아주 실리콘밸리 마운틴뷰의 '줌 피자(Zume Pizza)'라는 회사에서는 로봇을 이용하여 피자를 만든다.

한편 4차 산업혁명 시대에 새롭게 부상할 직업으로 표 2-5에 제시된 열 가지 직업을 들 수 있다. 여기에는 사물인터넷 전문가, 인공지능 전문가, 빅데이터 전문가, 가상(증강/혼합)현실 전문가, 3D프린터 전문가, 드론 전문가, 생명과학 연구원, 정보보안

전문가, 소프트웨어 개발자, 로봇공학자 등이 포함된다.

따라서 이처럼 사회적 환경의 변화에 따른 직업세계의 변화를 고려하여 직업을 탐색하고 준비해 나가는 것이 중요하다.

표 2-5 4차 산업혁명 시대에 새롭게 부상할 직업

직업명	하는 일	관련 기술
1. 사물인터넷 전문가	사물들이 서로 교신할 수 있도록 센서를 부착해 실시간으로 데이터를 인터넷으로 주고받는 기술 및 환경 구축	무선통신, 프로그램 개발 등
2. 인공지능 전문가	인간의 뇌구조에 대한 지식을 바탕으로 컴퓨터나 로봇이 인간처럼 사고하고 의사결정할 수 있게 인공지능 알고리즘을 개발하거나 프로그램으로 구현하는 기술 개발	인공지능, 딥러닝
3. 빅데이터 전문가	빠른 속도로 생산되는 거대 데이터를 실시간으로 수집 및 저장하고, 데이터를 분석하여 가치 있는 정보 추출	빅데이터
4. 가상(증강/혼합) 현실 전문가	게임, 비행, 관광, 훈련 및 교육 등 가상현실에 대한 사용자의 요구와 목적을 파악하고, 가상현실콘텐츠와 시스템 기획 · 개발	가상(증강)현실
5. 3D프린터 전문가	3D프린터에 사용되는 3D디자인을 설계하고 모델링, 3D프린터를 설치하고 정비하며 3D프린터의 활용법 등을 교육	3D프린팅
6. 드론 전문가	다양한 형태의 드론에 대한 지식과 조종기술을 갖추고 관련 법안 등을 준수하면서 정보를 수집하거나 무언가를 배달하는 서비스를 제공	드론
7. 생명과학 연구원	생물학, 의약, 식품, 농업 등 생명과학 분야의 이론과 응용에 관한 연구를 통해 다양하며 복잡한 생명현상을 탐구하고 이와 관련된 기술을 적용	생명공학, IT
8. 정보보안 전문가	컴퓨터상에서 정보의 수집, 가공, 저장, 검색, 송신, 수신 중 정보의 훼손, 변조, 유출 등의 위협에서 정보 보호	보안
9. 소프트웨어 개발자	개인이나 기업체에서 필요로 하는 각종 소프트웨어 개발	ICT
10. 로봇공학자	로봇을 연구하고 제작	기계 · 재료 · 컴퓨터공학, 인공지능 등

출처: 김한준, 김중진, 여인국(2017), pp. 70-71.

03 직업윤리

1) 직업윤리의 필요성

한 개인의 삶에서 직업은 몇 가지 중요한 의미를 갖는다. 우선, 개인의 지위와 정체성의 원천이 된다. 둘째, 직업을 통해 사회적 지지를 받을 수 있다. 셋째, 직장에서 일의 성과를 통해 만족감과 성취감을 경험한다. 넷째, 새로운 기술과 창의성을 발휘할 수 있는 기회를 갖는다. 다섯째, 시간을 조직하여 사용할 수 있다. 여섯째, 수입과 통제의 원천이 된다(이관춘, 2006).

따라서 자신이 선택한 직업이 삶에서 중요한 의미가 있고, 자신이 선택한 일을 열심히 할 때 자신의 직무를 충실하게 실행할 수 있다. 이와 관련하여 직업윤리는 '사람들의 직업적 활동에 있어서 무엇이 옳고 그른지, 무엇이 선하고 악한 것인지에 대해 공통적으로 갖고 있어야 할 기준이자 규범'이라고 정의할 수 있다. 즉, 직장인들이 각자의 직업에 종사하는 데 요구되는 특수한 윤리규범이라고 할 수 있다(이관춘, 2016, p. 120).

직업윤리의 중요성은 직업윤리가 부재한 상황들을 떠올리면 더 분명하게 인식할 수 있다. 일반적으로 직업윤리의 부재는 윤리적인 관점에서 가치판단과 관련되는 경우가 많지만, 더 나아가 기업과 노동시장에 부정적인 영향을 미치기도 한다. 예를 들어 경쟁사에 기술을 유출하는 경우를 들 수 있다.

최근의 한 연구(이지은, 이상직, 2014)는 이러한 관점에서 직업윤리가 근로자의 근로형태 및 임금수준에 미치는 영향을 분석하였다. 특히 이 연구에서는 '직업윤리가 높으면 근로형태가 변한다', '직업윤리가 높으면 임금이 상승한다'는 가설을 검증하였다. 우선 직업윤리가 근로형태에 미치는 영향과 관련해서 중요한 결과를 살펴보면, 조직에서 부정한 일이 발생했을 때 내부적, 적극적으로 시정요구를 하거나 외부에 이러한 사실을 고발하는 근로자가 정규직이 될 확률이 더 높게 나타났다. 그 이유는 자신이 속해 있는 조직에 대한 주인의식이 강하기 때문에 불이익을 당할 위험이 있다 해도 부정한 일에 대해서 적극적으로 대처했기 때문으로 볼 수 있다. 임금효과 분석결과를 보면, 정규직 근로자의 경우 업무관계에 있는 사람으로부터 선물을 받지 않겠다고 생각하는 근로자일수록 임금수준이 더 높은 것으로 나타났다.

2) 직업윤리 부재의 영향

직업윤리가 부재한 대표적인 사례로 후쿠시마 원전사고와 입학사정관 부정사례를 살펴보고자 한다. 먼저 후쿠시마 원전사고에 대한 Box 2-2를 읽고 자신의 생각을 정리해 보자.

Box 2-2 후쿠시마 원전사고 사례

후쿠시마 원전사고는 2011년 3월 11일 14시 46분에 발생한 동일본대지진과 이에 뒤따른 초대형 쓰나미가 직접적인 원인으로 일어났다. 이로 인해 후쿠시마 제1원전에서는 원자로의 냉각기능이 장시간 상실되어 대량의 방사성 물질이 외부로 방출되는 대형사고가 발생하였다. 후쿠시마 제1원전은 지진 직후 외부전력망이 완전히 붕괴하였고, 뒤이은 대형 쓰나미의 여파로 원전이 침수되면서 1-4호기의 교류전원 완전상실 상태(station blackout, SBO)가 되었다. 이로 인해 원전의 냉각기능이 모두 정지되고 통제실에서 발전소의 상황을 정확하게 파악하지 못해 밸브 개방 등의 안전조치도 이루어질 수 없었다.

결과적으로 3기의 원자로에서 핵연료가 대량 용융되고 원자로 건물에서 대형 수소가스 폭발이 3차례나 일어나는 중대사고가 발생하였으며, '사용후연료저장조(spent fuel pool, SFP)' 내에 보관 중이던 사용후연료의 안전성도 상당 기간 위협받았다. 이로 인해 체르노빌 사고 시의 20% 수준으로 추정되는 대량의 방사성 물질이 방출되어 대기, 토양 및 해양을 광범위하게 오염시켰으며, 인근 지역 10만 명의 주민들이 대피하는 사태가 발생하였다. 2013년 9월 11일자 『도쿄신문』의 보도에 의하면 이 사고가 직·간접적인 원인이 되어 사망한 사람이 910여 명에 이른다.

출처: 이재숭(2014).

1 전문가의 직업윤리 측면에서 보면, 원전 설계를 할 때 자연재해가 많은 일본의 지리적 특성을 반영하지 못한 것은 왜 문제가 될까?

2 윤리적으로 적절하지 못한 엔지니어의 행동에는 어떤 것들이 있을까?

이재승의 연구(2014)에서는 후쿠시마 원전사고에 대한 엔지니어들의 전문가로서의 사회적·윤리적 책임의식의 결여를 지적하고 있다. 조사 결과, 후쿠시마 제1원전은 건설 당시 지진 및 쓰나미 설계 기준이 자연재해가 많은 일본의 지리적 특성을 반영하지 못한 공학적으로 부적절한 설계였음이 드러났다. 또한 안전과 관련된 중요한 의사결정이 최상의 지식에 근거하지 않았다. 이재승은 일반적으로 공학적 참사가 일어나는 원인을 공학적 설계의 오류, 경영관리의 실패, 윤리적으로 부적절한 엔지니어의 행동을 포함하는 세 가지로 구분하고 있다. 그는 하나의 공학적 참사는 이러한 세 가지 원인이 복합적으로 작용하는 경우가 많지만, 특히 윤리적 오류를 확인하는 것이 중요한 이유는 그것이 '예방윤리'의 성격을 강하게 가지고 있기 때문이라고 보았다.

두 번째 사례는 입학사정관의 직업윤리 부재에 관한 사례이다. 2010년 모 대학 입학사정관의 남편이 트위터를 통해 올린 글이 사회적 반향을 일으킨 적이 있다(Box 2-3).『한겨레 신문』(2010.09.13.) 보도에 의하면 입학사정관 남편이 지인에게 대입 특혜를 약속하는 듯한 글을 남겨서 논란이 되었다. 입학사정관은 입시전형에서 누구보다도 공정하게 학생들을 평가하고 선발해야 할 전문가로서의 책임이 있다. 남편이 부인의 직업적 권력을 활용하여 불공정한 관행을 시도하려고 한 것 자체가 직업윤리에 위배되는 행위라고 할 수 있다.

입학사정관은 대학과 각 학과(전공)의 인재상에 부합하는 인재를 선발해야 하는 중요한 업무를 담당하는 전문가로서 학생 선발, 전형 개발, 대입정보 제공 등의 다양한 역할을 담당해야 하기 때문에 몇 가지 중요한 자질이 요구된다(김혜진, 2012). 첫째, 지원자의 전형자료를 공정하고 객관적으로 평가할 수 있어야 한다. 둘째, 국내의 고등학교 교육 현실을 잘 알고 있어야 하고, 전문가의 시각에서 지원자의 전형자료를 이

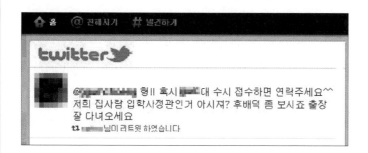

Box 2-3 입학사정관의 직업윤리 부재 사례

함께 생각해 볼 문제

1 이 사례에서 입학사정관의 남편에게는 직업윤리와 관련하여 어떠한 문제가 있다고 생각하나요?

2 입학사정관이 중요하게 고려해야 하는 윤리적 원칙에는 어떤 것이 있을까요?

3 입학사정관에게 요구되는 가장 중요한 자질은 무엇일까요?

해하고 분석할 수 있어야 한다. 셋째, 학생부종합전형에 대해 올바로 이해하며, 각 대학의 교육목적과 이념, 인재상에 맞는 전형을 개발하고, 최대한 모든 지원자에게 고른 기회를 제공할 수 있는 전형이 되도록 노력해야 한다. 넷째, 학생과 학부모에게 공정하고 공평하게 정보를 제공해야 한다. 무엇보다 공정하고 공평한 업무처리가 입학사정관의 직업윤리에서 가장 중요하다고 볼 수 있다.

비단 위와 같은 사례에 한하지 않고 직업윤리에 반하는 여러 가지 비위가 있을 수 있다. 김경동과 김여진(2010)은 직장에서 나타날 수 있는 다양한 비윤리적 행동 유형들을 제시하고 있다. 비윤리적 행동 유형에는 도둑질, 거짓말, 뇌물수수·보상지급·반대급부 제공, 정보의 은닉 및 누설, 조직 차원의 권한남용, 규칙위반, 비윤리적 행위의 종범 등이 포함된다. 이처럼 직장에서의 비윤리적 행동에는 자신이 직접 비윤리적 행동을 하는 것뿐만 아니라 다른 사람의 범죄를 방조하는 비윤리적 행위의 종범도 포함된다.

3) 직업윤리에 대한 연구

한국 직장인의 직업윤리를 측정한 박화춘과 문승태의 연구(2018)에서는 한국직업윤리측정도구(Korean Employability Skills Assessment, KESA)를 사용하였다. 이 척도는 진취성, 대인관계 기술, 사려깊음, 신뢰성의 네 가지 요인으로 구성되었다. 이 연구에서는 한국 성인 남녀를 대상으로 이러한 네 가지의 직업윤리를 비교하였다. 우선, 학력에 따른 차이를 살펴보면 네 가지 요인 모두에서 학력이 높을수록 점수가 높았다. 특히 석사 및 박사학위 이상 집단이 고등학교, 전문대, 대학교 졸업자 집단보다 유의미하게 점수가 높았다. 둘째, 직업의 유형에 따른 결과를 보면 하위 요인별로 다른 결과가 나타났다. 진취성의 경우는 관리직과 전문직 집단이 다른 집단보다 점수가 높았다. 그러나 진취성을 제외한 대인관계 기술, 사려깊음, 신뢰성에서는 직업유형에 따른 차이가 없었다.

직업윤리에 대한 연구들은 다양한 영역에서 이루어지고 있으며, 특히 전문가의 직업윤리에 대한 연구들의 비중이 높다. 전문가들의 전문성이 예전과는 다른 위상을 갖고 있기 때문이다. 오늘날 전문가들의 전문성은 전문가가 아닌 일반인들에 의해 도전받고 있는데, 그 이유를 다음과 같이 몇 가지로 구분할 수 있다(서규선, 2010). 첫째, 전문가의 전문성이 더 이상 사회적으로 절대적인 신뢰를 받지 못하고 있다. 그 이유는 특정 영역에서의 지식이 더 이상 전문가의 독자적인 영역이 아니기 때문이다. 또한 사람들은 새로운 전문가가 나타나면 기존의 전문가가 제시한 지식을 버리고 새로운 전문가를 찾기도 한다. 둘째, 기존의 관행이 바뀌고 있기 때문이다. 예를 들어 예전에는 의사와 환자의 관계에서 환자의 권리의식이 낮아서 의사가 환자의 병에 대해 이러저러한 이야기를 할 때 궁금한 점이 있어도 질문을 하거나 의견을 제시하기가 어려웠다. 하지만 근래에는 환자들의 권리의식이 높아져서 의사들이 환자를 대할 때 기존과는 다르게 환자의 의견을 존중하는 경향이 있다.

물론 아직도 의사의 경우는 '히포크라테스 선서'를 하고 교사는 '사도헌장'을 외우지만, 그것은 선언적 의미가 강하고 현실은 계약의 기초인 신의성실의 의무가 지배한다(서규선, 2010). 특히 교사의 경우도 예전과는 다르게 소명에 의한 천직 개념보다는 전문가로서의 교사의 역할이 강조되고 있다.

　최근 전문가의 윤리의식에 대한 연구들이 많이 이루어지고 있는데(강진령, 이종연, 손현동, 2007; 박정숙, 이충섭, 박춘래, 2010; 박춘래, 김상우, 2013; 유연숙, 이효선, 2016; 이혜선, 2015; 이효선, 2016; 임상수, 2007; 주태현, 이혜옥, 박춘래, 2010; 최지영, 2010; 최지영, 김민강, 2008; 홍성훈, 2000; Rest & Narváez, 1994), 주로 의사, 교사, 상담사, 사회복지사, 정보전문가, 세무사 등에 관한 연구들이 많이 수행되어 왔다. 직업윤리에 대한 연구들 중 전문직 직업윤리에 관한 연구들을 구체적으로 살펴보면 다음과 같다.

(1) 교사의 직업윤리

　전문가 윤리의 관점에서 수행된 교사와 예비교사의 도덕성에 대한 연구(최지영, 2010; 최지영, 김민강, 2008)에서는 교사와 예비교사에게 높은 수준의 도덕성이 요구되는 이유는 교사의 윤리의식이나 도덕성이 학생들의 인성과 행동에 지대한 영향을 미치기 때문이라고 보았다. 예전부터 교사에게는 다른 직업을 가진 사람들에 비해 높은 수준의 도덕성이 요구되었다. 교직을 천직 또는 소명의 관점에서 바라보던 것에서 점차 교직을 전문직으로 보는 경향이 강해졌지만, 여전히 교사에 대해서는 높은 수준의 윤리의식이 요구된다. 최지영과 김민강의 연구(2008)에 따르면, 예비교사들은 다른 역할과 마찬가지로 사회적 영역에서의 교사의 역할을 중요하게 생각하는 것으로 나타났다. 사회 영역에서의 교사의 역할에는 신뢰유지, 사회적 책임, 평생학습과 자기계발의 임무가 포함된다. '신뢰유지'는 교사가 학생, 학부모, 사회에 대해 신뢰로운 존재가 되어야 한다는 것이다. '사회적 책임'은 전문직업인으로서 교사가 사회적 역할을 잘 담당해야 한다는 것이며, 교사로서의 소명의식이나 책임감을 포함한다. '평생학습과 자기계발'은 교사로서 전문성을 향상시키기 위해 자신이 담당한 교과목의 전문성 계발을 위해 평생학습과 끊임없는 노력을 해야 함을 의미한다.

(2) 상담자의 직업윤리

　상담자의 직업윤리와 관련된 연구들을 살펴보면, 그동안 학교상담사에 대한 연구가 많이 수행되어 왔다. 학교상담사의 경우, 학교에서 학생들을 상담하는 전문상담사나 전문상담교사에게 요구되는 윤리강령이 있다. 이것은 학교상담자 윤리라고 할 수 있는데, 선행연구들에 의하면 학교상담자들이 윤리지침을 잘 모르는 경우도 있고(강진령, 이종연, 유형근, 손현동, 2007), 윤리적 갈등 상황에서 윤리적이지 않은 선택을 하는 경우도 많다(강진령, 이종연, 손현동, 2007). 학교상담자들에게 필요한 윤리적 지침을 체계적으로 제시한 한 연구(손현동, 2014)에 따르면, 상담 진행 전, 상담 진행 중, 상담 진행 후로 나누어 단계별로 학교상담자들이 고려해야 할 윤리적 원칙들이 있다는 사실을 알 수 있다. 그중 몇 가지를 살펴보면 우선 상담을 진행하기 전에는 이중(다중)관계를 피하는 것과 상담자의 능력 범위 내에서 상담을 시작하는 것이 중요하다. 특히 상담자의 능력과 관련해서 상담자는 상담 시작 전에 학생이 호소하는 문제가 자신이 처리할 수 있는 범위의 문제인지를 판단하고, 만일 자신의 능력을 넘어서는 문제라고 생각되면 학생에게 이러한 점을 알리고 그 문제를 적절하게 해결할 수 있는 전문상담자에게 의뢰하는 것이 필요하다. 상담을 시작하기로 하면, 사전 동의과정을 거치고, 상담이 앞으로 어떻게 이루어질지를 알려 주는 것이 중요하다. 또한 상담의 내용에 대해 비밀보장을 할 것임을 확실하게 알려야 한다. 상담이 본격적으로 진행되는 과정에서도 내담자인 학생의 가치관을 존중하는 것이 중요하다. 상담을 종료할 때에도 내담자에게 더 이상 적절한 도움을 제공하기 힘들고 상담이 생산적이지 않게 되었다고 판단하면 상담자는 즉시 상담관계를 마무리할 필요가 있다.

(3) 사회복지사의 직업윤리

사회복지사는 인간의 가치와 존엄성을 기초로 사회정의를 옹호하며, 사회구성원들의 개별적 차이를 존중하고 보호하며 공정한 사회를 만드는 것을 목표로 하는 전문직이다. 따라서 전문직으로서 사회복지사는 자신이 하는 일에 대해 진지한 윤리적 고뇌가 필요하다(이효선, 2016).

사회복지사가 경험한 윤리적 문제에 대한 한 연구(유연숙, 이효선, 2016)에 따르면, 사회복지사들은 전문직으로서 직업에 대한 가치와 지식이 아직 충분히 준비되지 않아 윤리적 기준이 없는 상태에서 실천하는 경우가 많고, 전문가라고 생각하기는 하지만 그에 걸맞은 전문적 역량에 대한 성찰은 부족한 것으로 나타났다. 또한 사회복지조직이 실적과 성과를 중요하게 생각하기 때문에 전문직으로서 자율성을 발휘할 기회가 적은 것으로 나타났다. 유연숙과 이효선의 연구(2016)에서는 이러한 연구 결과를 바탕으로 사회복지사의 윤리의식을 높일 수 있는 몇 가지 실질적인 방안을 다음과 같이 제시하고 있다. 첫째, 사회복지사 양성과정에서 사회복지 분야의 윤리교육 교과목에서 이론적 내용과 실제 사례를 함께 다룬다. 사회복지사가 사회복지 현장에서 접할 수 있는 윤리적 문제들을 교육과정에서 미리 토론하고 윤리적 의사결정을 하는 연습을 한다면, 사회복지사가 되었을 때 전문가로서 좀 더 올바른 의사결정을 할 수 있을 것이다. 둘째, 사회복지 분야의 일들이 성과를 중심으로 평가되기는 하지만, 사회복지사로서 자신이 하는 모든 일에 대해서 그 의미를 생각해 보고 전문가로서 올바른 판단과 행동을 해 왔는지에 대해 반성적인 성찰이 필요하다. 셋째, 개인의 윤리적 실천은 윤리적인 환경이 뒷받침되어야 가능하다. 따라서 사회복지사가 속한 사회복지기관에서 적절한 윤리지침을 만들고, 그에 따라서 사회복지사가 책임감을 가지고 올바르게 행동할 수 있도록 하는 도덕적 분위기 형성이 중요하다.

(4) 정보전문가의 직업윤리

정보전문가에 대한 정의는 여러 가지로 할 수 있으나 정보의 생산, 가공, 유통, 소비, 폐기 단계에 따라 전문가를 찾아보는 방법도 많이 사용되고 있다(임상수, 2007). 예를 들어 정보 생산 전문가에는 학자, 작가, 예술가, 교사, 기자 등이, 정보 가공 전문가에는 편집자, 프로듀서, 편곡자 등이, 정보 유통 전문가는 출판인, 영화인, 포털사이트 운영자 등이, 정보 소비 전문가에는 정보검색사, 소프트웨어 판매자 등이, 정보 폐기 전문가에는 정보 삭제 및 폐기업체, 정보처리기사, 정보보안관리자 등이 포함된다. 임상수의 연구(2007)에서는 대학 수준에서 정보윤리 교육을 강화할 필요성을 제시하며, 일반 교양선택과목에서 정보윤리나 인터넷·사이버 윤리 강좌를 확산하는 것과 공학인증제 관련 교육과정에서 공학윤리 및 정보통신윤리 강좌를 확대 개설하는 방안을 제안하고 있다.

(5) 세무전문가 직업윤리

회계학 분야에서 윤리의식에 대한 연구는 예전부터 이루어져 왔으나 세무전문가의 윤리의식에 대한 연구는 비교적 최근에 와서 많이 이루어졌다(박정숙, 이충섭, 박춘래, 2010; 박춘래, 김상우, 2013; 주태현, 이혜옥, 박춘래, 2010). 세무전문가의 윤리적 민감도에 영향을 미치는 요인을 살펴본 연구(박정숙, 이충섭, 박춘래, 2010)에서는 자격증 유무, 직무만족, 역할갈등이 세무전문가의 윤리적 민감도에 영향을 미치는 것으로 나타났다. 자격증이 있고, 직무만족이 높은 것이 윤리적 민감도를 높이는 것으로 나타났고, 역할갈등이 높은 것은 윤리적 민감도를 낮추는 것으로 나타났다. 박춘래와 김상우의 연구(2013)에 따르면, 세무전문가들의 윤리적 사상 중에서 도덕적 공평성이 윤리적 판단에 영향을 가장 많이 미치는 것을 알 수 있다.

주태현, 이혜옥, 박춘래의 연구(2010)에서는 세무전문가를 세무사, 세무공무원, 조세학자로 세분화하여 구분하였다. 기존 연구에서는 주로 세무대리인을 대상으로 하는 경우가 많았으나, 이 연구에서는 세무대리인뿐만 아니라 세무공무원과 조세학자를 포함하였다는 점에서 의미가 있다. 이들의 연구 결과에 따르면 세무전문가 집단 중 세무공무원이 세무사보다 동일한 사안에 대한 윤리의식이 높은 것으로 나타났고, 조세학자는 이 두 집단의 중간 정도로 윤리적 판단을 하고 있는 것으로 나타났다.

4) 직업윤리의식 향상을 위한 교육적 시도

어떤 직업을 갖든지 진로를 결정하는 과정에서 자신이 원하는 직종의 직업윤리에 대해 고민하고 충분히 성찰해야 한다. 그렇다면 직업윤리의식을 향상시키기 위해서는 어떤 방법이 가능한가를 고민할 필요가 있다. 우선 기본적으로 직업과 관련된 윤리강령에 대해 이해하고 준수하는 것이 중요하다. 자신의 직무의 특성을 이해하고, 직무특성을 고려하여 좀 더 유의해야 할 윤리적 측면은 없는지 등을 확인하는 것이 필요할 것이다. 그러나 이처럼 특정 직업과 관련된 윤리강령을 만들어 준수하는 것과 더불어 직업윤리의식을 전반적으로 향상시키는 것이 필요하다. 윤리강령이 직장인의 모든 상황에 대한 지침을 주기는 어렵고, 직업활동은 어느 정도의 자발성을 전제로 하고 있기 때문이다. 직업인으로서의 사회적 책임을 갖고 열심히 자신의 일을 해 나가는 과정에서 겪을 수 있는 여러 가지 딜레마 상황에서 보다 성숙한 직업윤리의식을 가지고 자율적인 판단이 필요한 경우가 많을 것이다. 따라서 윤리적 측면에 대해 좀 더 민감하게 지각하고, 성숙한 도덕 판단을 하기 위해서 적용해 볼 수 있는 교육적 방안을 제시하고자 한다.

(1) 윤리적 민감성의 증진

도덕성을 연구한 심리학자 레스트와 나바이즈(Rest & Narváez, 1994)는 도덕성에 대한 통합적 관점을 토대로 도덕성의 4구성요소 모형을 제시하였다. 도덕성의 4구성요소에는 도덕적 민감성, 도덕적 판단력, 도덕적 동기화, 도덕적 품성이 포함된다. 구성요소별로 그 의미를 살펴보면, 우선 도덕적 민감성은 어떤 상황이 도덕적인지 아닌지를 지각할 수 있는 능력이다. 예를 들어 도덕적 판단력이 아무리 높아도 도덕적 민감성이 낮으면 대부분의 상황을 그냥 지나치기 때문에 자신의 뛰어난 도덕적 판단력을 발휘할 기회가 적다고 할 수 있다. 도덕적 판단력은 어떤 행동이 가장 옳은 것인지를 판단하는 능력이다. 도덕적 동기화는 사회적 가치, 경제적 가치, 종교적 가치 등 다른 가치들과 도덕적 가치가 상충했을 때 도덕적 가치를 우선시하는 능력이다. 마지막으로 도덕적 품성은 도덕적 선택을 한 후에 도덕적 행동으로 나아가는 데 필요한 용기, 절제력, 인내심 등과 같은 성격특성이라고 할 수 있다.

레스트의 도덕성 모형은 특별히 직업윤리에만 적용되는 것은 아니지만 직업윤리와 관련해서 생각해 볼 부분이 많다. 가령 자신이 근무하고 있는 직장에서 어떤 상황이 도덕적으로 문제가 될 수 있는지, 어떻게 하는 것이 올바른 도덕적 행동인지, 도덕적 가치를 다른 가치보다 중요하게 생각한다는 것이 어떤 의미인지, 자신이 도덕적 행동을 하는 데 필요한 품성을 갖추고 있는지 등의 질문은 직업윤리의 측면에서도 중요한 문제이기 때문이다. 특히 전문직에 종사하는 사람들은 자신의 분야에서 다른 사람들은 가지지 못한 지식과 기술을 가지고 있다. 따라서 전문직에 있는 사람들은 자신의 전문성을 올바른 방향으로 잘 살려서 활용할 필요가 있다. 예를 들어 교사를 전문직업인으로 보았을 때, 외부적인 규제보다 내적으로 성숙한 윤리의식에 의해 자율적으로 자신의 생각과 행동을 조절하는 것이 바람직하다(홍성훈, 2000).

교사들은 학교에서 도덕적 딜레마 상황에 놓일 때가 많은데, 이러한 상황에서 교사가 올바른 판단을 자율적으로 하려면 전문가에게 요구되는 높은 수준의 윤리의식이 필요하다(최지영, 2010). 특히 도덕적 민감성이 중요한데, 직업윤리의 측면에서 보면 윤리적 민감성이라고 할 수 있다. 직무와 관련된 상황에 내포되어 있는 도덕적 측면을 잘 감지하고 인식하는 것이 올바른 도덕판단과 도덕행동으로 나아가는 데 기초가 되기 때문에 윤리적 민감성을 향상시키는 것이 매우 중요하다고 볼 수 있다. 특정 직업군에 적용되는 윤리강령이 있다고 하더라도 직업세계에서 일어날 수 있는 수많은 도덕적 딜레마 상황에 대한 지침을 일일이 규정하기는 어렵기 때문이다.

(2) 가상의 도덕적 딜레마의 활용

윤리적 민감성은 직업과 관련된 도덕적 딜레마에 대해 고민하는 계기를 마련해 줌으로써 향상될 수 있다. 이와 관련하여 세무전문가와 교사의 윤리적 민감성을 향상시키는 방법을 제시해 보고자 한다.

주태현, 이혜옥, 박춘래의 연구(2010)에서는 세무전문가를 세무사, 세무공무원, 조세학자로 구분하고 Box 2-4에 제시된 사례에 대해 어떻게 생각하는지를 분석하여 윤리의식을 측정하였다. 이러한 가상 시나리오는 특정 직업에 종사하는 사람들의 윤리의식을 측정하는 도구로 사용할 수도 있지만, 그 자체를 교육자료로 활용할 수도 있다. 예를 들어 회계학과 학생들에게 전공 교육과정에서 이 같은 가상의 도덕적 딜레마를 활용하여 토론하게 한다면 향후 직무현장에서 부딪히게 될 다양한 도덕적 딜레마 상황에 대한 자신의 생각을 정리하고 보다 확고한 직업윤리의식을 갖는 기회가 될 수 있을 것이다.

또 다른 연구(최지영, 2013)에서는 예비교사의 도덕적 민감성을 향상시키기 위해 교육현장에서 접할 수 있는 도덕적 딜레마를 활용하였다. Box 2-5에 제시된 것처럼 교사가 학생지도를 할 때 어느 수준까지 책임을 지는 것이 적합한가와 관련된 도덕적 딜레마를 예비교사들이 토론 주제로 사용할 수 있다.

세무업무와 관련된 가상 시나리오를 활용한 교육활동 예시

김진규 세무사는 올해부터 ㈜부산의 세무조정을 맡게 되었다. 그는 2008년도의 재무정보를 검토한 결과 전년도에 비해 회사의 매출은 제자리인 반면, 접대비는 200%나 증가하였다는 사실을 발견하였다. 이에 대해 김 세무사가 회사의 회계담당자에게 문의한 결과, 2008년도에 회사는 새로운 고객을 창출하기 위해 더 많은 접대비를 지출하였으나 잠재고객들이 접대를 받고 제품은 구매하지 않은 것 같다는 회계담당자의 설명을 들었다. 어느 날 저녁 김 세무사는 ㈜부산의 자금조달 행사에 참석하였다. 이 회사의 회장은 김 세무사가 참석한 것을 알지 못한 채 자신의 개인적인 친구들에게 행사비용과 함께 회사법인카드로 결제하면 된다고 하면서 술을 한잔 사겠다는 말을 했다. 이 말을 김진규 세무사는 그 자리를 지나치다 우연히 들었다. 그로부터 며칠 후 김 세무사는 접대비로 계상된 금액에 대해 추가적인 검증절차 없이 ㈜부산의 2008년 귀속 세무신고서를 작성하였다.

여러분은 김진규 세무사의 이러한 행동에 대해 어떻게 생각하십니까?

출처: 주태현, 이혜옥, 박춘래(2010), p. 44.

예비교사를 위한 도덕적 딜레마 활용 예시

문제 학생에 대한 교사의 책임은 어디까지인가?

교사 생활을 하다 보면 모범 학생도 만나게 되고, 문제 행동을 일삼는 학생도 만나게 될 것이다. 이때 교사는 문제 행동을 하는 학생의 태도와 행동을 개선해 주어야 한다는 생각을 하게 되는데, 문제 행동을 하는 학생을 지도하다 보면 이 학생을 계속 안고 가야 하는지 의문이 생길 때가 있다. 교사가 계속 노력하는데도 학생의 행동이 변화하지 않으면 이 학생을 그냥 내버려 두어야 하는가? 아니면 학생의 행동이 개선될 때까지 인내심을 가지고 지도해야 하는가?

- 이 상황은 왜 도덕적 딜레마 상황이 될 수 있는가?
- 이 상황에서 중요하게 고려해야 할 교육적/도덕적 논쟁점은 무엇인가?
- 이 상황은 어떤 사람들과 관련되어 있는가?
- 이 상황에서 여러분이 교사라면 어떻게 하겠는가?

출처: 최지영(2013), p. 273.

요약

　진로설계 과정에서 사회적 변화와 특징을 고려하는 것이 중요한데, 이러한 점에서 4차 산업혁명 시대와 고령사회의 특징을 고려하여 전 생애에 걸친 진로설계가 필요하다. 전 생애에 걸친 진로설계 과정에서는 자신에 대한 이해, 직업세계에 대한 이해, 합리적인 의사결정 등과 관련된 충분한 고민이 수반되어야 한다. 또한 고령사회가 되고 평균수명이 증가하면서 고령자에게 적합한 직업능력의 개발과 이러한 서비스를 제공할 수 있는 상담자의 전문성 향상에 관심을 기울일 필요가 있다.

　개인의 직업관과 관련하여 직업의 의미를 어떻게 받아들이느냐에 따라 행복 추구형, 현실 직시형, 성장 지향형, 독립기반 조성형으로 구분할 수 있다. 직업에 대한 생각은 직장에서 일을 대하는 태도, 직무 역량 발휘 정도, 직무만족도, 나아가시는 삶의 만족도에 영향을 주기 때문에 직업에 대한 자신의 인식을 점검할 필요가 있다. 또한 직업에 대한 태도는 삶이나 여가에 대한 태도와도 관련되고, 무엇보다 직업과 삶을 균형 있게 유지하는 것이 중요하다. 직업을 선택할 때 특정한 직업에 대해 편견이나 오해하고 있는 부분은 없는지를 확인하고, 건전하고 올바른 직업의식을 갖도록 노력해야 한다.

　자신이 원하는 직업세계에서 중요하게 고려해야 하는 직업윤리에 대해 살펴보아야 한다. 직업윤리는 자신의 직무와 관련하여 무엇이 옳고 그른지를 판단하는 데 있어서 그 직업에 종사하는 사람들이 공통적으로 갖고 있는 기준이나 규범이라고 할 수 있다. 직업윤리에 대한 연구들 중 교사, 상담자, 사회복지사, 정보전문가, 세무전문가의 직업윤리에 대한 연구를 통해 앞으로 직업윤리의식을 향상시키기 위해 교육적으로 시도해 볼 수 있는 방안들을 도출할 수 있다. 예를 들어 자신의 직무와 관련하여 윤리적 민감성을 향상시키기 위해 가상의 도덕적 딜레마를 활용할 수 있다.

1 고령사회로 접어든 한국의 사회적 상황을 고려해 볼 때, 진로설계 과정에서 중요하게 고려해야 할
   점들은 무엇인가?

2 일과 삶의 조화를 이룬다는 것은 어떤 의미인가?

3 자신이 원하는 직업세계에서 특히 중요한 직업윤리에는 어떤 것들이 있는가?

2부

진로교육과 상담의 이론적 기반

제3장

진로선택이론

1 특성-요인이론의 기본가정을 설명하고 상담 기법을 진로상담 실제에 적용할 수 있다.

2 관계적 진로이론의 기본가정을 설명하고 상담 기법을 진로상담 실제에 적용할 수 있다.

3 크롬볼츠 사회학습이론의 기본가정을 설명하고 상담 기법을 진로상담 실제에 적용할 수 있다

진로이론은 여러 가지 방식으로 분류되고 있으나 이 장에서는 개인과 직업의 매칭에 초점을 둔 이론들의 집합체를 선택이론으로 보고 특성-요인이론, 관계적 진로이론, 크롬볼츠의 사회학습이론을 중심으로 살펴보고자 한다. 첫째, 특성-요인이론에서는 진로결정에 어려움을 겪는 내담자 문제를 내담자가 자신의 특성에 대한 이해가 부족하거나 자신과 직업세계를 연결하는 방법에 대한 정보나 통찰이 부족해서 생기는 것으로 본다. 따라서 특성-요인이론은 개인의 특성과 특정 직업에서 요구하는 조건과의 매칭을 통해 내담자에게 적합한 진로선택을 하도록 돕고자 한다. 둘째, 관계적 진로이론에서는 내담자의 진로문제가 부모를 비롯한 타인과의 관계 방식에서부터 비롯된다고 보고 내담자의 대인관계 양식 탐색을 통해 알게 된 내담자의 욕구를 진로선택과 연결시키는 것에 초점을 둔다. 관계적 진로이론은 몇 가지 하위 이론으로 구분되지만 여기서는 로우의 성격발달이론, 애착이론, 필립스의 발달적-관계 모델을 다룬다. 셋째, 크롬볼츠의 사회학습이론은 개인이 일생을 통해 독특하게 경험하는 학습이 진로선택에 영향을 미친다는 것을 가정한다. 그런 이유로 진로상담을 통해 내담자가 자기관찰 기술, 과제접근 기술과 실행행동 기술 등을 학습할 수 있도록 돕는 것을 강조한다. 이 장에서는 이들 세 가지 진로이론의 기본적인 개요, 상담에서 적용 가능한 구체적인 기법과 각 이론별 상담 과정을 제시하여 진로선택이론에 대한 기본적인 이해를 할 수 있도록 하였다.

01 특성-요인이론

1) 개요

특성-요인이론은 개인의 특성과 특정 직업에서 요구하는 조건들을 매칭(matching)시키고 그 결과에 따라 진로문제를 해결하는 것에 주된 관심이 있다. 여기서 특성(trait)은 검사를 통해 특정해 낼 수 있는 개인의 특징을, 요인(factor)은 성공적인 직무 수행을 위해 요구되는 특징을 뜻하는 것으로, 특성과 요인이라는 용어는 개인과 직업의 특징에 대한 평가를 의미한다(Sharf, 2016). 따라서 특성-요인이론에서는 내담자가 진로결정에 어려움을 겪는 이유를 자신의 특성에 대해 이해가 부족하거나 자신과 직업세계를 연결하는 방법에 대한 정보와 통찰이 부족해서 생기는 것으로 본다.

특성-요인이론은 초기 개인차에 대한 심리측정 운동에 힘입어 발달하였다. 특히 제2차 세계대전 동안에 군인들에게 적합한 임무를 배치할 필요성에 따라 여러 검사 개발이 이루어졌는데, 이런 심리측정 운동이 특성-요인이론의 발달에 필요한 평가 기법이 발전하는 토대가 되었다.

특성-요인이론의 대표적인 이론가는 파슨스(Parsons)와 윌리암슨(Wiliamson)이다. 파슨스는 미국 동부 보스턴을 중심으로 직업국을 만들고 청소년들을 대상으로 활발한 진로지도활동을 펼쳤다. 특히 파슨스(Parsons, 1909)는 특성-요인이론의 세 가지 핵심적인 가정을 제시하여 특성-요인이론의 이론적 토대를 구축한 것으로 유명하다. 파슨스가 제안한 세 가지 가정은 첫째, 개인의 태도, 능력, 흥미, 포부, 자원의 한계 및 원인 등을 포함한 자신에 대한 명확한 이해, 둘째, 다양한 분야에 속한 직업의 요구 및 성공 요건과 장단점, 보수, 고용 기회, 전망에 대한 지식, 셋째, 이러한 유형의 정보 간의 관계에 대한 올바른 추론 등이다.

특성-요인이론은 진로상담이론 중 가장 전통적이며 오늘날까지 진로상담 분야에 지속적으로 영향을 미치고 있다. 직업이 다양해지고 새로운 직군들이 빠르게 출현하고 사라지는 상황에서 개인과 직업 간 매칭의 논리가 이전보다 퇴색한 경향은 있지만 직업을 고려하는 개인은 누구나 자신과 직업과의 적합성을 심사숙고할 것이란 점에서 향후에도 영향을 미치는 이론으로 남을 가능성이 크다. 무엇보다 특성-요인이론의 진로지도 모형은 오늘날 컴퓨터 기반 진로지도 프로그램의 핵심 기반이 되고 있다는 점에서 여전히 유효한 진로이론이라고 할 수 있다.

2) 상담 기법

특성-요인이론에서는 내담자 자신의 이해와 직업세계의 이해가 중요하며, 심리검사가 큰 역할을 한다. 따라서 심리검사를 안내하고 해석하는 데 상담자들의 전문성이 무엇보다 중요하다. 이에 대해 윌리암슨(Wiliamson, 1939)은 내담자를 돕기 위해서는 많은 회기가 요구되고 내담자와의 라포(rapport)도 중요하지만 상담자가 통계적 자료와 임상적 자료를 사용하여 내담자에게 직접적인 충고를 할 수 있어야 한다고 하였다. 여기서는 특성-요인이론의 기법으로 심리검사를 도입하거나 해석할 때 상담자가 사용할 수 있는 몇 가지 면담의 예시, 직업카드와 컴퓨터 활용 방법을 다룬다.

(1) 면담 기법

특성-요인이론을 적용하는 상담자는 내담자의 특성을 이해하는 단계에서 내담자에게 어떤 심리검사가 왜 필요한지에 대해 논리적으로 설명할 수 있어야 한다. 그뿐만 아니라 심리검사 결과를 바탕으로 내담자의 진로문제에 부합하는 상담을 할 줄 알아야 한다. 다음은 심리검사를 활용할 때 상담자들이 활용할 수 있는 몇 가지 질문에 대한 예시이다.

■ 심리검사 실시 및 결과 해석 안내 질문
- 오늘은 몇 가지 심리검사를 할 것입니다. 심리검사는 ○○씨가 무엇을 좋아하고, 잘하는지, 무엇을 중요하게 여기고 있는지, 나아가 어떤 성격을 가진 사람인지를 수치나 유형으로 보여 줍니다. ○○씨에 대해 좋거나 나쁘다는 평가를 하는 것이 아니니 편안한 마음으로 검사에 임하면 됩니다.
- 앞서 우리가 몇 가지 진로 관련 검사를 했지요? 오늘은 ○○씨가 실시한 흥미, 적성, 성격, 가치관 검사를 토대로 자신에 대한 이해를 해 보는 시간을 가질 거예요.

■ 흥미검사 활용 질문들
- 그동안 공부를 하면서 좋아했던 교과목이 있나요?

- 그동안 살아오면서 자신도 모르게 몰두해서 해 본 일이 있나요?
- 흥미검사를 살펴보니 영역별로 점수 차이가 거의 나지 않네요. 그리고 점수가 낮은 편이에요(혹은 점수가 모두 높은 편이에요). 다양한 분야에 관심이 많은 것으로 보여요(특별히 좋아하거나 관심 있어 하는 게 없어 보이네요). 검사결과에 대해 어떻게 생각하세요?
- 지금까지 흥미검사 코드의 특성을 들으셨는데요. 자신에 대해 얼마나 잘 설명하고 있다고 생각하시나요? 특별히 일치하는 내용이나 그렇지 않은 내용이 있으면 말씀해 보시겠어요?
- 이렇게 흥미범위가 좁은 이유는 ○○씨의 경험이 적기 때문인 것 같습니다. 지금부터 자신이 어떤 일에 흥미를 가지는지 적극적으로 관찰해 보기를 권합니다.

■ 적성검사 활용 질문들
- 사람들로부터 본인이 잘한다는 말을 자주 듣는 분야가 있나요?
- 시험 보면 성적이 잘 나오거나 본인이 잘한다고 생각하는 교과목이 있나요?
- 내가 잘한다고 생각하는 분야가 있나요? 그 분야가 무엇인지 말해 주시겠어요?
- 적성검사는 타인과 비교해서 특정 적성에 대해 자신이 어떤 위치에 있는지를 알려 줍니다. 이 분야의 일을 하신다면 본인이 더 잘 적응하고 일을 잘할 수 있다는 것을 나타내 줍니다. 여기 검사 결과를 보시면 공간적성, 창의력, 추상적인 사고력이 높게 나왔네요. 이런 적성이 높은 사람들은 공학 분야와 예술 분야에서 일을 하면 더 높은 성과를 낼 수 있다고 볼 수 있습니다. 여기 결과지 설명 중 본인에게 해당되는 내용은 무엇이 있을까요?
- 흥미가 있다고 말씀하신 영역의 언어검사 점수는 낮은 편이네요. 하고 싶은 분야의 일을 하시려면 어휘력이나 글쓰기 역량이 있어야 할 것으로 보입니다. 단어장을 만들어 새로운 단어를 기록해 봄으로써 어휘력을 향상시키거나 좋은 글을 필사하면서 글쓰기 실력을 키워 나갈 수도 있습니다.

■ 진로가치관 검사 활용 질문들
- 본인이 평소 살아가는 데 중요하다고 생각하는 게 있나요?
- 어떤 삶이 의미 있는 삶이라고 생각해 본 게 있는지요?

- 어떤 사람이 되었으면 좋겠다고 생각하거나 닮고 싶었던 사람이 있나요? 그 사람의 어떤 면이 좋아 보였나요?
- 흥미나 적성을 보면 예술 분야에 잘 적응하실 수 있을 것 같은데 ○○씨는 경제적인 측면을 중요하게 고려하고 있네요. 어떻게 해서 이런 결과가 나왔는지 본인이 생각하는 바가 있는지 듣고 싶네요.

(2) 직업카드

직업카드는 다양한 진로이론에서 유용하게 활용할 수 있는 도구이다. 특성-요인 이론에서는 내담자의 특성을 발견하거나 각 특성에 부합하는 직업을 고르는 데 적용할 수 있다. 예를 들어 내담자의 흥미, 적성, 성격이나 가치관 등을 잘 보여 주는 직업을 골라 보라고 함으로써 내담자의 특성을 드러나게 할 수 있다. 또한 다양한 표준화된 심리검사도구를 통해 파악한 내담자의 특성에 부합하는 직업을 선택하게 한 다음 그 직업의 다양한 측면을 알아보게 할 수도 있다.

직업카드 분류는 상담자가 다양한 지시문을 제시하여 진행할 수 있다. 다음과 같은 지시문을 변형하면 여러 장면에서 활용할 수 있을 것이다.

○○야! 여기 네 앞에는 이렇게 △△장의 직업에 대한 카드가 놓여 있단다. 카드는 네가 좋아하는 것, 싫어하는 것, 좋아하지도 싫어하지도 않는 중립적인 것들로 구성되어 있단다. 지금부터 선생님과 함께 이 카드를 분류하는 활동을 할 거야. 여기 네 앞에 세 개의 박스가 있는데 네가 가장 좋아하는 직업, 좋아하지 않아서 선택하고 싶지 않은 직업, 그리고 이도 저도 아니어서 결정하지 못하는 직업을 골라서 박스에 넣어 볼래? 이걸 다 하고 나면 왜 이런 직업을 각각의 박스에 넣었는지 얘기해 볼 거야. 시간제한은 없지만 가능한 네 머릿속에 먼저 떠오르는 직업을 고르면 된단다.

내담자가 가장 싫어하는 직업을 고르게 하고 각각의 직업이 왜 싫은지 이유를 말하면서 자신이 직업에 대해 갖고 있는 다양한 기대, 편견과 선입견을 알게 할 수도 있다. 가장 좋아하는 직업, 가장 잘하는 직업, 평소 알고 있는 직업, 자신이 중요하게 고려하는 가치가 있는 직업, 미래에 필요할 것 같은 직업 등 다양한 방식으로 직업카드를 분류하는 지시문을 활용할 수 있다.

국내에는 공공기관 발행 직업카드가 있으며, 그 외 개인연구자들이 개발한 초등용, 청소년용, 성인용 직업카드가 있다. 빠르게 변화하는 직업세계를 다루기 위해서는 비교적 최신 직업을 반영하는 직업카드인지를 살펴보고 활용하는 것이 도움이 될 것이다.

(3) 컴퓨터 활용

컴퓨터 기반 진로상담을 할 수 있다. 상담실이나 학교에서 실시하거나 가정에서 검사를 하도록 안내하고 검사결과지를 상담에서 활용할 수 있을 것이다. 최근에는 인터넷을 통해 다양한 심리검사를 할 수 있다. 대표적인 진로 관련 표준화된 심리검사를 제공하는 무료 사이트로는 워크넷과 커리어넷 등이 있다.

■ 워크넷(work.go.kr) 또는 커리어넷(career.go.kr) 활용
- 상담시간이 충분히 확보되면 상담 중에 직접 진로 관련 심리검사를 하거나 내담자에게 별도의 시간에 심리검사를 실시하도록 안내한다.
- 흥미, 적성, 가치관, 성격 등의 대표적인 표준화 진로 심리검사를 실시한다.
- 각각의 개별 검사결과를 출력해서 상담실을 방문하도록 한다.
- 각 검사결과가 제시하는 학과, 직업 등을 종합해서 살펴본다.
- 각 검사에서 제시하는 학과나 직업 등에 개인적인 생각을 탐색한다.

---

3) 상담 과정

특성-요인이론 기반 상담의 일차적인 초점은 선택을 위해 충분한 정보를 수집하도록 내담자를 돕는 것이다. 내담자가 수집해야 하는 정보는 가장 먼저 자신의 다양한 측면에 대한 것이어야 하며, 그다음에는 직업에 관한 지식이라고 할 수 있다. 윌리암슨(Wiliamson, 1965)은 분석, 종합, 진단, 처방, 상담, 추수라는 6단계 상담 모형을 제시하였다. 특히 그는 내담자에게 도움이 되기 위해서는 상담자의 지혜를 나눠 줘야 한다고 보고, 정보 제공이나 직접적인 조언을 강조했다. 이와 같은 윌리암슨의 상담 과정에는 앞에서 언급한 특성-요인이론의 핵심 가정인 개인에 대한 이해, 진로정보 탐색, 이둘 간의 통합적 추론이 녹아 있는 것을 볼 수 있다. 이 절에서는 특성-요인이론의 상담 과정으로 특성-요인이론의 기본가정이 상담 과정에 잘 드러날 수 있도록 윌리암슨의 제안을 통합하여 자기이해 단계, 정보 탐색 단계, 이 둘 간의 통합 단계로 구분해서 살펴보고자 한다.

(1) 1단계: 자기이해

자신에 대한 정보는 특성-요인이론에서 진로선택을 위한 전제 조건이다. 상담자는 진로상담을 할 때 가장 먼저 내담자가 자신에 대한 다양한 정보를 수집하도록 격려해야 한다. 상담자가 진로상담에서 내담자에 대한 이해를 위해 가장 많이 다루는 특성은 적성, 흥미, 성격, 가치관, 학업 성취 등과 같은 것이다. 이러한 내담자 특성에 대한 정보는 표준화된 측정도구를 통해서 가장 많이 접근할 수 있다.

적성은 진로에서 개인이 과업을 수행할 수 있는 미래의 가능한 능력수준을 보여 주는 개념이다. 적성이 개인의 성공을 얼마나 예언해 주는지에 대한 논란이 있지만 많은 적성검사들이 개인의 미래 직업에서의 성공을 예측하기 위해 사용되어 왔다. 흥미는 직업선택에서 가장 자주 언급되는 특성 중 하나이다. 어떤 일에 대해 흥미는 있지만 잘하지 못할 수도 있고, 적성은 높지만 흥미가 낮을 수도 있다. 모든 영역에서 다재다능한 사람은 적성보다는 흥미가 더 중요할 수도 있다. 다가오는 4차 산업혁명 시대에는 직업에서 개인의 흥미가 더욱 중요하게 여겨질 가능성이 있다. 성격 역시 개인을 이해하는 중요한 특성으로 간주되고 있으며 수많은 성격측정도구가 활용되고 있다. 심리상담에서는 훨씬 다양한 성격검사가 활용되고 있지만 국내 진로상담에서는 MBTI, NEO인성검사, 애니어그램검사 등의 비진단용 심리검사도구가 활용되고 있는 경향이다. 가치는 개인이 중요하게 여기는 것에 대한 정보를 알려 준다. 의사 적성이 높게 나타났더라도 어떤 사람은 가난한 사람을 위해 의술을 사용하고 싶어 하고 어떤 사람은 높은 경제적 성취를 위해 의사 적성을 사용한다. 적성이나 흥미가 뚜렷이 구분되지 않는 경우 가치관을 탐색하여 내담자를 돕는 것이 필요하다. 아무리 적성과 흥미가 있는 직업이라도 해당 직업에서 요구되는 학업 성취가 낮다면 그 분야로 진입할 수 없다. 따라서 상담자는 학업 성취도가 특정 직업으로 진입하는 데 장벽이 된다면 내담자가 학업 성적을 관리할 수 있도록 해 주어야 할 것이다.

특성-요인 접근에서 내담자를 조력하려는 상담자는 다양한 심리측정도구들의 심리학적 측정원리를 비롯해서 내담자에게 적용하는 방법 등에 대해 사전에 충분히 익히고 적용할 수 있어야 한다. 표준화된 적성, 흥미, 성격 관련 검사는 제작자나 출판 기관에서 학습 모임을 열고 있으므로 이에 참여하여 전문적인 소양을 갖추는 데 도움을 받을 수 있다.

(2) 2단계: 직업세계에 대한 정보 알기

직업정보는 특성-요인이론의 두 번째 고려사항이다. 진로상담을 하는 상담자는 기존에 자신이 알고 있는 지식에만 안주하지 않고 다양한 정보 제공 원천에 대해 알고 있어야 한다. 직업정보 유형에는 활자화된 책이나 팸플릿, 컴퓨터 기반 정보시스템, CD, 특정 직업의 종사자 등이 포함될 수 있다. 즉, 상담자는 내담자에게 쉽게 접근할 수 있는 책자나 인터넷뿐만 아니라 자원봉사나 근로자 면담 같은 직접적인 방식도 추천해서 내담자가 현실적인 정보를 확보할 수 있도록 해야 할 것이다. 또한 특성-요인이론을 활용하는 상담자는 자료수집 방법을 결정하거나 내담자에게 자료를 해석해 주거나 예측을 제시하기도 하는 등 능동적인 역할을 수행할 수 있어야 한다. 그러기 위해서 상담자는 직업정보 유형, 직업분류 체계, 직업별 특성과 요건에 대해서도 이해할 필요가 있다. 예를 들어 상담자가 우리나라 직업분류체계를 보여 주는 『한국직업사전』을 활용하는 방법을 알고 있다면 도움이 될 것이다. 상담자가 모든 직업에 대해 알아야 할 필요는 없지만 자신이 일하는 장면의 내담자들이 흔히 관심을 보이는 직업들에 대해서는 설명할 수 있으면 좋을 것이다. 또한 어디에서 직업목록을 살펴볼 수 있는지 정보원을 제시할 수 있어야 하며, 계속 생성되는 새로운 직업에 대해서도 알고 있는 것이 필요하다. 상담 중에 확인한 직업정보는 1단계에서 파악하게 된 내담자의 개인적 특성과 직접 연관시킬 수 있다. 특정 직종에 요구되는 적성, 흥미, 가치, 성격에 관한 정보뿐만 아니라 요구되는 자격기준, 교육조건 등이 포함되는데, 내담자가 이에 자기를 비추어 살펴볼 수 있도록 도와야 한다.

■ 한국직업사전

우리나라의 직업 총람으로서(직업수 1만 2천여 개, 직업명수 1만 6천여 개, 2017년 말 기준), 체계적 직무분석을 통해 수행하는 작업 과정(수행직무), 각종 부가직업정보(정규교육, 숙련기간, 작업강도, 자격면허 등)와 직업/산업분류 코드를 제공한다.

■ 한국직업전망

우리나라 대표직업 약 200개에 대한 향후 10년간 일자리 전망을 담고 있다. 일자리 전망 외에 하는 일, 근무환경, 되는 길(교육 및 훈련, 관련학과, 관련 자격 및 면허, 입직 및 경력 개발), 적성, 흥미, 성별·연령·학력 분포, 평균 임금 등의 정보도 확인할 수 있다.

출처: 워크넷(work.go.kr).

---

(3) 3단계: 자기 및 직업세계에 관한 정보의 통합

특성-요인이론에 따르면 이 3단계가 바로 진로상담의 목표이다. 1, 2단계에서 내담자의 특성과 직업정보의 특성을 검토하였고, 이를 바탕으로 자료들이 유의미하게 통합되어야 한다. 하지만 자기 및 직업세계에 대한 통합이 이론처럼 쉽게 달성되는 것은 아니다. 적성, 흥미, 가치, 성격 관련 검사 등을 통해서 도출된 특성들이나 제안된 직업이 상호 일치하지 않는 경우도 많다. 더구나 내담자의 자기이해가 충분하지 않거나, 부모와의 진로갈등 상태에 있거나, 관련 정보가 있어도 결정을 하지 못하는 내담자도 있을 것이다. 이런 경우에는 내담자의 자기이해가 더 충분히 이루어질 수 있도록 해야 하고, 필요하면 우선적으로 심리적 개입을 해야 한다. 무엇보다도 검사에서 드러나는 직업으로 최종적인 결정을 해야 하는 것이 아니므로 상담 과정에서 충분하게 내담자가 자신에 대한 탐색을 할 수 있도록 안내하는 것이 필요하다. 상담자는 검사도구에서 도출된 직업을 제시하는 것으로 자신의 의무를 다했다고 생각해서는 안 된다. 상담 과정에서 내담자가 충분히 자신에 대해 탐색하도록 함으로써 통합 과정이 원활하게 이루어지도록 한다.

4) 평가

특성-요인이론은 첫째, 여러 가지 표준화된 측정도구의 개발이라는 측면에서 상담에 지대한 공헌을 하였다. 특히 진로선택 문제를 호소하는 내담자에게 가장 많은 것을 제공한다. 하지만 모든 복합적인 문제를 호소하는 내담자를 대해야 하는 상담자들에게는 큰 도움을 주지 못하고 있다. 둘째, 특성-요인이론은 발달이론이라기보다는 정적인(static) 이론이라는 평가를 받고 있다. 적성, 흥미, 성격 등의 개인적 특성 등이 어떻게 발달하는가를 설명하기보다는 특성과 요인을 파악하는 데 초점을 두고 있다. 셋째, 특성-요인이론가들은 특성을 안정적이라고 보고 이를 측정해 낼 수 있다고 본다. 하지만 측정도구의 구인타당도와 예언타당도에 대한 여러 논쟁이 있는 것이 사실이다. 이러한 한계점을 염두에 두고 내담자에게 적절한 측정도구를 사용하는 것은 어떤 이론을 사용하든 진로상담에서 필수적인 과정이다.

02 관계적 진로이론

1) 개요

인간 활동에서 관계는 필수불가결하다. 특히 관계 지향적이고 집단주의적인 특성을 갖고 있는 우리나라 문화에서 개인의 진로문제에 미치는 타인의 영향력은 반드시 살펴봐야 할 요인이다. 하지만 관계적 진로이론을 제외한 다른 이론들은 직업문제를 다루는 데 관계의 중요성을 강조하지 않는 경향이 있다. 관계적 진로이론으로는 오랫동안 로우(Roe)의 성격발달이론(personality development theory)이 거론되어 왔다. 보다 최근에는 로우의 이론뿐만 아니라 애착이론(attachment theory), 부모-자녀 상호작용이론(parent-child interactional theory), 가족체계치료(family systems therapy), 필립스(Phillips)의 발달적-관계 모델(developmental-relational model), 블러스타인(Blustein)의 일의 관계이론(relational theory of working) 등까지 포함하여 포괄적으로 관계적 진로이론이 다뤄지고 있다(Sharf, 2016). 로우는 부모의 양육태도가 자녀의 진로선택에 미치는 영향을 조명하였고, 애착이론은 6세 이전에 부모에게 경험한 초기 애착경험이 개인의 진로탐색행동에 영향을 미친다고 본다. 가족체계치료는 가족상담이론을 진로문제를 이해하는 데 활용하고 있으며, 부모-자녀 상호작용이론은 진로문제 상담에 부모를 참여시켜 자녀의 진로문제를 돕는 방안을 제안하고 있다. 필립스의 발달적-관계 모델은 부모를 포함한 주변 사람들이 내담자의 진로발달에 미치는 영향이나 내담자가 주위 사람들을 활용하는 방식에 관심을 둘 것을 강조하였다. 블러스타인은 직장인에게 영향을 미치는 직장 내 관계에 주목하여 직장적응 문제를 설명하고 있다. 여기서는 진로를 이해하는 데 관계 문제가 어떻게 관여되는지를 로우의 성격발달이론, 애착이론, 필립스의 발달적-관계 모델을 중심으로 살펴본다.

(1) 로우의 성격발달이론

로우는 아동의 진로발달에 미치는 부모의 영향을 조명한 초기 진로이론가이다.

로우는 부모와 자녀가 어떤 상호작용을 했는지가 자녀의 심리적 욕구에 영향을 미치고, 자녀는 그런 심리적 욕구에 근거해서 진로선택을 한다고 가정하였다. 자녀가 가질 수 있는 대표적인 욕구는 사람지향적이거나 사람회피적인 경향성이다. 부모가 자녀에게 수용적이고 따뜻한 양육방식을 보인 경우 자녀는 사람지향적인 직업을 선택할 가능성이 높고, 차갑거나 거부적인 부모에게 양육된 자녀는 사람회피적인 직업을 선택할 가능성이 높다는 것이다. 로우는 부모자녀관계 검사를 개발하여 예술가, 과학자 등의 특정 직업을 가진 사람들을 대상으로 자신의 가정을 경험적으로 검증하고자 하였다. 연구 결과에서 부모의 양육태도와 욕구 간의 일대일 대응이 나타난 것은 아니지만 로우는 어릴 때 부모의 양육방식에 따라 사람지향적이거나 사람회피적인 직업을 선택하는 경향성을 갖는다고 결론을 내렸다. 하지만 로우의 이론은 검증이 어렵고 부모의 양육태도와 진로선택 간의 관계에 대한 가정보다는 로우가 개발한 여덟 개의 직업분류체계(서비스직, 비지니스직, 행정직, 기술직, 옥외활동직, 과학직, 보편문화직, 예능직)가 이후 진로 분야에 더 큰 공헌을 한 것으로 인정받고 있다(Brooks, 1990).

(2) 애착이론

애착이론은 타인, 특히 주 양육자인 어머니와 관계 맺는 방식에 대한 관찰을 통해 도출된 이론이다. 대표적인 학자는 볼비(Bowlby)와 에인스워스(Ainsworth)로 이들은 어머니의 애착이 아동에게 어떤 영향을 미치는지 관심을 갖고 연구하였다. 애착이론의 애착에 대한 '낯선 상황' 실험은 부모에 대한 아동의 애착유형을 확인한 대표적인 연구로 알려져 있다. 이런 애착이론의 요지는 생후 6년 동안 부모와 안정된 애착을 형성한 아동은 다른 사람들과의 관계를 두려워하지 않고 주위나 다른 사물에 관심을 갖고 열심히 탐색하는 활동을 한다는 것이다. 애착유형은 진로행동에도 영향을 미치게 되는데, 안정애착을 형성한 개인은 진로탐색활동도 더 적극적으로 한다는 것을 가정하였고, 실제 다수 청소년이나 대학생을 대상으로 한 연구에서 꾸준히 경험적으로 검증이 되었다. 진로상담자는 내담자가 진로 확신성이 부족하거나 진로미결정이 문제가 될 때 내담자와 부모의 애착 관계를 살펴보면 도움이 될 것이다. 따라서 상담자에게 내담자가 일을 대할 때나 다른 사람을 대할 때 보이는 태도 등을 살펴볼 필요성을 제기한다. 하지만 애착이론에서도 과거의 경험에 대한 실증적 입증의 어려움이나 구체적인 상담 기법이 부재하다는 점 등은 한계점으로 언급되고 있다.

(3) 필립스의 발달적-관계 모델

필립스와 동료들(Phillips, Christopher-Sisk, & Gravino, 2001)은 부모 이외 형제나 친구, 교사와 같은 좀 더 넓은 범위의 사람들이 개인의 진로선택에 미치는 영향을 다루었다. 이들의 이론에서 중요한 개념은 '타인이 어떻게 나의 진로의사결정에 관여하는지'와 '나의 진로의사결정에 어떤 식으로 타인의 도움을 구하는지'이다. 예를 들어 아동의 경우 부모를 비롯한 주변 사람들에게 다양한 방식으로 진로에 대한 영향을 받고 있고, 아동 또한 주변 사람들에게 진로와 관련해서 나름의 도움을 요청한다. 이런 타인 관여 방식이나 도움 요청 방식은 어떤 사람에게는 도움이 되지만 또 다른 사람에게는 부정적인 영향을 미칠 수 있기 때문에 이에 대해 확인할 필요가 있다는 것이다.

이런 관점에 따라 이루어진 국내 연구에서는 부모가 다양한 방식으로 자녀의 진로에 관여를 하고 있는 것으로 나타났으며, 또한 격려와 지지, 정보에 기초한 추천 방식을 가장 많이 사용하는 것으로 나타났다(선혜연, 2008). 진로선택 과정에서 부모의 의견이 중요하게 여겨지는 우리나라의 경우 진로상담에서 필립스의 타인활용이나 타인관여 개념을 유용하게 활용해 볼 수 있을 것이다.

2) 상담 기법

관계적 진로이론에는 특정한 기법이 부재하다. 진로상담에서 내담자의 진로문제가 관계와 관련된다는 가정을 가지고 관계에 대한 탐색을 통해 내담자의 진로탐색을 돕는다. 여기서는 관계적 진로이론에서 내담자의 진로문제를 이해하기 위해 관계를 탐색하는 면담방식을 상담 기법으로 제시한다.

(1) 진로가계도

　진로상담에서 직업에 대한 내담자 가족의 패턴을 파악하기 위한 방법으로는 진로가계도 방법이 유용할 수 있다. 가계도 작성은 내담자의 자기 개방을 촉진한다. 이렇게 작성된 가계도를 통해 진로상담가는 일에 대한 가족의 태도 정보를 얻을 수 있으며 가족이 내담자에게 미친 영향을 파악할 수 있다. 예를 들어, 특정한 직업을 대를 이어 계속하라는 압력이나, 부모의 직업이었던 특정한 직업을 벗어나야 한다거나, 성공해야 한다거나 혹은 성별에 따라 특별히 기대되는 직업 등 내담자에게 영향을 미치는 관계적 정보를 얻을 수 있다.

　다음과 같은 방식으로 진로가계도를 활용하며 상담을 할 수 있다.

- 1단계 **내담자에게 진로가계도를 사용하는 이유를 설명한다.**
  우리는 대부분 가족의 영향을 크게 받고 있어요. 진로에 대한 생각도 마찬가지이고요. 그래서 ○○가 고민하고 있는 진로 관련 생각에 가족의 영향이 있었는지, 있다면 어떤 것이고 어떻게 가족의 영향을 진로에 잘 활용할 것인지 살펴볼 겁니다.

- 2단계 **내담자에게 진로가계도를 그리는 방법을 설명하고 직접 그려 보게 한다.**
  여기 종이가 있어요. 여기에 아버지, 어머니로부터 시작해서 고모, 이모, 큰아버지, 작은아버지, 사촌들, 외가쪽 친척들, 할아버지, 할머니 등 ○○가 알고 있는 주변 친척들까지 그려 보세요. 그리고 그 밑에 나이와 그분들의 직업을 적어 보세요.

- 3단계 **상담자의 질문과 이에 따른 상호작용 및 토의를 통해 진행된다. 활용할 수 있는 일반적인 질문은 다음과 같다.**
  아버지의 직업은 무엇인가요? 어머니의 직업은 무엇인가요? 부모님이 자신의 직업에 대해 어떤 태도를 갖고 있나요? 형제자매가 있다면 형제자매의 꿈은 무엇인가요? 할아버지, 할머니의 직업은 무엇인가요? 이모, 삼촌, 고모의 직업은 무엇인가요? 부모님이 직업에 대해 주로 하시는 말씀은 무엇인가요? 부모님이 중요시하는 가치는 무엇인가요? 가족의 가훈은 무엇인가요? 학교교육이나 성공에 대한 가족의 메시지가 있나요?

■ 상담 중에 탐색할 수 있는 추가 질문들

• 부모님이 직업과 관련해서 자주 하시는 말씀이 있나요?

• 직업 성공에 대해 부모님이 자주 하시는 말씀은 무엇인가요?

• 가족 중에서 닮고 싶은 롤모델이 있나요?

• 진로에 대해 성별을 구별해서 언급을 많이 한 사람이 있나요?

• 대학이나 대학원 진학에 대해 압력을 준 사람이 있나요?

• 부모나 주위 사람들이 나에게 거는 진로기대가 있나요?

(2) 부모와의 관계 탐색과 진로탐색행동 연결하기

부모와의 관계 탐색은 어린 시절 부모와의 관계가 진로에 미친 영향을 파악하기 위한 것이다. 상담자는 개인상담이나 집단상담에서 다음에 제시된 질문을 활용해서 내담자에게 미친 부모와의 관계 경험을 확인할 수 있다. 이러한 관계적 정보를 토대로 내담자에게 진로탐색행동을 제시할 수 있다.

• 부모님을 생각하면 어떤 게 떠오르나? 부모님에 대한 나의 감정은 어떠한가?

• 어렸을 때 나는 어떤 아이였나? 부모님은 나를 어떻게 대하셨나?

• 부모님은 나에게 어떤 기대를 하는가?

• 어렸을 때부터 부모님이 나에게 자주 하시는 말씀은 무엇인가?

• 부모님과의 관계가 나의 진로에 미친 영향이 있다면 무엇인가?

• 부모님과의 관계 경험이 영향을 미치고 있는 것 중에서 수정하고 싶은 것이 있는가?

(3) 타인 관여·도움 요청 활용하기

타인 관여는 부모님을 비롯한 주변 친인척들, 선생님 등 주변인들이 자신의 진로에 어떻게 관여하는지를 알아보는 것이다. 도움 요청 질문은 진로와 관련해서 타인들을 어떻게 활용하는지, 타인들에게 어떤 방식으로 도움을 구하는지를 질문하는 것이다. 다음에 제시된 질문은 내담자 자신뿐만 아니라 학부모를 대상으로 자녀의 진로 관여에 대해 생각해 보게 함으로써 자녀에게 도움이 되는 방식으로 진로문제를 조력하게 하는 데도 활용할 수 있다.

- 그동안 자신이 경험했던 진로의사결정 과정을 회상해 보자. 각각의 진로의사결정에 영향을 미친 사람이 있는지 떠올려 보자.
- 부모나 다른 의미 있는 사람들이 당신의 진로문제에 얼마나 관여하고 있는가?
- 자신의 진로에 가장 영향을 미치는 사람은 누구인가? 그리고 어떤 방식으로 자신의 진로에 영향을 미치고 있는가? 그 영향은 긍정적·중립적·부정적인가?
- 자신은 다른 사람들에게 어떤 방식으로 진로에 대한 도움을 요청하는가? 도움을 적게 요청하는가, 아니면 많이 요청하는가? 그런 도움 요청 방식을 취한 이유는 무엇인가? 다른 사람들을 활용하는 방식이 편안한가? 현재 자신에게 닥쳐 있는 진로문제를 해결하기 위해 다르게 해 보고 싶은 생각이 있는가?

3) 상담 과정

관계적 이론이 상담 과정 실제에 주는 정보는 제한적이다. 특히 로우의 성격발달 이론, 애착이론 등은 진로상담을 위해 개발된 이론이 아니기 때문에 진로상담에 주는 시사점이 적은 편이다. 여기서는 손진희(2017)가 제시한 관계적 진로이론에서 생각해 볼 수 있는 상담 과정을 중심으로 살펴본다.

(1) 협력적 관계 수립

특별히 관계적 진로이론에서는 상담 초기에 내담자와 어떻게 관계를 맺느냐를 중요하게 본다. 이 이론에서는 내담자의 진로문제를 부모나 주변인과의 관계의 반영으로 보기 때문에 상담 과정에서 내담자가 상담자에게 보이는 관계 방식을 중요하게 고려한다. 상담 과정 중에 불안이나 긴장을 어떻게 경험하고 처리하는지 등을 예의 주시하면서 내담자가 상담자에게 자신의 상태를 개방적으로 소통할 수 있도록 상담 분위기 조성에 힘쓸 필요가 있다.

(2) 내담자에 대한 진단

로우의 성격발달이론에서는 내담자의 욕구를 이해하는 것에 우선순위를 둔다. 이 이론에서는 내담자의 문제를 '진로문제와 관련한 욕구인식의 부족'이나 '어떤 직업이 욕구를 실현시켜 줄 것인가에 관한 지식이 부족'하거나 '현재의 직업에 대한 욕구 불만' 등을 살펴봐야 한다고 본다.

애착이론에서는 내담자 진로문제를 과거 부모와 맺었던 관계 방식의 영향으로 보기 때문에 상담자는 내담자의 부모와의 과거 및 현재의 관계를 탐색함으로써 내담자의 진로문제를 이해한다. 내담자가 진로선택을 앞두고 지나치게 불안해하지 않는지, 진로를 결정하는 것을 어려워하는지, 진로탐색이나 실행 행동이 자기주도적인지 살펴본다.

필립스의 발달적-관계 모델에서는 가장 먼저 상담자는 내담자에게 자기 주변의 의미 있는 사람들이 자신의 진로문제에 얼마나 영향을 미치고 있는지, 자신은 다른 사람들을 어떻게 활용하고 있는지 점검하도록 한다. 이에 대한 정보를 통해 타인들과 내담자의 문제가 어떻게 관련되는지 가설을 설정한다. 각 관계에 대해 긍정적·중립적·부정적인 평가를 해 보도록 하고 내담자가 좀 더 자신에게 도움이 되는 방식으로 타인을 활용할 수 있도록 촉진하는 개입을 한다.

(3) 행동계획 수립 및 실행

로우의 성격발달이론에서는 상담자가 내담자의 욕구에 대한 평가를 하고 나면 이를 직업과 연결시키는 작업을 한다. 다양한 가치관이나 욕구 관련 심리검사를 활용해서 욕구를 파악하고 다양한 직업정보를 연결짓는다. 이 과정에서 워크넷이나 커리어넷 등의 온라인 사이트 및 인쇄물 등을 활용하거나 해당 직업인을 방문해서 인터뷰를 하거나 다양한 정보원을 활용하도록 한다. 이 과정이 끝나면 구체적인 행동 실행을 할 수 있는 계획을 짜도록 안내한다.

애착이론에서는 진로상담 시 상담자가 새로운 애착대상이 되도록 한다. 진로문제를 풀어 나가는 내담자가 과도한 불안을 경험하는 것으로 평가되었다면 상담자와 지금 여기의 관계를 맺어 내담자가 자신의 진로를 탐색할 용기를 내도록 격려한다. 진로정보를 갖고 있는 사람을 면담하거나 기관을 방문해 정보 탐색을 한다거나 하는 다양한 탐색행동에 능동적으로 참여할 수 있도록 격려하고 안내한다.

필립스의 발달적-관계 모델에서는 상담을 통해 내담자가 다른 사람들을 잘 접촉하고 관계를 맺게 함으로써 관계를 증진시키고 자신 주변의 타인들을 잘 활용할 수 있도록 돕는다. 다른 사람들은 효과적인 역할 모델을 할 수도 있고 실질적인 정보를 제공해 줄 수도 있다. 내담자가 가지고 있는 개인적인 신념을 변화시키는 데에도 타인이 활용될 수 있다. 내담자의 대인관계가 빈약하다면 관계가 주는 영향에 대해 내담자에게 알려 주고 주변 사람들이 모두 관계적 자원이 될 수 있음을 깨닫도록 할 수 있다.

(4) 종결하기

내담자가 자신의 욕구를 발견하고 다양한 정보를 얻었다면 다양한 관계적 자원을 통해 자신의 진로목표를 위한 구체적인 실행을 할 수 있도록 독려해야 한다. 이 부분이 잘 이루어졌다면 내담자와 상담에 대한 종결을 논의하고 상담을 마무리할 수 있도록 한다. 특히 자신의 관계적 측면이 진로에 미치는 영향에 대해 알도록 하고 향후에도 자신의 관계적 자원을 적절하게 잘 활용할 수 있도록 안내한다. 애착 문제가 있는 내담자의 경우 상담자와의 이별을 어려워할 수 있으므로 상담 종결 시 미리 안내하여 내담자가 준비할 수 있도록 한다.

4) 평가

진로발달에 대한 관계적 접근은 소수 이론에 속하고 단편적이다(Sharf, 2016). 이 절에서 언급한 로우의 성격발달이론이나 애착이론 등은 상담을 염두에 두고 개발된 이론이 아니라는 점에서 상담에 구체적인 시사점을 주지 못하는 것으로 평가받고 있다. 하지만 관계와 일은 매우 밀접하게 연관되어 있기 때문에 일에 대한 태도나 구체적인 일과 관련해서 내담자가 경험하는 관계의 질이나 관계 방식을 다루는 것은 매우 중요한 주제일 수 있다. 사람들과 잘 지내지 못할 것 같아서 자신의 흥미나 적성과 부합하지 않는 일을 선택할 수도 있고, 사람들과의 관계가 좋아서 적성이나 흥미가 조금 떨어지는데도 일을 계속할 수도 있다.

03 크롬볼츠의 사회학습이론

1) 개요

크롬볼츠의 사회학습이론은 개인이 일생을 통해 독특하게 경험하는 학습이 진로선택에 영향을 미친다는 것을 강조한다. 초기에 크롬볼츠, 미첼, 겔라트(Krumboltz, Mitchell, & Gelatt, 1975)가 처음 제안하였으며, 그 후 미첼과 크롬볼츠(Mitchell & Krumboltz, 1996), 크롬볼츠(Krumboltz, 1996)가 초기 사회학습이론을 확장·발전시켰고, 이후에는 진로상담 학습이론(learning theory of career counseling)으로 불렸다. 최근에는 우연을 강조하는 우연학습이론(happenstance learning theory)으로 발전되었는데, 우연학습이론은 이 책의 5장 진로상담이론의 최근 경향에서 자세히 다룬다. 이 절에서는 개인의 진로선택에서 중요하게 영향을 미치는 인지와 행동의 학습을 강조한 진로상담 학습이론을 소개하되 용어는 사회학습이론으로 명명하여 다룬다. 크롬볼츠의 사회학습이론은 진로선택의 과정에 관심을 갖고 개인이 진로를 선택하는 데 결정적으로 영향을 미치는 생애 사건을 조명하고 있으며, '개인이 왜 그 직업을 선택하는 것일까?'에 대해 답하고자 한다.

(1) 진로선택 영향 요인

크롬볼츠는 개인의 진로선택에 영향을 미치는 결정적 요인이 있다고 보았다. 그리고 이 결정적 요인을 유전적 요인, 환경적 조건과 사건, 학습경험과 과제접근 기술로 대별하였다.

① 유전적 요인

부모로부터 물려받거나 타고난 속성을 말한다. 키가 크다 작다와 같은 신체적인 조건, 특정 기질, 음악, 미술이나 신체의 능력이 뛰어난 것 등도 포함된다. 이런 타고난 특성들은 개인의 진로기회를 제한하거나 발달시키는 데 영향을 미칠 수 있다.

② 환경적 조건과 사건

개인 외적인 다양한 영향 요인을 의미한다. 개인이 통제 가능한 것도 있지만 대체적으로 통제가 어려운 것들이다. 사회적·정치적·경제적·문화적 고려사항뿐만 아니라 지진, 극한의 기후, 오염된 환경 같은 것도 포함될 수 있다. 실외에서 주로 일을 하는 건축가가 되고 싶은 사람이 미세먼지 문제가 심각해지면서 다른 진로를 모색하는 사례를 들 수 있다. 부모가 제공하는 환경이나 개인이 주로 접하게 되는 또래 등도 유의미한 환경적 조건일 수 있다.

③ 학습경험

한 개인이 특정 직업에 대한 선호를 갖게 되는 데는 학습경험이 밀접하게 관련된다. 학습경험은 도구적 학습경험과 연합적 학습경험 두 가지로 구분된다.

도구적 학습경험은 특정 행동의 결과에 대한 직접적인 경험이나 다른 사람의 반응을 통해 개인이 학습하는 것을 말한다. 어떤 행동을 한 이후에 직접적으로 보상을 얻거나 다른 사람이 칭찬해 주는 경험을 통해서 특정 직업에 대한 선호가 달라질 수 있다. 국어 성적을 좋게 받은 사람이 국어와 관련된 분야에 더 호감을 가지고 더 많은 시간을 투자할 가능성이 있다.

연합적 학습경험은 원래는 중립적인 자극이었는데 긍정적이거나 부정적인 자극과 짝지어 경험되면서 중립적 자극이 긍정적이거나 부정적으로 바뀌는 것을 말한다. 특정 직업의 아버지를 둔 학생이 아버지가 보여 주는 말이나 행동으로 그 직업에 대해 부정적이거나 긍정적인 태도를 갖는 것이 하나의 예이다. 이런 대리경험은 영화, 텔레비전, 책 등을 보면서도 일어나는데, 드라마에서 어떤 직업의 긍정적인 속성을 많이 관찰한 학생에게 해당 직업에 대한 선호가 높아지는 것을 볼 수 있다.

④ 과제접근 기술

개인이 학습을 통해 발달시킨 기술의 집합체를 의미한다. 가치 명료화, 목표 설정, 장래의 사건들을 예측하기, 대안 생성하기, 정보 탐색, 계획하기 등이 포함된다. 예를 들어, 진로에 대한 고민을 갖고 있는 대학생이 있다고 하자. 한 학생은 교수를 찾아가 상담을 신청하거나 교내에 설치된 진로 부서를 찾아가 정보를 수집하고 방학 중에 현장실습을 신청해서 관심 있는 일을 체험하였다. 또 다른 학생은 가까운 선배에게만 정보를 구할 뿐 아무런 여타의 행동을 하지 않았다. 시간이 지남에 따라 두 학생이 관심 있어 하는 진로 분야에 대해 갖게 된 정보의 양은 심대하게 차이가 날 것이다. 이 두 학생이 갖고 있는 문제해결 기술은 확연한 차이가 있음을 알 수 있다.

(2) 진로선택에 영향을 주는 내담자의 신념

개인의 이전 학습경험과 타고난 능력은 서로 영향을 주고받으며 자신이나 세상에 대해 어떤 생각을 하도록 이끈다. 개인이 자기 자신에 대해 진술하는 것을 '자기진술 일반화'라고 하고 자신의 환경에 대한 진술을 '세상에 대한 일반화'라고 한다. 이 두 가지 진술은 개인이 진로의사결정을 하는 데 영향을 미친다.

① 자기진술 일반화

사람들은 자신의 이전 경험을 통해서 자신의 능력, 흥미, 가치관 등에 대해 표현을 한다. 능력과 관련해서 "나는 음악은 못하지만 그림은 잘 그린다"고 하거나 "나는 사람들 앞에서 말을 잘 못한다"고 말할 수도 있다. 흥미에 대해서도 "나는 자연과 관련된 일이 좋다"거나 "나는 사람들하고 어울리고 사람들을 위한 일을 하는 것을 좋아한다"고 할 수 있다. 삶에 대해 갖고 있는 가치도 마찬가지이다. 같은 의사라 하더라도 어떤 사람은 타인에 대한 봉사의 가치를 가지고 의사라는 직업을 선택하고, 어떤 사람은 경제적인 가치가 크다는 이유로 선택한다. 이와 같은 능력, 흥미나 가치관과 관련해서 자신에 대해 갖고 있는 생각인 자기진술 일반화는 개인의 진로의사결정에 중요한 영향을 미칠 수 있다. 또한 자기에 대한 진술은 경험에 의해 생긴 것이 많기 때문에 오류가 있을 수 있다.

② 세상에 대한 일반화

우리는 자신에 대해서뿐만 아니라 자신이 살고 있는 세상에 대해서도 나름의 생각을 갖고 있다. 직업에 대해서도 특정한 직업에 대해 고유한 생각을 갖고 있다. 이는 과거 경험에 의해 형성되는데, 경험의 범위와 양에 따라 잘못된 일반화를 할 수 있다. 예를 들어, '공무원이 가장 안정적인 직업'이라고 믿는 대학생은 다른 분야를 직업으로 고려해 볼 생각을 못함으로써 직업선택의 폭을 제한할 가능성이 높다.

2) 상담 기법

크롬볼츠 등의 사회학습이론에서는 다양한 행동적·인지적 상담 기법을 제시하고 있다. 앞서 언급한 것처럼 사회학습이론에서는 효과적인 과제접근 기술을 습득시키는 것을 중요하게 여긴다. 크롬볼츠는 과제접근 기술을 촉진하기 위해 여러 가지 행동적·인지적 접근을 제안하였다. 여기에서는 미첼과 크롬볼츠(Mitchell & Krumboltz, 1996)가 제안한 몇 가지 행동적·인지적 기법을 소개하고자 한다.

(1) 행동 기법
① 강화

사회학습이론에서는 과제접근 기술에 참여하도록 긍정적인 강화를 받아 온 개인들이 좀 더 이런 기술을 학습할 것이라고 가정한다. 예컨대, 언어적 강화를 더 많이 받은 개인이 외현적인 정보 탐색활동을 더 많이 한다는 것이다. 그런 점에서 상담자는 진로상담 전문가라는 사실이 내담자에게 긍정적 강화자로서 작용할 수 있으므로 상담 중 언어적 강화를 많이 하는 것이 도움이 될 수 있다. "지난번 상담시간에 ○○씨가 관심 있는 분야의 일을 하는 선배를 찾아가기로 했는데, 실천하셨네요. 정말 잘하셨습니다! 이런 적극성이 ○○씨가 진로문제를 해결해 나가는 데 큰 도움이 될 것입니다" 등과 같이 상담자의 긍정적 강화는 내담자의 진로행동을 크게 촉진시킬 수 있다.

② 모델 관찰하기

강화를 받는 모델들을 관찰하는 것도 과제접근 기술을 발달시키고 행동화할 가능성을 높인다. 특히 다양한 정보 원천이 될 수 있는 모델들을 관찰하는 기회를 통해 내담자의 여러 가지 과제접근 기술이 발달할 수 있다. 내담자가 이용할 수 있는 모델들은 상담자 자신뿐만 아니라 드라마, CD, 책자 등으로도 제공될 수 있다. 역할 모델 인물에 대한 책자나 영상을 함께 보고 토론함으로써 내담자의 진로의사결정을 돕는 것이다. 역할 모델이 될 만한 사람들을 초청해서 청소년들에게 그들의 삶에 대해 들려주는 것도 좋은 방법이 될 수 있다.

③ 시뮬레이션

특정 직업을 하고 싶어 하는 개인에게 그 직업을 직접 체험해 보게 하는 것이다. 최근 진로진학 프로그램으로 활발하게 이루어지고 있는 다양한 직장체험 프로그램이나 진로체험관 방문을 통한 직업체험 등이 그 예이다. 정보통신 기술이 더욱 향상되면 가상현실 체험으로 좀 더 생생한 직업체험을 미리 해 볼 수도 있을 것이다.

(2) 인지 기법
① 진술된 신념의 가정을 조사하고 논박하기

내담자는 진로에 대한 여러 잘못된 신념을 가지고 있을 수 있다. "목수 일은 여자가 하기에는 적합하지 않아", "성격이 내향적이어서 사람들과 어울리는 일은 잘하지 못할 거야" 같은 것들이다. 상담자는 내담자가 이런 신념을 진술할 때 어떤 근거로 그런 진술을 하는지 질문하고 증거가 합리적인지 살펴봐야 한다. "내향적인 사람들은 사람들과 잘 어울리지 못할 것이라는 증거가 있나요?" 등과 같은 질문과 논박을 한다.

② 말과 행동 간의 불일치 찾아보기

인지적으로는 알고 있지만 실제로 행동으로 옮기는 것을 잘 못하는 내담자들이 있다. 예컨대, 특정한 직업군의 사람을 만나 보겠다는 생각을 가지고 있지만 행동으로 옮기지 못하는 내담자가 있다면 이런 불일치를 드러내고 다룰 필요가 있다. 이런 내담자들의 경우 상담자가 알아서 해 줄 것이라는 잘못된 신념을 가지고 있을 수 있다. 상담자는 내담자가 가정하고 있는 잘못된 신념을 찾고 구체적인 수준에서 신념의 타당성을 살펴보는 작업을 해야 할 것이다.

③ 비논리적 일관성 직면시키기

내담자들은 이전에 고려했던 대안들과 일치하지 않는다는 이유로 다양한 대안을 탐색하지 않기도 한다. 상담자가 되기 위해서는 반드시 대학원에 가야 한다는 정보만 갖고 있는 내담자는 대학원을 가지 않고도 상담자가 될 수 있는 여러 가지 대안을 탐색하지 않을 수도 있다. 내담자가 가지고 있는 생각이 어떤 과정 속에서 형성되었는지를 탐색하고 다양한 대안이 고려될 수 있음을 알도록 도울 필요가 있다.

④ 인지적 연습

잘못된 신념을 다루기만 하면 내담자가 즉각 변화되는 것은 아니다. 인지와 행동의 연결이 필요하다. 내담자가 잘못된 신념을 대체하는 긍정적인 신념을 갖게 되었다고 해도 이를 지속적으로 연습하지 않으면 내담자의 것으로 만들기 어렵다. 상담하는 내내 매일 아침 혹은 저녁에 긍정적인 진술문을 혼잣말로 연습함으로써 새로운 신념으로 체화하고 적절한 순간에 실행할 수가 있다.

3) 상담 과정

사회학습이론에서는 개인이 가지고 있는 자기와 세상에 대한 일반화가 잘못 형성되어 진로선택에 영향을 미치게 될 때 이를 파악해서 다루는 것을 중요하게 여긴다. 상담자는 내담자가 가지고 있는 자신이나 세상, 직업에 대한 가정과 신념을 파악해서 대안적 신념을 갖도록 해 준다.

(1) 목표 명료화

크롬볼츠(Krumboltz, 1996)는 진로상담의 목표는 "끊임없이 변화하는 직업 환경 속에서 내담자가 만족스러운 삶을 창조할 수 있게 하는 기술과 흥미, 신념, 가치, 일 습관, 개인적 특성에 대한 학습을 촉진하는 것이다"라고 하였다. 상담자는 진로문제를 호소하는 내담자에게 선택을 강조하기보다는 내담자가 자신과 환경에 대해 학습할 수 있는 구체적인 수준의 학습목표를 갖도록 도울 필요가 있다.

(2) 내담자의 잘못된 신념 탐색과 수정

상담자는 내담자가 자신, 일, 진로에 대해 잘못된 신념을 가졌는지를 탐색한다. 앞서 언급한 것처럼 내담자들은 진로와 관련해서 자신과 환경에 대해 여러 잘못된 신념을 가질 수 있다. 이를 확인하기 위해 크롬볼츠(Krumboltz, 1988)는 진로신념검사를 제작하여 내담자에게 잠재적인 문제가 되는 진로신념을 평가하도록 고안하기도 하였다. 상담자는 내담자의 신념이 진로탐색이나 진로의사결정에 장애물이 되고 있는 것은 아닌지 확인해 보고, 그런 신념이 발견될 경우에는 도전적인 질문을 통해 내담자의 진로에 대한 사고가 확장될 수 있도록 도와야 한다. 이 과정을 통해 "나만 아직 진로를 결정하지 못한 것 같다", "행복해지기 위해서는 대기업에 취업해야 한다", "전공과 일치하지 않는 직업을 선택하는 것은 불행한 일이다", "진로를 변경하기에는 너무 늦었고 늦게 출발해서 성공하기 어렵다" 등과 같은 잘못된 믿음들이 드러나고 다루어질 수 있다.

(3) 직업정보의 탐색과 대안행동 실천

크롬볼츠와 동료들은 직업정보 탐색과정에 큰 관심을 가졌다. 일단 내담자에게 장애가 되고 있는 잘못된 생각이 제거되거나 교정되면, 내담자는 과제접근 기술을 개발하고 활용하는 방향으로 안내되고 강화받는다. 특히 상담자는 내담자가 필요한 정보수집활동에 몰두하도록 격려할 수 있어야 한다. 직업정보 수집의 목적은 바람직한 선택에 접근할 수 있도록 하기 위해서이다. 내담자에게 인지와 행동의 괴리가 생겼을 때, 부정적인 인지 탓에 행동으로 옮기지 못할 때 내담자에게 대안행동을 실천하게 하고 긍정적 강화를 제공한다. 이 과정에서 상담자는 강화, 롤모델링, 행동시연, 시뮬레이션과 같은 다양한 행동방략을 통해 학습이 일어날 수 있도록 돕는다.

(4) 종결

내담자가 진로선택에 장애가 되는 자신과 일에 대한 잘못된 믿음을 바꾸고 대안을 모색할 수 있게 되면 그동안 내담자가 학습한 것을 평가하고 종결을 준비한다. 이 단계에 이르게 되면 이미 내담자는 인지를 교정하고 새로운 행동 대안들을 갖추게 된다. 내담자가 새롭게 습득한 인지와 행동 기술을 평가하고 일과 관련해서 새로운 도전을 할 수 있도록 내담자를 동기화시키며 내담자와 상담을 종결한다.

4) 평가

상담자가 활용할 수 있는 구체적인 인지적·행동적 기법을 제기한 것은 사회학습이론이 갖고 있는 장점이다. 특히 내담자가 정보수집활동에 몰입하도록 동기화하는 데 효과적이라고 알려져 있다(Brooks, 1990). 하지만 사회학습이론은 비교적 일찍 개발된 이론임에도 불구하고 다른 진로이론보다 연구가 적은 편이라는 평가를 받는다(Sharf, 2016).

표 3-1 진로선택이론의 비교

구분	특성-요인이론	관계적 진로이론	사회학습이론
주요 이론가	파슨스, 윌리암슨	로우	크롬볼츠
이론의 핵심	특성과 요인의 연결	인간관계로부터의 영향	일생을 통해 독특하게 경험하는 학습
진로결정 요인	자신의 특성에 대한 이해, 직업세계의 요인에 대한 지식	부모의 양육태도나 주변인의 영향으로 형성된 심리적 욕구	유전적 요인, 환경적 조건과 사건, 학습경험, 과제접근 기술
상담 기법	윌리암슨의 상담 모형, 진로검사	특정한 기법 없으나 관계에 대한 질문이 중요	행동 기법, 인지 기법
상담의 초점	선택을 위해 정보를 수집하도록 도움	인간관계가 진로탐색과 결정에 어떻게 영향을 미치는지 알도록 함	자기와 세상에 대한 일반화가 잘못 형성되어 있지 않은지 알아보고 대안적 신념을 갖게 함

요약

특성-요인이론은 개인의 특성과 특정 직업에서 요구하는 조건들을 매칭시키고 그 결과에 따라 진로문제를 해결하는 것에 관심이 있다. 따라서 특성-요인이론에서는 내담자에 대한 명확한 이해, 직업에 대한 정보수집, 이 둘 간의 관계에 대한 올바른 추론을 통해 내담자가 최적의 진로를 선택하는 것을 목표로 삼는다. 이를 위해 상담자는 다양한 심리검사를 활용하여 내담자를 이해하고자 하며 내담자가 충분한 진로정보를 수집할 수 있도록 조력한다.

관계적 진로이론은 관계적 측면에 초점을 둔 여러 개의 이론을 종합해서 부르는 용어이다. 본 장에서는 로우의 성격발달이론, 애착이론, 필립스의 발달적-관계 모델을 다루었다. 관계적 진로이론은 개인의 진로태도나 행동이 부모나 부모 이외 다양한 사람들의 영향을 받아 형성한다는 점에 주목하여 내담자의 관계망을 살펴볼 것을 강조한다. 특히 진로상담자가 내담사와 촉진적인 상담관계를 형성하는 것을 중요하게 생각한다.

크롬볼츠의 사회학습이론은 개인이 일생을 통해 독특하게 경험하는 학습이 진로선택에 영향을 미친다는 것을 강조한다. 따라서 사회학습이론은 개인이 진로를 선택하는 데 결정적으로 영향을 미치는 생애 사건을 조명하는 데 관심이 있다. 구체적으로 상담자는 내담자의 진로선택에 영향을 미치는 요인인 유전적 요인, 환경적 조건과 사건, 학습경험, 과제접근 기술을 살펴보고, 특히 생애 경험을 통해 내재화된 내담자의 자기진술 일반화와 세상에 대한 일반화의 오류를 찾고, 다양한 인지적·행동적 기법을 통해 수정하고자 한다.

학습문제

1 적성검사에서 모든 영역에서 높은 점수를 받은 다재다능한 내담자 혹은 흥미검사에서 대부분의 유형에서 낮은 점수를 보인 내담자를 돕는 방법에 대해 토론해 보자.

2 옆 사람과 짝을 이뤄 진로가계도를 작성해 보고 상대방이 현재 관심 있어 하는 직업에 가족이 미친 영향이 있는지 생각해 볼 수 있는 질문들을 해 보자.

3 3~4명씩 짝을 이뤄 우리가 가질 수 있는 직업에 대한 편견이나 선입견을 찾아보고 각각에 대해 논박해 보자.

제4장

진로발달이론과 진로의사결정이론

1 진로발달이론의 주요 개념 및 상담 과정과 상담 기법을 이해한다.
2 제한-타협이론의 주요 개념 및 상담 과정과 상담 기법을 이해한다.
3 진로의사결정이론의 주요 개념 및 상담 과정과 상담 기법을 이해한다.
4 사회인지진로이론의 주요 개념 및 상담 과정과 상담 기법을 이해한다.

개인이 직업을 선택하는 과정에 대한 이론 중에서 생애 단계에 따른 진로발달을 강조하고 있는 이론을 진로발달이론이라고 한다. 그중 제한–타협이론은 갓프레드슨에 의해 제안되었다. 이 이론은 아동기와 청소년기를 통해 진로와 관련된 진로포부가 어떻게 발달하는가를 나타내는 제한이론과 진로의사결정 단계에서 여러 가지 대안들을 고려하는 과정을 설명하는 타협이론으로 구성된다. 그리고 이러한 진로발달과 진로선택의 과정에서 중요하게 고려되는 측면은 성역할, 사회적 지위, 직업적 흥미이다. 이 요인들은 직업적 자아개념으로 자리 잡게 되고, 진로의사결정 과정에 관여하게 된다. 또한 직업이 반영하는 성역할, 사회적 지위, 직업적 흥미에 대한 인식이 형성되는데, 이렇게 형성된 직업적 인지지도(cognitive map)가 진로포부와 진로대안 선택에 있어서 중요한 준거가 된다.

진로의사결정은 청소년기의 진로발달에서 중요한 역할을 하며, 진로상담과 진로지도의 최종적인 결과로 나타나는 핵심적인 개념이라고 할 수 있다. 진로의사결정이론은 의사결정이 필요한 과제를 인식하고 그에 반응하는 개인의 특징적 유형에 따라서 의사결정을 내릴 수 있도록 돕는 과정을 설명하고 있다. 이 이론에서는 진로결정의 과정이 좀 더 강한 심리학적이고 논리적인 접근을 통하여 진로행동을 설명하는 방식이며, 진로에 관한 결정이 어떻게 이루어지는가 하는 진로결정의 과정과 단계에 중점을 두면서 이론을 전개하는 것이 특징이다.

사회인지진로이론(social cognitive career theory)은 진로의사결정 과정과 관련된 사안들에 대해 개인 내적 요인에만 초점을 두었던 이론들의 한계점을 지적하면서 맥락을 중요하게 고려하는 관점을 취하고 있다. 사회인지진로이론은 성·인종·사회계층과 같이 개인이 선택할 수 없는 인구학적 특성을 포함하는 개인 특성과 이런 인구학적 특성에 의해 개인에게 이익과 불이익을 주는 환경적 배경이 개인의 진로발달 및 선택에 어떤 영향을 미치는지를 설명하고 있다.

01 진로발달이론 1: 긴즈버그와 수퍼의 이론

1) 개요

직업선택을 발달적 관점으로 제시한 초기학자들은 긴즈버그, 긴스버그, 액셀래드, 허마(Ginzberg, Ginsburg, Axelrad, & Herma, 1951) 등이다. 이들은 진로선택의 다양한 측면을 종합적으로 논의하면서 개인의 내적 요인과 환경적 요인 간의 상호작용이 어떻게 개인의 직업선택에 영향을 주는지에 주목하였다. 그리고 이러한 지속적인 상호작용의 과정이 개인의 직업선택 과정에 영향을 미치며, 직업선택은 한 시점의 행위가 아니라 지속적인 의사결정의 과정이라고 주장하였다. 이들은 초기 관점을 두 차례(Ginzberg, 1972, 1984) 수정함으로써 이론의 제한점을 더 보완하였다.

(1) 긴즈버그의 진로선택발달이론

먼저 긴즈버그의 이론에 대해서 간략하게 살펴보겠다. 긴즈버그의 진로선택발달이론은 다음과 같이 크게 세 가지로 구분된다.

첫째, 진로발달을 인간 발달의 한 가지 측면으로 보고, 직업선택은 유아기부터 시작해서 20대 초반까지 일련의 과정을 거쳐 발달한다고 본다. 발표 당시 이 이론은 기존 이론과 전혀 다른 새로운 관점을 제시했다는 의의가 있었다. 즉, 발달심리학적 관점으로 개인의 진로발달을 바라보고, 직업선택을 연속적인 발달 과정이라고 제안하였다.

둘째, 진로발달의 과정은 비가역적이고, 현실적인 장애와 정서적 요인의 영향을 받는다고 한다. 이 이론에 따르면 진로발달 과정에서 개인은 수시로 현실적인 장애요인을 만나고 현실적인 제약을 받는다. 이 과정에서 현실적 요인, 교육의 종류와 수준, 정서적 요인 및 개인의 가치관 간의 상호작용이 발생하면서 진로를 결정하게 된다. 특히 진로변경 과정에서는 정서적 변화를 경험한다고 본다.

셋째, 직업선택의 과정 끝에는 타협이 늘 이루어진다고 본다. 개인은 자신의 흥미,

능력 등을 발휘하여 가치 충족과 목표 달성을 이룰 수 있는 진로를 선택하게 된다. 이 이론에서는 직업선택 과정을 바람(wishes)과 가능성(possibility) 간의 타협으로 본다 (김봉환 외, 2018). 따라서 타협을 이루기 위해 개인은 기회와 환경을 현실적으로 평가하며 적절한 만족을 얻으려고 한다고 보았다. 하지만 수정이론에서는 개인의 직업선택의 제약을 단순한 타협으로 보지 않고, 변화하는 바람과 변화하는 환경 간의 최적화(optimization)를 이루는 과정이라고 본다. 그래서 타협이 한 번이 아니라 여러 차례 일어난다고 한다.

또한 긴즈버그가 주장하는 진로발달 단계에는 총 세 단계가 있으며 환상기(6~10세), 잠정기(11~17세), 현실기(18세~성인 초기)로 나뉜다.

진로발달의 첫 번째 단계인 환상기는 11세 이전에 해당하며, 아동은 상상 속에서 일과 관련된 역할을 인식한다. 이 시기의 아동은 유능감(competence)을 느끼며 자신의 욕구나 희망을 중심으로 일과 직업에 대한 생각을 키워 나간다.

환상기를 보낸 아동은 여러 측면에서 발달하면서 진로발달에서도 좀 더 다양한 특성을 갖게 된다. 특히 청소년기를 거치면서 환상기의 욕구 중심의 선택에서 벗어나 좀 더 객관적으로 자신을 이해하려는 노력을 한다. 그러나 이에 대한 현실검증이나 수행이 불가능하기 때문에 잠정적 선택의 수준에 머물러 있다. 이 시기를 잠정기라 부르는데, 잠정기는 흥미단계(11~12세), 능력단계(13~14세), 가치단계(15~16세), 전환단계(17~18세)로 총 4단계로 구분이 된다.

다음 단계인 현실기는 청소년 중기에 해당하는 단계로, 이 시기의 청소년은 잠정기 때보다 현실적으로 다양한 상황을 이해하고 개인적 요인과 현실적 요인 간의 타협을 통해 진로를 선택한다. 현실기는 탐색단계, 명료화단계, 구체화단계 이렇게 세 단계로 구분된다.

긴즈버그가 제안한 위의 진로발달 단계에는 개인차가 존재한다. 즉, 모든 사람이 연령에 따라 제시된 발달 단계를 순차적으로 경험하는 것은 아니며, 또한 제시된 모든 발달 수준에 이르는 것도 아니다. 유사한 발달 과정을 경험하지만 개인의 심리적·환경적 요인의 영향으로 진로선택의 범위와 진로선택의 과정에서 시기의 차이가 발생한다. 따라서 그 범위와 선택의 시기가 넓어지면서 진로선택은 일생에 걸쳐 발달하는 과정이라고 제안한다.

(2) 수퍼의 진로발달이론

수퍼(Super, 1990)의 진로발달이론은 현재까지 나온 진로이론 중에서 가장 포괄적이고 종합적인 이론이라고 할 수 있다. 수퍼의 이론은 긴즈버그 등 진로발달이론가들의 한계를 극복하고자 하는 노력에서 시작되었다. 수퍼는 20대까지로 한정된 긴즈버그의 이론을 발전시켜, 연령을 확장하는 동시에 발달에 영향을 주는 요소를 다양하게 고려하여 전 생애 진로발달의 관점으로 이론을 체계화하였다. 즉, 수퍼의 생애 진로발달이론은 포괄적이고 거시적인 관점으로 개인의 진로발달을 바라보고 있다. 수퍼는 진로발달이 생애 발달의 모든 단계에서 일어나고, 각 발달 단계에는 발달 과업이 있다고 보았다. 이러한 발달 단계의 관점을 따르면 진로발달의 각 단계에는 발달 과업이 있는 동시에 발달 수준을 평가하는 진로성숙도가 있다. 수퍼에 따르면, 진로발달 과정에는 자아개념의 발달과 진로성숙도의 변화가 나타난다. 수퍼는 긴즈버그의 이론에 대하여 지적하면서 진로의사결정 과정에서 흥미의 역할을 충분히 고려하지 않았고, 선택과 적응의 개념을 구분하지 못하고 있으며, 진로선택과 관련된 타협의 과정을 설명하지 못한다고 하였다. 그래서 수퍼는 진로발달을 전 생애(life-span), 생애 역할(life role), 자아개념(self-concept) 등 크게 세 가지 개념으로 이론화하였고 C-DAC 모형(Career Development Assessment and Counseling Model)을 통해 이론과 상담현장을 접목하려 하였다. 이에 따르면 진로발달은 자아개념의 발달이라고 할 수 있는데, 자아개념은 전 생애 발달 단계에서 삶의 다양한 경험을 바탕으로 일과 관련된 자신의 능력, 흥미, 가치 등에 관한 태도와 의미를 갖는 것을 말한다. 진로성숙은 진로발달의 연속적 과정에서 한 개인이 도달한 위치이며, 그 사람의 진로발달 정도를 나타내는 지표이다(Super, 1955). 진로성숙은 개인이 도달한 발달 단계에서 발달 과업을 잘 수행하였는지와 관련된 개념이다.

수퍼는 전 생애적 관점에 기초하여 아동기부터 노년기까지의 단계를 구분하였다. 성장기와 탐색기는 아동기와 청소년기에 해당하며, 확립기와 유지기는 성인기에 해당하고, 쇠퇴기는 노년기의 진로발달 단계로 구분할 수 있다.

첫째, 성장기(growth stage)는 0~14세에 해당하는 단계이며 흥미, 능력, 가치 등에 대한 영역과 관련하여 자아개념이 발달한다. 청소년기 초기에는 현실검증이 증가하면서 흥미와 능력이 중요해진다. 이러한 과정을 수퍼는 다시 세 개의 하위 단계로 구분하여 환상기(fantasy substage, 4~10세), 흥미기(interest substage, 11~12세), 능력기(capacity substage, 13~14세) 등 총 세 가지로 나눴다.

둘째, 탐색기(exploration stage)는 15~24세까지에 해당하며 가장 중요한 성장 시기이다. 이 단계에 속한 청소년들은 신체적·인지적 측면에서 발달하고 자신에 대해 더 폭넓게 이해하고 평가한다. 탐색기에 속한 청소년들은 자신을 더 분명하게 인식하는 결정화 시기, 직업적 선호가 더 구체화되는 시기, 그리고 이를 실천하는 실행기를 겪게 된다. 즉, 탐색기는 결정화, 구체화, 실행과 같은 하위 단계로 구분이 된다.

셋째, 확립기(establishment stage)는 대략 25~44세까지의 기간이라고 본다. 확립기에 진입한 개인은 직업세계에 진입하고 직업 역할 속에서 자아개념을 확립해 나간다. 이 시기에 주요 과업은 직업적 숙련도나 전문성을 향상시키고, 그 역할을 보다 충실히 할 수 있도록 하는 것이다. 이 시기는 정착, 공고화, 발전의 단계를 경험한다.

넷째, 유지기(maintenance stage)는 45~65세까지의 단계를 뜻한다. 확립기 이후에 직업적 역할을 계속 수행하면서 자신의 직업적 위치를 유지하는 기간이다. 유지기 단계에 속한 개인은 자신의 실무 수준을 유지하고 직업 환경에서 적응적으로 업무를 수행한다. 유지기의 하위 단계에서는 보유, 갱신, 혁신과 같은 발달 과제를 경험한다.

다섯째, 쇠퇴기(disengagement stage)는 65세 이후 은퇴를 하면서 맞이하는 시기이다. 쇠퇴기는 인생의 노년기 단계로 접어들면서 생산성이 떨어지고 직업에서의 수행능력, 속도 등이 감소하는 시기이다. 쇠퇴기에 속한 개인은 감소, 은퇴계획, 은퇴생활과 같은 하위 단계를 경험한다.

수퍼는 생애 단계에 따라 5개의 진로발달 단계를 제안하여 각 단계에 맞는 개인의 연령을 제시하였다. 하지만 꼭 연령과 관련이 높다고 보지는 않고, 개인의 성격이나 생활환경의 역할이 크다고 보았다.

2) 상담 기법

진로발달이론의 상담 기법 중 상담 진행 과정은 크게 평가 단계, 상담개입 단계, 종결 단계로 구분할 수 있다. 진로발달이론에서 다루는 주요 개념들은 사례개념화와 평가 단계에서 많이 활용되고 있다. 여기에서는 이 이론의 주요 개념 및 이론적 제안을 상담 기법 측면에서 활용하고자 한다. 먼저 수퍼는 C-DAC(Career Development Assessment and Counseling) 모형에 따라 진로상담을 진행할 것을 제안하였다. 그리고 생애무지개 그림(결정요인 및 상호작용과 더불어 삶의 단계와 역할을 연결하여 다양한 역할의 진로를 포괄적으로 그린 그림)이나 역할중요도 등을 활용할 수 있도록 하였다. 이러한 개념을 통해 역할에 대한 평가뿐만 아니라 역할을 인식하고 역할들 사이에서 균형 있는 삶을 유지할 수 있도록 도울 수 있다. 이러한 과정을 통해 학생이나 내담자가 삶의 여러 역할과 다양한 상황에 대해 이해하고, 통찰과 행동 변화를 경험할 수 있도록 안내한다. 이와 같은 진로발달이론의 주요 개념, 모형, 심리검사 등을 상담 기법으로 활용하는 방법을 모색하고자 한다.

수퍼는 자신의 진로발달이론을 실제 진로상담에 적용하기 위해 C-DAC 모형을 제안하였다. 이 모형의 핵심은 개인의 진로발달을 측정하여 그 결과에 대한 해석을 기초

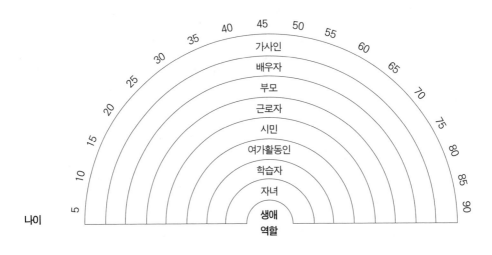

그림 4-1 생애무지개 그림

로 상담을 진행하는 것이다. 따라서 이 모형에 따른 측정과 그 결과를 활용한 상담이 이 모형의 기본 골격이라고 할 수 있다. 이 모형에 따라 상담 과정을 살펴보면 다음과 같이 검사 단계와 상담개입 단계로 구분할 수 있다.

우선 측정 모형인 검사 단계는 접수면접, 심리검사 실시 및 결과 확인 등을 포함한다. 접수면접 및 심리검사를 통해 내담자에 관한 다양한 정보를 수집하는데, 발달이론의 C-DAC 모형에 따르면 내담자의 생애 구조와 역할중요도 확인, 진로성숙도 평가, 흥미, 능력, 가치 등을 포함한 진로정체감을 측정한다. 검사 단계에서는 진로발달검사, 흥미검사, 가치검사, 역할중요도검사 등을 실시하고 결과를 종합하여 상담에 적용한다. 그리고 그 검사 결과를 적용하여 상담을 진행하는데, 검사 결과를 개별적으로 또는 종합적으로 검토하여 주제를 확인하고 개입할 수 있다.

평가 단계는 내담자가 가지고 있는 문제를 정확히 이해하기 위한 과정이다. 그러나 여기에서는 문제의 부정적인 측면만 평가하는 것이 아니라 내담자의 잠재력을 함께 평가하면서 좀 더 긍정적인 태도로 평가를 바라보고 있다. 발달이론에 따르면 평가 및 개입 단계에서 중요도 평가를 통해 개인이 수행하는 역할, 역할 간의 균형, 역할 간 비중의 비교 등을 알아보면서 현재 삶의 중요한 주제를 확인할 수 있다. 앞서 소개한 것처럼 개인은 각 생활공간에서 여러 가지 역할을 동시에 수행하는데, 자신이 이러한 상황을 어떻게 인식하는지를 확인하는 작업부터 각각의 역할의 비중, 역할의 중요도와 수행 정도 간의 비교, 역할들 사이에 균형을 잘 이루고 있는지를 확인해 볼 수 있다.

진로지도 및 진로상담은 현재 생활뿐만 아니라 생애 전반을 고려한 미래설계를 하는 게 중요하다. 생애 전반에 대해 이해하고 미래를 설계할 수 있는 방법으로 생애무지개 그림을 활용할 수 있다. 생애무지개 그림은 개인적으로 자신의 삶의 역할에 대해 알아보고 미래를 계획하는 개별 활동으로 활용하는 방법도 있고, 이러한 개인적인 삶의 역할을 알아보고 소집단 토론활동으로 활용하는 방법도 있다. 수업이나 상담 장면 외에 과제를 통해 다른 사람, 예를 들면 부모, 친지 등 어른들, 역할 모델을 상대로 하여 그들이 인식하는 자신의 삶의 역할을 조사하여 발표하고 소감을 나누는 활동으로 활용할 수 있다. 생애무지개 그림으로 현재의 삶과 미래의 삶을 함께 바라볼 수 있게 하고, 좀 더 이상적인 역할의 배분이나 역할 수행에 대해 생각해 보고 이를 계획하고 실천할 수 있도록 지도한다. 이러한 활동을 통해 학생 또는 내담자의 삶을 전체적으로 조망할 수 있다.

3) 상담 과정

사례개념화는 내담자가 호소하는 심리적, 대인관계적, 행동적 문제 등 다양한 문제와 관련된 원인 및 촉발, 유지 요인들을 비롯하여 내담자가 가진 강점을 파악하고, 이에 대한 종합적 이해에 근거하여 문제해결의 방향과 전략, 기법을 계획하는 것을 의미한다(이윤주, 2001; Brammer, 1997). 진로상담에서도 마찬가지로 내담자의 문제를 체계적으로 이해하기 위해 이론적 틀에 근거하여 사례에 대해 구체적으로 이해하고, 내담자의 진로문제에 대해 종합적인 평가와 상담의 방향, 전략과 기법 등을 구체적으로 제시해야 한다.

상당수의 초심상담자들이 진로상담에서는 진로문제만 다룬다는 오해를 하는 경향이 있다. 개인이 삶의 다양한 장면에서 경험하는 어려움은 진로 영역에서도 나타날 수 있기 때문에 내담자의 특성이나 호소하는 문제의 성격에 따라 진로상담만으로 접근하는 경우와 진로상담과 심리상담을 동시에 다루는 경우가 있다. 내담자가 진로문제라고 호소하는 문제도 삶의 여러 영역에서 복합적으로 촉발된 것일 수 있기 때문에 성격문제를 함께 개념화할 때가 있다. 따라서 내담자 개인 특성에 대한 이해를 종합적으로 해야 하며, 개인의 삶의 문제를 단편적인 영역으로 재단하는 것은 위험하기 때문에 사례개념화를 할 때는 진로발달이론과 심리상담이론을 모두 활용해야 한다. 진로발달이론에 따라 중요하게 파악해야 할 내용은 내담자의 현 시점의 발달 영역과 주제, 발달 수준이다. 특히 발달 주제나 발달 수준에 영향을 미치는 요인에 대해 정확히 평가하고 이를 종합하여 내담자의 진로발달을 촉진하기 위한 상담목표를 설정한다.

상담목표를 명확히 설정하기 위해선 먼저 발달 단계, 발달 과업 수행 및 진로성숙도를 확인해야 한다. 우선 내담자의 생물학적 연령과 발달에 해당하는 진로발달 단계는 어디인지를 살펴볼 필요가 있다. 다음으로 내담자의 발달 단계를 확인한 후, 해당 발달 단계의 발달 과업을 어느 정도 수행했는지를 확인하는 것이 중요하다. 마지막으로 보다 구체적으로 진로성숙도를 평가하여 내담자의 현재 상태를 확인할 필요가 있다. 이러한 과정을 종합해 보면, 발달 단계, 해당 발달 단계의 발달 과업 수행 정도, 진로성숙도를 평가해서 내담자의 진로발달 지연 여부, 발달 과업의 구체적 수행 내용과 그 결과, 진로성숙도 하위 영역의 수준 등을 기반으로 상담목표를 설정해야 한다.

앞서 종합적으로 평가한 결과를 바탕으로 좀 더 구체적으로 발달 영역 또는 발달 주제를 중심으로 상담목표를 설정할 수 있다. 진로성숙의 개념이 더욱 구체화·정교화되면서 이와 관련된 진로발달검사가 개발됨에 따라 이 검사의 주요 구성개념을 상담 장면에서 유용하게 활용할 수 있게 되었다.

진로발달이론에서는 생애 역할을 중요한 발달 주제 중의 하나로 본다. 이러한 맥락에서 실제 상담할 때, 내담자가 삶 속에서 어떤 역할을 어떤 방식으로 수행하는지를 살펴보는 것이 중요하다. 그 후 역할에 대한 평가를 통해 내담자의 현재 상태와 겪고 있는 어려움을 확인해서 상담목표를 설정해야 한다.

또한 진로발달이론에 따르면 진로발달에 중요한 영향을 미치는 요인은 연령, 성별과 같은 개인 특성 변인과 자아개념, 진로가치 등 개인의 심리적 변인, 그리고 부모의 사회경제적 지위 등 가족 변인이 있다. 그 외에도 다양한 사회적 환경의 영향을 받는다. 다양한 변인 중 개인 특성 변인, 심리적 변인, 가족 변인 중심으로 설명하자면 개인 특성 변인은 기본적으로 연령과 성별이 중요한 영향 변인이라고 할 수 있다. 진로발달 과정에서 사회적으로 학습한 성역할에 따라 진로경험을 선택하고 이와 관련하여 흥미, 가치 등이 형성될 가능성이 크고 직업 환경에서 직업의 특성 등은 성별과 무관하지 않기 때문에 개인의 진로발달 과정에서 성별이 중요한 영향 요인이라고 할 수 있다. 다음 개인의 심리적 변인은 개인이 성장하는 과정에서 나타나는 심리적 특성이라고 할 수 있다. 진로발달에 영향을 미치는 심리적 변인으로는 자아개념이 가장 포괄적인 변인이라고 할 수 있다. 진로발달의 과정은 흥미, 능력, 가치와 같은 개인의 내적 특성의 이해 및 개발 과정이라고 할 수 있다. 환경적 변인은 가장 기본적으로 가족 관련 변인이 있고, 그 외에도 기타 사회적 변인들을 들 수 있다. 가족 관련 변인은 부모의 사회경제적 지위, 혼인상태 등이 있으며 기타 사회적 변인으로는 학교 및 사회적 환경 등을 들 수 있다.

진로발달 과정에서 진학은 여러 발달 과업 중 하나이다. 진로발달 단계에 따라 여러 차례의 진학을 경험하게 된다. 따라서 진학지도, 진학상담을 진로발달 과정에서 살펴볼 필요가 있다.

진학은 진로문제뿐만 아니라 학습이 중요한 결정 요소이므로 학습의 중요성, 학습과 진로의 유기적 관계를 이해시키는 것이 중요하다. 특히 직업적 역량을 갖추기 위해 직업기초능력과 특정 직업 역량을 향상하는 노력이 필요하다. 그뿐만 아니라 평생학습사회인 현대사회에서는 정규 교육과정, 교육훈련 과정 외에도 다양한 학습 기회가 주어지기 때문에 사회적 요구에 맞추기 위해 개인은 지속적으로 직업 역량을 갖춰야 한다.

진학은 청소년기에 해당하는 중요한 진로의사결정이다. 진학을 준비하는 과정에서 진학상담을 통해 정보수집 및 분석, 준비행동 안내 및 지도, 진로의사결정 등과 관련된 전문적 조력을 받을 수 있다. 상담자 입장에서 이와 같은 진학상담을 제공할 때는 청소년기 진로발달의 특성을 고려하는 것이 중요하며, 진로발달 관점으로 진학상담을 진행할 때는 몇 가지 사항을 고려해야 한다. 먼저 진로발달이론에서 강조하는 바와 같이 개인의 심리적 특성은 진로의사결정의 중요한 요소 중 하나이다. 둘째, 진학이나 상급학교에서의 지속적 교육은 진로발달의 과정이며, 단계적인 목표이지 최종 진로목표가 아니라는 점을 강조할 필요가 있다. 셋째, 진학이 진로발달 과정을 구성하는 수많은 활동 중 하나에 해당하며, 진학이라는 행위는 내담자가 진학하고자 하는 학교의 평가를 받는 과정을 겪는다는 것을 알아야 한다.

02 진로발달이론 2: 제한-타협이론

1) 개요

갓프레드슨(Gottfredson, 2005)의 제한-타협이론은 수퍼의 진로발달이론과 마찬가지로 진로와 관련된 발달 과정을 주요 내용으로 한다. 갓프레드슨은 한 개인이 인지적으로 발달하면서 자신에 대한 이해와 환경에 대한 이해를 넓혀 나가고, 그 결과 자신에게 더 맞는 진로가 무엇인가에 대한 생각도 구체화된다고 보고 있다. 진로발달을 설명하기 위한 기본 개념으로 인지적 발달(congnitive growth), 자기창조(self-creation), 제한(circumscription), 타협(compromise)을 제안하고 있는데, 인지적 발달과 자기창조는 자신에게 맞는 진로대안을 찾아가는 제한과 타협 과정의 기초가 된다(Gottfredson, 2005, p. 73). 즉, 연령에 따른 인지적 능력의 향상은 인간의 거의 모든 행동과 삶의 영역에 영향을 미치게 되는데, 진로와 관련한 인지적 발달은 직업에 관한 자아개념과 직업에 관한 인지지도(cognitive map of occupations)로 나타난다. 타고난 자신의 유전적 자질과 환경의 상호작용은 고유한 자신만의 특질(trait)을 형성하게 하고, 이후 잘 변화하지 않는 개인의 특성으로 내면화되어 진로 관련 의사결정의 기초가 된다. 제한-타협이론의 네 가지 핵심개념 가운데 진로의사결정 과정과 밀접히 관련된 제한과 타협의 내용을 보다 구체적으로 살펴보면 다음과 같다.

어릴 때부터 '나는 어떤 사람인가', '사회에는 어떤 직업들이 있는가', '나에게 맞는 직업은 무엇인가'라는 질문을 스스로에게 던지면서 자신의 진로에 대한 꿈을 키워 간다. 이 과정은 어릴수록 내가 무엇이든 할 수 있다고 자신하는 모습을 보이다 점차 커 가면서 가능한 대안을 줄여 나가는 방식으로 진행되고, 그러한 의미를 내포한 개념이 제한(circumscription)으로 명명된다. 갓프레드슨은 이 제한의 과정이 아동기와 청소년기를 통해 진행되고 질적으로 서로 다른 네 개의 단계를 거친다고 제안했는데, 각 내용을 살펴보면 다음과 같다(Gottfredson, 2005, pp. 77-82).

1단계는 서열 획득 단계(orientation to size and power, 3~5세)로 초등학교에 들어

가기전까지 아동들은 인지적으로 환상적 사고에서 직관적 사고로 발달하고 대상영구성을 획득한다. 또한 자신보다 크고 힘이 센 어른들만이 일을 할 수 있다고 생각하면서 성인이 되어 일을 하게 되는 것에 대한 긍정적 기대와 바람을 가진다. 2단계는 성역할 획득 단계(orientation to sex role, 6~8세)로 '내가 누구인가'에 대한 개념이 생기면서 나를 어디엔가 동일시하기 시작한다. 즉, 성역할 사회화가 나타나면서 직업에 대한 성역할 고정관념도 이 시기에 습득하게 된다. 3단계는 사회적 가치 획득 단계(orientation to social valuation, 9~13세)로 그 사회를 구성하는 사람들이 모두 원하는 사회적 가치라는 것이 있다는 것을 알게 된다. 그리고 이것은 원하면 갖는 것이 아니라 어떤 규칙에 의해 나눠 갖는다는 것도 알게 된다. 즉, 자신의 능력을 기준으로 자신에게 맞는 직업 대안의 범위를 줄여 나간다. 여기까지의 진로대안 제한의 결과가 바로 '수용 가능한 진로대안 영역'이다. 4단계는 내적 자아확립 단계(orientation of the internal, unique self, 14세 이후)로 '내가 누구인가'라는 정체감 혼란을 겪으면서 자아정체감을 확립하기 위한 고민과 노력이 여러 영역에서 나타난다. 갓프레드슨은 이때 확립한 자신의 특성에 대한 정체감을 '흥미'로 표현하기도 한다. 자신의 특성(흥미)에 맞는 직업을 정하고, 그와 유사한 직업들까지 가능한 범위로 포함시켜 잠정적으로 자신에게 가능한 대안의 영역(social space)을 형성하면 이 단계의 발달이 종료된다.

갓프레드슨의 진로발달이론의 또 하나의 핵심개념은 진로의사결정 과정에서 나타나는 타협이다. 갓프레드슨의 타협이론에서는 타협의 불가피성에 대한 내용과 함께 어떤 과정으로 타협을 해 나가는가, 즉 무엇을 어떻게 포기하는가에 관한 내용을 다룬다. '더 매력적인 것'을 고르는 과정이 바로 갓프레드슨이 발견한 타협의 과정이다. 사람들은 무엇인가 포기해야만 선택할 수 있을 때 각 진로대안이 갖는 어떤 측면들을 포기할 것인지를 고민한다고 한다. 갓프레드슨은 어떤 측면들은 좀 쉽게 포기할 수 있는 반면, 어떤 측면은 양보하기 힘들어한다는 점에 주목한다. 제한이론에서 제시한 진로발달 단계에서 나타났던 성유형, 사회적 지위, 활동유형(흥미)이 타협의 중요한 측면들이 된다.

타협의 과정은 우선순위 정하기, 최고가 아닌 최선을 선택하기, 좋지 않은 대안 버리기, 타협에 적응하기의 네 가지 원칙에 따라 진행된다. 그리고 이러한 원리들은 모두 개인적으로 간직한 심리적 자아(psychological self)보다는 가시적인 사회적 자아(social self)를 보호하고자 하는 인간의 경향성을 반영하고 있다.

또한 직업이 반영하는 성역할, 사회적 지위, 직업적 흥미에 대한 인식이 형성되는데, 이를 통해 형성된 직업적 인지지도가 진로포부와 진로대안 선택에 있어서 중요한 준거가 된다.

2) 상담 기법

제한-타협이론에서는 학생이 형성한 가능한 진로대안의 범위를 그대로 수용해 그 범위 내의 진로대안들 중에서 선택을 조력하는 진로상담의 과정에 문제를 제기한다. 따라서 상담에서는 자신이 축소시킨 진로대안의 범위를 확장할 수 있도록 도와야 한다. 그 과정은 다음과 같다(Gottfredson, 2003).

첫째, 학생의 제한 과정을 탐색하기 위해 현재 가지고 있는 대안들로 선택의 범위를 줄여 온 과정을 탐색한다. 특히, 타협의 과정에서 자신의 능력으로는 성취할 수 없다고 생각하고 대안을 제외하는 경우가 많기 때문에 그 과정을 좀 더 구체적으로 살펴보기 위해 다양한 질문을 통해 학생의 대안 선택 과정과 만족도를 알아본다.

둘째, 제한과 타협의 과정을 통해 진로대안을 지나치게 축소한 학생에게 갑작스럽게 모든 직업을 처음부터 다시 고려하라고 하는 것은 어려울 수 있다. 학생에게 불안을 일으키지 않는 한 가지 방법은 학생이 고려하고 있는 진로대안에서 출발해 그와 유사한 특성을 갖는 대안으로 확장해 나가는 것이다. 예를 들면 갓프레드슨은 되도록 한 장에 제시될 수 있는 정도의 정보를 가지고 먼저 탐색할 것을 추천하면서, OAP 지도(Occupational Aptitude Patterns Map, 자신의 사회·경제적 배경과 지능 수준, 사회적 공간, 성 유형에 맞는 직업선택 영역)를 그림 4-2와 같이 소개했다.

셋째, 구체적인 직업명을 통해 진로대안을 확장할 수 있는 또 다른 방법 중 하나는 직업카드를 이용하는 것이다. 일반적인 직업카드 분류법에서는 직업을 '좋아하는 직업', '싫어하는 직업', '잘 모르는 직업'으로 분류하고, '좋아하는 직업'을 중심으로 다음 탐색을 진행하지만, 제한-타협이론에서는 '싫어하는 직업'과 '잘 모르는 직업'을 탐색한다.

넷째, 청소년들이 가능성을 제대로 타진해 보지 않은 채 너무 일찍 어떤 일을 할 수 없는 일이라고 단정지어 버렸을 가능성을 염두에 둔다. 대부분 자신에게는 그럴 만한 능력이 없다고 생각하고 포기한 경우들인데, 교사는 그러한 상태를 극복할 수 있도록 도와야 한다. 먼저 교사는 현재 학생이 가진 진로포부가 너무 많은 가능성을 배제하고 있다는 점을 직면시킨다. 앞서 살펴본 OAP 지도, 한국직업표준분류표, 직업카드 등을 활용해 볼 수 있다. 다음으로 자신의 특성과 현실적 여건을 고려해 적극적으로 알아볼 만한 직업목록을 작성한다. 교사는 학생이 자신의 능력을 향상시켜 진로대안의 폭을 넓힐 수 있도록 조력해야 하며 진로상담에서 학업상담으로 개입의 범위를 확장시킬 수 있어야 한다. 또한 교사는 학생이 원하는 진로를 성취하지 못했을 때를 대비한 대안을 가지고 있어야 하는데, 학생이 추구하는 진로가 실현 가능성이 적을수록 더욱 필요하다.

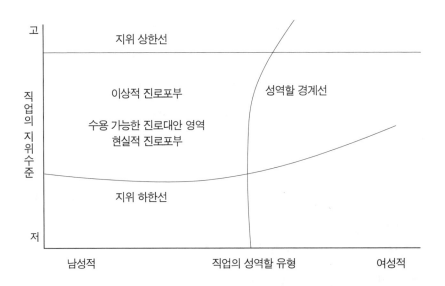

그림 4-2 진로포부의 제한

3) 상담 과정

제한-타협이론에서 새로운 진로상담의 과정이나 절차를 제안하고 있지는 않다. 제한-타협이론의 기본 입장은 개인과 환경의 조화에 있어 '자기이해-직업세계 이해-의사결정-진로준비'라는 일반적인 진로상담의 과정을 따른다는 것이다. 단, 제한-타협이론을 적용한 진로상담에서 특히 강조되는 부분은 학생이 추구하고 있는 진로 또는 직업대안만이 아니라 제한과 타협 과정을 통해 제외시켰던 진로대안들에 대해서도 다룬다는 점이다.

교사는 학생이 진로발달 단계에서 제한과 타협으로 진로대안을 축소해 오면서 스스로 알아차리지 못하고 있던 두 가지 문제를 중요하게 다루어야 한다(Gottfredson, 2002). 먼저 많은 청소년들이 실제 가능성을 타진해 보기도 전에 필요 이상으로 진로 대안을 축소한다는 문제가 있다. 따라서 교사는 학생이 원하는 선택지만이 아니라 어릴 때부터 고려해 보지도 않은 채 제외한 것은 없는지 확인하고 대안의 폭을 넓혀 갈 수 있도록 도와야 한다. 두 번째로 교사가 주목해야 할 문제는 자신이 매우 원하지만 가능성이 없어 보여 포기한, 즉 이미 타협한 진로대안들이다. 교사는 현재 학생이 가지고 있는 것만이 아니라 앞으로 무엇을 얼마나 어떻게 발전시킬 수 있는가에 초점을 두고 실현 가능성을 탐색함으로써 건설적 현실감을 촉진할 수 있다.

제한-타협이론에서는 학생이 제한과 타협 과정에서 필요 이상으로 대안을 축소시키지 않았는지, 그렇다면 그 내용은 무엇인지를 파악하는 것을 문제 진단의 가장 중요한 과업으로 제시한다. 학생들이 자신이 원하는 진로대안이 무엇인지 말할 수 있는지, 선택한 대안이 학생의 흥미와 능력에 적합한지, 자신의 선택에 만족을 하는지, 진로대안을 필요 이상 제한한 것은 아닌지, 선택한 진로를 성취할 기회와 장벽에 대해 알고 있는지 교사는 문제를 진단할 줄 알아야 한다(Gottfredson, 1996, pp. 218-219).

즉, 제한과 타협이 어떤 과정을 통해 진행되었는지를 확인하고, 불필요하게 축소된 진로대안을 확장하는 것이 진로상담의 중요한 과정이 되어야 한다. 진로대안의 확장에 합의하고, 구체적으로 대안 확장을 위한 상담으로 나아가는 데 있어 교사가 고려할 사항은 직업세계의 모든 직업을 대안으로 두고 다시 고려해 보는 것에서 출발할 수 있어야 한다는 것이다. 또한, 제외된 진로대안에 대한 재탐색은 이미 설정한 가능한 진로대안의 영역을 확인하는 것에서 시작할 수 있다. 마지막으로 자신이 원하는 직업이 속하는 직업군 또는 유사 직업군을 통해 진로대안을 확장해 나갈 수 있다.

이 모든 개입 과정에서 상담자가 염두에 두어야 하는 것은 학생의 핵심적 특성을 존중하고, 직업적 흥미와 가치를 탐색할 수 있는 기회를 제공하며, 자신의 환경에 대한 학생의 이해를 높이고, 개인차를 존중해야 한다는 것, 그리고 학생에 대한 이해는 항상 잠정적인 가설이라는 것이다(Gottfredson, 2002, pp. 135-138).

03 진로의사결정이론 1: 의사결정 모형

1) 개요

의사결정이란 여러 가지 대안 중 가능성이 있는 대안을 선택하고 결정하는 행위이며, 의사결정 모형은 의사결정을 하는 개인의 정보수집 방법과 절차에 따라서 어떤 결론에 다다르는지를 이해하기 위해서 하나의 개념적 틀을 제공하는 것이다. 진로의사결정은 진로발달에서 중요한 역할을 하기 때문에 진로발달의 다양한 선택 시점에서 하게 되는 의사결정 과정에 관심을 갖는다. 진로의사결정이론을 설명하는 대표적인 학자로 겔라트(Gelatt, 1962), 캐츠(Katz, 1963), 티드맨과 오하라(Tiedeman & O'Hara, 1963), 하렌(Harren, 1979) 등을 들 수 있다.

상담의 중요한 목표 중 하나가 학생으로 하여금 최적의 결정을 내릴 수 있도록 돕는 것이라는 가정 아래 이루어진 겔라트의 진로의사결정이론은 무엇보다도 의사결정의 과정을 중요시하며, 직업선택과 발달 과정을 의사결정의 순환 과정으로 설명하였다. 이러한 과정에서는 무엇보다도 목표의 중요성을 강조하므로 개인의 가치체계에 따라 목표와 목적이 달라진다. 특히 진로상담에서 고려해야 할 사항으로 어떤 기준에 근거해서 파악할지에 대해 다음과 같은 기준을 제시한다. 첫째는 학생이 의사결정을 내리고자 하는 준비가 되어 있는가를 파악하는 것이다. 둘째는 학생이 스스로에 대한 지식이 충분한가를 파악하는 것이다. 셋째는 교육수준과 직업에 대한 정보 탐색이 적절한가를 파악하는 것이다.

캐츠는 가치결정에 근거를 둔 개인의 목적을 결정하기 위한 특성을 제시하였다. 이 이론은 개인의 업적이나 관계성 및 명성과 수입, 여가시간 등의 가치를 점검해서 개개인의 가치를 실현하고 극대화할 수 있는 작업을 구별해 낼 수 있도록 돕는 특징을 갖는다.

티드맨과 오하라는 직업의사결정과 관련된 분화와 통합의 과정을 개념화하여 예상기와 이행기로 나누어 설명하고 있다. 예상기는 좀 더 세부적으로 탐색단계, 구체화단계, 선택단계, 명료화단계의 4단계를 거쳐서 문제를 한정하고 정보를 수집한 후에 대안을 평가하고 선택을 내리는 과정을 말한다. 한편 이행기는 적응, 개혁, 통합의 3단계로 구분되며 분화와 통합의 과정을 거쳐서 개인의 목표와 집단의 목표가 유사해지는 과정을 말한다.

하렌의 진로의사결정유형이론은 의사결정이 필요한 과제를 인식하고 그에 반응하는 개인의 특징적 유형에 따라 의사결정을 내리는 방식을 말한다. 하렌은 티드맨과 오하라의 진로의사결정 모형을 토대로 하여 의사결정 과정뿐 아니라 다른 변인들의 관계를 가정하고 진로의사결정에 포함되는 여러 중요한 변인을 포함하는 광범위한 모형으로 발달시켰다. 또한 하렌이 개발한 진로의사결정 프로그램은 전체 구성이 총 13단원이고, 각 단원마다 하렌의 의사결정 모형과 연계된 활동이 제시되어 있다. 이 프로그램은 한 단원을 진행하는 데 두 시간이 소요되며 프로그램의 과정은 5단계이다. 1단계는 집단형성의 과정, 2단계는 개인의 내적인 면의 이해에 초점을 두는 단계, 3단계는 외적인 또는 환경적인 면에 초점을 두는 단계, 4단계는 내적인 요인과 외적인 요인을 통합하여 구체적인 행동계획을 세우는 단계, 5단계는 집단의 종결 단계이다(Kivlighan Jr., 1990; 고향자, 1992에서 재인용). 특히 진로의사결정은 진로선택의 다양한 시점에서 사용하는 심리적 과정에 초점을 맞추었고, 이 과정에 포함시킨 매개변수로는 의사결정자의 특징과 당면한 발달 과업 그리고 의사결정상황 등이 있다. 이에 따라

의사결정의 과정, 의사결정자의 특징, 당면한 발달 과업, 의사결정상황에 대한 내용들이 나타난다.

2) 상담 기법

진로의사결정과 관련해서는 여러 검사와 척도들이 상담 장면에서 활용되고 있다. 이 중 폭넓게 상담 장면이나 연구에서 사용되고 있는 척도는 하렌(Harren, 1979)이 개발한 후 벅과 다니엘스(Buck & Daniels, 1985)가 보완한 의사결정유형검사로 합리적, 직관적, 의존적 유형의 세 가지로 분류한다.

의사결정 정도 진단의 적용 기법으로 진로 미결정을 측정하기 위해서 몇몇 도구들이 개발되어 사용되고 있다. 대표적인 것으로 진로결정척도(Career Decision Scale, CDS)(Osipow, Carney, & Barak, 1976), 직업결정척도(Vocational Decision Scale)(Jones & Chenery, 1980), 진로미결정척도(Career Decision-Making Difficulties Questionnaire, CDDQ)(Gati, Krausz, & Osipow, 1996) 등이 많이 활용되고 있다.

진로사고검사의 적용 기법인 샘프슨과 동료들(Sampson, et al., 1999)이 1996년에 개발한 진로사고검사(Career Thoughts Inventory)는 진로문제 해결과 진로의사결정에서의 역기능적 사고를 측정하는 자기보고식 검사이다. 진로사고검사는 진로의사결정에 대한 부정적 사고를 돕는 데 사용되며, 세 하위 척도는 의사결정 혼란, 외적 갈등, 전념 불안으로 구성되었다. 이 도구는 진로대안을 탐색함으로써 부정적 사고를 긍정적인 사고로 전환할 수 있게 한다(Sharf, 2016).

진로검사와 병행하여 활용할 수 있도록 개발(Sampson et al., 1996)된 진로사고검사 워크북(*Improving Your Career Thoughts: A Workbook for the Career Thoughts Inventory*)은 내담자의 진로사고를 수정하기 위해 인지적 재구조화를 통해서 부정적인 진로사고가 진로결정능력을 어떻게 방해하는지 보여 주고, 진로의사결정에 걸리는 시간을 최적화하는 정보를 제공해 준다.

진로사고검사를 통해서 파악되는 진로의사결정의 부정적 사고를 다루기 위한 워크북은 다음의 7단계의 서비스 절차에 따라 사용된다. 1단계는 초기면접, 2단계는 예비평가, 3단계는 문제 정의 및 원인 분석, 4단계는 목표 설정, 5단계는 개인별 학습계획 구상, 6단계는 개인별 학습계획 실행, 7단계는 부가적인 개관 및 일반화이다.

한편 새로운 의사결정 모형인 인지적 정보처리 접근(Sampson et al., 2004)은 정보처리 피라미드로 잘 보여 줄 수 있다. 스턴버그(Sternberg, 1980)의 인간지능이론에 기초한 정보처리 피라미드는 진로문제 해결과 의사결정의 주요한 측면에 대한 자각을 증가시키기 위한 것으로 지식 영역, 의사결정 영역, 실행처리 영역의 세 요소로 구성되었다. 가장 윗부분인 실행처리 영역에서는 자신이 어떻게 생각하고 느끼고 행동하는지를 점검하기 때문에 좀 더 고차원적인 기능을 한다. 가운데 부분인 의사결정 영역에서는 의사결정 방법을 배우는데, 포괄적 정보처리기술인 CASVE(Communications, Analysis, Synthesis, Valuing, Execution: 인지정보처리의 단계로 의사소통, 분석, 통합, 평가, 실행)의 5단계를 제시하고 있다. 맨 아래 부분인 지식 영역은 자기지식과 직업지식으로 분류되며, 이 영역에서는 나 자신과 나의 선택 대안에 대해 알게 된다.

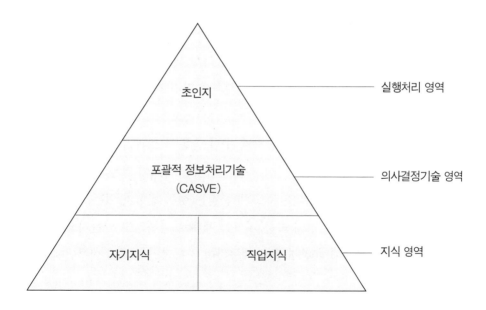

그림 4-3 진로의사결정에서 정보처리 영역의 피라미드

3) 상담 과정

효과적인 진로상담을 위해서는 교사와 학생이 정서적 유대관계를 형성하고 협조 관계를 맺는 것이 전제되어야 한다. 교사는 무엇보다 진로의사결정이론에 근거한 상담의 전반적인 과정을 이해해야 하고, 진솔함, 공감적 이해와 경청, 수용적인 자세로 학생을 대해야 한다. 그럴 때 안정된 상담관계가 수립된다. 이때 교사는 학생에 대한 기본적인 정보를 수집하게 되며 수집 과정에서 각종 검사를 활용하게 된다. 수집된 정보와 검사결과를 통해서 내담자의 문제를 평가할 수 있다. 내담자 문제의 평가 결과에 따라 상담목표와 계획이 달라진다.

문제 확인, 목표 설정, 목표 합의 과정에서 학생들은 자신의 진로상담의 필요성과 목적을 인식하고 진로상담의 방향을 설정하게 되며 적극적으로 참여한다. 진로상담의 목표는 구체적이고, 관찰 가능한 형태로 진술되어야 하며, 현실적이고, 성취 가능한 것이어야 한다. 또한 내담자 학생이 진정으로 원하는 것이어야 한다. 진로의사결정은 진로에 대한 명확한 탐색과 계획을 토대로 한 행동 실행이 함께해야 한다. 자신과 환경에 대한 정보수집활동과 능력향상활동, 진로준비행동은 합리적인 행동 실행이 이루어지게 한다.

목표 달성을 위해서 앞서 제시한 이론적인 특성을 고려한 개입활동이 이루어진다. 학생의 목표 달성을 위해 적합한 기법을 절차에 따라 적용하였을 때 좀 더 효과적이라고 할 수 있다.

종결과 추수지도 과정에서는 상담관계 수립을 통해 효과적인 상담이 원활하게 진행되고 문제가 해결되면 교사는 학생과 함께 합의된 목표의 달성 여부를 확인한다. 종결을 위해서는 무엇보다도 합의된 목표에 준하는 행동 변화가 있는가를 평가한다. 또한 추수지도는 진로의사결정에 따른 계획이 제대로 실행되고 있는지를 확인하고 그 과정에서 필요한 부분에 대한 도움을 제공하며 지속적인 수행이 이루어지도록 지도한다.

04 진로의사결정이론 2: 사회인지진로이론

1) 개요

학업이나 진로에서 자신에게 주어진 역할을 얼마나 잘 수행하는지는 학생의 실제 능력과도 관련되지만, 능력에 대한 믿음과도 밀접하게 관련된다고 알려져 있다. 반두라(Bandura)는 주어진 과업을 수행할 수 있는 자신의 능력에 대한 믿음을 자기효능감(self-efficacy belief) 개념을 도입하여 설명하였다. 자기효능감은 원하는 수행 결과를 얻기 위해 필요한 활동들을 조직하고 실행하는 자신의 능력에 대한 믿음이다(Bandura, 1986).

자기효능감이 진로선택에 영향을 주는 중요한 변인이라는 연구 결과들이 축적되면서, 자기효능감과 결과기대(outcome expectations) 등 진로선택과 수행에 영향을 주는 중요 변인들을 통합하여 이론으로 발전시킨 것이 사회인지진로이론(social cognitive career theory, SCCT)이다(Lent, Brown, & Hackett, 1994, 1996). 사회인지진로이론은 자기효능감, 결과기대, 흥미의 발달 및 진로목표 설정 등 진로와 관련된 주요 변인들 간의 관계를 설정하고 이를 진로행동을 설명하는 모형으로 통합한 것이다. 진로상담이론이 먼저 개발된 이후에 이론의 가설에 대한 검증이 이루어지는 다른 진로이론들과는 대조적으로, 사회인지진로이론은 경험적으로 증명된 결과들을 통합하여 진로이론으로 발전시킨 점도 특징적이다.

사회인지진로이론에서는 진로목표 선택 및 계획의 실행이 자기효능감, 결과기대, 흥미의 영향에 의해 상당 부분 결정된다고 설명한다(Lent, Brown, & Hackett, 1994, 1996). 진로선택과 관련한 주요 변인들을 자세히 살펴보면 다음과 같다.

먼저 개인변인, 배경변인과 학습경험이다. 진로결정에 중요한 영향을 미치는 능력이나 흥미의 발달은 성장 과정에서 경험하는 다양한 학습경험에 영향을 받는다. 학습에 영향을 주는 대표적인 개인변인으로는 개인의 성향, 성별, 인종이나 민족, 장애 유무 등을 들 수 있다. 개인의 성향은 내성적인지 외향적인지 등과 같은 타고난 개인의 선호를 뜻한다. 학습에 영향을 주는 맥락적 배경변인으로는 가정의 사회경제적 지위나 부모의 양육태도와 같은 요인이 대표적이다. 가정의 사회경제적 지위나 사회문화적 배경은 학생의 성장 과정에서 고려할 수 있는 학습활동의 종류 및 선택에 영향을 준다.

두 번째로 자기효능감과 결과기대이다. 자기효능감은 특정한 행동을 선택할 때의 결과기대, 흥미, 이후 진로목표의 결정 및 수행에까지 영향을 주는 요인으로 가정된다. 자기효능감은 목표 및 수행과 관련한 세 가지 행동에 영향을 미치는데, 특정한 행동이나 과업에 접근하거나 회피하는 행동, 목표 영역에서 수행의 질, 장애가 있더라도 목표를 위해 지속적으로 노력하는 정도에 영향을 주게 된다(Bandura, 1997). 결과기대는 특정한 행동을 수행할 때의 결과에 대한 개인적인 믿음으로, 일을 성공적으로 해냈을 때 받을 수 있는 물리적 보상 및 타인의 인정과 같은 외적 강화, 자신에 대해 자부심을 느끼는 등의 자기지향적 결과, 주어진 과제를 수행하는 과정 자체에서 오는 결과를 포함한다(Lent, Brown, & Hackett, 1996).

다음으로 흥미 및 진로목표 선택과 수행이다. 흥미는 학습경험을 통해 형성된 자기효능감과 결과기대의 영향을 받아 발달한다. 특정한 활동이나 과목, 직업에 대하여 잘할 수 있다는 평가를 받으면서, 수행에 대한 긍정적인 내적·외적 보상을 기대할 수 있을 때 흥미가 증가한다는 것이다. 진로목표는 진로와 관련해 특정한 활동에 참가하겠다거나 특정한 결과를 얻겠다는 개인의 의도를 뜻한다(Lent, Brown, & Hackett, 1994). 목표가 정해지면 이는 개인의 여러 행동들을 지속하도록 하는 동기가 되며, 어려움이 있더라도 자기조절을 유지하는 힘이 된다.

진로목표 설정과 수행에서 맥락적 요인의 영향으로는 크게 두 가지가 나타난다. 먼저 부모의 사회경제적 배경이나 문화적 배경과 같은 배경변인은 개인의 학습경험에 영향을 주어 자기효능감, 결과기대, 흥미 등의 발달에 영향을 준다. 이와 구분되는 요인으로 진로선택에 직접 영향을 주는 근접 맥락 요인이 있는데 이 요인은 다음 두 가지 경로를 통해 진로선택에 영향을 준다고 가정된다(Lent, Brown, & Hackett, 1994). 첫째, 직업을 가질 수 있는 사회의 기회 구조는 진로목표 설정 및 수행에 직접 영향을 미친다. 흥미나 자기효능감, 결과기대 등을 기반으로 진로선택을 하려고 해도, 원하는 직업을 가질 수 있는 기회가 거의 없다면 진로를 수정할 가능성이 높아진다. 둘째, 가족의 지지, 진로장벽에 대한 지각과 같은 환경적 요인들은 진로선택과 수행에 직접적인 영향을 미친다. 다음으로 진로발달 및 진로선택 과정에는 진로선택 및 진로장벽에 효과적으로 대처할 수 있는 자기관리능력이 중요한 역할을 한다.

2) 상담 기법

자기효능감의 평가와 개입을 통해 상담을 진행할 수 있다. 자기효능감은 아동과 청소년이 특정 진로에 대해 흥미를 갖고 진로를 선택하는 데 영향을 주는 변인이다. 학생이 흥미검사 결과 보통 이상의 흥미를 보이면서도 낮은 자기효능감으로 인해 그 영역을 미래의 진로대안(혹은 지금 선택하려는 진로)에서 배제하였다면, 제한된 진로대안만 고려함으로써 진로선택에 어려움을 경험할 수 있다. 자기효능감의 평가는 특정한 진로에 대한 자기효능감과 진로의사결정 자기효능감이라는 두 측면에서 이루어질 수 있다.

먼저 진로 영역별 자기효능감의 평가와 개입의 방법이 있다. 학생이 능력이 있지만 자기효능감이 낮아 관련 진로를 진로대안에서 제외하고 있다면 상담에서는 이러한 진로를 확인하는 작업이 우선 진행될 수 있다. 낮은 자기효능감으로 인해 진로대안에서 제외한 직업을 확인할 수 있는 방법으로 렌트는 다음의 두 가지 방법을 제안하였다(Lent, 2005). 첫째, 진로상담에서 흥미검사와 적성검사를 실시하고 그 결과의 차이를 검토하여 개입하는 방법이다. 둘째, 직업카드를 활용해 낮은 자기효능감으로 인해 진로대안에서 제외한 직업을 확인할 수 있다. 이와 같이 특정 진로 영역의 자기효능감에 대한 개입은 능력에 비해 자기효능감이 낮을 때 자기효능감이 능력에 맞게 형성되도록 도와 미래의 직업목록을 확장해서 학생의 진로발달과 선택을 돕는 기법이다.

다음으로 진로의사결정 자기효능감의 평가와 개입의 방법이 있다. 진로의사결정 자기효능감은 자기평가, 직업정보, 진로목표 설정, 미래계획 세우기, 문제해결 등 일련의 과정을 수행해 나가는 자신의 능력에 대한 믿음을 뜻한다(Betz, Klein, & Taylor,

1996). 진로의사결정에 대한 학생의 자기효능감을 평가하고 진로의사결정 능력 및 진로의사결정 자기효능감을 높이는 개입이 진로상담에서 이루어질 수 있다. 진로탐색 자기효능감을 높이기 위해서는 자기평가 및 진로정보 수집 방법에 대한 정보 제공 및 교육 등을 통해 진로탐색능력을 키워 주는 것이 도움이 된다.

덧붙여서 결과기대의 평가와 개입의 방법이 있다. 자기효능감이 높더라도 특정한 진로에 대한 결과기대가 낮다면 그 진로를 진로대안에서 제외하기 쉽다. 사회인지 진로이론의 결과기대는 가치를 포함하는 개념이므로, 결과기대가 낮다는 것은 학생이 중요하게 여기는 가치가 주어진 진로를 통해 충족되지 않을 것이라 평가함을 뜻한다. 결과기대의 조정은 대부분 진로 및 직업에 대한 정보 탐색을 통해 이루어질 수 있다. 학생이 특정 직업에 대한 정보를 알아보도록 하거나 상담시간에 함께 탐색한 후, 탐색한 정보를 진로상담교사와 학생이 함께 확인하면서 현실적인 결과기대를 가질 수 있도록 돕는다. 이 과정을 통해 제외했던 직업에 대한 흥미를 높일 수 있고, 결국 진로대안을 넓혀 자신에게 맞는 진로를 선택하는 데 도움이 된다.

그 외에 진로목표 및 계획의 수립과 실행을 위한 개입, 사회적 지지 및 진로장벽의 탐색과 개입을 통한 상담 기법들이 있다.

3) 상담 과정

사회인지진로이론에서는 진로흥미의 발달과 진로탐색, 진로결정에 영향을 미치는 요인들을 확인하고 이러한 변인들에 개입하여 진로흥미의 확장, 진로과업의 수행, 진로 및 진학에 대한 선택과 계획 등이 이루어지도록 돕는다. 여기에서는 진로상담의 일반적인 과정을 따라가면서 사회인지진로이론가들이 제안한 특정한 진로 관련 변인들을 어떤 단계에서 어떻게 평가하고 개입할지를 제시하였다.

처음 단계에서 해야 할 일은 관계의 형성 및 문제의 이해이다. 진로상담 초기의 주요 과제는 학생과의 관계 형성, 상담 문제의 확인, 학생에 대한 전반적인 이해 및 평가, 상담목표의 설정 및 상담계획 수립 등이다. 학생이 어떤 문제로 상담을 받고 싶은지를 확인한 후, 호소문제와 관련해 노력해 본 사항들, 노력의 결과 도움이 된 부분, 진로상담에서 특히 도움을 받고 싶은 부분이 무엇인지를 확인한다. 이때 교사는 학생의 현재 상황 및 진로와 관련된 경험을 구체적으로 탐색하고 경청하면서 학생과의 관계 형성이 이루어지도록 한다. 상담의 목표는 학생의 호소문제와 진로문제에 대한 상담자의 평가 등을 종합하여 설정하도록 하고 진로상담의 목표에 대한 합의가 이루어지면, 목표 달성을 위한 상담계획을 수립한다.

다음은 호소문제와 관련된 사회인지진로이론의 주요 변인들의 평가이다. 학생의 호소문제를 탐색하면서 자기효능감, 결과기대, 목표 설정에서의 어려움 등을 확인하여 호소문제의 원인에 대한 가설을 설정한다. 호소문제는 여러 가지 문제들의 조합으로 나타날 수 있으므로 포괄적인 탐색을 통해 문제에 영향을 주고 있는 변인을 확인하고, 사회인지진로이론의 관점에서 문제의 원인에 대한 가설을 세운 후 개입의 방향을 결정한다.

그다음 단계는 상담목표와 관련해서 개입이 필요한 변인의 선정 및 개입이다. 학생의 현재 진로문제가 자기효능감, 결과기대, 뚜렷한 흥미의 부재, 목표 설정의 어려움, 사회적 지지의 부재나 진로장벽 문제 등과 관련되어 있는지를 파악한 후 변화가 가능한 변인을 평가하여 개입전략을 세워 실행한다. 진로목표의 설정 및 목표에 따른 계획의 수립과 실천도 진로상담에서 중요한 개입의 대상이다. 진로결정에서 주로 다루어지는 주제들—자신에 대한 평가, 진로정보의 습득, 자신과 일에 대한 정보를 종합한 진로의사결정, 진로결정과 관련되는 불안을 완화하여 목표 설정을 돕는 것—을 탐색하여 학생이 진로의사결정을 할 수 있도록 돕는다. 진로목표의 설정 및 계획의 실행 과정에는 사회적 지지와 진로장벽이 영향을 미치게 된다. 부모나 교사, 친구를 비롯해 학생의 진로목표를 지지할 수 있는 사회적 지지원을 찾아 활용할 수 있도록 돕는다. 또한 진로목표 설정 및 수행과 관련된 진로장벽을 확인하고 대처방법을 찾아서 실행할 수 있도록 한다.

진로상담의 마무리 단계에서는 상담 성과의 평가 및 앞으로의 계획 등이 다루어진다. 상담 종결에서 일반적으로 다루어지는 주제들—상담 종결 후 진로 관련 계획, 다시 경험할 수 있는 어려움, 어려움에 대한 대처방법 등—이 함께 다루어지는 것이 바람직하다. 특히 불안 정도가 높은 학생의 경우엔 진로목표를 정하고 상담을 종결하더라도 결정에 대한 불안 때문에 진로문제를 다시 경험할 가능성이 높으므로 이러한 가능성에 대해서도 미리 정보를 제공하여 필요한 경우 다시 진로상담을 받을 수 있도록 안내한다.

요약

　진로발달이론은 개인이 직업을 선택하는 과정에서 생애 단계에 따른 진로발달을 강조하고 있는 이론이다. 직업선택은 한 시점의 행위가 아니라 지속적인 의사결정의 과정이라고 보았다. 긴즈버그의 진로발달 단계는 환상기(6~10세), 잠정기(11~17세), 현실기(18세~성인 초기)로 나뉜다. 수퍼는 연령을 확장하는 동시에 발달에 영향을 주는 요소를 다양하게 고려하여 전 생애 진로발달의 관점으로 이론을 체계화하였다.

　진로발달이론 중 제한-타협이론은 갓프레드슨에 의해 제안되었다. 이 이론에서는 아동기와 청소년기를 통해 진로와 관련된 진로포부가 어떻게 발달하는가를 나타내는 제한이론과 진로의사결정 단계에서 여러 가지 대안들을 고려하는 과정을 설명하는 타협이론으로 구성된다. 그리고 이러한 진로발달과 진로선택의 과정에서 중요하게 고려되는 측면은 성역할, 사회적 지위, 직업적 흥미이다.

　진로의사결정은 청소년기의 진로발달에서 중요한 역할을 하며, 진로상담과 진로지도의 최종적인 결과로 나타나는 핵심적인 개념이라고 할 수 있다. 진로의사결정이론은 의사결정이 필요한 과제를 인식하고 그에 반응하는 개인의 특징적 유형에 따라서 의사결정을 내릴 수 있도록 돕는 과정을 설명하고 있다.

　사회인지진로이론은 진로의사결정 과정과 관련된 사안들에 대해 개인 내적 요인에만 초점을 두었던 이론들의 한계점을 지적하면서 맥락을 중요하게 고려하는 관점을 취하고 있다. 이 이론은 성·인종·사회계층과 같이 개인이 선택할 수 없는 인구학적 특성을 포함하는 개인 특성과 이런 인구학적 특성에 의해 개인에게 이익과 불이익을 주는 환경적 배경이 개인의 진로발달 및 선택에 미치는 영향을 설명하고 있다.

1 수퍼의 생애무지개 그림 양식에 따라 각자 자신의 생애 동안의 역할을 적고 자신의 역할 비중을 설명하라.

2 자신이 원하는 진로대안이 자신의 흥미와 능력에 적합한지 점검하라. 진로대안을 필요 이상 제한한 것이 있는지 점검하고, 있다면 그 이유를 설명하라.

3 하렌의 의사결정유형검사상 자신의 패턴을 확인하고 패턴이 형성된 원인을 설명하라. 자신의 패턴의 장점과 개선점을 설명하라.

4 자신이 지각하고 있는 진로장벽과 자기효능감에 대해 설명하고 변화하기 위한 방안을 기술하라.

진로상담이론의 최근 경향

1 진로상담이론의 최근 경향은 어떤 특징을 지니는지 이해한다.
2 우연학습, 구성주의, 체계론적 진로상담이론을 설명하고 진로상담에 활용하기 위한 방안을 제시할
   수 있다.
3 현대사회에서 성공적인 진로발달을 이루기 위해 내담자는 어떻게 적응해야 하는지 설명할 수 있다.

이 장에서는 진로상담이론의 최근 경향으로 우연학습이론, 구성주의 진로상담이론, 그리고 체계론적 진로상담이론을 소개한다. 우연학습 진로상담이론은 환경이 개인의 진로발달에 주는 예기치 않은 기회들을 활용할 수 있는 기술을 강조할 뿐 아니라 '우연을 의도적으로 만들라'는 역설에 가까운 제안을 던진다. 구성주의 진로상담이론은 내담자가 주체가 되어 자신의 삶을 이야기하는 과정에서 진로발달을 위한 의미를 탐색하고 재구성하는 과정에 상담자가 참여자로 존재할 것을 강조한다. 체계론적 진로상담이론은 내담자를 둘러싼 다층적 환경체계들이 시간의 흐름 속에서 끊임없이 복합적으로 상호작용하는 현상에 주목한다. 체계론적 진로상담에서 내담자는 체계의 흐름 속에서 발생하는 기회를 포착하고 자신의 위치를 찾으며 목표를 실현하는 주체이자 삶의 운전자이다. 이 외에도 진로상담이론의 최근 경향 중에는 진로무질서이론이 있으며, 진로무질서이론을 학습하고 싶은 독자는 해당 저서(손은령, 2017)를 참고할 수 있다.

최신 진로이론들의 공통점은 다음과 같이 요약된다. 첫째, 내담자의 주도성을 더 많이 인정한다. 내담자는 평생학습자이며, 경험한 사실들에 의미를 부여하는 창조자이고, 자신의 삶을 통제하는 주인공이다(Patton & McMahon, 2014). 둘째, 환경체계의 역동성과 영향력을 이론과 실무에 융합한다. 각 환경체계의 연속적인 변화와 환경체계와 개인의 상호작용은 물론 환경체계 간의 상호작용을 함께 고려하여 상담을 진행한다. 내담자의 진로발달에 영향을 미치는 사회문화적 특징을 고려하고, 이들에 대한 대응을 고려한다는 점에서 다문화사회정의 접근을 융합하고 있다. 셋째, 전환학습의 중요성을 강조한다. 진정한 학습은 태도와 행동의 변화 모두가 일어날 때 가능하며, 지식뿐 아니라 감정의 변화가 함께 일어나야 한다(Lengelle, Meijers, & Hughes, 2016). 넷째, 평가는 내담자를 이해하기 위한 도구일 뿐 아니라 대화를 나누기 위한 소재이자 진로상담의 목적이다. 전통적 진로상담이론에서는 평가의 결과가 중요하였다. 그러나 진로상담의 최근 이론은 평가의 과정에서 내담자가 표현하는 내러티브들을 평가 결과보다 더 중요하게 여긴다.

01 우연학습 진로상담이론

1) 개요

우연학습 진로상담이론은 진로선택 과정에서 나타나는 우연적 요인에 주목하였다. 한 사람의 진로발달 과정에서는 예기치 않은 사건이 일어날 수밖에 없고, 이러한 사건은 그 사람의 진로에 영향을 미친다. 우연을 어떻게 받아들이느냐에 따라 영향의 정도와 방향이 결정될 수 있다. 무심히 지나친 일이 큰 영향을 미치기도 하고, 부정적인 사건으로 지각된 경험을 긍정적인 것으로 변화시킬 수 있다. 우연을 잘 활용하면 불편과 불리함 속에서도 진로선택에 도움을 받을 수 있다. 한여름에 직업체험을 가던 중 버스가 고장나서 길가에서 몇 시간을 서서 기다리는 불편을 겪으며 자신이 해야 할 의미 있는 직업을 찾는 것 등이 그 예이다.

우연학습이론은 세상에서 만족한 삶을 살아갈 수 있도록 내담자를 돕는 것이 중요하다고 강조한 크롬볼츠(Krumboltz)의 사회학습이론을 수용한다. 일상에서 끊임없이 발생하는 우연한 일들을 불확실한 미래를 위해 긍정적으로 활용하는 능력은 만족스러운 삶을 이루는 데 필수적이다. 우연학습이론에서 진로상담자는 내담자에게 개인의 삶에서 일어나는 사건들을 자신의 진로에 도움이 되는 기회로 만들도록 적극적으로 가르치는 역할을 하게 된다(강혜영, 2010).

우연학습이론에서는 사회적 정의에 대해서도 언급하고 있다. 이와 관련하여 크롬볼츠는 개인들에게 주어진 상황이나 기회가 공평하지 않음을 지적하면서 상담자들이 개인의 문제를 다루는 것과 함께 개인이 속해 있는 조직의 변화를 위해서도 노력하고 일해야 함을 강조한다(강혜영, 2017).

2) 상담 기법

우연학습이론에 근거한 여러 가지 상담 기법들은 강혜영(2017)에 구체적으로 예시되어 있다. 그 기법들의 주요목적은 내담자의 우연기술, 즉 호기심, 인내심, 융통성, 낙관성, 위험감수 능력을 길러 주기 위한 것들이다. 최근에는 우리나라에서도 우연기술의 효과와 우연기술에 영향을 미치는 요인들에 대한 연구들이 활발하게 진행되고 있다. 우연기술은 진로적응성(조정자, 이종연, 2017), 진로탐색행동(주은지, 2018)에 긍정적인 영향을 주는 데 비해 진로불안을 감소시키는 것으로 나타났다(문화진, 2019). 한편 불안정 성인애착, 정서조절의 어려움, 사회불안(이지원, 이기학, 2018), 비합리적 신념(강창경, 강진령, 2018), 불확실성에 대한 인내력 부족(문화진, 2019)은 우연기술에 부정적인 영향을 미치며, 진로적응성(강창경, 강진령, 2018)은 긍정적인 영향을 미치는 것으로 나타났다. 여기에서는 우연기술 강화 기법 중 비합리적 신념 탐색하고 약화시키기(강혜영, 2017), 우연기술 탐색하고 강화하기를 요약하여 소개하고자 한다.

(1) 비합리적 신념 탐색하고 약화시키기

비합리적 신념은 경직된 당위적 사고를 특징으로 하며 엘리스의 합리·정서·행동치료(REBT: Rational Emotive Behavior Therapy) 상담 기법(Ellis & Dryden, 1987)에서 심리적 유연성과 적응적 행동 및 정서를 저하시키는 것으로 밝혀진 바 있다. 진로에 관한 비합리적 신념에는 진로와 관련된 강한 당위적 사고가 포함되어 진로탐색과 진로준비행동의 효과를 저하시킨다. 강혜영(2017)은 네보(Nevo, 1987)가 제시한 진로상담에서 나타나는 비합리적 사고 열 가지를 소개하였다(표 5-1).

진로신념체크리스트는 내담자의 진로문제가 비합리적 진로신념과 관련되어 있다고 판단될 때 간단하게 사용할 수 있다. 각 항목에 대하여 4점('약간 그렇다') 이상으로 응답하면, 내담자가 해당 항목에 비합리적 신념을 지니고 있음을 의미한다. 자신이 지닌 비합리적 신념의 내용을 알고 인정한다는 것은 상담 진행에 청신호가 될 수 있다. 진로상담자는 인지상담 기법을 적용하여 비합리적 신념이 어떤 상황에서 드러나는지 더 구체적으로 파악하고, 비합리적 신념의 현실성·논리성·실용성 등에 대하여 논박

표 5-1 진로신념체크리스트

다음 항목들은 진로에 대하여 사람들이 지닐 수 있는 생각을 나타냅니다. 여러분이 생각하기에 자신의 신념과 일치하는 정도에 표시해 주시기 바랍니다.

①전혀 아니다 ②아니다 ③보통이다 ④약간 그렇다 ⑤매우 그렇다

진로신념 항목	응답				
	①	②	③	④	⑤
1. 나에게 맞는 직업은 세상에 한 가지밖에 없다.					
2. 완벽한 직업선택을 할 때까지 나는 만족할 수 없을 것이다.					
3. 누군가가 나에게 알맞은 직업을 찾아 줄 수 있다.					
4. 지능검사는 내가 얼마나 가치 있는지를 말해 줄 것이다.					
5. 나는 내 직업 분야에서 크게 성공하든가 전문가가 되어야만 한다.					
6. 열심히 노력한다면 어떤 것도 할 수 있다. 혹은 내 재능에 맞지 않는 것은 어떤 것도 할 수 없다.					
7. 내 직업은 내 삶에서 중요한 사람들을 만족시켜야만 한다.					
8. 직업을 갖게 되면 내 모든 문제가 해결될 것이다.					
9. 나는 그 직업이 나에게 잘 맞는다는 것을 직관적으로 느낄 수 있어야 한다.					
10. 한 번 직업선택을 잘하면 모든 것이 해결된다.					
총점					

출처: 강혜영(2017), p. 226. 내용 발췌 후 채점 용이하도록 편집

하며 합리적으로 바꾸는 작업을 내담자와 함께 진행할 수 있다.

고등학생과 진로상담을 하면서는 고등학생용 진로신념척도(송보라, 이기학, 2010)를, 대학생과의 진로상담을 위해서는 대학생용 진로신념검사(곽다은, 2012)를 활용할 수 있다.

(2) 우연기술 탐색하고 강화하기

표 5-2에 소개하는 우연기술검사는 김보람 외(Kim et al., 2014)의 교신저자로부터 허락을 얻어 문항들을 발췌하고 현장에서 사용하기 쉽게 편집한 것이다. 상담자는 내담자에게 우연기술검사를 실시하고, 전체 점수 및 하위 점수가 '그렇다(해당 우연 기술

이 있다)', 즉 4점 이상인지 살펴볼 필요가 있다. 전체 점수를 살펴보고, 높은 점수를 받은 하위 요인과 항목들은 어떤 것들인지 점검하고 그런 기술을 높일 수 있었던 계기가 있었는지 내담자와 이야기를 나누어 강화해 준다. 점수가 2점 이하로 낮은 항목들에 대하여는 해당 기술의 강화방안을 논의할 수 있다.

표 5-2 우연기술검사

다음 문항들은 진로를 탐색하고 결정하는 과정에서 만나는 우연적인 사건들을 기회로 활용할 수 있는 역량에 관한 내용입니다. 여러분이 생각하는 자신의 모습과 일치하는 정도에 표시해 주시기 바랍니다.

①전혀 아니다 ②그렇지 않다 ③보통이다 ④약간 그렇다 ⑤매우 그렇다

하위 요인	문항 내용	응답				
		①	②	③	④	⑤
호기심	1. 나는 내 주변에 우연히 일어나는 일들에 호기심을 갖는다.					
	2. 이전에 해 보지 못한 경험을 할 뜻밖의 기회가 생기는 것은 나의 호기심을 자극한다.					
	7. 나는 계획하지 않았던 일에 대해서도 호기심을 갖고 접근하는 편이다.					
	20. 나는 나의 진로선택에 도움이 될 만한 새로운 활동들에 관심이 많다.					
	21. 우연히 얻은 직업정보에 호기심을 가지고 탐색한다.					
	소계					
유연성	3. 나는 우연히 발생한 사건에 따라 진로의 방향을 바꾸는 것을 고려할 수 있다.					
	8. 내 진로의 방향성은 언제든지 바뀔 수 있다고 생각한다.					
	9. 나는 하나의 진로만 추구하기보다는 여러 가지 대안을 유연하게 생각한다.					
	15. 나는 진로를 결정함에 있어서 유연한 태도를 지닌 편이다.					
	24. 진로는 충분히 바뀔 수 있다고 생각한다.					
	소계					

하위 요인	문항 내용	응답				
		①	②	③	④	⑤
인내성	4. 예상치 못한 어려움에 부딪히더라도 끈기 있게 노력하겠다.					
	10. 진로를 추구하는 과정에서 예상치 못한 난관이 닥치더라도 나는 참을성을 가지고 노력한다.					
	14. 진로탐색에서 어려운 난관이 있어도 나는 꾸준히 내가 하는 일을 하는 편이다.					
	16. 진로탐색과정에서 예상할 수 없는 어려움이 오더라도 참을성 있게 나의 길을 가겠다.					
	22. 나는 뜻밖의 어려움이 닥치더라도 내가 세운 진로계획을 이룰 수 있도록 끝까지 노력한다.					
	소계					
낙관성	5. 나는 미래의 진로에 대해 긍정적으로 바라본다.					
	13. 나의 미래의 진로는 밝다.					
	17. 나의 앞날은 가능성으로 가득하다고 생각한다.					
	18. 내 진로에 있어 앞으로 많은 기회가 나에게 올 것이다.					
	23. 내가 처음에 원하는 방향으로 가지 않더라도, 내 진로는 좋은 방향으로 나아갈 것이다.					
	소계					
위험 감수	6. 결과가 불확실하더라도 내가 선택한 진로를 추구하겠다.					
	11. 나의 행동의 결과가 불확실하더라도 위험을 감수하고 시도해 볼 것이다.					
	12. 나는 진로를 추구하는 과정에서 어느 정도 위험을 감수할 각오가 되어 있다.					
	19. 나는 보다 만족스러운 진로선택을 위해 잘 모르는 것에 도전하는 위험도 무릅쓸 수 있다.					
	25. 그 직업에서의 성공이 보장되지 않더라도 한 번 도전해 볼 것이다.					
	소계					
총점						

출처: Kim et al.(2014), p. 244. 계획된 우연 척도 발췌 후 하위 요인별 정리, 문항번호 재정렬, 채점 용이하도록 편집.

3) 상담 과정

다음은 우연학습이론에 따른 상담 과정을 정리하기 위해 강혜영(2010)과 강혜영(2017)을 종합하여 정리한 것이다.

(1) 우연한 일 받아들이기

계획되지 않은 우연한 일들이 모든 사람에게 영향을 미친다는 것, 그리고 그러한 일 전과 후에 어떤 행동을 취하는가에 따라 영향의 방향과 정도가 달라질 수 있다는 것을 인식하도록 돕는다(강혜영, 2010). 진로를 찾아가는 길은 뜻하지 않은 일을 겪게 될 때 내가 어떻게 할 것인가를 결정하고 그것을 통해 배우게 되는 과정의 연속임을 알려 준다. 진로상담은 그 과정에서 내담자가 스스로 더 만족한 삶을 만들어 갈 수 있도록 돕기 위한 것이며, 이를 위해 삶에서 일어나는 사건들을 우연적 사건까지 포함하여 어떻게 활용할 것인지를 알아가는 과정에 상담자가 함께하는 것이다(강혜영, 2017).

- ○○씨가 경험한 우연한 일들을 생각나는 대로 이야기해 줄 수 있나요?
- 계획하지 않은 일들이 ○○씨의 진로에 어떤 영향을 주었나요?
- ○○씨는 그 일들이 자신에게 어떠한 영향을 미치도록 할 수 있었나요?
- 앞으로도 ○○씨의 삶에서 계획되지 않은 일들이 일어날 수 있을 텐데, 어떻게 느끼고 받아들이고 싶은가요?

(2) 관심사를 명료화하기

내담자로 하여금 무엇이 자신의 삶을 더 만족스럽게 만들지를 명료화하도록 돕는다. 이를 위해 상담자가 할 수 있는 일은 내담자의 언어적·비언어적 메시지를 경청하면서 상담자가 내담자의 상황과 감정을 이해하고 있다는 것을 확신하게 하는 것이다.

- 경청, 반영, 공감적 자세로 내담자를 대한다.
- "마음속에 떠오르는 것을 이야기해 주세요"라고 내담자를 초대한다.

또한 내담자가 호기심을 느끼는 일은 어떤 것인지를 묻기 위한 질문을 한다. 내담자들은 뜻하지 않은 일을 만났을 때 호기심을 발휘하고, 그것을 자신의 진로에 유리하게 만들 수 있는 기회로 인식하며, 적극적으로 그렇게 만들 수 있어야 한다. 이를 위해 필요한 질문들은 다음과 같다.

- ○○씨가 관심을 갖는 일은 어떤 것들인가요?
- 그 일들 중 우연히 일어났던 일은 어떤 것인가요? 그것의 어떤 점이 ○○씨의 호기심을 불러일으켰나요?
- 자신의 호기심을 충족시키기 위해 어떤 행동을 해 왔나요?
- ○○씨 자신의 호기심 속에서 어떤 진로 관련 의미들(자신이 발견한 진로특성, 그로 인해 발견한 진로정보 등)을 찾아볼 수 있을까요?

(3) 상담목표 설정

우연학습이론에서 상담의 목표는 진로를 결정하는 일회적 성과라기보다는 좀 더 만족할 만한 진로와 삶을 위해 실천해야 할 행동들을 학습하는 것이다. 삶에서 일어나는 우연한 일들을 자신의 진로에 유리하게 활용하기 위해 도움이 되는 기술로는 호기심, 인내심, 융통성, 낙관성, 위험감수가 있다. 이와 관련한 우연기술검사를 앞에서 소개한 바 있다. 내담자들이 이러한 기술을 발달시킬 수 있도록 돕는 것이 진로상담의 목표이다(강혜영, 2010; Mitchell, Levin, & Krumboltz, 1999).

- 호기심: 새로운 학습 기회를 탐색하는 것
- 인내심: 좌절에도 불구하고 노력을 지속하는 것
- 융통성: 변화를 유연하게 수용하고 대응하는 것

- 낙관성: 새로운 기회가 올 때 그것을 긍정적으로 보는 것
- 위험감수: 불확실한 결과 앞에서도 행동하는 것

이러한 목표를 향해 진행되는 진로상담의 과정에서 인지, 정서, 행동과 관련한 여러 가지 중간 목표들이 등장할 수 있다.

(4) 개입

① 성공 경험 활용하기

상담자는 내담자가 과거 성공했던 일들에서 얻은 교훈을 토대로 현재 무엇을 해야 할지를 찾을 수 있도록 격려해야 한다. 이를 위해 과거 경험을 통해 무엇을 배웠는지, 어떤 영향을 받았는지에 대해 이야기하도록 할 수 있다(강혜영, 2017). 상담자는 내담자가 충분히 말할 수 있는 분위기를 조성하고 내담자의 이야기를 경청하다가 성공 경험이 등장하면 민감하게 포착하여 다음과 같이 질문할 수 있다.

- 그(성공적인) 경험을 더 구체적으로 이야기해 주세요. 일상의 소소한 것도 좋아요.
- 그 결과를 내기 위해 어떻게 했나요? 일이 잘 되도록 하기 위해 누구로부터 어떤 도움을 끌어냈나요?
- 그 일을 통해 무엇을 배우게 되었나요?
- 배운 것을 자주 활용하면 진로발달에 어떤 도움이 될까요?

② 기회창조능력 강화

우연의 역설이라고 여겨지지만 진로발달에 도움이 되는 우연을 만들도록 내담자를 격려할 수 있다. 체험활동, 봉사활동, 동아리 모임 등의 능동적인 행동뿐 아니라 심리검사 실시, 진로 관련 독서, 관심 분야 전문가 강의 듣기, 진로 관련 웹서핑 등 정적인 활동에서도 우연을 만들 수 있다. 독서를 통해 얻은 정보를 좀 더 깊이 찾아보기, 전문가 강의를 들으면서 더 깊은 학습을 하기 위해 강사의 책을 읽으며 해당 분야에

대한 인식을 높이고 책 속에 등장하는 다른 전문가의 활동을 조사하기, 웹서핑하다가 관심 분야 종사자들의 공동체를 찾아보고 등록하며 궁금한 점 질문하기 등은 어렵지 않게 창조할 수 있는 기회들이다. 다음과 같은 질문을 활용할 수 있다.

- ○○씨는 자신의 꿈을 이루기 위해 어떤 일이 일어나기를 바라고 있나요?
- 그런 바람직한 일이 일어날 가능성을 증가시키기 위해 지금 ○○씨가 할 수 있는 일은 무엇일까요?
- 그 일들 중 ○○씨가 어렵지 않게 할 수 있는 일 또는 조금만 노력하면 할 수 있는 일은 무엇일까요?
- 스스로에게 기회를 주기 위해 노력을 조금만 더 한다면 무슨 일을 할 수 있을까요?

(5) 장애요인 극복

장애요인은 객관적인 사실에서 비롯된 것이지만 그 사실로 인해 내담자가 받는 영향의 방향이나 정도는 내담자 자신이 주관적으로 내린 평가의 결과이다. 진로상담자는 내담자가 진로목표를 이루기 위해 실천하는 과정에서 어떤 어려움에 처해 있는지, 그 어려움을 내담자는 어떻게 해석하며 대응하고 있는지, 내담자의 개인적 변화를 통해 감소할 수 있는 것인지, 상담자의 옹호가 필요한지 등을 면밀히 분석할 필요가 있다. 이를 위해 진로상담자는 다음과 같은 질문을 활용할 수 있다.

- 상담에서 이야기한 것을 실천하는 데 어려움이 있나 봐요. 어떤 것인가요?
- △△△한 어려움에 놓여 있군요. 그 어려움이 ○○씨에게 어떤 영향을 미쳤나요?
- 부정적인 영향을 줄이기 위한 방법에는 어떤 것들이 있을까요?
- 좀 다르게 긍정적인 방향으로 생각할 수 있을까요?
- 다른 사람들은 그러한 어려움을 어떻게 극복하던가요?

- 그것들 중 ○○씨가 직접 해 볼 수 있는 일에는 무엇이 있을까요?
- 누구로부터 어떤 도움을 받으면 문제해결에 도움이 될까요?
- ○○씨가 할 수 있는 일을 하기 위해 다음 상담시간까지 무엇을 할 수 있을까요?

02 구성주의 진로상담이론

1) 개요

구성주의 진로상담이론은 인지적 구성주의(cognitive constructivism)와 사회적 구성주의(social constructionism) 이론을 바탕으로 한다. 인지적 구성주의는 의미가 개인의 사고과정을 통해 만들어진다는 것을 강조하고 사회적 구성주의는 의미가 사회적 과정과 상호작용을 통해 만들어진다는 것을 강조한다(Young & Collin, 2004). 많은 연구자들이 공통적으로 주장하는 구성주의의 핵심은 사실이나 사건에 대하여 개인이 어떤 의미를 부여하느냐가 중요하다는 것이다(Raskin, 2002).

사비카스(Savickas, 1993)는 진로구성주의 이론을 발전시키는 데 있어 수퍼(Super, 1953)의 진로발달이론을 기초로 하되, 진로발달의 선형성이나 보편성이 아니라 복합적인 환경에의 적응을 강조하였다. 각 문화집단마다 그에 속한 개인이 경험하는 환경에는 차이가 있으며, 단일한 주류문화를 가정하고 개인을 주류문화에 맞추려는 진로상담은 더 이상 타당하지 않다. 구성주의 진로상담은 주류문화에 대한 개인의 적응에 초점을 두던 전통적 실무와 달리 개인의 다양성을 지지하고 개인이 스스로의 생애를 계획할 수 있도록 하는 방향으로 진행된다.

피비(Peavy, 1997)에 의하면 진로상담자는 많은 내담자의 이야기를 들으며, 그들과 함께 더 좋은 미래를 재저술하기 위해 일하는 특권을 가지고 있다. 또한 진로상담의 용어가 내담자의 주도성을 인정하는 방향으로 바뀌어야 한다고 제안하였다. 예를 들어, '성과'라는 용어를 '결실'로 '개입'을 '실험'으로 바꾸는 것이 내담자의 주도성을 인정하는 진로상담에 더 적절하다고 보았다. 진로상담은 '조력 동맹 자체가 실험적인 구조'이며, 따라서 '결실이 있는 실험'으로 봐야 하기 때문이다. 여기에서 실험은 내담자가 삶의 딜레마나 문제와 관련하여 더 생산적으로 생각하고 행동하고 느낄 수 있도록 상담자가 내담자와 함께 사용할 수 있는 계획된 활동을 의미한다.

2) 상담 기법

구성주의 진로상담의 기법은 이제경(2017), 김봉환 외(2018), 마리(Maree, 2019) 등에서도 소개되어 있다. 여기에서는 관계형성을 위한 PLEASE 기법과 평가활용 기법을 소개한다.

(1) 관계형성 기법

구성주의 진로상담에서는 상담자와 내담자가 맺는 관계의 질을 특히 중요시한다. 상담자와 내담자는 상호 파트너십을 지니고 내담자의 진로발달을 위한 대화에 참여한다(Peavy, 2004; Pierce & Gibbons, 2012). 상담자와 내담자가 동등한 지위로 상담 과정에 참여해 내담자를 위한 협상을 하면서, 내담자가 경청받는다는 느낌과 자신의 표현이 충분히 존중받는다는 느낌을 경험할 수 있도록 하는 것이 구성주의 진로상담 기법의 기초이다.

내담자와 협력적 관계를 맺기 위해 상담자가 취하는 방법은 수용, 이해, 신뢰, 돌봄의 태도이며, 이를 위해 인간중심상담의 순수성, 무조건적 긍정적 존중, 공감적 이해는 진로상담에서도 중요하다. 아울러 진로상담자에게는 융통성도 필요한데, 융통성은 진로상담자의 상상력, 창의성, 새로운 상황에 대한 개방성 등을 의미한다(Amundson, 2009). 진로상담자는 먼저 내담자가 자신의 삶을 돌아보고, 자신의 진로와 생애 이야기를 한 다음, 자신의 진로와 생애 이야기와 관련되어 성찰한 것을 다시 이야기하고, 또다시 성찰하도록 돕는다.

구성주의 진로상담에서 상담관계를 설명할 때는 PLEASE 모형을 제안한다 (Amundson, Harris-Bowlsbey, & Niles, 2005). 이 모형에서는 내담자가 자기 삶의 이야기를 충분히 할 수 있도록 돕기 위해 내담자에게 안전감을 제공하고, 내담자와 인간적 관계를 맺으면서, 내담자의 강점을 찾아 강화하는 것이 중요하다는 것을 강조하고 있다.

- P(protecting) 상담을 위한 안전한 공간 확보
- L(listening) 내담자의 이야기에 대한 경청
- E(enquiring) 내담자의 이야기에 적극적인 관심 보이기
- A(acknowledging) 언어적·비언어적 단서를 이해하고 사용하기
- S(supporting) 긍정적인 측면을 확인하고 지지·격려·칭찬하기
- E(exchanging) 적절히 자기를 개방하기

구성주의 진로상담에서는 내담자가 자신의 진로문제와 삶의 딜레마에 더 생산적으로 생각하고 대응할 수 있도록 하는 실험 과정에 도움이 되는 것이라면 기존의 진로상담 기법과 심리상담 기법을 폭넓게 검토하고 사용한다. 역할놀이나 빈 의자 기법 등의 게슈탈트 기법, 아들러의 초기기억 기법, 직업심리검사, 직업체험, 직업인 쉐도잉, 지원서 제출 등이 그 예들이다. 이 외에도 심리상담이론과 진로상담이론에서 제공하는 기법들 모두 구성주의 진로상담에 응용될 수 있다. 내담자의 이야기를 이해하고 축약하는 과정에서 상담자와 내담자의 통찰에 도움이 될 수 있는 은유를 사용하기도 한다. '흙탕물을 정화하며 자라난 연꽃', '아픔 속에서 찾아낸 소중한 보물', '소용돌이 속에서 외줄타기로 중심을 잡고 살아온 버팀목' 등은 내담자의 이야기 속에 나타난 강인한 모습을 함축적으로 드러내는 은유의 예이다.

(2) 평가활용 기법

구성주의 진로상담자는 적절한 전략을 이용해서 내담자의 생애 이야기를 끌어내

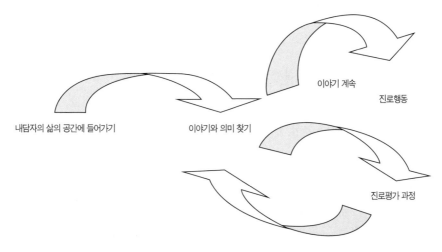

그림 5-1 구성주의 진로상담에서 진로평가의 위치
출처: Patton & McMahon(2014), p. 353.

야 하고, 양적 자료에서 나온 결과에 대하여는 반드시 개인적인 해석을 해 주어야 한
다(Maree, 2019). 평가 또한 내담자가 자신의 이야기를 말하고 써 나가도록 조력하고
촉진하는 데 사용한다. 이러한 원칙은 심리검사를 사용할 때에도 예외 없이 적용된다.
양적 심리검사를 선택할 수도 있고 질적 평가를 선택할 수도 있으며, 어떤 평가도구를
선택한다 해도 평가는 내담자의 진로정체성을 확립하는 과정에서 나누는 이야기의 소
재로 활용하는 것이 중요하다. 그림 5-1은 구성주의 진로상담에서 진로평가의 역할을
보여 준다. 그림에 나타나 있듯이 평가는 내담자의 이야기의 의미를 이해하는 과정에
서 활용되며, 내담자가 새로운 이야기를 계속할 수 있도록 돕고 그에 대한 의미를 창
조하는 자료로서 유용하다.

3) 상담 과정

(1) 상담자의 성찰

구성주의 진로상담에서 상담자는 내담자의 이야기를 충분히 듣기 위해 우선적으
로 다음과 같은 사항들을 성찰한 후 상담에 임한다(Peavy, 1992). 이러한 성찰은 상담

과정 내내 지속되어야 한다.

- 상담관계를 맺기 위한 성찰: 이 내담자와 협조적 동맹을 어떻게 형성할 수 있을까?
- 내담자의 주도성을 존중하기 위한 성찰: 이 내담자가 스스로 성장할 수 있도록 어떻게 격려할 수 있을까?
- 의미 창조를 위한 성찰: 이 내담자가 자신의 결정에 대하여 의미를 구성하고 정교화하며 평가하도록 어떻게 도울 수 있을까?
- 협상을 위한 성찰: 이 내담자가 상황을 개인적으로 의미 있고 사회적으로 지지적인 현실로 재구성하고 협상하도록 어떻게 도울 수 있을까?

(2) 상담관계 수립

구성주의 진로상담에서는 상담관계를 수립하는 것이 곧 상담의 목표가 되기 때문에, 상담 시작부터 종결까지 신뢰롭고 온정적인 상담관계를 수립하기 위한 노력이 계속되어야 한다. 내담자의 이야기를 경청할 때는 상담자는 철저히 알지 못함의 자세(not-knowing posture)를 취해야 한다. 내담자 자신이 내담자의 인생에 대한 전문가이며, 상담자는 내담자가 자발적으로 마음을 열어 보이는 만큼의 내면세계에 초대받은 사람으로서의 특권을 가지고 함께 내담자의 과거·현재·미래를 공동구성하는 역할을 한다.

상담자는 내담자가 자신의 과거·현재·미래의 진로 이야기를 해 나가는 과정에 공저자로 참여하여 내담자가 자신의 경험을 충분히 표현하고, 정상화하며, 해결과 성장의 여지를 찾아내도록 돕기 위해 다음과 같은 태도와 행동을 일관되게 유지해야 한다(Savickas, 1993).

- 일관되고, 연속적이고, 진실한 반응을 하면서 내담자가 진로 이야기에서 주 저자임을 충분히 인정한다.
- 내담자의 스토리 라인에 있는 주제와 긴장을 확인하여 그것들이 진로발달에

서 갖는 의미를 구성한다. 예를 들어, 가정 형편이 어려워서 집안일을 돌보며 학교에 다니고 있다며 패배적 주제와 긴장을 표현하는 내담자에게는 다중적인 역할을 해내는 자신을 실험해 보는 기회라고 의미를 긍정적으로 구성하는 것 등이 이에 해당한다.

- 과거와 현재의 이야기 뒤에 나올 미래 이야기를 희망적으로 구성하고, 희망적 인 이야기를 실현하기 위해 필요한 기술이 무엇인지 내담자와 함께 찾고 그것 을 배우도록 안내한다.

(3) 상담목표 설정

구성주의 진로상담의 주요한 목표 중 하나는 진로적응성을 높이는 것이다. 진로 적응성이란 자신에게 요구되는 발달 과업을 달성하기 위해 현재 당면한 진로발달과 업을 이루고 심리적 상처 등을 극복하는 데 필요한 개인의 준비도와 자원을 의미한다 (Savickas, 2005). 진로적응성은 내담자가 사회와 접촉하고 그 사회가 부과하는 과제들 을 처리하기 위해 스스로의 진로 관련 행동들을 조절하는 능력이면서 동시에 삶의 반 경을 확장해 나가는 과정에서 강화되는 능력이기도 하다(이제경, 2017).

마리(Maree, 2019)는 구성주의 진로상담의 목표를 시점별로 구분하여 단기 · 중 기 · 장기목표로 다음과 같이 제시하였다. 단기목표는 감정을 끌어내는 것이다. 내담 자의 문제를 경청하고 반영함으로써 정상화해 주고, 예상할 수 있는 문제를 설명하고, 내담자를 격려함으로써 편안하게 해 준다.

중기목표는 내담자가 자신의 독특한 특성에 귀 기울여서 받아들이는 경험을 하도 록 돕는 것이다. 거절당하는 느낌을 떨쳐 버리도록 돕기, 스스로에 대해 자부심을 갖 게 하기, 자신이 자기 삶의 기준점이며 스스로에게 조언할 수 있는 유일한 사람이라는 것을 깨닫도록 돕기, 불안 수준이 감소되는 경험을 하도록 돕기, 자기개념 · 자기 정체 성 · 자기 감각을 향상시키도록 돕기, 자신에 대한 과거의 관점이 비현실적이며 자신에 대한 '부정확한' 혹은 잘못된 의견에 기초할 수 있다는 것을 알아차리도록 돕기, 자기 주장 기술을 향상시키도록 돕기, 자신의 동기 · 꿈 · 계획을 드러내고 이해하도록 돕기, 타인을 더 잘 이해하도록 돕기, 내담자는 세월이 흐르면서 성장해 왔으며 앞으로도 계속 성장할 것임을 알아차리도록 돕기 등이 중기목표에 해당하는 사항들이다.

장기목표는 내담자의 다양한 경험을 정상화해 주는 것이다. 내담자를 격려하고 자극하기, 그들이 좀 더 만족스럽게 기능하도록 돕기, 내담자가 진로를 선택하고 삶을 설계하도록 돕기, 특히 그들이 좀 더 적극적이고 활기차게 움직이도록 돕고 그렇게 함으로써 내담자의 생애 이야기를 더 잘 저술하도록 촉진하기 등이 그 예이다.

(4) 실험하기

실험은 피비(Peavy, 1997)가 '개입' 대신에 사용하기를 권한 용어이다. 개입이 상담자가 자신을 전문가 위치에 놓고 내담자를 향해 무엇인가 하는 것을 의미하는 반면에, 실험은 내담자의 내면세계를 이해하고 성장을 돕기 위해 상담자와 내담자가 협력자가 되어 내담자의 진로발달을 구성해 나간다는 의미를 지니고 있다.

상담자와 내담자의 실험 과정은 내러티브의 구성, 해체, 재구성, 공동구성(이제경, 2017; Savickas, 2012)의 과정으로 이루어진다. 구성은 내담자가 진로 이야기를 하도록 돕는 단계이다. 상담자는 구성 과정에서 내담자가 풀어놓는 소소한 일상의 이야기들을 경청하고 반영하면서 신뢰관계를 형성하고, 내담자의 진로발달과 관련된 전반적인 삶을 이해하며, 상담에 대한 기대를 확인한다.

해체는 내담자 이야기의 패턴과 주제를 드러냄으로써 의미를 정교화하는 과정이다. 상담자를 신뢰하고 자신의 이야기를 풀어내면서 점점 반복되는 일상의 이야기, 영향력 있는 사람이 해 준 이야기, 오래 잊었던 이야기를 꺼내게 된다. 그들 중에는 한 번도 말한 적이 없는 이야기, 말하기 두려운 이야기도 있다. 상담자는 내담자를 도와 풀어낸 이야기에 암시되어 있는 의미를 명료화하거나 현실적이고 객관적인 관점을 갖게 한다(이제경, 2017). 상담자는 내담자의 이야기 속에서 드러난 자신의 가능성을 한정짓는 생각들, 틀에 박힌 역할이나 문화적 장벽으로 인한 고정관념들, 생략된 것들에 대하여 질문한다. 이 과정이 원만하게 이루어지기 위해 상담자는 비판단적 자세, 알지 못함의 태도를 가지고 내담자를 자기 삶의 전문가로 존중하고 공감하며 진실하게 대해야 한다. 진로발달은 '평범한 일상에 대한 드라마'이다(Gysbers, Heppner, & Johnston, 1998).

재구성 단계에서 진로상담자는 내담자의 과거와 현재 진로 이야기를 듣고 이해하면서 스토리를 연결시킨다. 이야기들 간의 관계를 지어 보고 시계열적으로 정리하면서 이야기에 드러난 패턴과 주제를 찾도록 돕는다. 내담자 이야기의 주제와 패턴은 내담자로 하여금 이전에는 분리되었던 삶의 사건들을 연결하도록 도와준다. 그럼으로써 미래의 이야기를 설계하는 데 도움이 되는 의미를 이해하도록 해 준다. 주제를 이해하는 것은 내담자가 옛 것을 새로운 방식으로 보도록 하는 데 도움이 된다. 이 과정을 통해 그려진 미래의 이야기들이 내담자가 현재에 적응하도록 돕는 비계가 될 수 있다.

공동구성은 내담자의 생애설계 과정에 상담자가 참여하는 것으로서 내담자와의 협력적 파트너십을 구축하면서 가능해진다. 내담자가 처음부터 상담자에게 공동저자 자리를 주는 경우는 거의 없다. 내담자는 상담자가 알지 못하는 여러 가지 이야기들을 내놓을 수 있다. 그럼에도 불구하고 구성, 해체, 재구성 과정을 거치면서 이해된 자신의 삶의 이야기들을 정리하고 문제를 새롭게 바라보며 자신이 원하는 삶이 무엇인지 통찰하는 정도가 깊어질 수 있다. 이 과정에서 내담자는 환경적 맥락과 상호작용하며 자신의 삶을 살아온 스토리텔러로서의 저자가 되고, 진로상담자는 개인의 삶과 생태적 맥락 모두를 고려하여 이야기를 탐색하고, 이해하며, 억압을 풀고, 문제를 해결하며, 내담자가 원하는 미래의 진로세계를 공동구성하는 공저자로 참여한다(Bujold, 2004; Patton & McMahon, 2014).

03 체계론적 진로상담이론

1) 개요

체계이론에서는 개인의 진로발달을 체계의 관점에서 이해한다. 체계는 일정한 원리에 따라 짜임새 있게 조직되어 통일된 전체를 말한다(네이버 사전, 2019). 체계는 개인체계와 환경체계 그리고 시간체계로 이루어져 있다. 개인체계는 내담자 자신을 나타낸다. 환경체계는 개인과 직접적으로 상호작용하는 체계인 상호작용적 체계(social system)와 개인과 직접적으로 상호작용하지는 않지만 진로발달에 영향을 주는 환경-사회체계(environmental-societal system)로 구성된다.

개인체계는 흥미, 성격, 직업가치, 진로발달 단계, 직업세계에 대한 지식, 영적 신념, 젠더, 민족, 성적 정향, 장애와 건강 등을 포함한다. 체계이론에서 개인체계인 내담자는 평생에 걸쳐 자기주도적으로 학습하는 평생학습자이며, 체계와의 활발한 교류 속에서 진로발달과 성장을 이뤄 나가는 주체이다.

상호작용적 체계에는 가족, 또래, 교육기관, 직장, 지역사회 집단, 미디어를 포함한다. 내담자와 직접 접촉하면서 내담자의 영향을 받고 내담자에게 영향을 주기도 한다. 진로상담자도 여기에 속한다. 상호작용적 체계에 속한 각각의 하위 체계는 서로 영향을 주고받는다. 또한 환경-사회체계 요인들과도 서로 영향을 미친다. 영향의 방향은 복합적이어서 선형적 관계를 가정하기 어렵다.

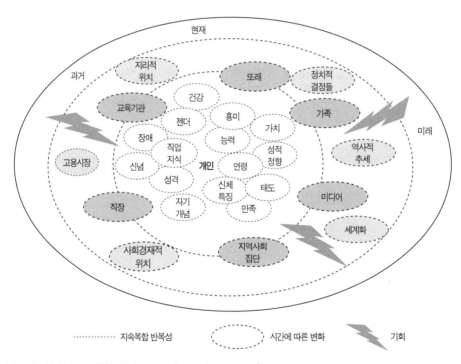

그림 5-2 체계이론의 틀(STF: Systems Theory Framework)
출처 Patton & McMahon(2014), p. 257.

환경-사회체계 요인에는 지리적 위치, 사회경제적 지위, 고용시장, 세계화, 정치적 결정, 역사적 추세 등이 해당된다. 이들은 내담자인 개인체계와 직접 접촉하지는 않지만, 상호작용적 체계를 통해 내담자의 진로발달을 촉진할 수도 있고 방해할 수도 있다.

그림 5-2에는 체계이론의 핵심적인 가정이 나타나 있다. 그림을 보면 내담자는 과거·현재·미래의 시간체계 속에서 상호작용적 체계와 환경-사회체계에 둘러싸인 개인으로 존재한다. 각 체계들의 경계가 점선으로 표시된 것은 이들 각각이 폐쇄적으로 존재하는 것이 아니라 서로 상호작용하며, 서로 다른 체계들이 서로의 경계를 어느 정도 투과할 수 있음을 의미한다. 각각의 체계들은 끊임없이 변화하며 서로 영향을 주고받는데, 이러한 특징을 지속복합 반복성(recursiveness)이라고 한다. 체계 간의 영향력은 서로 인과적·선형적으로 미쳐지지 않는다. 체계는 동시다발적으로 여러 체계의 영향을 받아 종합하는 동시에 다른 체계에 영향을 미치며 상호작용한다. 체계들의 복합적인 상호작용 속에서 발생하는 우연한 기회는 체계 전체의 상호작용 양상을 바꾸기도 한다. 개인은 시간체계 속에서 성장하는 하나의 체계이며, 동시에 체계의 영향을 주도적으로 조절하는 주체이다.

2) 상담 기법

진로상담자는 내담자의 상호작용적 체계 중 일부로서 내담자와 영향을 주고받으며 작업한다. 진로상담자는 내담자 개인과 함께 그를 둘러싼 각 체계들의 복합적인 영향관계를 포괄적으로 이해해야 한다. 이를 위해 우선 자신의 진로발달 패턴, 평생학습자로서의 역할, 신념, 가치, 문화, 그리고 그림 5-2에 나타난 진로체계의 복잡성에 대하여 성찰할 필요가 있다. 이러한 성찰은 개인적으로, 임상 슈퍼비전으로, 주제 토의 등의 방법으로 행해질 수 있다. 체계적 진로상담이론에서는 기존의 진로상담이론들에서 밝힌 여러 가지 기법들을 내담자 상황에 맞게 사용하되, 체계 속의 주체자로서의 내담자의 위치와 상담자가 내담자와 주고받는 영향을 주목하여 내담자가 상황을 명확하게 인식하고 진로발달과 선택을 할 수 있도록 도울 것을 강조한다. 지속복합 반복성에 둘러싸여 살아가는 내담자가 삶의 주인으로서 꾸준히 진로발달을 이뤄 나가도록 도와야 한다. 이를 위한 선결조건으로 상담자 자신에 대한 깊은 성찰적 태도와 행동을 견지하는 것이 핵심적인 기법이 된다. 다음 질문들은 진로상담자의 개인적·전문적 성찰을 위해 사용될 수 있다.

■ 자신의 진로발달 패턴을 성찰하기 위한 질문의 예
• 나의 진로발달에 어떤 영향 요인들이 작동하였고, 나는 어떻게 그것들을 통합하였나?
• 내 삶의 역할 사이에는 어떤 갈등이 있고, 나는 그것들을 어떻게 푸는가?

■ 평생학습자로 존재하기 위한 성찰 질문의 예
• 어떤 방법으로 얼마나 자주 진로발달이론에 대한 지식, 직업세계의 변화에 대한 지식, 상담기술을 최신화하는가?
• 내 진로 내러티브와 상담에 미치는 영향 요인들을 어떤 방법으로 다시 보는가?
• 진로상담자로서 나의 일에 테크놀로지를 사용하기 위해 지식을 얼마나 자주 최신화하는가?

■ 진로발달이론과 진로상담 실무를 통합하기 위한 성찰 질문의 예
• 이론으로 알게 되었지만 한 번도 시도해 본 적 없는 새로운 기법을 어떻게 적용하는가?
• 나는 진로발달이론들, 그리고 이론과 진로상담 실무를 통합할 수 있는가?

■ 상담이론에 대한 지식을 진로상담에 적용하기 위한 성찰 질문의 예
• 상담에서 나의 이론적 배경은 무엇인가? 어떤 상담이론이 내 작업을 뒷받침하는가?
• 상담이론과 진로상담 사이의 융합을 어떻게 실천해 낼 수 있는가?

■ 개인적 실무에 대한 열정을 성찰하기 위한 질문의 예
• 나는 나 자신의 관심사항과 내담자의 문제 사이에 명확한 경계를 가지고 있는가?
• 나의 상담방법 및 효과를 명확히 이해하기 위해 슈퍼비전을 받는가?

이러한 질문들이 시사하듯 진로상담자는 자신의 실무에 대하여 끊임없이 성찰하고 지식과 기술을 최신화하는 평생학습자로서 자신을 바라보는 것이 필수적이다. 그렇게 하지 않으면, 급격하게 변화하는 사회를 평생학습자로 살아가는 내담자에게 정작 상담자는 구식이 되어 버린 좁은 실무만을 수행하는 어려움에 처하게 된다.

3) 상담 과정

체계적 진로상담의 과정은 학습자들이 자신의 진로발달에 영향을 미치는 요인들에 대하여 성찰하고 시간에 따른 변화와 일관성에 주목할 수 있게 해 준다.

(1) 경험에 기초하기

진로상담자는 내담자와 함께 체계이론의 틀(그림 5-2)을 보면서 그것을 설명한다.

- 각각의 체계를 설명하며 각 체계를 구성하는 요인들을 소개한다.

  개인체계: 내담자 자신을 의미한다. 흥미, 능력, 가치, 성격, 신념, 자기개념, 태도, 연령, 건강, 젠더, 장애, 성적 정향, 신체특징, 민족, 직업에 대한 지식 등으로 구성되어 있다.

  상호작용적 체계: 개인과 직접 상호작용하는 환경을 의미한다. 또래, 가족, 미디어, 지역사회, 직장, 학교 등으로 구성되어 있다.

  환경-사회체계: 개인과 직접 상호작용하지는 않지만 개인에게 영향을 미치는 환경을 의미한다. 지리적 위치, 고용시장의 현황, 사회경제적 지위, 세계화, 역사적 추세, 정치적 결정들이 이에 해당한다.

  기회: 내담자가 접하는 예기치 않은 학업적·직업적 또는 삶의 기회들을 의미한다. 언제 생길지 모르며, 시간체계, 개인체계, 상호작용적 체계, 사회 환경적 체계들이 상호작용하면서 그림 5-2에 표현된 바와 같이 경우에 따라 예고 없이 나타났다 사라진다.

시간체계: 내담자의 과거·현재·미래를 의미한다. 체계 각각의 모습과 상호작용은 시간체계의 영향을 받으며, 동일한 체계라 할지라도 그것이 어느 시대에 등장했느냐에 따라 진로발달에서의 가치와 영향의 방향은 달라진다.

- 내담자에게 체계도의 윤곽만 그려진 활동지를 배부한다.
- 개인체계 내의 공간에 내담자의 현재 진로상태를 작성하도록 한다. 연령, 직업상태(구직, 직장적응, 실직), 전공, 현재 진로상태에 대한 만족 정도, 현재 진행 중인 어려움 등.
- 현재 진로상태에 영향을 미친 요인들을 개인체계, 상호작용적 체계, 환경-사회체계, 시간체계의 순으로 고려하여 작성한다. 되돌아와서 이전에 작성한 체계의 내용을 수정하거나 보완할 수 있다.
- 그림에 표현되지 않은 자기만의 영향 요인을 추가할 수 있다.

(2) 다중관점 또는 성찰적 관찰

집단상담일 경우 이 활동은 소집단 활동으로 수행할 수 있다. 내담자는 '경험에 기초하기'에서 그린 자신의 체계도를 상담자 또는 집단원과 공유한다. 소집단 활동의 횟수나 조편성 방법 등은 허락된 시간, 참가자 수, 참가자의 특성에 따라 달라질 수 있다.

자신의 체계도를 설명하면서 발견한 것에서 의미를 추출하도록 돕는다. 상담자는 아래에 진술된 체계적 진로이론의 5개 핵심개념에 유의하면서 내담자가 의미를 추출하는 과정을 돕는다. 상담자는 내담자와 체계의 관계에서 드러나는 진로 이야기의 방향을 긍정적으로 재구조화하며 내담자가 원하는 미래로 갈 수 있도록 학습해야 할 것을 계획하고 실행하도록 돕는다. 집단상담의 경우 참가자 서로가 서로의 상담자가 되어야 하기 때문에, 집단원들에게 다음의 개념을 설명해 줄 수 있다.

① 성찰

내담자가 상담공간을 안전하다고 느끼면서 자신을 희망적으로 성찰하도록 도와야 한다. 진로상담자는 내담자의 설명을 들으면서 따뜻하고 수용적인 분위기, 긍정적 호기심을 바탕으로 하는 질문, 내담자의 진로 전망에 대한 희망, 내담자의 강점에 대한 격려, 환경적 자원의 명료화를 시도한다. 집단상담의 경우 집단의 분위기가 이와 같이 긍정적으로 조성되어 개별 참가자들이 진로상담을 안전한 공간으로 지각하면서 성찰작업을 진행하도록 돕는다(Patton & McMahon, 2014).

② 연결

체계이론의 틀(STF)은 개인을 맥락적 관점에 놓기 때문에 가족, 공동체, 그리고 타인과의 연결성을 강조한다. 연결성은 체계 내와 체계 간의 역동적이고 반복적 과정을 통해 STF와 치료적 체계에서 명확하게 나타난다. 진로상담에서 필요한 연결성은 다음과 같다.

• 상담자와 내담자의 연결성 인식 및 분리

진로상담자가 상담자 자신의 개인적 진로 이야기를 분명하게 인식하면, 자신의 진로 이야기를 상담 과정과 분리시키며, 내담자의 필요에 더 적절하게 반응하게 하는데 도움이 된다. 사비카스(Savickas, 2006)는 진로상담자가 내담자의 이야기를 들으면서 자신의 감정과 정서에 주목하여 내담자의 그것과 분리시킬 것을 강조하였다. 진로상담자는 또한 이론적 지식을 실무 기술에 연결하기 위해 이론을 내담자의 문화에 적용해도 될지에 대한 문화적 적용 가능성을 검토해야 한다.

• 내담자와의 연결성 증진

진로상담자는 내담자의 생애 공간에 입장한다. 기초적인 수준에서 내담자와의 연결성은 만남과 인사를 통해 시작된다. 내담자와의 연결성 증진에는 공감, 존중, 진실성을 포함하여 상담관계 형성을 위한 태도와 기법들이 필요하다. 내담자를 자기 삶의 전문가로 보고, 긍정적 호기심을 가지고 내담자와 체계적 영향 요인에 대하여 묻고 반영하면서 내담자가 자신의 진로에 대하여 말하도록 격려한다.

• 영향 요인 체계와의 연결

내담자가 자신에게 영향을 미치는 체계들과 자신의 진로상태를 연결시키도록 한다. 복합적인 체계를 이해할 능력이 필요하며, 직업기회에 영향을 미치는 패턴을 볼 수 있는 사고 기술도 필요하다. 내담자는 상담자의 경청을 받으면서 이야기를 기억하고 말하는 과정을 반복한다. 진로이슈, 현재 사건들, 그리고 내담자가 바라는 바가 무엇인가를 명료화한다(Cochran, 1997). '바람직한 것'과 '가능한 것'을 명료화하는 것이 중요하다(McMahon, Watson, Chetty, & Hoelson, 2012; Savickas, 1993).

③ 의미 창조

진로상담자는 이야기가 정교화되고, 새로운 의미가 발견되거나 구성되면서 미래를 위한 가능성이 열리는 과정을 촉진한다. 의미 창조는 인식, 통찰, 의미 부여, 이해, 해석과 같은 과정에 의해 증진된다(McMahon et al., 2012). 의미 창조 과정을 통해 평범한 일상기억이 현재에 영향을 미치는 중요요인으로 부각되기도 한다. "그 사실이 ○○씨의 진로에 어떤 영향을 주었나요?" 등 상담자의 질문은 의미 창조에 도움이 되는 질문의 예이다. 진로상담자는 내담자와 함께 가능성을 제한하는 표면적인 이야기 대신 변화 가능성을 증진시키는 대안적 이야기를 탐색한다. 의미는 우리의 마음속에 하나의 표상으로 있는 것이 아니라 우리의 행동과 진로 속에 계속되는 구성 과정으로 존재한다는 것을 명심해야 한다(Young & Valach, 2004).

④ 학습

진로상담 과정을 통해서 개인은 선호하는 미래로 가기 위해 그들에게 요구되는 것이 무엇인지 인식하고 배울 수 있다. 그래서 진로상담은 능력, 강점, 역량, 희망, 격려의 이야기가 공동구성되는 평생학습과정으로 볼 수 있다(Cochran, 1997). 학습은 연결성, 성찰, 의미 창조를 통해 촉진되고, 주체가 발전하는 것도 학습을 통해서이다. 진로상담은 내담자가 자신의 경험을 이해하고 미래의 이야기를 구성하기 위해 의도적 · 무의도적으로 학습하도록 돕기 위한 역할을 한다.

⑤ 주도성

내담자의 주도성을 강화하는 것은 내담자가 바라는 미래를 창조하는 데 도움이 될 내담자의 강점, 지식, 태도, 그리고 기술을 확인하고 지지하는 것에서 시작된다. 진로상담자는 내담자와 함께 주체성을 이해하고, 수립하며, 재구성하는 데 주목해야 한다. 진로상담자는 내담자와 함께 내담자가 자신의 행동에 대한 인식을 증진하고, 행동 계획을 세우며, 행동을 실행하도록 돕는다. "우리는 ○○씨 삶의 주인은 ○○씨 자신이라는 사실을 기억할 필요가 있습니다. 선택과 그로 인한 책임은 ○○씨 자신이 지게 됩니다" 등은 내담자의 주도성을 증진시키려는 상담자 반응의 예이다.

체계이론에서 진로상담자는 개인체계, 상호작용적 체계, 환경-사회적 체계에 개입할 수 있다. 상담자는 어떤 체계로부터 변화가 일어나도록 실험하든 그 실험이 다른 체계들과 상호작용하여 또 다른 변화를 일으킬 것이라는 믿음으로 내담자, 가족이나 기관과 함께 작업할 수 있다(Patton, McMahon, & Watson, 2006). 아서와 맥마흔(Arthur & McMahon, 2005)은 이러한 개념들을 다문화 진로상담과 관련하여 토의하였고, 진로상담자가 옹호나 코칭 같은 확장된 역할을 고려하도록 촉구하였다.

요약

우연학습 진로상담이론은 진로선택 과정에서 나타나는 우연적 요인에 주목하였다. 내담자들이 우연적인 요인들을 인식하고 적극적으로 활용할 것을 강조한다. 따라서 우연학습이론의 교육 및 상담목표는 내담자의 우연기술을 증진시키는 데 있다. 우연기술은 예기치 않은 일을 포함한 삶의 사건들에 대한 호기심, 융통성(유연성), 인내성, 낙관성, 위험감수를 말한다.

구성주의 진로상담이론은 사실이나 사건에 대하여 개인이 부여하는 의미의 중요성을 강조한다. 상담자는 내담자가 자신의 진로 이야기를 풀어놓는 구성 과정에 참여한다. 내담자 이야기의 패턴과 주제를 드러냄으로써 의미를 정교화하는 해체 작업, 내담자의 이야기를 의미 있는 주제로 재구성하는 작업, 학생과 내담자가 억압을 풀고 문제를 해결하며 미래를 공동구성하는 작업에도 협력적 파트너로서 참여한다.

체계론적 진로상담이론은 내담자가 삶의 주인으로서 환경과 끊임없이 상호작용하며 진로 발달을 이루는 체계적 틀에 주목하였다. 내담자는 상호작용적 체계 및 환경-사회체계와의 지속적이고 복합적이며 반복적인 상호작용 속에서 기회를 만나며 성장한다. 상담자는 내담자가 자신의 과거와 현재의 삶에 대한 성찰적 이해를 바탕으로 자기주도적인 미래를 설계하는 과정에 함께한다.

1 저자가 진로상담이론의 최근 경향은 어떤 특징을 띠고 있다고 주장하는지 정리하고, 5인 1조를 형성하여 조원들과 함께 저자의 의견에 대한 자신의 의견을 공유하시오.

2 우연학습 진로상담이론, 구성주의 진로상담이론, 체계론적 진로상담이론 중에서 자신의 진로교육과 상담 실무에 반영하고 싶은 이론이나 기법들은 무엇인지 조원들과 함께 공유하시오.

3 그림 5-2의 체계이론의 틀을 활용하여 다음의 순서에 따라 상담자 자신의 진로체계도 작업을 수행하시오.

  – 현재 자신의 진로상태에 영향을 미친 체계적 요인들의 내용을 각각 써 넣는다.
    개인체계, 상호작용적 체계, 그리고 환경–사회체계의 순으로 작성한다.
  – 한 명씩 돌아가며 조원들에게 자신의 체계도를 소개한다. 자신의 것을 소개할 때는 현재 자신의 진로를 형성하게 된 스스로 특성과 환경적 요인들을 성찰할 기회를 갖게 된다.
    다른 조원의 소개를 들을 때는 그 조원의 개인적·체계적 강점을 확인하는 자세로 긍정적인 호기심을 유지하며 경청한다.
  – 조원의 이야기를 들으면서 새롭게 발견된 자신의 체계적 특징을 메모한다. 조원 각자를 대상으로 개인적 강점과 체계적 강점을 이야기해 준다.
  – 마지막으로 이 활동을 통해 새롭게 발견한 것이 무엇인지, 진로상담에서 유의해야 할 것이 무엇인지 토의한다.

3부

진로교육과 상담의 실제

진로 관련 법과 제도

우 리나라의 학교 진로지도는 시대적 요구에 부응하여 2011년 진로전담교사 배치 시행과 함께 2015년 고등교육 단계까지 진로교육의 수요자를 확장하고 진로교육의 책무성을 강조하면서 제정된 「진로교육법」과 2017년 학교급별 진로교육과 상호 연계될 수 있는 정책고리를 마련하여 생애 진로지도 체계와 소외되는 계층을 위한 차별화된 학교 진로교육 체제를 수립한 '제2차 진로교육 5개년 계획' 등을 거치면서 명실상부하게 획기적인 도약의 발판을 마련하였다(이지연, 2017).

이처럼 교육의 정책적 관점에서 관련 법 제정과 제도 정립은 해당 교육이 완전한 교육체계로서 사회에 자리 잡는 근간이 되며, 이러한 현상은 진로 및 직업교육에서도 동일하다. 이에 현재 진로교육 및 지도의 근간이 되는 「진로교육법」을 중심으로 진로 관련 법률과 제도, 나아가 입시정책과 제도 등을 살펴보고 관련 교육 및 상담 장면에서 이를 활용할 수 있도록 함은 그 의미가 충분할 것이다.

2022년부터 적용되는 '2015 개정 고등학교 교육과정'과 2025년부터 도입되는 '고교학점제' 등의 제도를 통해 미래사회에 필요한 인재상을 고려해 인문학적 상상력과 과학기술 창조력을 갖춘 창의융합형 인재 양성을 이루고자 함도 눈여겨보아야 할 대목이다. 왜냐하면 자유학기/학년제 등을 통한 학생 진로 중심 교육과정과 학생의 능력·적성·진로에 맞춰 교육과정을 선택하는 진로선택교과를 포함한 선택교과제 등을 통해 '진로와 그에 맞는 선택과목은 어떻게 해야 하나?' 하는 학생 스스로의 미래를 위한 '현명한 선택'을 요구받고 있어, 이에 대한 조력을 위한 진로지도가 당면과제로 부각되고 있기 때문이다.

이처럼 최근 학교 현장에서의 변화는 '진로'와 '자기주도'라는 키워드로 요약될 수 있으며, 이는 법과 제도 및 교육과정적 견지 모두에서 확인할 수 있다. 이에 진로 관련 법과 제도 및 최근 교육과정 변화에 따른 입시제도 및 진로지도의 변화에 대해 탐색해 볼 필요가 있다.

01 각국의 진로 관련 법과 제도 현황

한국의 청소년들은 OECD의 어떤 나라와 비교해도 많은 시간을 학습에 매진하고 있고, 치열한 대학 진학 경쟁을 하고 있다. 그러나 이러한 힘겨운 시간을 감내하면서 대학에 진학했지만, 입학하자마자 학생들은 다시 취업경쟁의 전선에 또 뛰어들어야 하는 어려운 시간을 맞는다. 그뿐만 아니라 중장년들도 평균수명과 비교하면 턱도 없이 짧은 정년과 평생직업 시대의 도래로 인한 고용불안으로 평온함은 고사하고 또다시 새로운 일자리를 찾기 위한 고민을 해야 하는 상황이며, 극히 부족한 노인 일자리 문제로 인해 노년층에게조차 진로개발의 문제는 절박한 문제가 되었다. 이처럼 진로-직업 관련 문제는 전 세대가 전 생애에 걸쳐 자신의 진로를 고민하고 적합한 역량을 기르며, 일자리를 위하여 노력하고 찾아가야 하는 문제라고 볼 수 있다.

이러한 전 생애에 걸친 불안정함과 일자리를 위한 경쟁은 비단 한국만이 아닌 세계적 경향이며, 역설적으로 인류가 열심히 노력해서 이루어 낸 첨단 과학기술과 통신기술의 발달, 글로벌화의 산물이기도 하다. 이러한 사회적 변화로 인해 기존의 전통적인 준비와 대응 방식은 이제 더 이상 유효하지 않고, 개인이나 사회는 더 적극적이고 능동적으로 사회를 바라보고 변화에 대응할 수 있는 역량을 갖추지 않을 수 없게 되었다(진미석 외, 2015).

이런 측면에서 진로 관련 법과 제도의 제정과 정립은 이러한 사회의 변화, 일자리의 변화, 사람들의 삶의 변화에 적극적으로 부응하기 위한 우리 사회의 적극적인 노력의 표출이라 할 수 있다.

1) 해외의 진로 관련 법과 제도[1]

먼저 주요국의 법령을 살펴보면, 법령으로 진로교육을 명시하는 나라는 여럿 있으나 대체로 일반 교육법 안에 진로교육 조항을 포함하고 있다(예: 프랑스, 영국 등). 그러나 우리나라의 「진로교육법」 형태처럼 국가적 수준에서 독립된 관련 법령을 제정한 나라는 그간 덴마크가 유일하였다(OECD, 2004). 이와 관련해 해외 일부 국가들의 진로 관련 법과 제도를 살펴보면 다음과 같다.

(1) 미국의 사례

먼저 1908년 파슨즈(Parsons)의 보스턴 직업보도국 설치를 시작으로 백여 년의 진로교육 역사를 자랑하는 미국의 경우, 1917년 직업교육법인 「스미스-휴즈법(Smith-Huge Act)」의 제정으로 직업교육과 훈련을 위한 기금 제공 및 협력 체제를 구축한 이래, 1950년대의 '전국직업지도협회(NVGA)', 1970년대 '미국직업지도협회(AVGA)' 등의 노력으로 1974년 「진로교육 프로젝트 자금지원법(공법 93-380의 section 406)」이 제정되었다. 이를 통해 진로교육을 진로발달의 교육과정으로 보고 일반 학생들을 대상으로 한 정규 교육과정에서 이루어져야 할 필요성을 명확히 하였고, 이를 계기로 '정부(주), 학교, 가정 및 지역사회, 농촌 등에 적합한 진로교육 모델'이 개발·보급되기에 이른다. 이후 1977년의 「진로교육촉진법(Career Education Incentive Act, 공법 95-207)」 등을 통해 학생들의 진로인식, 진로탐색, 진로의사결정, 진로계획을 강조하며 학교교육의 생활지도에서 진로교육이 초점이 되어 그 책무성을 강화하였다. 1994년 「학교-직업세계이행기회법(School-to-Work Transition Opportunity Act)」 등을 통해 학생들의 학교에서 직업세계로의 원만한 이행을 도울 수 있도록 초등학교 때부터 진로지도를 시행하도록 하였다. 한편 1990년의 「장애인 교육법(The Individuals with Disabilities Education Act)」과 「퍼킨스법(The Carl D. Perkins Vocational and Applied Technology Education Act)」, 1992년의 「직업훈련개혁개정법(Job Training Reform Amendment)」 등을 통해 진로교육에서 특히 장애인과 사회적 약자 배려와 관련한 법률이 다수 제정되어, 사회경제적으로 불리한 약자들에게도 다양한 훈련과 고용 프로그램에의 참여 기회를 보다 폭넓게 제공하고 있다(김희대, 2014).

....

1 진미석, 김도협(2012)의 '진로교육 활성화를 위한 법제도 정비 방안연구', 김희대(2014)의 '미국 중등학교의 진로 교육과 지역사회 연계 진로 체험 활용 사례'에서 요약·보완·발췌함.

(2) 영국의 사례

영국의 경우 1990년대에 이르러 모든 청소년을 위한 진로지도 서비스 제공의 의무화 강조 등의 정책적인 변화를 기반으로, 1993년 「노동조합 개혁 및 취업권리법 (Trade Union Reform and Employment Rights Act)」을 통하여 진로서비스가 학교의 학생들에게도 제공될 수 있는 계기를 마련하였다. 이후 진로교육과 관련한 개별법률의 형태는 아니지만, 1997년 「교육법(1997 Education Act)」에서 제7부 43~46조를 통해 진로교육에 관한 규정을 제정하여 영국 진로교육을 촉진하고 있다(OECD, 2004). 특히 해당 법률에서 모든 학생에게 진로교육 프로그램을 제공해야 할 의무를 규정하고 (43조), 진로상담가의 개념을 명확히 하면서 학교 밖의 진로서비스기관의 진로상담가 (careeradviser)에게 정보접근권을 부여하고 있으며(44조), 진로서비스기관의 협력을 토대로 진로도서실 등을 통해 학생들이 진로에 관한 최신의 다양한 정보(guidance information)와 자료를 접할 수 있도록 보장해야 한다고 규정하고(45조) 있다. 특히 영국의 교육고용부의 경우, 이러한 「교육법」에 근거한 일선 학교의 지침인 훈령(circular)을 통해, 학교 진로지도 교육의 시행지침(8항), 커리큘럼상의 진로지도, 커리어 서비스의 역할 및 지원(9~11항) 등을 제시하여 진로교육의 기준으로 활용하고 있다.

(3) 프랑스의 사례

프랑스의 경우도 개별법률의 형태는 아니지만, 교육의 기본이 되는 법률인 1997년의 「교육법전(Code de l'éducation)」의 '학교교육편 제3권 학교교육의 조직' 중 제1부 '교육의 일반적 조직'과 제3부 '중등교육' 편에서 각각 8개, 2개 조항을 통해 학교 진로교육을 구체적으로 규정하고 있다. 특히 진로상담을 받을 권리와 함께 진로교육의 내용으로 학생의 개인 특성을 고려하여 부모, 교사, 전문상담가의 도움을 받아 계획을 수립하고 기관 등에서 지원을 하여야 함을 규정하고(제1조), 교사나 진로상담가로부터의 진로상담 정보를 최소한 성년(18세)이 될 때까지 지속적으로 제공하여야 하며(제2조), 진로센터를 기초자치단체마다 의무사항으로 설립해야 하고(제4조), 졸업 후에도 진로를 설정하지 못한 학생들을 관리하고 지도·안내해야 한다고(제7조, 제8조) 규정하고 있다. 그뿐만 아니라 「교육법전」 교직원편 제3권 교육직 중 제3부 중등교육 교직원

편에서 진로지도와 관련된 공무원을 임용하는 것과 관련된 내용을 찾아볼 수 있다. 무엇보다 프랑스의 경우 졸업 후에도 진로를 설정하지 못한 학생에게 진로지도를 제공할 의무를 학교에 부여하고 있는 것이 특징이다.

(4) 덴마크의 사례

덴마크는 우리의 「진로교육법」과 같은 진로교육 관련 개별법률을 처음으로 제정한 나라이다. 덴마크는 먼저 「학교교육법(Act on Folkeskole)」에서 의무교육기간 동안 학교에서 이루어져야 하는 진로교육 및 상담에 관한 일반적인 사항을 명확히 규정하고 있다. 「학교교육법」 제7조에서 단위학교에서의 범교과 통합교육을 통한 진로교육의 실시 의무화 규정, 제9조에서 전환 시기의 직업기초 입문 교육으로 8~10학년 시기에 산업체에서의 이론과 실습을 통한 단기 직업기초 입문교육과 이론과 직업체험이 결합된 진로교육 제공 규정, 그리고 제13조에서 학생의 진로 및 직업선택을 위한 단위학교의 상담서비스 제공 및 교육부의 관련 시책 수립 시행 사항 규정 등을 통해 다른 국가들에 비해 단위학교에서의 진로교육의 중요성을 법적으로 명시하고 있다. 그리고 이에 더하여 2003년부터 좀 더 질 높은 진로교육을 제공하기 위해 간단하고 투명한 진로교육시스템을 개발하는 것을 그 목적으로, 국가 수준에서 진로교육 관련 법령인 「진로선택 및 지도에 관한 법률(Bekendtgørelse aflov om vejledning om uddannelse og erhverv)」을 별도로 제정하였다(OECD, 2004). 특히 핵심 대상이 25세 이하의 청소년은 물론이고 고등교육을 필요로 하는 성인도 포함되어 전 연령대를 대상으로 하는 매우 강력한 진로교육을 시행하고 있는 것으로 볼 수 있다.

(5) 핀란드의 사례

핀란드의 경우 핀란드 교육부가 2004년에 제시한 '교육, 연구, 발전계획(Development Plan for Education and Research 2003-2008)'을 통해 진로교육을 교육시스템의 효율성 제고, 교육·연구·직업세계의 연계 강화, 교육 기회와 교육 평등의 향상 등을 중요한 요소로 강조하고 있다. 핀란드의 경우 진로교육에서 개별법령체계는 없으나 「기초교육법(Perusopetuslaki)」, 「중등교육법(Lukiolaki)」, 「고용서비스법(Työvoimapalveluaki)」 등에서 진로지도 및 교육서비스의 제공 의무, 진로교육 서비스 제공과 관련한 기관 간 연계 등을 의무사항으로 규정하고 서비스 수요자의 권리 명시 등을 제시하고 있다.

이처럼 주요 교육 선진국들의 학교교육과 관련한 진로 관련 법과 제도 사례들을 살펴보면, 대부분의 경우 방대한 교육법, 학교교육법 등에서 진로교육에 관한 조항을 포함시켜 진로교육에 대한 국가의 의무를 규정하고 진로교육에 관한 구체적인 사항은 교육법 안에서 적시하는 형태로 규정하고 있거나 일부에서 개별법률을 제정하고, 진로지도나 상담이라는 구체적인 활동뿐 아니라 교과목을 통한 교육을 포괄하는 종합적이고 체계화된 시스템 구축을 규정하고 있으며, 이러한 법률들을 근간으로 진로교육의 국가적 책무성을 강조하고 있다.

2) 국내의 진로·직업 관련 법과 제도 현황

한편 국내의 경우, 표 6-1에서와 같이 진로 및 직업과 관련해 다수의 법령들이 존재한다. 협의적으로는 2015년에 제정된 「진로교육법」과 그 시행령이 있으며, 광의적으로는 「헌법」을 포함한 「교육기본법」, 「초·중등교육법」, 「산업교육진흥법」 및 동법 시행령, 「직업교육훈련촉진법」, 「장애인 등에 대한 특수교육법」 그리고 좀 더 확대한 직업 관련법으로는 「고용정책기본법」, 「직업안정법」 및 동법 시행령, 「고용보험법」 등 노동 관련 법령들도 그 범주에 넣을 수 있을 것이다(표 6-1). 이렇게 관련 있는 법령은 다수 있으나, 최근 제정된 「진로교육법」과 그 시행령을 제외하고는 대부분의 관련 법령들은 진로지도에 관한 전반적인 내용이나 방법 등에 대해 구체적인 규정을 두고 있지 않다.

이를 구체적으로 살펴보면 먼저 근간이 되는 「헌법」의 경우, 「헌법」 제31조에서 국민의 기본적 권리로서 능력에 따라 균등하게 교육을 받을 권리를 규정하고 또한 이와 같은 권리를 구현하기 위하여 교육제도에 관한 구체적인 사항을 법률로 정할 것을

표 6-1 진로·직업 관련 법규 조항

법령명	관련 조항	진로-직업 관련 내용
헌법	제31조 교육을 받을 권리	교육권으로서 진로지도 필요성 도출
교육기본법	제3조 학습권 제21조 직업교육	진로지도에 대한 국가의 의무와 개인의 권리를 간접적으로 도출할 수 있음
초중등교육법	제25조 학교생활기록	학교의 진로지도의 기초자료인 생활기록부 작성관리의무
진로교육법	제1조 목적 제4조 진로교육의 기본방향 제8조 진로교육 목표와 성취기준 제9조 진로전담교사 제10조 진로심리검사 제11조 진로상담 제12조 진로체험 교육과정 편성·운영 제13조 진로교육 집중학년·학기제	변화하는 직업세계에 능동적으로 대처하고 학생의 소질과 적성을 최대한 실현하여 국민의 행복한 삶과 경제 사회 발전에 기여함을 목적으로 다양한 진로교육 기회를 제공하기 위해 학생 진로교육과 관련한 규정
진로교육법 시행령	제2조 진로교육 현황조사 제3조 진로교육의 목표와 성취기준 제8조 진로체험 지원 제10조 시·도 교육청 진로교육 평가	진로교육법에 따른 진로교육 현황조사 및 초·중등 및 대학의 진로교육 시행 및 평가 등에 대한 세부사항 규정
진로교육법 시행규칙	제2조 진로전담교사 제3조 국가진로교육센터의 지정·운영 제4조 교육기부 진로체험기관 인증[2]	진로전담교사, 국가진로교육센터의 지정·운영, 교육기부 진로체험기관 인증 등에 대한 교육부의 시행 규칙
산업교육진흥법	제3조 진로지도	국가 및 지방자치단체의 학생들의 산업교육을 위한 진로지도 실시의무규정
산업교육진흥법 시행령	제4조 진로지도시책	진로상담실, 진로지도 담당교사, 외부기관과의 연계 자료의 개발, 보급에 관한 사항에 대한 규정
직업교육훈련 촉진법	제4조 직업교육훈련 기본계획의 수립·시행	직업교육훈련생의 진로지도 계획 수립·시행
장애인 등에 대한 특수교육법	제23조 진로 및 직업교육의 지원	진로지도에 필요한 전문인력과 시설 및 관련 기관과의 협의체 구성 규정

....

2   교육기부 진로체험기관 인증은 2016년부터 교육부는 1년간 학생들에게 직·간접적으로 체험비를 일체 받지 않고 교육기부(무료) 형식으로 진로체험 프로그램을 운영한 실적이 있는 기관을 대상으로 3년 단위로 인증하여 효력을 부여하는 제도이다.

법령명	관련 조항	진로-직업 관련 내용
고용정책기본법	제6조 국가와 지방자치단체의 시책 제15조 고용·직업정보의 수집 및 제공 제24조 학생 등에 대한 직업지도	학생 및 청소년의 직업지도 지원
직업안정법	제2조의 2 정의 제3조 정부의 업무 제14조 직업지도 제15조 직업안정기관의 장과 학교장의 협력	학생 및 청소년의 직업지도
직업안정법 시행령	제9조 직업지도 제10조 직업상담 제11조 학생 등에 대한 직업지도 제12조 고용정보제공의 내용 등	학생 및 청소년의 직업지도 지원
고용보험법	제1조 목적 제2조 정의 제19조 고용안정·직업능력개발 사업의 실시 제27조 사업주에 대한 직업능력개발 훈련의 지원 제29조 피보험자 등에 대한 직업능력개발 지원 제30조 직업능력개발 훈련시설에 대한 지원 등 제31조 직업능력개발의 촉진 제33조 고용정보의 제공 및 고용지원 기반의 구축 등	취업의 의사를 가진 학생 및 청소년의 직업능력개발을 위한 훈련 및 시설 지원

출처: 진미석 외(2015)에서 요약 · 보완 · 발췌함.

규정하고 있다. 이러한 교육을 받을 권리에는 자신의 소질과 적성에 따라 교육을 받을 수 있도록 요구되는 정보와 교육 및 상담을 제공하는 진로지도서비스에 대한 권리도 포함된다고 해석할 수 있다. 그러나 교육의 기본적인 정책을 규정하는 「교육기본법」 및 초·중등학교 교육의 전반을 규정하는 「초·중등교육법」 역시 진로지도에 관하여 명확한 조항이 명시되어 있지 않다. 또한 노동 관련 법령인 「고용정책기본법」, 「직업안정법」, 「고용보험법」 등에서 일부 학생 및 청소년의 직업지도 지원과 관련된 규정을 담고는 있지만, 근본 취지상 진로교육적 취지라기보다는 노동보호적 취지라 볼 수 있어 아쉬움이 있었다. 한편 「산업교육진흥법」과 「직업교육훈련촉진법」 등에서는 진로교육을 명시적으로 규정하고 있지만, 현행 법률상으로 직업교육이나 산업교육은 좁은 의미의 직업기술교육에 국한되어 있어, 진로지도의 중요성에 대한 명시적인 법령과 진로지도에 대한 국가적 책무성에 대한 명확한 규정으로 보기는 어려우며, 그 대상에 있어서 초·중등학교를 포괄하고 있지 못하는 등 전형적 의미에서의 진로지도 법률로 보기에는 한계가 있었다. 따라서 이와 같은 사항을 구체적으로 명시하는 「진로교육법」의 필요성이 제기되었으며, 2015년 5월 여러 관련 그룹들의 논의를 거쳐 「진로교육법」이 제정되어 진로교육이 법률적 관점에서도 본궤도에 오르게 되었다.

3) 국내 진로교육법의 구조와 내용[3]

> 진로교육법(법률 제13336호 제정 공포일 2015.06.22., 시행일 2015.12.23.)
> 진로교육법시행령(대통령령 제29016호 제정 공포일 2018.07.03., 시행일 2020.03.01.)
> 진로교육법시행규칙(교육부령 제85호 제정 공포일 2015.12.23., 시행일 2015.12.23.)

앞서 살펴본 바와 같이 진로교육에 관하여 명시적으로 진로교육법을 독자적으로 마련하고 있는 나라는 덴마크 외에는 선진국에서조차도 그 선례가 없다. 이처럼 진로교육과 관련한 구체적인 개별법률로서의 「진로교육법」의 제정은 최근 발생하는 전 생애에 걸친 진로의 불안정함이라는 사회변화의 요구에 대응하기 위해 적극적으로 진로역량을 갖추지 않으면 안 되는 절박하고 어려운 문제를 개인의 노력을 넘어서 사회적이고 제도적인 노력으로 대응하여야 함을 일깨워 주는 중요한 의미를 갖고 있다. 이에 그 의의와 구조 및 내용을 살펴보면 다음과 같다.

....

3   진미석(2015), '기조발제: 진로교육법의 제정의 의미와 과제'에서 요약·보완·발췌함.

(1) 진로교육법의 취지와 의의

빠르게 변화하는 세상에 대응하여 자신의 일과 삶을 개척할 수 있는 힘을 길러 주고자 하는 취지에서 2015년에 공포·시행된 「진로교육법」은 학생들의 진로개발을 지원하는 협의적 의미와 함께, 단순한 교육에 관련한 법안이라는 측면을 넘어서 급변하는 사회적 환경의 변화에 압도되지 않고 변화를 이끌어 갈 수 있도록 적극적이고 미래지향적인 교육의 방향성을 명시적으로 제시하는 광의적 의미도 함께 내포된 법률이라 할 수 있다.

사실 우리나라에도 「헌법」 제31조 '교육을 받을 권리'에 기반하여 「교육기본법」을 중심으로 교육과 관련한 법들이 많이 있다. 하지만 여타의 교육 관련법과 달리 「진로교육법」은 청소년 세대의 교육을 위해서 학교뿐만 아니라 지역사회, 산업체 등 다양한 사회영역이 함께 노력해야 함을 강조하고 있다는 점에서 시대적 요구에 맞추어 진로교육에 대한 거시적이고 종합적인 관점을 반영하고 있다.

(2) 진로교육법의 구조

「진로교육법」은 총론 조항을 포함하여 제2장 초·중등학교의 진로교육, 제3장 대학의 진로교육, 제4장 진로교육 지원 등 총 4장 23개 조항으로 이루어져 있어, 통상 다른 법에 비하면 아직은 그 조항수가 적고 기본적인 내용만을 담고 있다.

한편 이 법의 적용대상은 일반 초·중등학생, 사회적 배려 대상 청소년, 대학생, 그리고 2018년 「진로교육법」 시행령 일부개정을 통해 장애 학생까지 포함하고 있어, 초·중등학교 및 전체 학생들의 교육에 관한 사항을 규정하고 있는 「초·중등교육법」, 「고등교육법」과 함께, 저소득청소년, 장애청소년, 학업중단청소년, 북한이탈주민(청소년) 등의 교육과 관련한 법률 등과도 관련성을 가지고 있으나, 아직 전 생애를 지원하는 구조로는 아쉬움이 있다. 이러한 「진로교육법」의 구조와 포함 내용을 요약하면 다음 표 6-2와 같다.

(3) 진로교육법의 특성과 의미

① 미래지향적 진로교육의 방향성 제시 변화하는 사회에 대한 개인적·사회적 대응

표 6-2 진로교육법 구조 및 포함 내용

구조	조항수	포함 내용
제1장 총칙	7개 조항	법안의 목적, 정의, 다른 법률과의 관계, 기본방향, 국가와 지방자치단체의 책무, 진로교육 현황조사, 직무상 알게 된 사실 누설금지 등의 규정으로 전반적으로 이 법안의 기본적인 철학과 개념을 규정하고 있음.
제2장 초·중등학교의 진로교육	6개 조항	초·중등학교의 진로교육의 목표와 성취기준, 진로교육을 전담하는 교사 등 인력, 진로심리검사, 진로상담, 진로교육 관련 교육과정, 진로교육 집중학년 학기제 등 초·중등학교에서 진로교육의 목표와 방향, 실천 및 방법에 대한 내용을 규정하고 있음.
제3장 대학의 진로교육	1개 조항	대학에서의 진로교육에 관하여 총 1개의 조항으로 구성되어 있음. 비록, 1개 조항으로 이루어진 미니 장이지만, 대학에서의 진로교육의 중요성과 대학과 교육부장관 등의 책무를 규정하고 있어 대학에서의 진로교육에 대한 유일한 법적인 근거조항임.
제4장 진로교육 지원	2개 조항	진로교육의 지원과 관련한 조항으로, 국가진로교육센터, 지역진로교육센터, 지역진로교육협의회, 진로체험기관 정보제공, 교육기부 진로체험기관 인증, 시도교육청 지역협력체계 구축, 보호자 등의 참여, 진로교육 콘텐츠, 시도교육청 진로교육평가 등의 사항을 규정하고 있음.

으로서의 진로개발역량을 강조하는 미래지향적인 기본권으로서의 진로교육의 방향성과 함께, 지역사회와의 협력을 통해 참여와 체험 기반의 방법론으로서의 진로교육의 방향성을 제시함.

② **진로교육의 요소에 대한 개념의 정립** 진로교육 영역에서 다양한 용어의 혼용과 이에 따른 실천상의 혼란이 있는 현재 상황에서 진로교육의 정의와 관련 요소(진로상담, 진로체험, 진로정보 등)들을 명확히 규정함(2조).

③ **진로교육의 대상 확대** 진로교육의 대상을 기존 초·중등 중심에서 대학으로 확대하여(14조) 고등교육에서의 진로교육을 강화함으로써 진로교육이 학령기에만 국한되는 것이 아니라 전 생애에 걸쳐 이루어져야 한다는 점과 고용난 등을 고려함. 또한, 그동안 관련 부처별로 분리되어 있었던 장애인, 북한이탈주민, 저소득층 가정 학생 및 학업중단청소년 등 사회적 취약계층과 학교 밖 청소년까지 아울러 다양한 관련 부처, 지방자치단체 등 협력적 진로교육 거버넌스(5

조 등)를 강조함.

④ **진로교육지원의 체계화** 이러한 진로교육의 중심지원기관으로 국가진로교육센터 및 지역진로교육센터 운영(15조), 국가 진로교육 정책 수립에 필요한 기본적인 자료를 수립하고 진로교육의 운영 현황을 주기적으로 모니터링하기 위한 진로교육 현황조사(6조)를 법령화함.

⑤ **진로교육 전문인력의 강조** 이상과 같은 진로교육을 최일선에서 책임질 전문인력으로 진로교육전담교사(진로전담교사)의 지정을 규정하고 있고, 진로전담교사를 지원하는 지원 전문인력을 둘 수 있다(9조)고 규정함.

⑥ **진로교육 중심 교육과정 강화** 진로교육 관련 내용들이 교육과정에 체계적으로 반영되어 이루어지도록 진로교육 중심 교육과정 조항을 두고 있으며, 특히 진로교육목표와 성취기준의 확립(8조)과, 이를 위해 보다 다양하고 효과적인 진로체험 활동을 제공하기 위하여 진로체험 중심의 교육과정을 운영할 것(12조)을 규정함.

02 최근 교육과정의 변화에 따른 입시제도와 진로지도의 변화

학교 진로교육과 직결되는 제도 중 하나가 바로 교육과정과 이에 연동하는 입시제도이다. 물론 초등과정에서도 ICT 중심 정보 관련 교육을 소프트웨어 기초 소양 중심 내용으로 개편(17시간 이상 이수)한 것 등이 있고, 중학교 과정에서도 자유학기제 '교육과정 운영 지침(안)'을 통해 꿈과 끼를 살린 다양한 교육활동의 근거를 제시한 점이나 자유학기에 동아리활동 및 예술체육활동과 연계 운영하도록 한 점 등의 변화가 있다. 하지만 가장 큰 변화는 고등학교의 변화라 할 수 있다. 표 6-3에서 보는 바와 같이 시대변화에 기반해 최근 개정된 2015년도 교육과정 개편과 이에 따른 2022학년도 대입 개편안 등은 학교 현장의 진로지도에 많은 도움과 조력의 시기와 방법의 변화를 요구한다. 이미 이러한 개편 교육과정의 일환으로 초등 과정에서는 창의적 체험활동 및 창의성 향상 교육이 강조되고 있고, 중학교 과정에서는 2016년부터 자율학기제가 시행되고 있으며, 2018년부터는 자율학년제로 이를 확대하여 시범시행하고 있다. 물론 일부에서 폐해들이 나타나고 있으나 자기 재량으로 활동을 선택하고 진로탐색의 기회를 가진다는 점에서는 매우 긍정적이다.

진로지도 관점에서 구체적으로 그 내용을 살펴보면 무엇보다 가장 큰 변화는 입시제도와 연결되는 고등학교 과정에서 찾을 수 있다. 2015년 개정 교육과정의 핵심은 먼저 2018년 기준 고1부터 적용되는 문·이과 통합교육 실시이다. 이는 미래사회에 필요한 인재상을 고려해 기존에 문과와 이과로 나뉘던 획일적인 교육과정의 벽을 허물고 인문학적 상상력과 과학기술 창조력을 모두 갖춘 창의융합형 인재 양성을 목표로 마련되었다. 또 하나의 핵심은 공통과목 외에 맞춤형 선택교과 개설, 나아가 2025년도부터 모든 고교생들이 희망 진로에 따라 원하는 교과목을 선택교과로 수강하고 필요한 학점을 이수하여 졸업하게 되는 고교학점제 시행이다. 이는 자신의 진로와 진학에 필요한 수학능력을 기르기 위해 넓어진 과목 선택의 기회를 활용해 스스로 필요한 일반선택과 진로선택 교과들을 자율적으로 이수하는 제도이다. 이로서 학생 개인에게는 '나의 진로에 도움되는 선택과목과 활동은 무엇인가?' 하는 스스로의 미래와 진로를

표 6-3 2009년도 교육과정과 2015년도 개정 교육과정 비교

항목	기존 2009 교육과정	2015년 개정 교육과정
공통과목 및 선택과목의 다양화	• 공통과목 없이 전 학년 선택과목	• 공통과목(1학년) 및 선택과목(2, 3학년) • 선택과목은 일반선택과 진로선택 구분 • 진로선택 및 전문교과를 통해 맞춤형 교육 • 수월성 교육 실시
특목고 과목	• 보통교과 심화과목으로 편성	• 보통교과에서 분리하여 전문교과로 제시
국수영 비중 적정화	• 교과 총 이수단위의 50%을 초과할 수 없음	• 기초교과(국, 수, 영, 한국사) 이수단위 제한규정(50%)유지 (국수영 90단위 →84단위)
특성화고 교육과정	• 특성화고 전문교과로 제시	• 총론(보통교과와 NCS 교과의 연계)

위한 '현명한 선택'의 문제가 강력히 요구된다고 볼 수 있다. 그러므로 이러한 제도의 변화로 인해 진로지도의 역할이 그 어느 때보다 중요하고 시급함을 확인할 수 있다. 이에 진로지도의 관점에서 최근 교육과정의 변화를 구체적으로 살펴보고 이에 따른 입시제도 및 진로지도의 변화의 핵심적 내용을 간략히 살펴보고자 한다.

1) 진로 중심 진학 기반 맞춤형 선택교과제와 진로지도

먼저 2015년 개정 교육과정에서의 고등학교 교육과정 편제(그림 6-1)에 따르면, 학교 자율과정 운영, 학년 또는 학기 간 비균등 이수 등 예외적인 부분이 있지만, 일반적으로 고등학교의 수업은 주당 34시간으로 교과 수업이 30시간, 창의적 체험활동이 4시간 운영된다. 그리고 학생들의 과목 선택이 이뤄지는 것은 30시간에 해당하는 교과 영역이다. 여기서 교과는 보통교과와 전문교과로 나뉘며, 보통교과는 다시 공통교과와 선택교과로, 선택교과는 다시 일반선택과 진로선택으로 구분된다. 여기서 전문교과는 특수목적고와 특성화고 학생에게 적합한 과목으로 구성되며, 일반고(자공고, 자사고 포함)에서도 진로교과 등에 전문교과를 개설하고 이수할 수 있다.

먼저 다수의 학생들이 진학하는 일반고(자공고, 자사고 포함)에 적용되는 보통교과의 경우를 살펴보면 표 6-4와 같다. 보통교과에서 먼저 고교 1학년 학생들이 이수하는 공통과정은 전국 모든 유형의 고등학교에 공통으로 적용되는 과정이다. 그러므로 모든 학생이 배워야 할 필수적인 내용으로 학생들의 기초 소양과 기본 학력 보장을 목적으로 하여 국어, 수학, 영어, 한국사, 통합사회, 통합과학, 과학탐구실험의 일곱 개 과목으로 구성된다. 다만 특성화고에서는 과학탐구실험 과목만 예외적으로 공통과목에서 제외되고, 나머지 과학, 예술, 체육계열 학교는 탄력적으로 운영할 수 있도록 하였다.

한편 보통교과에서 2~3학년 학생들이 이수하는 '선택과정'은 말 그대로 학생의 선택에 따라 자유롭게 선택하는 과정이다. 이는 교과과정만 봐도 알 수 있듯이 문·이과 융합형 교과과정이며 진로 중심 교육과정이다. 고등학교 단계에서 필요한 각 교과

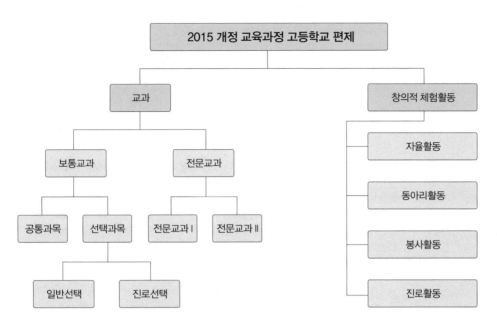

그림 6-1 2015년도 개정 교육과정에서의 고등학교 교육과정 편제 흐름

별 학문의 기본적 이해를 바탕으로 한 과목인 '일반선택'과 교과 융합학습, 진로 안내 학습, 교과별 심화학습, 실생활 체험학습 등이 가능한 과목인 '진로선택'으로 구성되어 있다. 단, 전체 진로선택과목에서 3과목 이상은 반드시 필수적으로 이수해야 한다. 그러므로 이러한 과목 선택 자체가 대학의 전공선택으로 이어져 전공적합성의 최소 근거로 평가될 가능성이 크다.

　　따라서 선택과목 특히 진로선택과목은 학생의 진로에 기반해 신중하게 선택되어야 하며, 이는 결국 지금보다 빠른 시기에 면밀한 진로 중심 진학설계 지도가 진로지도로 제공될 필요가 있다는 뜻이다. 즉 국어, 영어, 수학의 이수 단위를 84단위로 제한하는 대신 학생들은 진로선택과목, 사회, 과학, 교양(심리학, 보건, 환경, 철학) 과목을 다양하게 수강신청할 수 있다. 학생이 고교 생활 중에 선택한 과목 자체가 학업 의지, 희망 진로를 드러내는 것이라 대학에서는 전공적합성과 발전 가능성을 평가하는 근거로 활용할 것이다. 그러므로 대학 진학과 진로에 관한 결정은 생애 진로설계의 기반 위에서 학과목표를 최대한 빠르고 구체적으로 이루어질 필요가 있다. 그래야 이 목표에 맞춰 교과 및 비교과 활동의 선택을 용이하게 할 수 있기 때문이다. 특히 학생부종합전

표 6-4 2015년도 개정 교육과정 고교 교과영역별 교과목 구성(보통교과)

교과 영역	교과(군)	공통과목	선택과목	
			일반선택	진로선택
기초	국어	국어	화법과 작문, 독서, 언어와 매체, 문학	실용 국어, 심화 국어, 고전 읽기
	수학	수학	수학 I, 수학 II, 미적분, 확률과 통계	실용 수학, 기하, 경제 수학, 수학과제 탐구
	영어	영어	영어 회화, 영어 I 영어 독해와 작문, 영어 II	실용 영어, 영어권 문화 진로 영어, 영미 문학 읽기
	한국사	한국사		
탐구	사회 (역사/ 도덕 포함)	통합사회	한국지리, 세계지리, 세계사 동아시아사, 경제, 정치와 법 사회 · 문화, 생활과 윤리, 윤리와 사상	여행지리, 사회문제 탐구, 고전과 윤리
	과학	통합과학 과학탐구실험	물리학 I, 화학 I, 생명과학 I, 지구과학 I	물리학 II, 화학 II, 생명과학 II, 지구과학 II, 과학사, 생활과 과학, 융합과학
체육 · 예술	체육		체육, 운동과 건강	스포츠 생활, 체육 탐구
	예술		음악, 미술, 연극	음악 연주, 음악 감상과 비평 미술 창작, 미술 감상과 비평
생활 · 교양	기술 · 가정		기술 · 가정, 정보	농업 생명 과학, 공학 일반, 창의 경영, 해양문화와 기술, 가정과학, 지식 재산 일반
	제2외국어		독일어 I 일본어 I 프랑스어 I 러시아어 I 스페인어 I 아랍어 I 중국어 I 베트남어 I	독일어 II 일본어 II 프랑스어 II 러시아어 II 스페인어 II 아랍어 II 중국어 II 베트남어 II
	한문		한문 I	한문 II
	교양		철학, 논리학, 심리학, 교육학, 종교학, 진로와 직업, 보건, 환경, 실용 경제, 논술	

형의 경우 단순히 교과 성적을 비교해 선발하는 것이 아니라 학생부에 기록된 학교생활 전반에서 전공적합성, 학업 역량, 발전 가능성, 인성 등을 선택한 과목의 세부적인 과정 또는 내용 등을 보고 평가한다. 그러므로 학교에서의 학업성취도와 함께 관심 분야에 대한 노력과 준비가 어떠했는지를 잘 표출할 수 있도록 학생의 진로기반 진학설계를 도와주는 것이 중요하다. 왜냐하면 고등학교에서 교육과정을 통해 익히는 역량은 대학에서 전공하고자 하는 학과의 교육과정을 성공적으로 이수하는 초석이 되며, 그 배움의 과정에서 드러난 학생의 우수한 역량을 판단하는 것이 학생부종합전형의 핵심이기 때문이다. 그러므로 학생이 지원하고자 하는 대학의 전공을 고려한 교과 선택 지도뿐만 아니라, 나아가 동아리활동 및 독서활동, 그리고 전공 이수에 필요한 기본 역량을 갖출 수 있는 활동도 함께하도록 진로지도 장면에서도 조력하여야 한다. 이를 좀 더 구체적으로 살펴보면 다음과 같다.

① 고교 2학년 이후 과목 선택에서 자기 책임성이 강화되었다. 이전 교육과정이 학교의 일방적 선택으로 이루어졌다면, 앞으로 학생의 수강과목 이력이야말로 자신의 목표에 맞춘 진로선택의 결과물로 드러나게 된다. 다음 표 6-5에서 보는 바와 같이 2022학년도 대입 개편안에 따라 이공계의 진로선택과목 상당수가 수능선택과목에 포함되어 있음을 봐도 그러하다. 예를 들어 수학의 경우 수학Ⅰ·Ⅱ는 공통과목이며 확률과 통계, 미적분, 기하는 선택과목이다. 인문, 사회, 상경 등 문과 계열 지망 학생들은 학습 분량이 상대적으로 적은 확률과 통계 과목으로 몰릴 수 있다. 반면 공대, 자연대 지망 학생들은 미적분과 확률과 통계 중 선택의 기로에 설 수밖에 없다. 이에 대학에서는 미적분 이수를 유도하기 위해 미적분을 지정하거나(예를 들어 의학계열 등) 가산점을 제시할 수 있으므로 본인의 희망 진로와 입시제도에 따라 선택이 갈릴 것으로 보인다. 반대로 사회(총 9과목), 과학(총 8과목) 총 17개 과목 가운데서는 계열 구분 없이 수능에서는 2개 과목을 선택할 수 있지만, 현실적으로 문과계열 지망 학생이 사회탐구+과학탐구로 수능 과목을 조합할 가능성은 없다. 오히려 자신이 희망하는 계열과 전공에 관련될 수 있는 과목을 선택할 것이다. 이처럼 2015년 개정 교육과정은 학생들에게 과목 선택권을 많이 부여한다. 그러므로 고1 진학 초기부터 자신의 진로와 관련

표 6-5 2022년도부터 시행되는 대입 수학능력평가 과목

영역			과목
국어	공통		독서, 문학
	선택		언어와 매체, 화법과 작문 중 택 1
수학	공통		수학 I, 수학 II
	선택		확률과 통계, 미적분, 기하 중 택 1
영어 (절대평가)			영어 I, 영어 II
한국사 (절대평가)			한국사
탐구	일반계	사회	생활과 윤리·윤리와 사상, 한국지리·세계지리, 동아시아사·세계사, 정치와 법, 경제, 사회·문화
			사회·과학 계열 구분 없이 택 2
		과학	물리학 I, 화학 I, 생명과학 I, 지구과학 I 물리학 II, 화학 II, 생명과학 II, 지구과학 II
	직업계	공통	전문공통(성공적인 직업생활)
		선택	농업기초기술, 공업일반, 상업경제, 수산·해운산업의 기초, 인간발달 등 5과목 중 택 1
제2외국어/한문 (절대평가)			독일어 I, 프랑스어 I, 스페인어 I, 중국어 I, 일본어 I, 러시아어 I, 아랍어 I, 베트남어 I, 한문 I 등 9과목 중 택 1

하여 고민하고, 자신이 희망하는 진로에 기반한 진학을 고려하여 교과목 선택 및 활동 로드맵 설계를 진로지도와 함께 조력하여야 한다.

② 문·이과 융합형 교과과정이며 진로 중심 교육과정임을 감안해야 한다. 예시로 서울대 교육과정 이수 기준에서 제시된 바와 같이, 자신의 진로를 고려하되 특히 탐구영역에서 '사회 3과목+과학 3과목' 또는 '사회 2과목+과학 4과목' 등 자신의 진로에 연결될 수 있는 효과적 배분 이수를 통한 문·이과 융합형 교육과정의 취지를 잘 살릴 필요가 있으며, 특히 진로희망에 따라 심화과목인 II 과목 이수나 '제2외국어 또는 한문

1과목 이수'를 잘 선택하여 이수하는 고민이 필요하다.

③ 공통과목이나 일반선택과목(특히 수능과목)에서는 큰 문제가 없겠지만 진로선택과목에서는 각급 고등학교별 교과과정 준비 정도와 개설과목의 강의내용에서의 차이(교육서비스 관점에서)가 날 가능성이 있다. 개정 교육과정의 취지에 따르면 수강을 원하는 학생이 일정 인원이 있다면 반드시 그 과목을 개설하는 것이 원칙이다. 상황이 여의치 않으면 교과중점(거점)학교로 이동하거나, 온라인 환경 등을 활용해서 수강하는 경우도 있을 것이다. 그러나 어떤 상황을 가정하더라도 교육 소비 주체인 학생, 학부모 입장에서는 가급적 진로선택과목 선택에서 제한이나 불이익을 받고 싶지 않은 심정일 것이다. 결국 2015년도 개정 교육과정의 진정한 의미를 깨닫고 자기 나름대로 프로그램을 준비하거나 제대로 준비가 가능한 고교를 선택하도록 돕는 지도도 매우 중요한 진로지도의 한 축이 될 것이다.

한편 특수목적고와 특성화고 학생에 적용되는 전문교과의 경우를 살펴보면 다음 표 6-6과 같다.

표 6-6에서와 같이 전문교과는 과학고, 외국어고, 국제고, 예술고, 체육고 등 특수

표 6-6 2015년도 개정 교육과정 고교 학년별 교과목 구성(전문교과)

전문교과 I

교과(군)	과목(예시)			
과학 계열	심화 수학 I	심화 수학 II	고급 수학 I	고급 수학 II
체육 계열	스포츠 개론	체육과 진로 탐구	체육 지도법	육상 운동
예술 계열	음악이론	음악사	시창·청음	음악 전공 실기
외국어 계열	심화 영어 회화 I	심화 영어 회화 II	심화 영어 I	심화 영어 II
국제 계열	국제정치	국제 경제	국제법	지역 이해

① 전문교과 과목의 이수 단위는 시·도 교육감이 정한다.
② 국제 계열 고등학교에서 이수하는 외국어 과목은 외국어 계열 과목에서 선택하여 이수한다.

교과(군)	과목군				기준 학과
	전문 공통과목	기초 과목	실무 과목		
경영·금융	성공적인 직업생활	상업경제	총무	노무 관리	경영·사무과 등
보건·복지		인간 발달	영·유아 놀이 지도	영·유아 교수 방법	보육과 등
디자인·문화 콘텐츠		디자인 제도	시각 디자인	제품 디자인	디자인과 등
미용·관광·레저		미용의 기초	헤어 미용	피부 미용	미용과 등
음식 조리		식품과 영양	한국 조리	서양 조리	조리·식음료과
건설		공업 일반	토공·포장 시공	측량	토목과 등
기계		기계 제도	기계요소 설계	기계 제어 설계	기계과 등
재료		재료 시험	주조	제선	금속재료과 등
화학 공업		공업 화학	화학 분석	화학 물질 관리	화학공업과
섬유·의류		섬유 재료	방적	방사·사가공	섬유과 등
전기·전자		전기 회로	수력 발전 설비 운영	화력 발전 설비 운영	전기과 등
정보·통신		통신 일반	네트워크 구축	유선 통신 구축	방송·통신과 등
식품 가공		식품 과학	곡물 가공	떡 제조	식품가공과
인쇄·출판·공예		인쇄 일반	프리프레스	평판 인쇄	인쇄·출판과 등
환경·안전		환경 화학 기초	수질 관리	대기 관리	환경보건과 등
농림·수산 해양		농업 이해	수도작 재배	전특작 재배	농업과 등
선박 운항		항해 기초	선박 운항 관리	선박 안전 관리	항해과 등

목적고(산업수요 맞춤형 고등학교 제외)의 전공교과에 해당하는 전문교과 I과 특성화고(산업수요 맞춤형 고등학교 포함)의 전공교과에 해당하는 전문교과 II로 구분된다. 이는 필요와 수요에 의하여 일반 고등학교의 진로교과 등에 개설과 이수가 가능하다. 다만, 과목의 내용적 구성 특성과 미리 배워야 하는 과목 조건(선 이수과목)에 따라 개설과

이수가 가능하다는 것에 유의해야 한다.

이제까지 살펴본 바와 같이 이러한 교육과정 개편에 따른 입시제도의 변화에 대응하기 위해 어느 시대보다 체계적이고 효과적인 진로지도가 필요하고 핵심적으로 요구되는 상황이다. 동시에 막연한 꿈 찾기식의 진로지도가 아니라 전 생애 삶의 방향을 잡는 효과적인 진로 중심 진학설계를 위해 학생 진로지도 장면에서 꼭 묻고, 확인하고, 조력하여야 하는 구체적이고 당면한 문제가 있다. 그 질문과 조력 내용을 요약해 보면 다음과 같다.

- 원하는 꿈(직업 등 구체화된 진로계획)은?
- 꿈을 위해 진학하고자 하는 대학과 계열 및 학과[4]는?
- 진학하고자 하는 대학과 학과를 고려하여 대학수학능력시험에서 선택해야 하는 과목은?
- 진학하고자 하는 대학과 학과에서 원하는 인재상이나 요구하는 교과목, 대학 교육과정에서 배우는 과목은 무엇이며, 이와 관련하여 고등학교에 개설되는 선택과목은 무엇인가?

....

4   인문 계열: 고고학과, 국어국문학과, 동양어학과, 문헌정보학과, 문화재보존학과, 문화콘텐츠학과, 사학과, 서양어학과, 심리학과, 영어영문학과, 인류학과, 철학과, 통번역학과

사회 계열: 경영학과, 경제학과, 광고홍보학과, 국제학과, 금융보험학과, 농업경제학과, 무역학과, 법학과, 보건행정학과, 부동산학과, 사회복지학과, 사회학과, 산업경영학과, 세무회계학과, 신문방송학과, 아동복지학과, 정치외교학과, 항공서비스학과, 행정학과, 호텔경영학과, 회계학과

자연 계열: 농생물학과, 대기과학과, 동물자원학과, 물리학과, 생명과학과, 생명자원공학과, 수의학과, 수학과, 식품영양학과, 원예학과, 의류학과, 조경학과, 지질학과, 천문학과, 통계학과, 화학과

공학 계열: 건축공학과, 건축학과, 고분자공학과, 교통공학과, 기계공학과, 기계설계공학과, 도시공학과, 멀티미디어학과, 산업공학과, 생명공학과, 섬유공학과, 소프트웨어공학과, 재료공학과, 전기공학과, 전자공학과, 정보통신공학과, 컴퓨터공학과, 토목공학과, 항공우주공학과, 항공운항학과, 해양공학과, 화장품과학과, 화학공학과, 환경공학과

의료보건 계열: 간호학과, 물리치료학과, 약학과, 응급구조학과, 의예과, 임상병리학과, 재활치료학과, 치기공학과, 치위생학과, 치의예과, 한의예과

교육 계열: 과목 관련 교육과, 교육학과, 초등교육과

2) 고교학점제 학사제도 및 절대평가제와 진로지도

2025년도부터 시행될 고교학점제란 그림 6-2에서 제시한 바와 같이 고등학교도 대학처럼 학생이 원하고 필요로 하는 과목을 선택해 누적 학점이 일정 학점 이상이 되면 졸업을 인증하는 제도로서, 핵심은 교육과정상 필수적으로 배워야 하는 공통교과를 제외하는 범위 내에서 선택교과들에 한해 학생이 자유롭게 선택하는 '수강신청제'를 도입한다는 점이다. 예를 들어 경제학에 관심 있는 학생은 경제학(미시경제, 거시경제 등) 관련 수업을 들을 수 있게 하는 취지이며, 이때 모든 학교에서 필요한 과목을 모두 개설할 수 없기 때문에 지역을 묶어 주변 지역에서 어느 한 학교로 오게 하거나 온라인 학습공동체(online learning community) 등의 환경을 도입해 진행하며, 이 과정에서 학교 간 격차를 감안해 상대평가가 아닌 절대평가체계를 도입한다는 것이다. 즉, 국어, 수학, 영어 같은 공통과목은 현행 고교 내신과 수능에서 활용되는 9등급 상대평가체계를 유지하지만, 진로와 연계된 선택과목은 A-B-C 3단계 성취평가제가 도입된다. 이는 곧 절대평가를 하겠다는 의지가 담겨 있다. 그러므로 진로를 찾고 탐색하여,

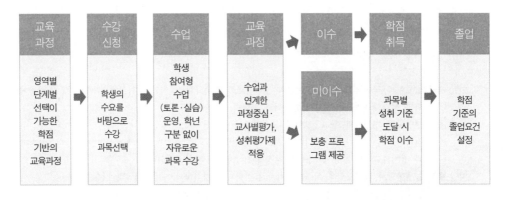

※ 동 모형은 최종 제도 완성 시 체계도로 성취평가제 적용 등은 연구·검토를 거쳐 시기·방안 등 결정, 미이수(F)·재이수제 등은 제도 안착 후 적용하는 방안으로 검토 예정
※ 고교학점제의 실행을 위해서는 현행 학사제도 전반의 변화가 필요하므로 중장기적 준비를 거쳐 우선 적용가능 요소부터 단계적 추진('22년 도입 예정)

그림 6-2 고교학점제 학사제도 운영 체계
출처: 교육부(2017), 고교학점제 추진 방향 및 연구학교 운영 계획(안).

자신의 진로를 미리 알고 준비한 학생들이 유리해질 수밖에 없는 구조인 만큼, 이제 진로지도를 하는 이들은 이러한 제도의 변화들 또한 상세하고 충분하게 이해한 다음 학생 진로지도에 접근하는 자세가 무엇보다 필요하다.

요약

    2015년 「진로교육법」의 제정은 국가적 수준에서 독립된 관련 법령을 제정한 두 번째 국가로서, 생애 진로지도 체계와 공교육에서의 진로교육 책무성을 강조하고 있다. 이는 최근의 급변하는 과학기술의 발달로 인한 사회와 일자리, 그리고 사람들의 삶의 변화와 요구에 적극적으로 부응하기 위한 우리 사회의 적극적인 노력의 표출이라 할 수 있다. 그리고 이를 통해 명실공히 우리의 학교교육 안에서 미래지향적 진로교육의 방향성을 제시하고, 진로교육의 요소에 대한 개념을 정립하였으며, 무엇보다 진로교육 관련 내용들이 교육과정에 체계적으로 반영되어 이루어지도록 진로교육 중심 교육과정을 강화하였다는 점에서 그 의의가 크다. 그리고 최근 발생하는 전 생애에 걸친 진로의 불안정함이라는 절박하고 어려운 문제를 개인의 노력을 넘어서 사회적이고 제도적인 노력으로 대응하여야 함을 일깨워 주는 중요한 의미가 있다. 이에 현재 진로교육 및 지도의 근간이 되는 「진로교육법」을 중심으로 진로 관련 법률과 제도 등을 살펴보고 관련 교육 및 상담 장면에서 이를 연계하도록 함은 그 의미가 충분하다 할 것이다.

    한편 학교 진로교육과 직결되는 제도 중 하나가 바로 교육과정과 이에 연동하는 입시제도이다. 이에 최근 획일적인 교육과정의 벽을 허물고 인문학적 상상력과 과학기술 창조력을 모두 갖춘 창의융합형 인재 양성을 목표로 마련된 '2015년도 개정 교육과정'과 이에 따른 대입 개편안 등은 학교 현장의 진로지도에 많은 도움과 함께 조력의 시기와 방법의 변화를 요구한다. 특히 입시를 통한 진로결정의 핵심이 되는 고교 교육과정 변화의 핵심은 문·이과 통합교육 실시와 희망 진로에 따라 원하는 교과목을 선택교과로 수강하는 진로 중심 진학 기반 맞춤형 선택교과제 실시이며, 나아가 2025년도부터 실시되는 고교학점제 시행이다. 이로 인해 진로지도의 역할이 그 어느 때보다 중요하고 시급해졌으며, 이러한 변화들을 충분히 이해한 다음 학생 진로지도에 접근하는 자세가 필요하다.

1 체계적이고 효과적인 진로교육 및 지도를 위해 이를 규정하는 관련 법률이 필요한 이유와 그 종류
  및 핵심 내용에 대해 간략히 논하시오.

2 진로 및 직업 관련 법과 제도, 특히 「진로교육법」에서 강조하는 진로교육의 핵심이 무엇인지
  간략히 논하시오.

3 2015년도 교육과정 개편으로 인해 진로교육과 진로지도 장면에서 고려되어야 하는 구체적인
  내용은 무엇인지에 대해 간략히 논하시오.

제7장

진로·직업정보의 탐색[1]

학 습 목 표

1 미래사회에 영향을 미치는 동인들과 직업세계의 구조 및 변화상을 분석한다.

2 새롭게 부상하는 미래 유망 직업에 대한 정보를 파악한다.

3 주요 진로·직업정보 원천을 탐색한다.

....

1   이 장 초고 교정에 도움을 준 한국고용정보원 이은수 연구원에게 감사를 표한다.

진로와 직업은 한 시대의 사회·경제 및 정치적 환경을 통해 구성되며 과거와 현재 그리고 무엇보다도 미래가 공존하는 통합적인 일의 세계를 의미한다. 그래서 진로·직업정보는 최신의 정보와 미래사회의 변화상을 담는 것이 필수적이다.

이 장에서는 먼저 미래사회와 직업세계의 변화상을 분석하기 위해, 이에 영향을 미치는 핵심 동인들을 살펴보고, 직업세계의 구조 및 내용의 변화, 일하는 과정에서의 시간과 공간상의 변화, 스마트워크(swartwork) 및 최근 관심이 집중되고 있는 플랫폼 노동(platform labor)에 대하여 탐구한다.

다음으로, 새롭게 부상하는 미래 유망 직업을 살펴보기 위해 과거의 시대별 유망 직업과, 미래의 전망과 관련하여 바이오기술과 지능정보기술 및 트랜스휴먼(인간기술 융합) 기술 기반 미래 직업에 대하여 살펴본다.

끝으로, 주요 진로·직업정보의 원천을 탐색하기 위해, 직업정보 개념, 유형 및 활용을 파악하고, 국내·외 대표적인 직업정보 네트워크 시스템인 워크넷 직업진로(한국직업정보시스템 KNOW)와 미국의 O*NET 시스템에 대하여 탐구한다.

정보는 익히는 순간 곧바로 낡은 것이 된다. 구르는 돌에 이끼가 끼지 않듯이, 최신의 진로·직업정보를 탐색하고 분석하여 내담자가 이해하기 쉽도록 전달하기 위한 끊임없는 노력과 한결같은 마음이 무엇보다 중요하다.

01 미래사회와 직업세계의 변화

직업세계의 변화를 파악하기 위해서는 먼저 미래사회를 구성하는 데 영향을 미치는 핵심 동인들을 살펴보아야 할 것이다.

1) 미래사회 변화 동인

미래를 연구하는 사람들이 고려하는 미래사회를 구성하는 데 영향을 미치는 핵심 동인들은 다양하다. 미래학 연구의 대표적인 학파라 할 수 있는 미국 하와이대학 미래연구소에서는 사회적(social), 기술적(technical), 경제적(economic), 생태·환경적(ecological), 정치적(political) 요인을 핵심적인 동인으로 꼽고, 이들의 첫 머리글자를 따서 스티프(STEEP) 분석이라고 부른다. 미래사회의 트렌드, 변화의 동인, 이머징 이슈(emerging issue) 등을 예측하는 환경 스캐닝(scanning)[2] 방법으로 각 영역의 핵심적인 트렌드 내용을 살펴보면 다음과 같다(박가열, 박성원 외, 2017).

첫째, 사회·문화 영역에서는 저출산·고령화 지속, 소셜 미디어(social media)의 활용을 통한 정치 참여 방식의 다양화, 국제 교류가 활발해지면서 문화적 다양성의 증가가 예상된다. 여성의 경제활동 참여가 확대되면서 남녀 간 성별 역할의 변화가 이루어지고 지식의 유통기한이 짧아지면서 평생학습이 중요해지며 일과 삶의 균형을 추구하는 문화의 확산으로 여가와 오락에 대한 욕구는 증가할 것이다.

둘째, 과학·기술 분야에서는 과학기술의 진보와 융합이 가속화할 것이다. 이에 따라서 디지털 혁신에 기초한 스마트 자동화가 확산되고 가상세계와 물리세계가 연결될 것이다. 유전자 가위 기술과 합성생물학, 인공지능과 3D 프린팅 기술의 발전과 융합은 지금까지 생각지 못했던 상상을 초월하는 새로운 시대를 열기 위한 과감한 도전을 시도할 것이다. 이러한 과정에서 과학기술의 적절한 사용 범위와 윤리적 문제가 대두될 것이다.

셋째, 생태·환경 분야에서는 석유 자원의 고갈이 가시화되면서 화석 연료를 대체하기 위한 신·재생에너지 개발이 확대될 것이다. 급격한 산업화와 눈앞의 이익만을 추구했던 결과로 인해서 환경오염과 지구 온난화는 심화될 것으로 예상된다. 기후변화에 대응하여 지속 가능한 생태 환경과 종 다양성 보존을 위한 노력이 더욱 강화될

....

2   앞으로 발생할 수 있는 사건들의 예측이나 미래의 전략 수립을 위한 기본적인 정보를 제공하는 미래 연구의 출발점을 의미한다.

S 사회 · 문화 society & culture	저출산 · 고령화 / 정치 참여 방식의 다양화 / 여성의 경제활동 참여 확대 / 평생학습의 확산 / 여가 욕구의 증가 / 남녀 성역할의 변화 / 문화적 다양성 증가
T 과학 · 기술 science & technology	과학기술 진보와 융합의 가속화 / 자동화 확산 / 가상세계와 물리세계의 연결(초연결)
E 에너지 · 환경 energy & environment	석유자원 고갈 현실화 / 대체에너지 개발 확대 / 환경파괴 심화 /기후변화
E 산업 · 경제 industry & economy	경제 저성장 / 사회적 양극화 심화 / 신종 전염병 등장
P 국제정세 · 한반도 평화 geo-politics & peace	다양한 테러 위협 / 세계화 vs 반세계화 대립 확산 / 이민(이주민) 정책의 급속한 변화 / 북한 위협 및 붕괴 위험 상존

그림 7-1 미래사회 분야(STEEP)별 핵심 글로벌 트렌드
출처: 박가열, 박성원 외(2017).

것이다. 한편, 영향력이 큰 신종 전염병의 등장 가능성도 배제할 수 없다.

넷째, 산업 · 경제 분야에서는 경제 성장의 한계로 저성장 기조가 지속될 것이다. 획기적인 제도 혁신이 전제되지 않으면 경제 · 사회적 양극화는 고착되고 더욱 심화될 것으로 전망된다. 온라인 플랫폼을 활용한 경제활동은 강화되고 일하는 조직과 방식에서 변화가 커질 것이다. 일을 수행하기 위한 조직과 개인의 관계가 고용에서 계약관계로 변모하고, 일하는 시간과 공간의 제약이 완화될 것이다. 한편, 일에 대한 보상 기준이 시간에서 성과 중심으로 변화하게 될 것이다.

끝으로, 정치와 관련된 국제정세 · 한반도 평화 분야에서는 분쟁의 물리적 · 공간적

범위가 확장될 것이다. 온라인상의 컴퓨터 네트워크와 소셜 미디어, 나아가 우주 등으로 분쟁의 영역이 확산될 것이다. 로봇, 사이버, 드론 등을 활용한 무인 원격 공격이 빈발하고, 정보통신망에 대한 공격으로 인프라 파괴 등 방식이 다양해질 것이다. 또한 세계화와 반세계화 세력의 갈등이 확산되면서 이민 정책이 변화를 맞을 것으로 예상된다. 국내에 가장 크게 영향을 미칠 요인으로는 북한의 핵개발과 남북한 평화체제 구축을 꼽을 수 있을 것이다.

2) 직업구조 변화와 내용

직업은 한 사회를 비추고 반영하는 거울이다. 기술의 발전은 통상적으로 경제 성장을 가져오며, 이러한 기술을 습득한 사람에게는 일자리를 얻을 기회를 제공하는 반면 불가피하게 일자리를 잃는 사람도 생긴다. 자동차가 마차를 대체하여 손님을 실어 나르거나 개인용 컴퓨터가 타자기를 대체하여 사무 공간에서 활용되는 순간 직무의 변화가 발생하고 새로운 교육과 제도가 필요하게 된다.

우리나라 경제가 성장하고 산업화가 본격화되기 시작한 1980년대부터 현재까지 우리나라 직업구조의 변화를 살펴보고자 한다. 1980년부터 2018년까지 한국표준직업분류(KSCO)의 대분류 기준으로 직업별 취업자의 구성비를 살펴보면 다음의 표 7-1와 같다. 지난 약 40년간의 급속한 경제 발전으로 우리나라의 직업구조는 큰 폭의 변화를 경험했다.

이러한 직업구조 변화의 가장 두드러진 특징은 기술 발전 및 산업구조의 고도화에 따른 전문가의 증가와 1차 산업 생산인력의 감소로 정리된다. 또한 '사무 및 관련 종사자'의 구성비도 2배 가까이 증가하였고 '서비스 종사자'의 비중은 다소 증가하였지만 '판매 종사자'는 다소 감소 추세를 보이고 있다. '기능원 및 관련 기능 종사자', '장치·기계 조작 및 조립 종사자', '단순노무 종사자'의 생산 관련 직종은 외환위기 경제 불황에 영향을 받아 2000년에 일시적으로 감소하였지만 다시 증가세를 나타내고 있다. '관리자'의 경우 동일한 직능 수준이 요구되는 전문가 및 관련 종사자와 달리,

표 7-1 직업 대분류별 취업자 구성비 변동(단위: %)

구분	1980년	1990년	2000년	2010년	2015년	2018년
관리자	1.1	2.1	5.3	2.8	1.4	1.4
전문가 및 관련 종사자	4.6	7.5	17.0	19.5	20.1	20.5
사무 및 관련 종사자	9.5	15.4	13.6	16.3	17.0	17.8
서비스 종사자	7.1	8.8	9.5	10.0	10.6	11.1
판매 종사자	12.1	14.0	12.5	12.2	11.9	11.3
농업어업 숙련 종사자	37.6	20.7	12.8	7.6	4.8	4.7
기능원, 장치, 기계조작 및 조립, 단순노무 종사자	28.1	31.6	29.2	31.6	34.3	33.3

출처: 통계청, 「인구총조사(1980, 1990, 2000, 2010)」; 「경제활동인구조사(2015, 2018)」.

2000년 이후 취업인구의 직업별 분포에서 비중이 감소한 것으로 나타나고 있어 외환위기를 겪은 이후 치열한 글로벌 경쟁을 거치면서 기업 규모의 대형화가 이뤄진 결과로 판단된다.

최근 급격하게 진행되고 있는 디지털 기술 혁신은 일자리에 빛과 그림자로 작용할 것으로 전망된다. 최신 기술을 바탕으로 새롭게 부상하는 직무에 대한 정보를 신속하게 수집 분석하여 인재 육성과 현직자 능력개발 향상을 위해 제공해야 할 것이다. 한편 이러한 디지털 혁신 기술은 단순 반복적인 직무를 대체하는 방향으로 부정적인 영향을 미칠 것으로 예상된다. 가뜩이나 취약한 단순 서비스, 기능 및 기계 조작·조립 관련 직종 종사자들을 위해 직무 전환을 대비한 직업능력개발 교육·훈련과 전직서비스 및 나아가 복지서비스가 결합된 종합적인 사회정책 설계가 요구된다.

3) 일터의 변화상

인류는 개체의 단순한 생명 연장을 위한 생존의 문제를 넘어서 인간으로서 존엄을 갖고 문화를 영위하는 생활을 위해 도구와 기술을 발전시켜 왔다. 가축과 농기구를 활용하면서 수렵 채집 생활을 마감하고 정착 생활이 가능해졌다. 1차 산업혁명 당시 증기를 에너지로 활용하고 기계를 생산 현장에 도입하면서 숙련도 높은 장인의 생산력보다도 기술력이 부족한 단순 노동자의 단위 시간 당 생산력이 더 높아지면서 탈숙련의 시기가 도래했다. 이후 기업 규모가 커지면서 사무 종사자의 수요가 증가하여 대학의 기능이 귀족을 위한 교양 교육에서 사무직 종사자를 양성하는 것으로 변모했다.

기술 진보가 일자리에 미치는 영향에 대해서는 전문가의 관점에 따라 비관과 낙관이 교차한다. 한편에서는 일자리의 기술 대체를 과장하여 기계가 일자리를 빼앗아 노동의 종말이 현실화된 디스토피아를 주창한다. 반대편에서는 기술 발전을 과도하게 낙관하여 새로운 산업의 부흥과 신규 직업의 출현에 현혹당하는 경우도 종종 있다.

최근 들어 스마트 디지털 혁신이 산업 구조를 넘어서 사회 전반에 걸쳐 혁명적인 변화를 가져올 것으로 논의되고 있다. 정보통신기술(ICT)의 획기적 발전에 기초해 가상과 현실의 연결성이 획기적으로 개선되고 일하는 시간과 공간은 점점 더 유연해지고 있다.

기술 발전은 일자리에 곧바로 영향을 미치는 것이 아니라 사회의 제도와 사회 구성원의 문화적 수용 과정을 거치게 된다. 산업혁명 당시 일자리를 빼앗길 것을 두려워한 노동자들이 기계를 부수려고 한 러다이트 운동(Luddite Movement)이 확산된 것이나, 최근 차량 공유 플랫폼을 기반으로 운송 서비스를 제공하는 우버형 서비스(Ubertization Service)에 대한 택시기사의 반대 운동을 통해서 기술 발전이 곧바로 일자리로 연결될 수 없음을 확인할 수 있다.

여기서는 일하는 시간과 일하는 공간의 변화 양상을 검토한 후, 디지털 기술과 정보통신기술의 혁신적 발전으로 시공의 제약을 넘어 일하는 방식의 근본적 변화를 이끌고 있는 스마트워크(smart work)와 플랫폼 노동(platform labor)에 대해 살펴보도록 하겠다.

(1) 일하는 시간

일하는 시간에 대한 개념과 가치 부여는 문화마다 차이가 있을 수 있다. 부지런히 땀 흘려 일하는 근로가 덕목이었던 우리 문화에서도 밀레니얼 세대가 본격적으로 노

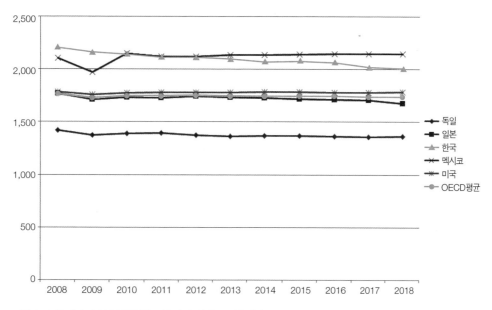

그림 7-2 우리나라 및 OECD 주요 국가의 연평균 노동시간

자료: OECD 통계. 2019.07.01. 열람.

동시장에 진입하면서 변화의 바람이 불고 있다. 저녁이 있는 삶으로 표현되는 일과 삶의 균형(Work Life Balance, WLB)을 추구하는 생활방식이 점차 사회 전반에 중요한 가치로 자리 잡고 있다. 최근 청년층에서는 휴가 및 정시 출·퇴근, 야근으로부터의 해방이 직장을 선택하는 데 있어서 중요한 기준으로 떠오르고 있다.

앞서 살펴본 기술 발전이 일자리의 양적인 측면에 미치는 영향의 모호성에도 불구하고 연구자들이 동의하는 분명한 사실이 한 가지 있다. 산업이 고도로 발전한 국가들에서 기술 발전은 장기적으로 노동자들의 노동시간을 줄여 왔다는 점이다.

다음 그림 7-2는 최근 10년간 우리나라 및 경제협력개발기구(OECD) 주요 국가의 연평균 노동시간을 나타낸다. 그림에서 확인할 수 있듯이, 우리나라의 노동시간은 2018년 기준 약 2,000시간으로 다른 국가들에 비해서 높은 편이고 독일과는 무려 630시간 이상의 큰 차이를 보이고 있다. 그렇지만 지난 10년 동안 지속적으로 감소하고 있고, 주 52시간제가 도입되면서 2019년 이후 2,000시간대 이하로 하락할 것으로 전망한다.

(2) 일하는 공간

농림어업 등 1차 산업에서 제조 중심의 2차 산업으로의 발전 과정을 겪으면서 여느 국가들과 마찬가지로 농촌에서 도시로 인구 유입이 밀물처럼 거세게 이루어졌다. 직장과 주거가 분리되면서 촘촘하게 밀집되고 규격화된 공장 생산라인과 빌딩 사무실로 출퇴근하기 위해 매일같이 사투를 벌이는 것이 2000년 이전 산업화된 국가에서 볼 수 있는 낯익은 풍경이었다. 다음 그림 7-3에서 제시되듯이 거대도시화가 이뤄지면서 우리나라 인구의 절반이 수도권에 밀집해서 거주하고 있다는 것을 알 수 있다.

새천년 전후로 본격화된 정보통신혁명으로 IT 기업이 부상하면서 사무 공간에서도 혁신이 시도되어 일터인지 놀이터인지 분간이 가지 않을 정도로 다양한 모습이 연출되었다. 도시화에 따른 지대의 상승과 창조적 파괴를 시도하는 일환으로 특정한 공간을 고정적으로 점유하는 방식에서 탈피하는 시도가 있으나 성과에 대한 의견이 엇갈리고 있다.

최근 디지털 혁신이 가속화되면서 일터에서 물리적 공간의 한계를 넘어서기 위한

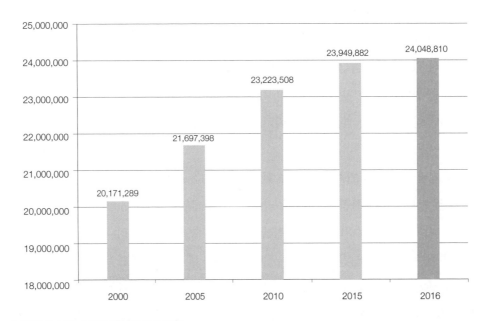

그림 7-3 서울 수도권 대도시 인구 동향
출처: 2019년 7월 6일 OECD.Stat 열람.

움직임이 본격화되고 있다. 정보통신기술의 발전이 5세대(G)를 넘어서고 가상·증강 현실 기술이 획기적으로 발전하면서 휴대전화로 공장 설비를 제어하는 것이 가능하고, 노트북으로 커피숍에서 업무를 보는 것이 일상화되고 있다.

(3) 스마트워크

스마트워크는 시간과 공간의 제약 없이 언제 어디서나 일할 수 있는 유연한 업무 체제를 말한다. 이러한 스마트워크에는 재택업무, 휴대전화·노트북 등 모바일 기기를 활용한 업무 및 재직 회사나 기관에서 구축한 스마트워크센터에서의 업무가 포함된다. 스마트워크센터는 이용자가 자신의 본래 주 업무지가 아닌 거주지와 가까운 지역에서 업무가 가능하도록 환경을 제공하는 원격 업무 공간이다. 여기에는 일반적으로 업무에 필요한 소프트웨어가 설치된 공용 컴퓨터 및 보안성을 갖춘 컴퓨터 네트워크로 구축된 정보통신기술 인프라 및 개인별로 독립된 사무용 책상, 회의실 및 소속 회사나 기관과의 원활한 의사소통(communications)을 위한 영상 회의시스템이 구비되어 있다.

이러한 확산에는 스마트폰이 결정적인 역할을 했다. 2009년 11월 아이폰 3세대가 국내에 출시되고 10년이 지난 2019년 기준으로 우리나라의 스마트폰 보유율은 95%로 조사 대상 27개국 가운데 가장 높았고, 나머지 5%는 인터넷 연결이 안 되는 휴대전화를 보유, 결국 인구 전체가 휴대전화를 사용하는 것으로 나타났다. 이는 선진국들의 중간값(median)인 76%보다 무려 20% 정도 높은 최고 수준이다.

이제 손끝 하나로 세상과 통한다는 말이 단순한 마케팅 구호가 아니라 현실이 된 것이다. 특히 클라우드 컴퓨팅과 정보통신 네트워크 기술에 기초한 초연결 사회로 전환하는 과정에서 컴퓨팅 자원을 개인적으로 보유하기보다는 필요할 때 빌려서 쓰는 공유형 경제 생태계가 급속하게 확산되면서 시간과 공간의 제약이 급속하게 약화되고 있다.

종래에 같은 공간에서 동시에 함께 일하는 방식에서 탈피하여 유연한 근무방식으로 일하기 위해서는 구성원들 상호 간의 신뢰 형성이 무엇보다 중요하다. 조직원 개인의 자율성과 창의성을 끌어내기 위한 스마트워크가 활성화되기 위해서는 몇 가지 전제 조건이 충족되어야 한다(이재성, 김흥식, 2010). 첫째, 스마트워크에 대한 인식의 변화와 조직 문화의 개선이 요구된다. 지금까지 제조업 중심의 산업화에서 면대면 관리 감독의 업무 환경을 벗어나 자율적이고 창의적인 업무 환경을 만들어 가는 것이 중요하다. 둘째, 스마트워크에 대한 법적 정의 및 제도적 운영 방안을 명확히 할 필요가 있다. 업무 환경의 물리적 변화로 인한 소속감 약화나 사회적 고립이 발생할 수 있으므로 이를 방지하기 위한 인사제도를 보완해야 할 것이다. 셋째, 스마트 기기의 보안성이 강화되어야 할 것이다. 끝으로, 민간과 공공부문이 공동으로 스마트워크센터를 구축하고 협력하는 상호 협력의 자세가 필요하다.

스마트워크를 통한 유연한 방식의 일하기 문화 조성은 가사나 양육 문제로 일과 가정을 사이에 두고 갈등하는 여성이나 향후 고령사회에서 고령 부모를 돌봐야 하는 이들의 지속 가능한 경력 유지 및 개발에 도움을 줄 수 있을 것으로 기대된다.

4) 플랫폼 노동

소비자의 인식이 상품의 소유에서 사용으로 전환되고 있고, 정보통신 기반 디지털 혁신 기술의 만남은 디지털 온라인 플랫폼을 통해 기존 노동경제 영역의 근간을 흔들고 있다.

공유경제(sharing economy)라는 개념이 처음 나타났을 때만 하더라도 사용자들끼리 빈 방이나 차량, 장비, 심지어 가사일까지도 공유할 수 있도록 한 소셜 미디어의 확산으로만 간주됐지만, 이제는 온라인 기업들이 낯선 사람들 간 서비스를 교환할 수 있는 안전한 플랫폼을 제공하는 단계까지 발전했다(Huws, 2015).

디지털 온라인에 기반한 플랫폼 노동은 낯선 모습으로 다가왔지만, 기존의 영화제작이나 특정 과제를 단기간에 해결하기 위해 핵심전문가 위주로 팀을 구성하여 일을 추진하는 한시적 조직(task force, TF)과 같이 특정한 목표 수행을 위한 프로젝트 팀의 발전된 형태로 볼 수 있다.

플랫폼은 기차역의 승강장이나 로켓 발사대 또는 연설을 위해 설치된 연단 등을 가리키는 말로 발판, 토대, 기반 등의 뜻으로 풀이된다. 컴퓨터를 활용한 인터넷과 네트워크가 발전하면서 플랫폼은 디지털과 관련된 활동들이 전개되는 온라인상의 기반을 지칭하게 되었다(박제성, 2016). 스마트폰 보급이 활성화되면서 플랫폼은 상품의 수요와 공급을 매개하는 시장의 의미로 확대되었다.

플랫폼 노동이란 시장의 기능을 담당하는 온라인상의 플랫폼에서 상품처럼 거래되는 노동을 의미한다. 즉, 정보기술의 혁신적 발전 위에 온라인상에서 플랫폼의 중개를 통해 일회성 업무를 할당받아 고객 수요를 충족시키는 노동을 제공하고 수입을 얻는 비정형 고용형태로 볼 수 있다. 이러한 플랫폼 노동은 기존의 특정 기업이나 기관에서 고용의 형태로 노동이 수행되는 방식이 아니라, 노동자의 독립성 유무나 그 수준은 논외로 하고 계약 방식으로 노동이 매개된다는 점에서 차이가 있다.

이러한 플랫폼 노동의 초창기 대표적인 예로 기존의 호텔 숙박업을 대체하는 에어비앤비(airbnb)나 택시나 렌터카의 대체재로 간주되는 우버, 타다, 쏘카, 대리운전 서비스를 제공하는 카카오드라이버나 심부름과 같은 자질구레한 가사일을 중개하는 태스크래빗(TaskRabbit) 등을 들 수 있다.

플랫폼 노동의 국내·외 현황을 살펴보면 다음과 같다.

먼저 미국의 경우, 2017년 5월 미국노동통계국(BLS)에서는 우리나라의 경제활동 조사에 해당하는 CPS(Current Population Survey) 부가조사를 통해 플랫폼 노동을 하는 '온라인·플랫폼 노동자'가 약 160만 9천 명이라고 추정하였다(고용노동부, 2019).

다음으로 유럽에서 온라인 플랫폼은 다양한 온라인 생태계의 일부로서 노동 수요 및 공급이 게재되는 다른 형태의 인터넷 사이트의 역할과 정확히 구별할 수 없다. 플랫폼 노동에 관한 개념을 넓게 적용하면, 독일과 영국 노동 인구의 9%부터 이탈리아의 최고 22%까지 온라인 플랫폼을 통해 노동 교환이 이뤄지나, 이 경우 대부분 다른 수입원이 있는 상태에서 가끔 보완 형태로 이뤄진다고 한다(Huws, Spencer, Syrdal, & Holt, 2017). 플랫폼 노동을 통해 수입의 절반 이상을 버는 사람의 수는 상당히 적은데, 네덜란드 성인 인구의 1.6%(약 20만 명), 이탈리아의 5.1%(약 219만 명), 그리고 오스트리아 2.3%(약 13만 명), 독일 2.5%(약 145만 명), 스웨덴 2.7%(약 17만 명), 영국 2.7%(약 133만 명), 스위스 3.5%(약 21만 명)로 추정되는 것으로 나타났다.

일본의 경우 일본노동정책연수기구(JLPT)가 노동력 조사에서 파악되지 않는 온라인·플랫폼 노동자 등의 자영업자 수를 추계하기 위해 2017년 4월 '고용되지 않는 근

로방식 조사(雇われない働き方調査)'를 실시하였다(고용노동부, 2019). 2017년 기준 일본의 온라인·플랫폼 노동자 수는 311.8만 명이고, 오프라인 중개회사를 통해 일을 구한 오프라인·플랫폼 노동자는 351.6만 명으로 추정하고 있다. 온라인·플랫폼 노동자 중 174.6만 명은 본업에서 정규직(전체의 55.1%)으로 일하고 있고, 본업과 동시에 플랫폼을 통해 일을 구하고 있으며, 온라인·플랫폼 일자리는 오프라인·플랫폼 일자리에 비해 청년층에 보급되어 있는 특징이 발견된다.

우리나라의 경우 퀵서비스, 음식배달 등 모바일 애플리케이션이나 온라인 디지털 플랫폼에 기반해 노동력을 제공하는 플랫폼 노동자의 규모가 46.9만 명에서 53.8만 명으로 추정되는데, 이는 2018년 10월 기준 전체 취업자의 1.7~2.0%에 해당한다(김준영, 2019). 이들 온라인 플랫폼 노동자의 인구 통계적 특성을 구체적으로 살펴보면 다음과 같다.

온라인 플랫폼 노동자 가운데 남성이 66.7%로, 여성(33.3%)의 2배 가까이 높은 것으로 나타났는데, 이는 퀵서비스, 대리운전 등 남성 취업자 비중이 높은 업종에서 플랫폼이 활성화되었기 때문으로 볼 수 있다. 성별에 따른 직종의 차이도 커서, 남성은 대리운전(26.0%)이 가장 많았고, 화물운송(15.6%), 택시운전(8.9%) 순으로 일하는 반면에, 여성의 경우 음식점 보조·서빙(23.1%), 가사·육아 도우미(17.4%), 요양·의료(14.0%) 순서인 것으로 나타났다.

연령별로는 50대가 32.6%로 가장 많았고, 같은 연령대 비플랫폼 노동자 비중(23.4%)보다 9.2%나 높았는데, 이는 대리운전, 퀵서비스, 화물운송 등 50대 이상 장년 종사자 비중이 높은 직종이 전체 플랫폼 경제에서 비교적 큰 규모를 차지하고 있기 때문인 것으로 보인다. 15~29세(11.2%)에 30대(15.9%) 등 청년층 플랫폼 노동자는 상대적으로 적은 비중인 것으로 나타났다.

한편 플랫폼 노동이 부업이라고 한 사람은 46.3%로 주업이라고 한 사람(53.7%)과 큰 차이를 보이지 않았다. 비플랫폼 노동자의 경우 부업을 하고 있다는 이가 6.4%에 그친 점을 고려하면 상대적으로 플랫폼 노동자의 부업 비중이 높음을 알 수 있다.

02 새롭게 부상하는 미래 유망 직업

1) 시대별 유망 직업

유망 직업은 사회상을 반영하며 개인의 취향에 따라 달라지므로 절대적인 기준을 설정하는 것은 어렵다. 그럼에도 불구하고 전통적으로 유망 직업을 선정하는 주요한 기준으로 소득, 공급 대비 충분한 일자리 수요, 발전 가능성 등을 고려한다.

최근 일과 삶의 균형에 대한 관심이 높아지면서 업무시간과 잔업, 휴가, 육아 및 돌봄휴직 등과 같은 시간 관련 항목도 중요하게 부각되고 있다. 그리고 청년들이 공무원이나 공공기관 취업에 쏠리는 현상에서 확인할 수 있듯이 직업 안정성에 대한 선호도가 높아지고 있다. 이는 1990년대 말 외환위기 이후 경제 성장률이 정체되고 글로벌 경쟁이 치열해지면서 평생직장의 신화가 사라졌다. 개인이 몸 바쳐 직장에 충성하면 조직은 정년을 보장한다는 이른바 개인과 조직 간의 '심리적 계약'은 파기되고 말았다.

연구자들 역시 유망 직업을 선정하는 기준에 대하여 본인이 중시하는 가치에 따라 다양하게 정의하고 있는데, 구체적인 내용을 살펴보면 다음과 같다. 한지영(2012)에 따르면, 유망 직업은 미래에 직업의 가치를 판단해 줄 수 있는 중요한 정보를 담고 있는 것으로 객관적으로 판단할 필요가 있기 때문에 수치로 나타낼 수 있는 임금과 고용 규모 및 성장률 등을 선정 기준으로 사용하고, 이외에도 직업 연관 산업의 발전가능성, 직업안정성, 전문성, 사회적 위상 등도 고려할 수 있다.

유망 직업은 시대에 따라 기술과 경제, 정치·사회 제도와 구성원의 가치를 반영하며 변화한다. 동일한 직업임에도 불구하고 시대상을 반영하여 임금, 고용안정, 사회적 지위가 달라지고, 이에 연동하여 직업의 유망성과 선호도 역시 변화한다. 이처럼 시대에 따라 선호도가 등락한 대표적인 직업의 예로 이공계 연구원·기술자(engineer)를 들 수 있다. 정부의 과학기술 및 중공업 육성정책으로 1970년대 및 1980년대 이공계 연구원·기술자는 선망의 직업이었지만, 1990년대 말 외환위기 이후 기업 및 정부

구조조정의 주요 희생양이 되었다. 이러한 과정의 학습 효과로 우수한 예비 이공계 인력이 과학기술 발전의 기초가 되는 순수 학문 영역을 기피하고 면허 취득으로 평생직장이 보장되는 의대와 약대로의 진로 쏠림 현상이 심화되었다. 최근 들어 과학·기술·공학·수학(STEM) 전공자의 취업 성과가 다른 전공계열보다 우수하다는 연구 결과가 언론에 회자되면서 다시금 고교과정에서 이과 계열 과목이 선호되고 있어 직업 유망성의 새옹지마를 보여 주고 있다.

기술과 경제 발전, 사회 제도의 상호작용과 구성원의 생활방식 변화를 반영하여 시대별로 새롭게 등장한 직업을 구체적으로 살펴보면 그림 7-4와 같다.

1950~60년대에는 교통이 본격적으로 발전하면서 택시운전사, 자동차조립원, 버스안내양이 등장하였고, 컴퓨터프로그래머와 전기제품조립원이 세상에 모습을 드러냈다.

1970~80년대는 '한강의 기적' 시기로 불리며 하루가 다르게 경제가 성장했다. 기업 규모가 커지고 제품 경쟁력이 생기면서, 대기업 사원, 엔지니어, 은행원 등이 선망되었다. 도시화가 급격히 진전되면서 도로교통 정체를 해소하기 위해 도입된 전철을 운행하는 지하철기관사, 심각한 수질오염을 예방하기 위한 수질분석원이 관심을 끌기 시작했다. 그리고 프로야구와 같이 정통성을 확보하지 못한 군부 권력이 정치적 관심을 다른 곳으로 돌리기 위한 시도로 도입하였다고 평가받는 프로스포츠를 통해서도 새로운 직업이 등장하였다.

한편 1990년대 들어 경제 규모가 커지면서 금융 관련 펀드매니저가 등장하였고, 컴퓨터 보급과 인터넷이 세상을 연결하면서 이에 기반이 되는 반도체연구원과 웹마스터, 웹디자이너 등 웹 관련 직종, 그리고 유선 TV 확장에 따른 쇼핑호스트가 새로운 직업으로 등장했다.

2000년대 들어서면서 정보통신 혁명으로 불릴 정도로 인터넷과 스마트폰이 일상적인 생활에까지 영향을 미치면서, 프로게이머와 웹툰작가, 휴대전화디자이너에 대한 관심이 높아졌고, 하늘에 항공기승무원이 있다면 땅 위에는 KTX승무원이 있다는 홍보와 함께 고속철도 관련 직업도 등장했다.

2010년대 이후 디지털 기술 혁신이 심화되면서 정보를 수집·분석하고, 가상세계

1950s

택시운전사, 자동차조립원 등 ·····························

1960s

버스안내양(1961년),
············ 컴퓨터프로그래머 등 컴퓨터 관련직,
라디오·선풍기 등 전기제품조립원

1970s

지하철기관사 등(1974년) ·····························

1980s

······ 프로야구선수·프로야구심판(1982년),
환경공학자, 수질분석원(1986년
직업사전 등장), 인공지능연구원,
컴퓨터그래픽디자이너, 정보검색원 등

1990s

펀드매니저(1989년 펀드매니저제도 ···············
도입), 음악치료사, 반도체연구원 등
반도체 관련 직업, 유전공학연구원,
쇼핑호스트(1995년), 체형관리사,
웹마스터, 웹디자이너 등

2000s

························· 웹툰작가(2004년), 프로게이머,
휴대전화디자이너, 고속철도 관련
연구원 및 정비원, KTX 승무원(2004년),
BIM디자이너, 태양광 등
대체에너지전문가, 생물정보연구원,
애완동물미용사, 두피모발관리사 등

2010s

빅데이터전문가, 인공지능전문가, ···············
증강현실전문가, 핀테크전문가,
사물인터넷전문가, 스마트팜구축가,
자동차튜닝엔지니어,
보건의료정보관리사,
원격진료코디네이터,
공동조달지도사, 기술문서작성가,
대체투자전문가, 진로체험코디네이터
미디어콘텐츠창작자, 주택임대관리사,
의약품인허가전문가, 기업재난관리자,
생활코치, 그린장례지도사,
신사업아이디어컨설턴트,
애완동물행동상담원, 할랄전문가,
곤충컨설턴트 등

그림 7-4 1950년대 이후 시대별 새로 등장한 직업
출처: 김중진 외(2016) 재정리.

와 현실세계를 연결하는 빅데이터, 인공지능, 증강현실, 사물인터넷, 핀테크 분야의 전
문가 등이 등장했고, 사회의 다양한 분야에서 디지털 기술과 전통적인 직무가 융합하

며 스마트팜구축가, 원격진료코디네이터, 미디어콘텐츠창작자 등의 직업이 새롭게 모
습을 드러냈다.

2) 미래 유망 직업

인간의 무병장수에 대한 기본적인 동기와 고령사회의 현실화는 디지털 기술 혁신
과 결합하여 다양한 형태의 바이오기술 기반의 미래 직업이 등장하는 데 기여할 것이
다. 또한 인공지능, 사물인터넷, 클라우드 컴퓨팅, 빅데이터, 모바일 기술이 기반이 되
는 지능정보기술은 온·오프라인에서 수집한 막대한 데이터를 통합·관리하고, 데이터
를 분석하여 어떻게 행동할지 판단하며, 판단 결과를 바탕으로 인간이 사물과 손쉽게
상호작용할 수 있도록 돕고 있다.

(1) 바이오기술 기반 미래 직업

바이오기술(BT) 분야는 인간의 생명 연장에 대한 궁극적인 욕구를 고려할 때 미
래가 밝다. 2030세대 청년들이 참여하는 미래워크숍을 통해 2030년에 출현 가능한 바
이오기술 분야 직업을 도출한 후 생명공학전문가 대상의 설문조사를 통해 조사한 결

그림 7-5 바이오 분야 실현 가능성과 사회적 영향력 높은 미래 직업 10가지
출처: 박가열 외(2015).

과 실현 가능성과 사회적 영향력이 높은 미래 직업을 그림 7-5와 같이 열 가지로 선정할 수 있었다(박가열 외, 2015).

다양한 분야의 지식과 기술이 융합된 바이오 분야의 미래 출현 가능성이 높고 영향력이 높은 직업들을 청년층에게 친숙한 주제별로 살펴보면 다음과 같다.

첫째, 음식과 관련하여 닥터셰프는 고객의 몸 상태에 따라 맞춤 음식과 의약품을 제공하는 전문가이고, 음식코디네이터는 고객 개인 건강에 맞춤 음식을 제공해 주는 요리사이다.

둘째, 친구와 관련하여 러닝메이트는 고객과 함께 운동하며 관리해 주는 친구 역할을 하는데, 고도의 기술 발전사회에서는 사람이 그리워 직업화될 것으로 전망되었다.

셋째, 건강 관련 헬스캐스터는 체내 이식형 스마트 바이오센서를 통해 수집된 정보를 바이오 스탬프 기술을 이용해 모니터링하는 과정에서 빅데이터를 수집·분석하고 구체적인 솔루션을 제안하는 전문가이다.

넷째, 의료와 관련해 수술용 나노로봇 조종사는 나노로봇을 이용하여 어렵고 힘든 수술을 집도하는 전문조종사이고, 지능형 환자 맞춤약 프로그래머는 의료 빅데이터 기술을 이용한 맞춤약 개발자로 지능형 환자 맞춤약 자판기, 맞춤약 3D 프린팅 기능이 있는 웨어러블 기기, 여행지별 예방약이 인쇄되어 있는 티켓과 같은 제품을 개발하며, 스마트 VR 렌즈삽입 안과의사는 스마트폰을 대신하는 스마트 VR 렌즈를 눈에 삽입하는 수술을 전문적으로 할 것으로 전망된다.

다섯째, 디자인 관련 헬스테크 디자이너는 헬스케어 기술과 패션, 산업디자인을 아우르는 디자이너로 의류형 헬스케어기기, 액세서리형 헬스케어기기, 타투형 헬스케어 시스템, 뇌파감지 안경·이어폰 등의 신상품을 개발할 것으로 예상된다.

끝으로, 생활 관련 바이오센서 제작 수리 전문가는 체내 이식형 스마트 바이오센서를 수리·교체·관리하는 전문가이고, 1인가구 위기관리시스템 전문가는 의료 빅테이터 기술과 체내 이식형 스마트 바이오센서를 활용하여 1인가구원의 질병을 예방할 것으로 전망된다.

디지털 기술 혁신에 기초한 지능정보기술이 자율주행차, 로보틱스, 가상현실, 3D 프린팅, 핀테크 등 미래 유망 분야에 적용되면 다음 표 7-2에서 제시되듯이 감지(sensing), 활용, 사용자 인터페이스(UI) 분야에서 다양하게 새로운 직업이 등장할 수 있을 것으로 전망된다(조원영, 2016). 이처럼 새로운 직업이 등장할 것으로 전망되는 구체적인 이유를 살펴보면 다음과 같다.

표 7-2 지능정보기술 기반 미래 유망 직업

분야	직업명	직무 개요
감지	스마트센서개발자	자율주행차, 로봇, 드론 등을 악천후, 심야에도 사용할 수 있도록 인식률 높은 고감도 센서(카메라, 라이다, 레이더 등) 개발
	비전인식전문가	자율주행차, 로봇 등이 도심이나 가정에서 수신호, 차선 등 각종 영상 데이터를 인식하고 의미를 해석하기 위한 알고리듬 개발
	사물·공간스캐너	사물을 스캔하여 3D 프린팅에 필요한 디지털 파일을 만들거나 현실공간을 스캔하여 가상공간(VR) 생성
활용	생성적 디자이너	제품의 강도, 유연성, 사이즈 등 성능목표를 설정하면 스스로 디자인을 만들어 내는 생성적 디자인(generative design) 소프트웨어를 이용하여 사용자의 취향이나 사용환경에 맞춘 전자제품, 자동차, 운동용품 등 디자인
	P2P 대출전문가	대출희망자의 소득, 부동산, 금융거래실적 외에 SNS, 대출신청서의 문장특성 등을 인공지능으로 분석하여 신용도를 평가하고 대출심사 및 이자율 결정
	예측수리엔지니어	인공지능을 활용하여 이상 징후가 감지된 설비를 고장 전에 유지·보수하여 설비 가동률을 개선
사용자 인터페이스	오감제어 전문가	오감을 통해 가상현실을 경험하고, 가상공간 내 사물을 이질감 없이 조작할 수 있는 기술 개발
	로봇 트레이너	직관적인 방식을 이용하여 로봇에게 주어진 업무를 교육·훈련하는데, 예를 들면 로봇 팔을 붙잡고 필요한 동작을 시연하는 것만으로 작업을 훈련시킴
	인간·자동차 인터페이스 개발자	자율주행 모드에서 운행하던 자동차가 돌발 상황에서 적시에 효과적으로 인간에게 경고를 하고 운전권한을 넘기는 기술 개발

출처: 조원영(2016) 재구성.

첫째, 감지 관련 기술을 개발·활용하는 직업은 수요가 높을 것이다. 자율주행차, 로봇, 드론 등이 올바로 동작하려면 인근의 사람, 지형지물, 교통신호와 같은 다양한 비정형 데이터를 수집하여 주변 상황을 정확히 감지해야 하기 때문이다.

둘째, 인간의 개입 없이 자율적으로 판단할 수 있는 스마트한 지능화 관련 직업의 수요가 증가할 것인데, 사물로부터 24시간 수집되어 쏟아지는 엄청난 양의 데이터를 인간이 수작업으로 실시간 분석하는 것은 사실상 불가능하기 때문이다.

셋째, 동작이나 음성 등을 이용하여 정확하고 직관적으로 다양한 사물을 제어하는 사용자 인터페이스 분야에서 다양한 일자리가 생길 것으로 예상되는데, 스마트폰이 보급되면서 음성이나 화면 터치가 중요해졌듯이 앞으로 모든 사물이 연결되고 스마트하게 지능화되면 인터페이스 분야의 혁신이 더욱 거세질 것으로 전망된다.

(3) 트랜스휴먼(인간기술융합) 기술 기반 미래 직업세계[3]

기술이 혁신적으로 발전하면서 인간의 신체적·정신적 능력을 닮은 안드로이드 기계를 만드는 것이 기술자들의 목표가 되고 있다. 반면에 발전된 기술에 압도되어 단순한 기능만을 수동적으로 처리하려는 기계적인 인간이 증가하고 있다.

생물학적인 인간의 몸과 마음이 디지털화된 기계와 서서히 융합하면서, 신체의 일부를 기계로 대체하고 인간의 뇌와 컴퓨터를 연결하며 기계를 사용해 사람의 몸을 변형하는 인간기술융합을 위한 대담한 실험이 진행 중이다. 이처럼 기술을 적극적으로 활용해서 신체의 변형, 확대, 증강을 도모하여 정신적, 육체적 능력을 향상시켜 인간성(humanity), 정상성(normality)의 통념을 끊임없이 허물고 확장하려는 트랜스휴먼 기술에 대한 다소 급진적인 지적·문화적 운동이 전개되고 있다.

우리 사회가 논의하는 디지털 혁신 기술 기반의 4차 산업혁명은 근대적, 산업적 삶의 양식 자체가 흔들리고 있는 문명의 대전환기를 앞당기고 있으며 트랜스휴먼 사회로 진입하도록 돕는 기술적·사회적 동인으로 간주할 수 있다. 트랜스휴먼 기술을 기능적으로 유형화하면 다음의 그림 7-6과 같이 모사, 연결, 변형, 조합의 네 가지로

....

3   박가열 외(2017), '인간기술융합 트랜스휴먼시대 미래직업세계연구', 한국고용정보원. 주요 내용을 정리함.

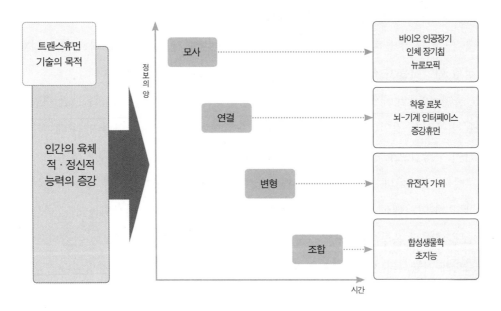

그림 7-6 트랜스휴먼 기술의 기능적 유형화
자료: 박가열 외(2017).

구분할 수 있다.

첫째, 모사는 인간의 신체와 정신을 모사하고자 하는 시도이다. 다른 형태의 기술 유형인 연결, 변형, 조합을 위해 필수적으로 거쳐야 하는 과정으로 바이오 인공장기, 3D 바이오 프린팅, 이종이식용 인공장기, 인체 장기칩 기술이 여기에 해당한다.

둘째, 연결은 인간의 신체와 기계·컴퓨터를 연결하는 분야로 착용 로봇, 뇌-기계 인터페이스, 증강휴먼 기술을 들 수 있다.

셋째, 변형은 주로 인체 내부의 변화를 통해 인간 고유의 생물학적 신체를 크게 벗어나지 않으면서 능력을 강화하기 위한 기술로 유전자 가위, 인간 수정란 및 배아에 유전자 교정 실험, 바이오, 나노, 전자공학을 융합해 생체 내에서 특정 세포를 원하는 세포로 전환하는 세포 직접교차분화 기술 등이 여기에 해당한다.

넷째, 조합은 모사, 연결, 변형을 목적으로 하는 기술의 부분적 조합에서부터 지금까지의 인간에 대한 개념을 근본적으로 바꿀 수 있는 새로운 개체의 생산까지를 포함하는 기술로 합성생물학, 초지능 등의 기술이 있다.

향후 20년 후 트랜스휴먼 기술을 기반으로 미래사회에서 등장하게 될 다양한 이슈들에 대해서 발생 가능성과 영향력에 대해서 평정하도록 설문조사를 실시하였다. 조사 결과 전문가와 일반인 모두 "특수 직업군에 증강기술 적용 일반화(4.06/5점)"를 발생 가능성이 가장 높은 것으로, 반면에 "로봇시민권 부여 논란(2.85/5점)"을 발생 가능성이 가장 낮은 이슈로 인식하고 있다.

또한 "인공지능과 일자리 경쟁이 치열해지는 것(4.17/5점)"을 인간기술융합 미래사회에 영향력이 가장 큰 이슈로, 반면에 "각종 갈등을 조정하는 공공생활 디자이너 인기(3.15/5점)"를 미래 영향력이 가장 작은 이슈로 인식하는 것으로 나타났다. 전문가들로부터 도출한, 트랜스휴먼 기술의 영향으로 20년 후 분야별로 등장할 직업세계와 관련된 주요 이슈를 구체적으로 살펴보면 다음과 같다.

첫째, 사회문화에서의 주요 직업세계 관련 이슈는 ① 자연인, 트랜스휴먼, 인공지능 기계 사이의 차별 제도화 확산, ② 트랜스휴먼 기술 활용에 대한 근로소득 가산세 부과, ③ 산업재해 위험 직업군 감소의 세 가지가 도출되었다.

둘째, 과학기술 분야에서는 특정 직무에 뇌 임플란트 요구 이슈가 20년 후 미래사회 이슈로 등장할 것으로 전망되었다.

셋째, 환경·에너지 분야에서는 ① 기후변화에 영향받지 않는 주거지 개발 인력수요 증가, ② 증가한 인구의 각종 갈등을 조절하는 공공생활 디자이너 인기 이슈가 도출되었다.

넷째, 산업경제 분야에서는 ① 트랜스휴먼 보건시스템 관련 의료 직업군 증가, ② 노동의 경제적 가치 소멸, ③ 기본소득제 전면 도입, ④ 인공지능 로봇과 인간의 일자리 경쟁 치열, ⑤ 24시간 각성상태를 요구당하는 디지털 경제 확산 이슈가 등장할 것으로 전망되었다.

다섯째, 국제 정치 및 한반도 분야에서는 정찰병, 테러감시직 등 특수 직업군에 증강기술 적용 일반화 이슈가 등장할 것으로 전망되었다.

앞에서 살펴보았듯이, 하루가 다르게 변화·발전하는 혁신 기술과 사회·문화 및 제도의 상호작용에 영향을 받는 직업세계의 현실을 고려할 때 불투명한 미래의 유망

표 7-3 20년 후 미래 이슈별 발생 가능성-영향력 평균

분야	20년 후 미래 이슈	발생 가능성	영향력
사회문화	트랜스휴먼 시술 보편화	3.59	4.07
	자연인, 트랜스휴먼, 인공지능 기계 사이의 차별 제도화 확산*	3.56	3.89
	로봇시민권 및 법적 지위 부여 논란	2.85	3.77
	트랜스휴먼 기술 활용에 대한 근로소득 가산세 부과	3.17	3.40
	산업재해 위험 직업군의 감소	3.85	3.75
	개인 유전자 정보 통한 결혼정보회사 보편화	3.23	3.47
과학기술	인간복제 허용 심사원 및 복제인간 추적연구소 등장	3.33	3.99
	국내 과학기술계 출신들이 인공장기, 세포, 유전자 가위 기술에서 세계적 기업 일궈냄	3.43	4.15
	특정 직무에 뇌 임플란트 요구	3.16	4.05
	한 개의 실제 현실과 수천 개의 가상현실에서 사는 기술 구현	3.44	4.02
	인공지능 분신이 다양한 가상세계에서 활동하는 기술 구현	3.13	3.88
환경에너지	기후변화에 영향받지 않는 주거지 개발 인력 수요 증가	3.74	3.76
	증가한 인구의 각종 갈등을 조절하는 공공생활 디자이너 인기	3.11	3.15
	종자 확보 위한 군사적, 경제적 분쟁 빈발	3.30	3.93
	파괴된 환경에 적응하는 새로운 공동체 생활방식 등장	3.59	3.75
	환경문제 대응 위한 세계정부기구 등장	3.52	3.89
산업경제	트랜스휴먼 보건시스템 관련 의료 직업군 증가	3.77	3.96
	노동의 경제적 가치 소멸	3.33	4.05
	기본소득제 전면 도입	3.42	3.94
	인공지능 로봇과 인간의 일자리 경쟁 치열	3.61	4.17
	24시간 각성상태를 요구당하는 디지털 경제 확산	3.57	4.02

국제한반도	의무 군복무 소멸	3.47	3.88
	최신 국방교육 기술을 통한 전국민 전력 증강 노력 강화	3.15	3.40
	기술 난민 전담원 설립	3.24	3.32
	정찰병, 테러감시직 등 특수 직업군에 증강기술 적용 일반화	4.06	3.79
	남북 간 평화체제 구축 이후 세계적 평화생태공원 조성	3.40	3.63
전체		3.42	3.81

* 굵은 글씨 항목은 직업세계 관련 이슈임.
출처: 박가열, 박성원 외(2017).

직업만을 추구하는 것은 현명한 처세가 아니다. 이보다는 자신이 흥미로워하는 직업 분야의 메가트렌드와 기술 발전을 살피고, 자기주도적으로 학습하고 적응하는 능력을 키우는 것이 상대적으로 나은 방법일 것이다.

03 진로·직업정보 탐색

바다를 항해하는 사람들이 안전한 항로로 운항하기 위해서는 나침판과 해도, 그리고 최신의 지리정보시스템(GPS)은 필수적이다. 이와 마찬가지로 급변하는 직업세계로 이행하는 청년층 구직자에게 진로·직업정보는 길잡이 역할을 할 것이다. 여기서는 진로·직업 이행에 필수적인 진로·직업정보의 핵심적인 사항을 살펴보고, 대표적인 직업정보서와 국내·외 직업정보 네트워크를 실제적으로 탐색하고자 한다.

1) 직업정보 개념, 유형 및 활용

(1) 직업정보 개념

빅데이터 시대에 산더미처럼 쌓여 있는 자료(data)도 인간에게 도움이 될 때 비로소 정보로서의 가치를 지닌다. 이러한 정보는 인간이 자신의 환경에서나 스스로 획득한 자료를 처리한 후 새롭게 구성한 지식으로 볼 수 있다(Tricot, 2002). 따라서 정보는 새로운 지식을 생산하기 위해 정보 수용자의 욕구나 혹은 흥미에 상응해야 한다.

직업정보는 직업적 기회나 직업 자체에 관련된 사실의 기술이나 설명은 물론이고 직업에 관한 분석, 직업에 필요한 자질과 훈련, 직업의 전망 등과 같이 일의 세계에 관련된 광범한 사실을 기술·설명·예언하는 체계적이고 조직적인 자료를 말한다.[4] 이러한 직업정보에는 취업 기회, 고용 인원, 직업전망, 임금 및 작업 환경과 같은 직장의 근무조건, 업무 수행을 위해 요구되는 자격면허와 전공 지식, 훈련 경험과 직업능력, 그리고 직업적 특성에 부합하는 성격, 흥미, 가치 등이 포함될 수 있다.

노리스(Norris, 1979)는 직업정보를 채용자격, 작업조건, 보상, 승진 등을 포함한 직위, 직무, 직업 등에 관한 유용하고 타당한 자료라 정의하였고, 중·고등학교 수준에서 포함되어야 할 직업정보로, ① 직업세계에 대한 인식을 높일 수 있고, ② 교육과정과 직업세계 간의 관계를 이해시키며, ③ 직무내용에 관한 정보수집 방법을 알려 주고, ④ 직업계획의 의미를 이해시키며, ⑤ 직업세계가 항상 변화하고 있다는 것을 이해시키는 정보 등으로 제시하였다. 최신의 정확한 직업정보는 새롭게 노동시장으로 이행하려는 청년층과 주된 직장으로부터 전직하여 인생 2막을 준비하는 중장년에게 정보 비대칭에 따른 기회비용과 장기실업을 예방할 수 있다.

이처럼 직업정보는 자신에게 적합한 직업선택을 지원함으로써 만족스러운 직업생활을 통한 개인의 행복에 기여하며, 나아가 국가·사회적으로 인적자원의 효율적 개발 및 관리에 일익을 담당한다.

....

4   교육학용어사전, 서울대학교 교육연구소, 1995. 6. 29., 하우동설.

(2) 직업정보 유형 및 활용

직업정보의 유형은 개발 대상이나 전달 매체 등 다양한 기준에 따라 분류할 수 있다. 직업정보를 개발할 때 대상을 어디에 두느냐에 따라 직무중심 직업정보(job-oriented occupational information)와 작업자중심 직업정보(worker-oriented occupational information)로 구분할 수 있다.

직무중심 직업정보는 직무에서 수행하는 과업(task)이나 활동(activities), 작업조건이나 환경, 활용 장비나 재료, 임금, 승진체계 등에 관한 정보에 초점을 맞춘다. 일반적으로 직무중심 직업정보는 직무분석가의 관찰에 의해 수집 분석되기 때문에 표준화된 정보 개발이 어렵다. 대표적인 직무중심 직업정보의 예시로 한국직업사전이나 한국직업전망서를 들 수 있다.

반면에, 작업자중심 직업정보는 직무(job)를 수행하는 데 요구되거나 직무에 적합한 작업자가 보유한 특성적인 정보에 초점을 둔다. 즉, 특정 직업에서 업무 수행을 위해 요구되는 작업자의 지식(knowledge), 직업능력(skill), 능력(ability),[5] 경험, 자격·면허, 교육 훈련 경험, 업무 수행에 적합한 성격, 가치, 흥미 등이 포함된다. 작업자중심 직업정보는 작업자의 다양한 특성이 각 직무에서 어느 수준으로 요구되거나 적합한지를 객관적으로 분석하기 때문에 직무에 관계없이 표준화된 정보를 개발하는 것이 용이하다. 작업자중심 직업정보를 개발하기 위해서는 구조화된 설문을 통해 정보를 수집해야 한다. 대표적인 작업자중심 직업정보 개발의 예시로 워크넷에 통합되어 운영되고 있는 한국직업정보시스템(KNOW)이나 미국의 O*NET을 들 수 있다.

직무중심 혹은 작업자중심 정보 어느 한쪽의 방법만을 사용하면 한계가 있기 때문에 두 가지 방법을 종합적으로 사용하는 것이 바람직하다.

미국진로개발협회(National Career Development Association, NCDA)는 진로 및 직업정보 문헌 제공자와 수요자가 사용하기 위한 지침을 고안했다(NCDA, 2009). 사람들은 특정 직업 분야와 관련해 진로와 직업 관련 문헌을 통해 접하는 경우가 대다수이

....

5   직업능력(skill)은 학습이나 지식의 신속한 습득을 촉진하는 후천적으로 개발된 특성이고, 능력(ability)은 수행에 영향을 미치는 개인의 지속적인 특성임.

고, 때때로 이러한 경우가 유일한 기회이기 때문에 이런 직업정보는 정확하고 종합적으로 사용자에게 전달되는 것이 매우 중요하다. 좋은 직업정보가 갖추어야 할 일반적 지침은 표 7-4에서 제시되듯이 다음과 같다.

첫째, 발간일이 분명하게 제시되어야 한다. 고용 전망 및 소득의 급속한 변화에 따라, 최신성과 정확성을 유지하기 위해서는 적어도 3~4년에 한 번은 개정되어야 한다.

둘째, 판권에는 출판인, 컨설턴트, 후원자(sponsor) 및 통계자료의 출처가 포함되어야 한다. 사진 및 원본 예술작품에는 사진작가/예술가의 이름, 사진팀 등 저작권 표식을 동반해야 한다.

표 7-4 미국진로개발협회(NCDA) 직업정보 가이드라인 – 일반적 지침

구분	주요 내용
발간일과 개정	• 발간일 명시 여부 • 개정주기(최소 3~4년) 명시 여부
판권	• 출판자, 컨설턴트, 후원자, 통계 원자료의 명시 여부 • 사진, 예술작품의 작가, 사진장비, 저작권 등 명시 여부
정확성	• 개인적 목적으로 사용하지 않아야 함 • 성역할이나 과거 원자료 등에는 왜곡이 없어야 함 • 5년 이상된 자료는 가급적 사용하지 않아야 함 • 자료는 정통한 직업단체나 직업연구를 통해 확보되고 검토되어야 함 • 임금이나 고용전망 자료는 최신성, 신뢰성, 종합성을 갖춘 연구에 기초해야 함
포맷	• 표현방식의 명확성, 간결성, 흥미성 여부 • 표준화된 스타일과 형식인지 여부
어휘	• 어휘는 목적 대상의 수준에 적합해야 함 • 전문용어, 기술용어와 은어는 사용하지 않으며 필요할 경우 자세히 설명해야 함
정보의 사용	• 정보 제공 목적, 대상, 예비 사용자 등 명시
차별과 고정관념	• 장애인, 성, 인종, 사회적 지위, 민족, 나이, 종교 등과 관련된 차별과 고정관념 배제 • 편견이 없는 직무정보 제공
시각자료	• 그림, 사진, 그래프, 표 등의 시각자료는 텍스트 정보의 가치를 높여야 함 • 그림은 최신의 것이어야 하며 직업이나 관련 분야 종사자에 대한 내용이어야 함 • 성별, 인종, 나이, 신체적 능력 등을 고려한 균형 있는 정보 제공

출처: NCDA(2009), 김중진(2012) 재정리.

셋째, 정보는 정확해야 하고, 자기 기여 편향, 성별 고정관념 혹은 오래된 정보원에 의해 초래된 왜곡이 없어야 하며, 가능하면 5년이 경과한 정보 원천은 피해야 한다.

넷째, 정보 포맷과 관련하여 정보는 명백하고 간결하며 흥미로운 방식으로 전달되어야 한다.

다섯째, 직업정보는 다양한 연령대 및 능력을 보유한 사람들이 사용하므로 정보를 제공하는 어휘는 대상 집단에 적절해야 한다.

여섯째, 정보 활용과 관련하여, 의도된 목적, 목표 고객 및 정보의 잠재적 활용은 교육보조재 도입부에서 명백히 확인할 수 있어야 한다.

일곱째, 장애, 혹은 성별, 인종, 사회적 지위, 민족, 연령, 종교에 기인한 편향 및 고정관념을 제거하기 위해 모든 출판물에서 주의가 요구된다.

여덟째, 서술 정보의 가치를 높이기 위해 도표를 사용해야 한다.

한편, 직업정보를 구성하는 내용에 대한 지침은 표 7-5와 같이 제시되었다.

첫째, 임무와 직업특성에 관해서는 명백하고 흥미로운 방식으로 작업의 목적, 작업자의 활동, 작업 수행에 필요한 직업능력, 지식, 흥미 및 능력, 직업에서 공통적으로 수행되는 전문성이 서술되어야 한다.

둘째, 작업 환경과 조건의 묘사에는 신체적 및 정신적 활동과 작업 환경에 관한 서술이 포함되어야 한다.

셋째, 준비 요건은 명확하게 서술되어야 하는데, 성공적인 훈련생 혹은 학생에게 요구되는 훈련 기간 및 유형, 직업능력, 지식, 능력, 흥미가 제시되어야 한다.

넷째, 특수 요건 및 고려사항과 관련하여 특정 직업에 입직하기 위해 요구되는 정확한 신체적 요건이 포함되어야 한다.

다섯째, 입직을 위해 선호되는 경로뿐만 아니라 전형적인 입직을 위한 다양한 방법이 제시되어야 한다.

여섯째, 해당 직업의 초임, 평균임금 및 전형적인 소득 범위에 관한 최근 자료가 제공되어야 한다.

일곱째, 통상적인 승진 가능성과 관련하여, 해당 직업 분야와 관련된 전형적인 경로와 대안의 승진 경로가 함께 제공되어야 한다.

표 7-5 미국진로개발협회(NCDA) 직업정보 가이드라인 - 구성과 내용 지침

구분	주요 내용
임무와 직업특성	• 정보는 명확하고 흥미롭게 제공할 것 • 일의 목적, 작업자의 수행활동, 일을 수행하는 데 요구되는 스킬, 지식, 흥미, 능력 등과 세부 전문 영역 제시 • 직업군을 기술할 경우 직업군의 전체 역할과 중요성, 세부 직업, 분야나 산업의 공통 스킬, 지식, 흥미, 능력, 세부 직업 간 비교 정보 등 소개
작업 환경과 조건	• 신체적, 정신적 활동과 작업 환경 • 물리적 환경, 심리적 환경, 사회적 환경 • 작업시간, 이동시간 등 기타 작업 수행과 관련된 조건 • 작업 환경과 조건의 장단점 등을 균형 있고 종합적으로 제시 • 일 환경의 다양성과 유사성을 제시 • 고용과 관련된 지리적 특성 제시
준비 요건	• 입직 요구조건, 훈련 기간 및 훈련 유형 • 성공적인 학생 또는 훈련생이 갖추어야 할 숙련, 지식, 능력, 흥미 • 훈련 기간 동안 재정지원 방법 • 준비 방법과 경험 • 직업 상향 이동에 관련된 준비 요건
특수 요건 및 고려사항	• 노조, 전문가 단체에서 면허, 자격, 구성원자격 등의 요건과 취득 절차 등 • 정직, 신뢰 등 특정 근로자의 바람직한 특질 • 사회, 심리학적 요인
입직 방법	• 다양한 입직 방법 • 교육을 대체할 수 있는 경험
임금 및 부가급여	• 초임, 평균임금, 범위별 임금, 지역별 임금 등 다양하게 제시 • 직업 및 직군별 부가급여
승진 가능성	• 전형적 승진 경로와 대안적인 승진 경로 • 승진 시 필요한 기술, 능력, 지식 등 • 승진과 관련된 직무 변경의 기능, 훈련 가능성, 연공서열 여부
고용전망	• 현실적인 단기 및 장기 전망 • 과거 고용 현황 • 고용전망에 영향을 미치는 요인에 대한 설명
체험과 탐색 기회	• 파트타임, 하계 일자리, 인턴십, 도제, 산학협력프로그램, 봉사활동 등 일자리 기회 정보 • 관련 기관 및 단체, 활동 및 프로그램 정보
관련 직업	• 능력, 흥미, 작업 환경 등과 같은 직업특성이 유사한 직업 소개
부가정보처	• 협회, 단체, 관련 서적, 시청각 자료, 상담원 등 소개

출처: NCDA(2009), 김중진(2012) 재정리.

여덟째, 해당 직업 분야의 고용전망과 관련된 서술은 현실적이어야 하고 단기 및 장기 전망을 포함해야 한다.

아홉째, 직업체험과 탐색 기회와 관련하여, 직업정보에는 시간제 및 여름 휴가철 고용 기회, 인턴십, 도제 및 협력 워크 프로그램 기회 및 자원봉사 기회가 열거되어야 한다.

열째, 적성, 흥미유형 혹은 고려 중인 직업의 업무 환경에 관한 요건이 유사한 관련 직업들이 제시되어야 한다.

끝으로, 전문적인 조직 및 협회, 관련 도서, 팸플릿, 전문 잡지 혹은 출판물, 시청각 자료 및 공공기관으로부터 접근 가능한 문헌과 같은 부가적인 정보의 원천이 제시되어야 한다.

진로진학상담교사 및 상담자는 수업시간이나 상담 장면에서 직업정보를 활용할 때 다음의 사항을 유의해야 한다. 첫째, 직업정보에 대해 종합적으로 이해하고 있어야 하고, 정보의 원천에 대해서도 사전에 숙지하고 있어야 한다. 둘째, 직업정보의 가치와 한계에 대해서 정보 사용자가 올바로 판단할 수 있도록 이해하기 쉽게 안내해야 한다. 셋째, 직업정보의 정확성을 검증하고 해당 직업에 대한 흥미를 높이기 위한 방법을 고려해야 한다. 이를 위해 직업정보 사용자로 하여금 책자나 인터넷 검색을 통해 수집한 직업정보를 직업체험 시설이나 직업 현장 방문을 통해 확인하도록 이끌어야 한다. 넷째, 유사한 직업정보에 대해서 이해관계로부터 벗어나 객관적으로 평가하고 정보 사용자의 입장에서 유용한 직업정보를 추천해야 한다.

2) 대표적인 직업정보 네트워크 시스템

우리는 지금 디지털 혁신(digital transformation)을 통해 지식정보화 사회를 넘어 초연결 사회로 이동하고 있다. 데이터가 무한히 확대되고 연결되면서 직업정보의 가치를 판단할 수 있는 능력이 요구되고 있다. 최근 들어 정보 전달 방식이 책자에서 인터넷으로 무게 중심이 옮겨 가고 있으므로 여기서는 국내·외 대표적인 직업정보 네

트워크인 워크넷 직업진로(한국직업정보시스템, KNOW)와 미국의 O*NET을 소개하고
자 한다.

(1) 워크넷 직업진로(한국직업정보시스템)

한국직업정보시스템(Korea Network for Occupations and Workers, KNOW)은 청소
년과 성인들의 진로 및 경력설계, 진로상담, 구인·구직 등에 도움을 주기 위해 2002년
미국의 O*NET을 벤치마킹하여 개발되었다. KNOW는 직업정보뿐만 아니라 학과정
보, 직업탐방, 커리어상담 등을 제공하는 진로개발을 위한 종합적인 직업정보시스템
을 목표로 구축되었다(박가열, 2002). 최근 고용서비스의 원스톱 서비스를 제공하기 위
해 취업정보 중심의 워크넷으로 통합되었고, 직업 및 진로선택을 위한 첫 단계인 직업
심리검사와 연계되어 직업진로 정보 서비스를 제공하고 있다(그림 7-7).

워크넷 직업진로(KNOW)에서 제공되는 직업정보는 직업 및 진로선택 과정을 고
려하여 직업심리검사, 학과정보와 연계되어 있다. 직업심리검사를 통해 추천된 수검
자에게 적합한 직업에 관한 정보를 직업정보에서 탐색할 수 있고, 원활한 직업세계로
의 이행을 위해서는 선행적으로 학과와 전공의 선택을 통해 해당 직업에서 요구되는
지식과 능력을 길러야 한다. 이러한 직업·진로의 선택 과정을 고려하여, 워크넷 직업
진로(KNOW)는 직업심리검사, 직업정보 및 학과정보를 연계할 수 있도록 통합적으로
구축하였다. 실제적인 직업정보 탐색 단계를 살펴보면 다음과 같다.

① 관심 직업의 선택

사전단계에서 실시한 직업심리검사 결과를 바탕으로 추천된 직업 중 자신이 관심
있는 직업을 선택하도록 안내한다. 여러 가지 직업 대안 중 자신에게 적합한 직업을
합리적으로 결정하기 위해서는 임금, 본인의 가치관 부합도, 사회적 평판, 해당 직업
관련 지식, 능력 등의 보유 정도 등 몇 가지 비교 항목을 바탕으로 적합한 직업을 선별
할 수 있도록 안내한다.

그림 7-7 워크넷 직업진로 초기 화면

출처: www.work.go.kr

② 직업정보 탐색

탐색 후보 직업 중에서 선택된 직업에 관한 정보를 탐색하기 위해 직업명을 입력한다. 예를 들어, '환경공학기술자'가 직업정보 탐색 후보 직업으로 결정되었다면, 그림 7-8과 같이 입력한 후 실행한다.

직업정보에서 환경공학기술자를 검색한 결과는 그림 7-9에 제시되어 있다. 요약보기를 통해 하는 일, 교육/자격/훈련, 임금/직업만족도/전망, 능력/지식/환경, 성격/흥미/가치관, 업무활동 등의 정보가 개략적으로 제시된다. 요약하기 옆의 각각의 메뉴를 선택하면 해당 직업정보의 상세한 내용을 확인할 수 있도록 연결된다. 직업정보 사용자들의 자기주도적인 탐색을 돕기 위해 활동지를 제공하고 주요 직업정보를 요약하도록 안내한다.

③ 직업정보 탐색 사후단계

관심 직업에 대한 정보 탐색 후 해당 직업에 관한 직업체험이나 현직자에 대한 인터뷰를 통해 직업정보 탐색을 통해 고양된 학생들의 진로개발 효능감을 지속적으로 발전시키기 위한 노력이 요구된다. 현직 직업인 방문이나 직업체험이 곤란한 경우, 관련 직업에 관한 양질의 영화 감상이나 소설책을 읽고 토론하는 것도 대안적으로 시도할 수 있다.

그림 7-8 워크넷 직업진로 초기 화면에 환경공학기술자 입력

직업정보 찾기

식품·환경·농림어업·군인 〉 환경·인쇄·목재·가구·공예및생산단순직 〉 **환경공학기술자**

환경공학기술자

요약하기	하는일	교육/자격/훈련	임금/직업만족도/전망	능력/지식/환경	성격/흥미/가치관	업무활동

하는 일	환경문제를 연구·분석·평가하고, 환경오염의 통제방법 및 환경문제의 개선책, 대기오염, 수질오염, 소음 및 진동 문제, 폐기물 처리 등 공해방지시설, 건설공사 현장의 환경개선 등과 관련된 분야를 연구·개발한다.		
교육/자격/훈련	**관련학과**	**관련자격**	**훈련정보**
	생명과학과 천문·기상학과 화학공학과 환경공학과	기상예보기술사(국가기술) 대기관리기술사(국가기술) 대기환경산업기사, 기사(국가기술)	환경공학 기술자 및 연구원
임금/직업만족도/전망	**임금**	**직업만족도**	**전망**
	하위(25%) 3,000만원 중위값 4,015만원 상위(25%) 4,850만원	63%	감소(41%) 현상유지(46%) 증가(13%)
능력/지식/환경	**업무수행능력**	**지식**	**환경**
	기술 분석(94) 범주화(93) 읽고 이해하기(93) 수리력(91) 듣고 이해하기(91)	화학(99) 물리(99) 생물(99) 영어(86) 지리(85)	
성격/흥미/가치관	**성격**	**흥미**	**가치관**
	혁신(75) 분석적 사고(68) 리더십(44) 정직성(42) 스트레스 감내성(39)		신체활동(81) 애국(80) 경제적 보상(73) 타인에 대한 영향(72) 인정(71)
업무활동	**중요도**		**수준**
	자료가 존재하지 않습니다.		자료가 존재하지 않습니다.
일자리 현황	환경공학 기술자 및 연구원		
관련직업	수질환경기술자 환경영향 평가원 친환경제품인증심사원	대기환경기술자 토양 기술자 및 연구원 보건위생·환경 검사원	폐기물처리기술자 소음진동 기술자 및 연구원 환경컨설턴트 온실가스인증심사원 환경시험원

그림 7-9 워크넷 직업진로(KNOW) '환경공학기술자' 검색 결과

(2) 미국 O*NET[6]

교통과 통신의 발전을 토대로 세계화가 급격히 진전되고 국내에서의 경제 성장 및 고용 상황이 녹록지 않게 되자 최근 청년세대 및 역량을 갖춘 중장년들 사이에서 국내뿐만 아니라 해외의 직업 및 일자리에 대한 관심이 높아 가고 있다. 이러한 시대적 흐름을 고려하여 국제적으로 인정받는 미국의 직업정보 네트워크 O*NET에 대해서 살펴보고자 한다.

O*NET 프로젝트는 미국 직업정보의 최우선적인 정보 원천으로 자리매김하기 위해 수백 개의 표준화된 요인과 직업특수적인 기술변인(descriptors)에 관한 정보를 포함하는 데이터베이스를 구축했다. 무료로 대중이 이용할 수 있도록 구축한 O*NET 데이터베이스는 각 직업에 종사하는 현직자를 대상으로 광범위하게 설문조사를 함으로써 지속적으로 갱신된다. 이러한 직업에 관한 O*NET 데이터베이스는 진로를 탐색하거나 전환을 모색하는 작업자 및 학생들의 평가도구인 진로 탐색 도구(Career Exploration Tools)의 기초가 된다.

이러한 O*NET은 직업정보 및 노동시장 연구를 위한 독특하고, 강력한 원천으로 지속적으로 갱신된다. 최근 양방향 직업능력 기반(skills-based) 데이터베이스와 작업자의 직업능력 및 특성을 서술하기 위한 공통된 용어를 사용함으로써, 산더미처럼 쌓인 자료가 누구나 쉽고 효율적으로 이해할 수 있는 지능형 직업정보로 탈바꿈하고 있다.

O*NET OnLine은 일반 대중이 직업정보를 제공하는 O*NET 데이터베이스에 광범위하게 접근할 수 있도록 개발된 것이다. 이러한 O*NET OnLine에 의해 다양한 검색 선택사항(options)과 직업정보가 제공되는 반면, My Next Move는 학생과 구직자를 위한 간이형으로 볼 수 있다. 이 두 가지 직업정보 네트워크 모두 미국노동부의 요청으로 O*NET 개발센터에 의해서 개발되었다.

O*NET OnLine에서의 기본적인 직업검색을 위해서 핵심어(keyword)와 미국 표

....

6   O*NET OnLine(www.onetonline.org/help/online/),
     O*NET Resource Center(www.onetcenter.org/overview.html),
     MY NEXT MOVE(www.mynextmove.org/help/about/)의 주요 내용을 재구성.

준직업분류 코드(SOC Code)를 활용한다. 직업전망, 진로 유사군(Career Cluster), 친환경 경제 분야, 산업, 직군, 직무 존(Job Zone), 과학·기술·공학·수학(STEM) 학과와 같은 선택사항을 활용하여 정보검색을 정교화할 수 있다. 또한 능력, 흥미, 지식, 직

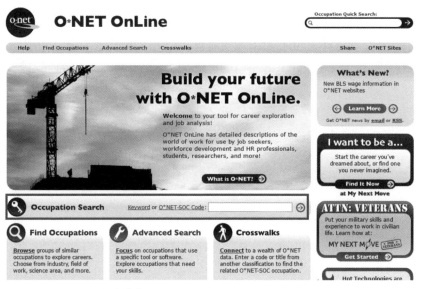

그림 7-10 O*NET OnLine 초기 화면
출처: O*NET 홈페이지(https://www.onetonline.org/)

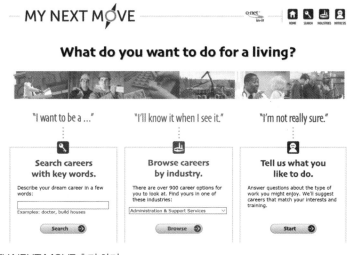

그림 7-11 MY NEXT MOVE 초기 화면
출처: MY NEXT MOVE 홈페이지(http://www.mynextmove.org/)

업능력, 작업활동(work activities) 등을 활용하여 고급 검색이 가능하다(그림 7-10).

한편, O*NET OnLine의 사용자 맞춤형 버전인 My Next Move는 구직자와 학생들이 자신의 진로선택 사항에 관해 학습할 수 있도록 돕는 양방향 도구로, 900개 이상의 다양한 직업에 관한 과업, 직업능력, 임금 정보를 제공한다(그림 7-11). 사용자는 핵심어 검색을 통해 기본적으로 직업을 탐색할 수 있다. 나아가 다양한 유형의 작업자가 종사하는 산업, 개인의 흥미에 기초해 맞춤형 직업을 제안하는 도구인 O*NET 직업 흥미 프로파일러(profiler) 및 작업 경험 수준을 탐색함으로써 고급 검색이 가능하다.

요약

　미래사회와 직업세계의 변화상을 파악하기 위해 사회적, 기술적, 경제적, 생태 · 환경적, 정치적 영역에서 미래사회 변화의 핵심 동인들을 살펴보았다. 직업은 한 사회를 비추고 반영하는 거울로, 우리나라 경제가 성장하고 산업화가 본격화되기 시작한 1980년대부터 현재까지 직업구조의 변화를 살펴보았다. 일터의 변화상을 살펴보기 위해 일하는 시간과 공간상의 변화, 스마트워크 및 최근 관심이 집중되고 있는 플랫폼 노동에 대하여 탐구하였다.

　다음으로, 인간의 무병장수를 원하는 기본적인 동기로부터 출발하여 새롭게 부상하는 미래 유망 직업을 살펴보았다. 이를 위해 과거 시대별 유망 직업과 미래 유망 직업으로 부각되고 있는 바이오기술과 지능정보기술 및 트랜스휴먼(인간기술융합) 기술에 기초한 미래 직업에 대하여 검토하였다.

　끝으로, 진로 · 직업정보에 관한 탐색방법을 살펴보았다. 최근 들어 우리는 디지털 혁신(digital transformation)을 통해 지식정보화 사회를 넘어 초연결 사회를 맞이하고 있다. 이처럼 급변하는 직업세계로 이행하는 청년층 구직자들에게 길잡이 역할을 할 것으로 기대되는 국내 · 외 대표적인 진로 · 직업정보 네트워크 시스템을 소개하였다.

학습문제

1　기술 발전이 초래할 수 있는 일자리와 관련된 긍정적인 면과 부정적인 면을 파악하고, 이에 대한 적절한 대응 방안을 제시한다.

2　자신의 전공과 관련해서 최근 부상하고 있는 유망 산업과 직업을 살펴보고, 여기서 일하기 위해서 요구되는 직업능력을 분석한다.

3　자신이 취(창)업을 희망하는 진로 · 직업의 과거와 현재 및 미래의 변화된 모습을 파악하고, 자신이 희망하는 미래 직업생활을 다양한 매체를 활용하여 발표한다.

제8장

진로 심리검사의 활용

진로상담자는 내담자의 진로문제를 해결하고, 진로발달을 촉진하기 위해서 다양한 방법으로 정보를 수집하고 평가할 수 있어야 한다. 내담자의 정보를 수집하는 방법 중 하나로 진로 심리검사를 활용할 수 있다. 심리검사는 심리평가를 위한 측정도구로 이해할 수 있다.

심리평가(psychological assessment)는 개인의 특성을 이해하는 것을 의미한다. 인간의 심리적 특성은 눈으로 확인되거나 손으로 만져지지 않기 때문에 심리적 특성을 측정하는 방법은 물리적 특성을 측정하는 방법과는 다르다. 심리적 특성을 측정하는 것은 실재하지 않는 가설적인 심리적 구성개념(hypothetical psychological constructs)을 조작적으로 정의하고, 검사도구를 통해 조작적으로 정의한 개념의 결과를 수치화하는 것을 말한다. 즉, 진로상담에서의 심리평가는 심리검사를 사용하여 진로 관련 구성개념(적성, 흥미, 가치, 성격, 진로성숙 등)을 측정함으로써 진로와 관련된 개인의 특성을 이해하는 것이다.

진로 심리검사를 통해 진로상담자는 사례개념화를 위한 정보를 수집할 수 있고, 내담자는 만족스러운 진로선택을 위한 좀 더 객관적인 정보를 얻을 수 있다. 이 장에서는 실제 진로상담 장면에서 진로상담자가 상담의 목적에 적합한 검사를 선택하여 효과적으로 활용할 수 있도록 안내하고자 한다. 구체적으로 진로상담 목적에 따른 적합한 진로 심리검사를 소개하고, 검사 선택 시 고려해야 할 사항, 검사 실시 및 해석 방법 그리고 유의사항에 대해 알아보고자 한다.

01 진로 심리검사 선택의 기준

개인의 진로특성을 측정하는 평가도구들이 꾸준히 개발되고 있기에 진로상담에서 활용할 수 있는 심리검사의 선택 폭이 넓어지고 있다. 적성, 흥미, 가치, 성격, 동기 등 다양한 진로 관련 특성을 측정하는 검사들이 꾸준히 개발되고 있다. 새로 개발된 검사들 중에는 기존의 평가도구에서 발견하지 못한 특성을 측정하거나 사회·문화적 변화를 반영한 구성개념을 포함하고 있다. 그러므로 효과적인 진로 심리검사 선택을 위해서는 새로운 검사도구를 익히고 배워 나가려는 개방적인 자세가 그 무엇보다 중요하다. 그러나 검사의 선택 폭이 넓어질수록 어떤 검사를 선택해야 하는지에 대한 고민도 커질 수밖에 없기 때문에 검사 선택을 위한 기준이 필요하다.

1) 진로상담의 목표 고려

진로상담의 목표에 따라 활용할 수 있는 검사가 달라진다. 만약 진로상담의 목표가 진로탐색이라면 성격, 흥미, 적성, 가치관 등 자기 자신에 대한 특성 파악을 시작으로 그에 적합한 직업세계를 탐색해 볼 수 있다. 진로상담의 목표가 진로선택이라면 합리적인 진로의사결정을 어렵게 하는 정서, 사고, 행동들을 파악하는 검사도구를 활용할 수 있다. 혹은 진로상담의 목표가 직업적응이라면, 작업 환경이 개인의 욕구를 얼마나 만족시키는지, 직업에서 요구하는 과제를 수행하는 데 있어 개인의 능력이 얼마나 적응적인지를 평가하는 데 적합한 검사도구를 활용할 수 있다.

2) 진로상담의 실제적 여건 고려

진로상담의 실제적 여건에 맞게 검사도구를 선택할 수 있다. 만약에 시간 제한적인 상담 상황이라면 내담자가 스스로, 상담 외 시간에, 상담 장소가 아닌 곳에서도 실시할 수 있는 온라인 검사도구를 선택할 수 있다. 또한 내담자가 처한 경제적 여건에 따라 공공기관에서 제공하는 무료 검사 혹은 민간기관에서 출판한 유료 검사를 선택할 수 있다.

또한 검사 실시자의 자격에 따라 선택할 수 있는 검사가 달라진다. 몇몇 검사들은 자격을 갖춘 사람만이 검사 구입을 할 수 있도록 제한하고 있다. 특정 검사를 구입·실시·해석할 수 있는 검사자의 자격 적합도에 따라 검사를 선택할 수 있다.

3) 검사도구의 기능 고려

적합한 검사를 선택하기 위해서는 검사가 측정하고자 하는 구성개념을 제대로 측정하고 있는지, 검사 결과가 안정적으로 도출되는지를 확인해야 한다. 이는 검사도구의 신뢰도와 타당도를 고려해야 함을 의미하는 것이다. 신뢰도와 타당도가 높은 검사는 진로상담자가 더 나은 판단을 할 수 있도록 도움을 준다. 물론 그 어떤 검사도 완전히 타당하거나 신뢰할 만한 측정은 불가능하다. 완벽한 검사는 없지만 진로상담자는 내담자의 진로문제를 해결하기 위해서 현재 상황에 맞는 최선의 검사가 무엇인지 판단할 수 있어야 한다. 이를 위해서 검사의 신뢰도와 타당도를 확인하는 것은 매우 중요하다.

(1) 타당도

타당도는 한 측정도구가 문항 제작 시 측정하고자 의도했던 구성개념을 충실히 재고 있는지를 의미하는 것으로, 검사의 능력을 말한다. 예를 들어, 진로흥미검사는 개인이 무엇을 할 수 있는지가 아니라 무엇을 하기를 원하는지를 측정한다. 진로흥미검사는 개인이 무엇을 잘하는지를 보여 주는 강점을 측정하기보다는 직업 및 진로 관련 활동을 얼마나 좋아하는지를 보여 주는 흥미를 측정할 때 타당도가 높다고 볼 수 있다.

더불어 검사의 타당도를 확인하기 위해서는 검사 규준의 적절성을 고려해야 한다. 검사에서 측정하려는 행동표본이 얼마나 전체를 대표할 수 있는지가 중요하다. 예를 들어, 초등학생의 진로흥미를 측정하기 위해 개발된 검사는 초등학생들의 행동표본을 바탕으로 초등학생들을 대표할 수 있는 규준을 가지고 있다. 그러므로 검사 결과를 통해 초등학생 집단 내에서 수검자의 상대적인 위치를 확인해 볼 수 있을 것이다. 만약 같은 검사를 대학생에게 실시한다면, 그 결과는 대학생 수검자가 초등학생 집단 내에서 얼마나 다른 흥미 특성을 보이는지를 나타내므로 의미 있는 정보로 활용하기 힘들 것이다. 그러므로 수검자의 특성을 파악하는 데 있어 검사도구의 규준이 얼마나 적합한지 결정하는 것은 매우 중요하다. 이는 검사 규준이 비단 나이뿐만 아니라 다양한 문화를 고려해야 함을 시사하는 것으로, 소수자 집단에 대한 검사도구 활용 시 사회적·문화적·역사적 차이에 대해 인지하고 있어야 한다. 검사의 규준 집단의 특성에 따라 검사 결과가 나타내는 의미가 다를 수 있기 때문이다.

타당도를 검증하는 방법으로는 내용타당도, 준거타당도, 구성타당도 등이 있다(성태제, 1995).

첫째, 내용타당도(content validity)는 검사도구가 측정하고자 하는 구성개념을 각 검사 문항들이 얼마나 잘 대표하고 있는지에 관한 것이다. 일반적으로 측정 분야 전문가에게 검사 내용이 구성개념을 잘 대표한다는 판정을 받으면 내용타당도가 있다고 볼 수 있다.

둘째, 준거타당도(criterion-related validity)는 검사 결과와 준거점수와의 관련성에 관한 것이다. 이때 준거가 미래 기준이면 예언타당도, 현재 기준이면 공인타당도로 구분된다. 예언타당도는 검사 결과가 수검자의 미래 행동을 얼마나 정확하게 예언하느냐를 의미하고, 공인타당도는 검사 결과가 다른 대안적 방법으로 측정된 검사 결과와 얼마나 일치하느냐를 뜻한다. 예를 들어, 진로성격유형검사의 예언타당도를 확인하기 위해서는 취업 전에 실시한 검사 점수와 취업 후 직업만족도 간의 상관관계를 살펴볼 수 있다. 취업 전 실시한 본인의 성격유형 결과와 유사한 속성의 직업 환경을 선택한 사람이 그렇지 않은 사람에 비해 상대적으로 취업 후에 실시한 진로선택에 대한 만족도 점수가 높게 나타났다면 이 검사는 예언타당도가 높다고 볼 수 있다. 또한 진로성격유형검사의 공인타당도를 확인하기 위해서는 성격유형검사 점수와 이미 개발된 기존의 성격검사를 실시해서 얻은 점수 간의 상관계수를 살펴볼 수 있다. 기존 검사 결과와 상관이 높을수록 공인타당도가 높은 것이다.

셋째, 구성타당도(construct validity)는 검사도구가 측정하고자 의도한 구성개념을 제대로 측정하고 있는지에 관한 것이다. 다시 말하면, 검사도구가 이론적 구성개념에 맞게 구성되어 있는지를 분석하는 것이다. 구성타당도를 분석하는 방법으로는 상관분석과 요인분석이 있다. 먼저, 상관분석은 검사 점수와 검사에서 측정하고자 하는 변인과의 관계성을 검토하는 것이다. 구성타당도가 높은 검사는 검사 점수와 검사에서 측정하고자 하는 변인 사이에 높은 상관관계가 나타난 것이다. 또한 검사에서 측정하고자 하는 변인과 직접적인 관계가 없는 변인과의 상관관계도 살펴보아야 하는데, 검사 점수와 이 변인 간의 상관관계가 낮을수록 구성타당도가 높은 검사라고 볼 수 있다. 다음으로 요인분석은 측정하는 특성의 이론적 배경을 기초로 특정 검사의 요인구조에 대한 가설을 설정한 후 이를 검증하는 요인분석을 실시하는 것이다.

(2) 신뢰도

신뢰도(reliability)는 측정도구가 시간의 경과에도 불구하고 얼마나 안정적인 결과를 산출하는가를 의미하는 것으로, 검사가 개인의 특성을 얼마나 정확하게 측정하는지에 대한 개념이다. 검사의 신뢰도가 높다는 것은 어떤 대상의 특성을 일관성 있게 측정한다는 것으로, 검사 점수의 반복 가능성과 일관성에 초점을 두고 있다. 즉, 동일한 대상에게 시점을 달리하여 동일한 검사를 반복 실시한다고 해도 검사 점수의 변화가 크지 않을 때 신뢰도가 높은 검사라고 볼 수 있다. 예를 들어, 내담자에게 처음으로 진로흥미검사를 실시하였을 때 그 결과로 변화와 아름다움을 추구하는 데 흥미를 보이는 심미적인 특성이 나타났다고 가정하자. 이후 내담자에게 두 번째로 같은 검사를 실시하였는데, 그 결과 반복적인 작업과 실용성을 추구하는 데 흥미를 보이는 특성이 나타났다면 이 검사는 신뢰도가 낮은 검사라고 볼 수 있다. 이처럼 검사 실시 시점에 따라 검사 결과가 일관성이 없이 나타날 때 검사의 신뢰도가 낮다고 판단한다. 왜냐하면 일관성이 없는 결과는 신뢰롭지 않은 정보라 여길 수 있고, 신뢰롭지 않은 정보를 바탕으로 진로상담을 진행한다면 만족스럽지 않은 진로선택으로 이어질 수 있기 때문이다.

물론 검사자의 상태(예: 수련 정도, 지시 태도 등), 수검자의 상태(예: 기분, 건강상태 등), 다양한 환경 요인(예: 검사 시기, 장소 등)에 따라 검사 점수가 어느 정도는 변화할 수밖에 없다. 이를 측정오차라고 한다. 이러한 측정오차를 측정하고 신뢰도를 추정하는 방법으로 검사-재검사신뢰도, 동형검사신뢰도, 반분신뢰도, 문항내적합치도 등이 있다.

첫째, 검사-재검사신뢰도(test-retest reliability)는 한 검사를 동일한 집단에게 일정한 시간 간격을 두고 두 번 실시했을 때 두 점수의 간의 상관 정도를 의미한다.

둘째, 동형검사신뢰도(alternate form reliability)는 동일한 특성을 측정하지만 검사 문항은 서로 다른 두 개의 동형검사를 같은 집단에 실시한 후 두 점수 간의 상관계수로 신뢰도를 추정하는 방법이다.

셋째, 반분신뢰도(split-half reliability)는 전체 검사 문항의 개수를 반으로 나누어 동일한 집단에게 각각 실시한 후 두 점수 간의 일치도를 측정하는 방법이다. 검사 문항을 반분하는 방법은 여러 가지가 있다. 문항을 순서대로 절반으로 나누는 방법, 홀수번호 문항과 짝수번호 문항으로 나누는 방법, 무작위로 분할하는 방법 등이 있다.

넷째, 문항내적합치도는 검사를 구성하는 모든 문항이 어느 정도의 일관성을 가지고 있는가를 확인하는 것이다. 각 문항이 그 검사 전체 점수와 얼마나 상관이 있는지, 각 문항이 다른 문항들과 얼마나 관련이 있는지 알아보는 것이다. 문항 간 상관관계가 높을수록 문항들이 일관성을 가지고 있다고 볼 수 있다. 문항내적합치도를 추정하는 여러 방법 중 가장 많이 사용하는 방법은 크론바흐 알파(Cronbach's alpha) 계수를 추정하는 것이다.

02 진로 심리검사의 선택

진로 심리검사의 선택을 좌우하는 것은 진로상담의 목표이다. 진로상담의 목표는 크게 진로탐색과 진로선택이라 할 수 있다. 진로상담의 목표가 무엇이냐에 따라 진로 심리검사를 달리 선택할 수 있고, 검사 실시 시기도 달라질 수 있다.

1) 진로탐색을 돕는 검사

진로상담에서 진로탐색을 조력하기 위해서는 자기이해를 높이는 것이 필요하다. 진로 심리검사를 통해 자신에 대한 객관적 정보를 확인해 봄으로써 자기이해가 높아질 수 있다. 진로상담 초기에 진로 관련 흥미, 성격, 강점, 적성, 가치관 등 자신의 특성을 파악해 봄으로써 이를 바탕으로 자신의 특성과 유사한 직업 환경을 탐색하고 자신의 특성에 적합한 진로대안을 모색할 수 있을 것이다.

(1) 흥미검사

진로흥미는 주어진 직업이나 진로 관련 활동을 얼마나 좋아하는지를 의미한다(Holland, 1997). 우리나라에서 손쉽게 활용할 수 있는 진로흥미검사는 다음의 세 가지로 구분할 수 있다.

① 스트롱 직업흥미검사

먼저, 스트롱(Strong) 직업흥미검사가 있다. 국내에 소개된 스트롱 직업흥미검사는 미국의 직업심리학자 스트롱이 1927년에 개발한 Strong Interest Inventory(SII) 검사를 바탕으로 2001년에 한국판을 출간한 것이다. 스트롱(Strong, 1927)은 특정 직업에 종사하는 사람들에게 공통적으로 발견되는 흥미패턴을 분석하여 개인의 직업흥미와 적합한 직업군의 정보를 제시하고자 하였다. 즉, 스트롱 직업흥미검사 결과는 개인의 흥미가 어떤 직업군의 흥미와 유사한지에 대한 정보를 제시한다. 검사 결과는 총 3개의 척도로 나타난다. 첫 번째 일반직업분류(GOT) 척도는 홀랜드(Holland)의 6가지 흥미유형(RIASEC)을 토대로 개인의 포괄적인 흥미패턴에 대한 정보를 제공하고, 이와 관련된 직업정보를 제공한다. 홀랜드가 제시한 6가지 흥미유형은 현실형(Realistic), 탐구형(Investigative), 예술형(Artistic), 사회형(Social), 진취형(Enterprising), 관습형(Conventional)이다. 두 번째 기본흥미척도(BIS)는 특정 활동이나 주제에 대한 흥미정도를 나타낸다. 일반직업분류(GOT)에 비해 보다 구체적인 정보를 얻을 수 있다. 세 번째 개인특성척도(PSS)는 일의 세계와 관련된 특성(업무 유형, 학습 유형, 리더십 유형, 위험감수 유형, 팀지향 유형)들에 대한 개인의 선호를 측정한다. 이는 일반직업분류, 기본흥미척도의 결과를 설명할 수 있는 구체적 근거가 될 수 있다. 스트롱 직업흥미검사는 세 척도의 결과를 통합적으로 해석할 때 개인에게 적합한 직업활동을 제대로 알아볼 수 있다.

② 홀랜드 검사

다음으로, 홀랜드의 성격유형이론을 바탕으로 개발한 검사들이 있다. 이 검사들은 홀랜드의 6가지 흥미유형 분류에 근거하여 개인의 흥미유형을 탐색한다. 검사 결과는 RIASEC 유형별 점수와 함께 수검자의 흥미유형에 적합한 직업을 제시한다. 검사 결과를 홀랜드의 육각형 모형으로 제시하기 때문에 개인의 흥미유형을 한눈에 파악하기 쉽다는 장점이 있다. 이 검사들을 제대로 활용하기 위해서는 흥미유형별 점수를 기준으로 개인의 흥미 순위를 파악하는 것 이외에도 흥미유형 간 변별성, 일관성, 일치성, 계측성, 정체성을 함께 살펴보아야 한다.

첫째, 변별성은 유형 간 상대적인 점수 차이 정도를 뜻한다. 변별성이 높다는 것은 유형 간 점수 차이가 크다는 것을 의미하며, 변별성이 클수록 직업이나 진로 관련 활동에 대한 흥미가 분화되어 있다고 해석할 수 있다. 반대로 변별성이 낮다는 것은 모든 분야에 흥미를 가지고 있거나 모든 분야에 흥미가 없다는 것을 의미하는 것으로 흥미 분화가 거의 이루어지지 않았다고 해석할 수 있다. 흥미 분화가 이루어지지 않았다면 자신의 흥미유형에 적합한 진로를 탐색하고 선택하는 데 어려움을 겪을 수 있다. 예를 들어, 다재다능한 영재 내담자의 경우 RIASEC 모든 유형에서 높은 흥미 점수를 나타낼 수 있는데 여러 분야에 흥미가 있기 때문에 오히려 한두 분야를 선택하지 못하고 진로선택을 미루게 되는 진로문제를 보일 수 있다(Kerr & Sodano, 2003). 반대로 우울과 무기력을 경험하고 있는 내담자의 경우 RIASEC 모든 유형에서 낮은 흥미 점수를 보일 수 있는데, 흥미를 보이는 분야가 없기 때문에 진로를 선택하는 데 어려움을 겪을 수 있다. 이처럼 변별성은 개인의 흥미 순위뿐만 아니라 그 밖의 심리내적 정보를 제공하기 때문에 주의 깊게 살펴볼 필요가 있다.

둘째, 일관성은 흥미유형 간의 관련성 정도를 뜻한다. RIASEC 육각형 모형은 비교적 유사한 성질의 흥미유형끼리 인접해 있다. 예를 들어, 실재형-탐구형의 관련성이 실재형-사회형의 관련성보다 높다. 다시 말하면, 실재형은 사회형보다는 탐구형과 비교적 유사한 성질을 띠고 있다고 볼 수 있다. 일관성이 높다는 것은 점수가 높게 나타난 흥미유형끼리 성질이 유사하다는 것을 의미한다. 일관성이 높을수록 비교적 분명한 흥미패턴을 형성하고 있다고 해석할 수 있다. 반대로 서로 상반되는 성질의 흥미유형 점수가 모두 높게 나타났다면 일관성이 낮다고 볼 수 있다. 이 경우에는 서로 양립하기 어려운 모순된 성질에 대해 모두 흥미를 보이고 있다는 것으로 개인의 내적 혼란을 예상해 볼 수 있을 것이다. 왜냐하면 서로 반대되는 성질의 흥미유형을 가지고 있다면 진로탐색과 선택의 기준이 모순적이므로 진로선택의 어려움을 경험할 가능성이 크다. 이처럼 6가지 흥미유형 간 일관성을 살펴봄으로써 보다 복잡하고 다양한 인간의 흥미패턴을 살펴볼 수 있다.

셋째, 일치성은 흥미유형과 직업 환경 간 일치 정도를 뜻한다. 개인은 자신의 흥미유형과 일치하는 직업 환경을 선택했을 때 직업 만족도와 직업 적응이 높을 것이다. 내담자가 고려하고 있는 진로 방향 또는 직업 환경과 검사 결과로 나타난 흥미유형의 일치성을 비교해 봄으로써 내담자의 진로선택 만족도와 직업 적응을 예측해 볼 수 있을 것이다.

넷째, 계측성은 흥미유형 또는 환경유형 간의 관계가 육각형 모형에 따라 결정될 수 있음을 나타낸다. 육각형 모형에서 흥미유형 간의 거리를 통해 서로 다른 유형 간의 관련성을 확인할 수 있다는 것이 계측성의 의미이다. 육각형 모형의 계측성을 토대로 개인 흥미들에 대한 일관성의 정도를 나타낼 수 있다. 그러나 여러 경험적 연구 결과는 RIASEC 육각형 모형에서 제시하는 흥미유형의 순서와 유형 간의 관련성이 시대별·문화별로 다름을 가리키고 있다. 그러므로 진로상담자는 RIASEC 육각형 모형의 순서를 절대적이거나 단정적으로 해석하지 않고, 각 유형의 특성을 중심으로 개인에게 적합한 직업 환경, 직무 등을 탐색해 볼 수 있는 기회로 활용하는 것이 중요하다. 예를 들어, 탐구형과 진취형 흥미유형이 모두 나타난 내담자의 경우, RIASEC 육각형 모형에 따르면 서로 관련성이 적은 상반된 흥미유형을 보인다. 그러나 이공계 출신 CEO라는 환경유형에는 적합한 흥미유형이라고 추측해 볼 수 있다. 즉, 상반된 흥미유형을 보인다고 해서 반드시 진로탐색 및 진로선택의 어려움을 경험할 것이라고 단정할 것이 아니라 그에 적합한 직업 환경을 탐색해 볼 수 있도록 조력하는 것이 중요하다.

다섯째, 정체성은 자기는 물론 직업 환경에 대한 정체성이 얼마나 분명하고 안정되어 있는가를 의미한다. 홀랜드 성격유형이론의 핵심은 한 개인의 성격이 직업에 투

표 8-1 흥미검사 종류

검사명	대상	검사시간	측정내용	발행처
STRONG® 직업흥미검사 II	고등학생 이상	약 40분	일반직업분류(GOT) 기본흥미척도(BIS) 개인특성척도(PSS)	어세스타
청소년 직업흥미검사	중·고등학생	약 30분	흥미유형, 기초흥미 분야	워크넷
직업선호도검사 S형	만 18세 이상	약 25분	흥미유형, 적합직업	
직업흥미검사(H)	중·고등학생	약 20분	흥미유형, 선호직업군별 흥미 정도	커리어넷
직업흥미검사(K)	중·고등학생	약 15분	직업 영역별 흥미 정도	
Holland-III 진로검사	초·중·고·대학생	약 40분	흥미유형, 적합직무 분야 적합직업	인싸이트

사된다는 것인데, 그 투사과정은 내·외적 요인들에 따라 나타나며 특히 성격의 명확
성과 관련된다. 자신의 성격유형에 대해 분명히 이해하고 있고, 자신에게 어울리는 직
업 환경을 명확히 파악하고 있는지에 대한 것이다.

　　홀랜드의 6가지 흥미유형 분류에 근거하여 개발된 국내 검사는 워크넷과 커리어
넷에서 찾아볼 수 있다. 고용노동부와 한국고용정보원이 운영하는 취업정보 사이트인
워크넷에서는 청소년 직업흥미검사와 직업선호도검사를 제공하고 있다. 또한 교육부
와 한국직업능력개발원에서 운영하고 있는 진로정보망 커리어넷에서는 직업흥미검
사(H)를 제공하고 있다.

③ 직업선호도검사

　　마지막으로, 다양한 직업 영역 중에서 개인의 선호도를 파악하는 검사가 있다. 커
리어넷에서 실시할 수 있는 직업흥미검사(K)가 각 직업 영역별 흥미 정도를 나타내는
프로파일을 제공한다. 이를 토대로 자신에게 적합한 진로대안 영역을 축소해 보고, 그
에 속하는 직업을 좀 더 집중적으로 탐색해 볼 수 있다.

(2) 적성검사

적성은 특정 활동과 직업을 수행하는 데 필요한 능력 및 그러한 능력의 발현 가능성(서울대학교 교육연구소, 1994)을 의미한다. 즉, 적성은 특정 활동이나 직업에 대한 미래의 성공 가능성을 예언한다고 할 수 있다(김효남, 2011). 우리나라에서 주로 활용되고 있는 적성검사는 두 가지 유형으로 구분해 볼 수 있다. 첫째, 능력검사이다. 이는 인지적 검사이면서 규준참조검사이다. 보통 주어진 시간 내에 정답을 맞히는 방식이다. 예를 들어, 한국고용정보원이 운영하는 워크넷에서 실시할 수 있는 고등학생 적성검사는 직업적성능력을 측정하기 위하여 언어능력, 수리능력, 지각속도, 사고유연성 등

표 8-2 적성검사 종류

검사명	대상	검사시간	측정내용	발행처
고등학생 적성검사	고1~고3	65분	언어능력, 수리능력, 추리능력, 공간능력, 지각속도, 과학원리, 집중능력, 색채능력, 사고유연성	워크넷
청소년 적성검사 (중학생용)	중1~중3	70분	언어능력, 수리능력, 공간능력, 지각속도, 과학능력, 색채능력, 협응능력, 학업동기, 사고유연성	
성인용 직업적성검사	만 18세 이상	90분	언어력, 수리력, 추리력, 사물지각력, 상황판단력, 기계능력, 집중력, 색채지각력, 사고유창력, 협응능력, 공간지각력	
영업직무 기본역량검사	만 18세 이상	50분	언어력, 기억력	
IT직무 기본역량검사	만 18세 이상	85분	언어력, 추진력, 집중력	
창업적성검사	만 18세 이상	20분	사업지향성, 문제해결, 효율적처리, 주도성, 자신감, 목표 설정, 설득력, 대인관계. 자기개발노력, 책임감수, 업무완결성, 성실성	
직업적성검사	중·고등학생	20분	신체·운동능력, 손재능, 공간지각력, 음악능력, 창의력, 언어능력, 수리·논리력, 자기성찰능력, 대인관계능력, 자연친화력, 예술시각능력	커리어넷

총 13개의 하위검사를 통해 9개의 적성요인을 파악한다. 검사 결과는 각 능력 요인에서 개인이 규준 집단에 비해 어느 수준(최상~최하, 총 6개 수준)에 위치하는지를 알려준다. 둘째, 자기평가검사이다. 시간 제한 없이 스스로 직업과 관련된 다양한 능력 중 자신이 어느 정도를 가지고 있는지를 평가하는 방식이다. 예를 들어, 한국직업능력개발원이 운영하는 커리어넷에서 실시할 수 있는 직업적성검사는 신체·운동능력, 음악능력, 손재능, 대인관계능력 등 총 11개의 적성 영역별 백분위 점수를 제시하고, 검사 결과를 바탕으로 적합한 직업군을 추천한다.

(3) 성격검사

성격은 동기, 인지, 정서, 행동에 있어서 개인의 독특성, 일관성, 안정성을 설명하는 개념이다(권석만, 2015). 성격은 다른 사람과 구별되는 한 개인의 고유성을 설명할 수 있어야 하고, 한 개인이 여러 상황에서 나타내는 다양한 행동을 관통하는 일관성을 지니고 있어야 한다. 그뿐만 아니라 행동은 시간과 상황의 변화에도 불구하고 일관성 있게 지속적으로 나타나는 개인 행동의 안정성을 반영한다. 진로상담에서 자주 활용하는 심리검사는 성격을 이해하는 방식에 따라 구분할 수 있다.

① 성격유형검사

카를 융(Carl Jung)의 성격유형론에 근거한 MBTI(Myers-Briggs Type Indicator)는 브릭스(Katharine Briggs)와 그의 딸 마이어스(Isabel Myers)가 개발한 성격검사이다. MBTI는 개인이 지닌 성격의 선호경향을 4가지 차원으로 구분하고, 각 차원마다 양극단의 성격특성을 반영한 총 8개 척도를 조합함으로써 16가지의 성격유형을 제시한다. 4가지 선호지표는 성격의 선호경향에 따라 양극단으로 나타난다. ⓐ 에너지의 방향에 따라 외향(extroversion)-내향(introversion), ⓑ 인식기능에 따라 감각(sensing)-직관(intuition), ⓒ 판단기능에 따라 사고(thinking)-감정(feeling), ⓓ 생활양식에 따라 판단(judging)-인식(perceiving)으로 구분한다.

국내 출간된 MBTI 검사 종류는 총 5가지이다. 일반적으로 가장 널리 활용되는 것은 폼 G(Form G)로 4가지 선호지표에 따라 16가지 성격유형 중 한 가지를 제시한다.

표 8-3 4가지 선호지표에 따른 16가지 성격유형

구분	감각-사고	감각-감정	직관-사고	직관-감정
내향-판단	ISTJ	ISFJ	INTJ	INFJ
내향-인식	ISTP	ISFP	INTP	INFP
외향-판단	ESTJ	ESFJ	ENTJ	ENFJ
외향-인식	ESTP	ESFP	ENTP	ENFP

폼 K는 4가지 선호경향과 더불어 총 20개의 하위척도로 구성되어 있어서 폼 G에 비해 보다 구체적인 정보를 제공한다. 폼 M은 폼 G의 업그레이드 버전으로 개인의 최적 유형을 알려 준다. 폼 Q는 폼 K의 업그레이드 버전으로 개인이 선호하지 않는 지표에 대해 그 이유를 탐색할 수 있도록 정보를 제공한다. CATi 어린이 및 청소년 성격유형 검사는 초등학교 3학년부터 중학교 3학년을 대상으로 표준화한 검사로서 아동 및 청소년의 성격이해, 학습지도, 진로지도 등에 활용할 수 있는 정보를 제공한다.

② 성격 5요인 검사

코스타와 맥크래(Costa & McCrae)는 성격 5요인을 측정하는 검사 NEO-PI (NEO-Personality Inventory)를 개발하였고, 이후 성격 5요인을 각각 6개의 하위척도로 측정하는 개정판 NEO-PI-R을 출간하였다(Costa & McCrae, 1992). 성격 5요인은 신경과민성(neuroticism), 외향성(extroversion), 경험에 대한 개방성(openness to experience), 우호성(agreeableness), 성실성(conscientiousness)으로 이는 성인기에 상당히 안정적으로 유지되는 특질로 밝혀졌다(Costa & McCrae, 1994). 신경과민성은 불안, 우울, 분노와 같은 부정적 정서를 잘 느끼는 특성을 말한다. 외향성은 심리적 에너지의 방향이 외부로 향하고 있어서 감각을 추구하는 성향을 뜻한다. 감각 추구 성향은 사람들과 교류하고자 하는 인간관계적 자극, 쾌락적 자극, 새롭고 다양한 활동 자극 추구 등을 포함한다. 경험에 대한 개방성은 호기심이 많고 변화에 대해 열린 자세를 보이는 성향을 뜻한다. 우호성은 친화적인 성향을 뜻하는 것으로 타인에게 우호적이고 협동적인 자세를 보이는 성향을 말한다. 성실성은 책임감, 자기조절의 특성을 뜻하며 성

취지향적인 성향을 지닌다. 성격 5요인 척도는 각 요인별로 높고 낮음에 따라 한 개인의 특성을 예측할 수 있는 정보를 제공하는데, 높은 점수가 반드시 좋은 성격이고, 낮은 점수가 반드시 나쁜 성격임을 의미하는 것은 아니다. 예를 들어, 신경과민성이 높은 사람은 부적 정서를 잘 느끼기 때문에 주관적으로 괴로움과 불행감을 경험할 가능성이 크다. 하지만 오히려 현실에서 부정적 측면을 잘 포착하기 때문에 그에 대한 대비와 예방을 철저히 할 가능성이 크다. 성격 5요인 검사는 타인과 구별되는 한 개인의 안정적인 특성을 확인하는 데 실증적 근거를 제시한다는 장점이 있다.

국내에는 NEO 네오 성격검사가 초등용(18개 척도), 청소년용(26개 척도), 대학성인용(26개 척도)으로 출간되어 있다. 또한 한국고용정보원에서 운영하는 워크넷에서 실시할 수 있는 청소년 직업인성검사와 직업선호도검사(L) 또한 성격 5요인 이론을 바탕으로 개발되었다. 청소년 직업인성검사는 성격 5요인과 30개 하위요인으로 구성되어 있고, 직업선호도검사(L)는 성격 5요인과 29개 하위요인으로 구성되어 있다.

③ 기질 및 성격검사

클로닝거(Cloninger, 1994)는 심리생물학적 인성모델에 기초하여 네 가지 기질과 세 가지 성격을 측정하는 기질 및 성격검사(Temperament and Character Inventory, TCI)를 개발하였다. 이 검사는 선천적으로 타고나는 기질을 자극추구(novelty seeking), 위험회피(harm avoidance), 사회적 민감성(reward dependence), 인내심(persistence)의 네 가지 차원으로 구분하고, 후천적으로 학습되는 성격을 자율성(self-directedness), 연대감(cooperativeness), 자기초월성(self-transcendence)의 세 가지 차원으로 나타낸다. 기질은 자극에 대해 자동적으로 일어나는 정서적 반응 성향으로 일생 동안 비교적 안정적인 속성을 보이는 특성을 뜻한다. 반면 성격은 기질을 바탕으로 환경과 상호작용하면서 형성되고, 사회문화적 학습의 영향을 받으며 일생 동안 지속적으로 발달하는 특성을 말한다. TCI 검사는 기질 및 성격을 구분하여 측정함으로써 한 개인의 인성 발달에 미친 유전적 영향과 환경적 영향을 구분하여 인성 발달 과정을 이해할 수 있다는 것이 장점이다. TCI 검사는 한 개인의 사고, 정서, 행동 패턴과 대인관계 양상, 선호 경향성 등에 대한 포괄적인 정보를 제공하므로 한 개인의 타고난 기질적 특성을 어느 정도로 성숙하게 조절하며 현재를 살고 있는지 추측해 볼 수 있다.

국내에는 만 3세부터 60대 이상까지 각 연령대에 적합한 문항과 규준을 사용하는 총 네 가지 종류의 TCI 검사가 출간되어 있다.

표 8-4 성격검사 종류

검사명	대상	검사시간	측정내용	발행처
MBTI 성격유형검사	고등학생 이상	15~30분	• 외향(E)-내향(I) • 감각(S)-직관(I) • 사고(T)-감정(F) • 판단(J)-인식(P)	어세스타
CATi 성격유형검사	초3~중3	20분		
NEO 네오 성격검사(초등용)	초등학생	45분	• 외향성(E): 사회성, 지배성, 자극추구, 활동성* • 개방성(O): 창의성, 정서성, 사고유연성, 행동진취성* • 친화성(A): 온정성, 신뢰성, 공감성,* 관용성 • 성실성(C): 유능감, 성취동기,* 조직성, 책임감 • 신경증(N): 불안, 적대감, 우울, 충동성, 사회적위축, 정서충격, 심약성,* 특이성,* 반사회성,* 자손감* *은 초등학생용에는 불포함	인싸이트
NEO 네오 성격검사(청소년용)	중·고등학생	45분		
NEO 네오 성격검사(대학생인용)	대학생·성인	45분		
청소년 직업인성검사	중1~고3	20분·40분	• 민감성(N): 불안, 분노, 열등감, 충동, 심약 • 외향성(E): 온정, 군집, 리더십, 활동성, 자극추구, 명랑 • 지적개방성(O): 상상, 심미, 감수성, 신기, 지성, 가치 • 친화성(A): 신뢰, 정직, 이타, 협동, 겸손, 동정 • 성실성(C): 자기유능감, 정돈, 책임, 성취지향, 자율, 신중	워크넷

성인용 직업선호도검사(L)	만 18세 이상	60분	• 외향성(E): 온정성, 사교성, 리더십, 적극성, 긍정성 • 호감성(A): 타인에 대한 믿음, 도덕성, 타인에 대한 배려, 수용성, 겸손, 휴머니즘 • 성실성(C): 유능성, 조직화 능력, 책임감, 목표지향, 자기통제력, 완벽성 • 정서적 불안정성(N): 불안, 분노, 우울, 자의식, 충동성, 스트레스 취약성 • 경험에 대한 개방성(O): 상상력, 문화, 정서, 경험추구, 지적호기심	워크넷
TCI-RS 성인용	대학생 · 성인	25분	• 기질: 자극추구, 위험회피, 사회적 민감성, 인내력 • 성격: 자율성, 연대감, 자기초월	마음사랑
JTCI 12-18 청소년용	중 · 고등학생	15분		
JTCI 7-11 아동용	초등학생	15분		
JTCI 3-6 유아용	취학전 유아동	15분		

(4) 직업가치관검사

가치는 개인이 특정 상황에서 어떤 선택이나 결정을 내려야 할 때 특정 방향으로 행동하게 하는 원리나 믿음이다(선혜연, 황매향, 김영빈, 2007). 직업가치는 개인이 직업으로부터 기대하는 보상이나 특질을 의미하며(김정숙, 2006), 진로선택 및 결정에 영향을 미치는 특수한 가치라고 할 수 있다. 다위스와 로프퀴스트(Dawis & Lofquist, 1984)의 환경적응이론에서는 개인의 가치와 조화를 이룰 수 있는 직업을 선택했을 때 직업적응이 높아진다고 하였다. 즉, 개인은 자신의 직업가치에 부합하는 진로를 선택하고자 하므로 진로상담에서 내담자의 직업가치를 확인하는 것은 중요하다(Lent, Brown, & Hackett, 2002).

우리나라에서 주로 활용되고 있는 직업가치관검사는 자기보고식 검사로 수검자가 중요하게 생각하는 직업가치를 측정하고 있는데, 그 측정 방식이 다르다. 먼저, 한국고용정보원이 운영하는 워크넷에서 실시할 수 있는 직업가치관검사는 문항에 따라 5점 리커트 척도(전혀 중요하지 않음~매우 중요함)로 응답하는 방식이다. 직업선택 시

표 8-5 직업가치관검사 종류

검사명	대상	검사시간	측정내용	발행처
직업가치관검사	만 15세 이상 중·고등학생	20분	성취, 봉사, 개별활동, 직업안정, 변화지향, 몸과 마음의 여유, 영향력 발휘, 지식추구, 애국, 자율성, 금전적 보상, 인정, 실내활동	워크넷
	만 18세 이상	20분		
직업가치관검사	청소년	10분	능력발휘, 자율성, 보수, 안정성, 사회적 인정, 사회봉사, 자기계발, 창의성	커리어넷
	대학생·일반	20분		

중요시하는 직업가치가 무엇인지를 측정하여 그에 적합한 직업 분야를 안내한다. 다음으로, 한국직업능력개발원에서 운영하는 커리어넷에서 실시할 수 있는 직업가치관검사는 각 문항별로 짝을 지어 제시되는 두 가지 가치 항목 중에서 보다 더 중요하다고 생각하는 항목에 응답하는 방식이다. 직업가치에 포함되는 여러 가지 요소 중 상대적으로 무엇을 더 중요하게 여기는지에 대한 정보를 제공한다.

2) 진로선택을 돕는 검사

진로상담에서 진로선택을 조력하기 위해서는 내담자의 진로선택을 어렵게 하는 요인을 찾아서 그에 적절한 상담개입을 할 수 있어야 한다. 이를 위해서 먼저 내담자의 진로발달 수준에 대한 이해가 필요하다. 개인의 진로발달 수준은 진로발달, 진로성숙, 진로결정 수준 등 다양한 용어로 이해되고 있다(김봉환 외, 2013). 진로발달은 진로선택에 결정적인 영향을 미칠 수 있는데, 진로발달이 제대로 이루어지지 않았다면 만족스러운 진로선택을 하기가 어렵다. 진로발달 수준이 낮다면 진로를 선택해야 하는 시점에서도 진로를 선택하지 못한 채 미루게 되거나 잘못된 진로선택으로 이어질 가능성이 있다. 또한 내담자의 진로문제해결과 진로의사결정을 어렵게 만들고 진로준비활동을 방해하는 역기능적 사고를 파악해 볼 수 있다. 내담자의 진로 관련 역기능적 사고를 수정함으로써 내담자의 진로준비도를 향상시킬 수 있을 것이다.

(1) 진로성숙도검사

수퍼(Super, 1955)의 진로발달이론에 의하면 진로성숙은 진로발달의 연속선상에서 개인이 도달하는 위치를 의미한다. 진로발달 단계에 따라 주어진 발달 과제를 얼마나 성공적으로 마치는가의 여부는 진로성숙도에 달려 있다(김봉환, 2019). 진로성숙도를 확인함으로써 내담자가 현재 처한 진로문제에 얼마나 잘 대처할 수 있을지에 대한 진로준비도를 가늠해 볼 수 있을 것이다.

국내에서 손쉽게 사용할 수 있는 진로성숙도검사는 워크넷에서 실시할 수 있는 청소년 진로발달검사와 커리어넷에서 실시할 수 있는 진로성숙도검사, 진로개발준비도검사가 있다. 먼저, 청소년 진로발달검사는 진로성숙을 태도, 능력, 행동의 정도로

표 8-6 진로성숙도검사 종류

검사명	대상	검사시간	측정내용	발행처
청소년 진로발달검사	중2~고3	40분	• 진로성숙도검사: 진로에 대한 태도와 성향(계획성, 독립성, 태도), 진로와 관련된 지식의 정도(자신에 대한 지식, 직업에 대한 지식, 학과에 대한 지식), 진로행동의 정도(진로행동) • 진로미결정검사: 성격요인(동기 부족, 결단성 부족), 정보 요인(직업에 대한 지식 부족, 자신에 대한 이해 부족), 갈등 요인(직업과 자신과의 갈등, 외적 조건들과 자신과의 갈등)	워크넷
직업성숙도검사	중1~고3	20분	• 진로성숙 태도(계획성, 직업에 대한 태도, 독립성) • 진로성숙 능력(자기이해, 정보 탐색, 합리적 의사결정, 희망직업에 대한 지식) • 진로성숙 행동(진로탐색 및 준비행동)	커리어넷
진로개발준비도검사	대학생·일반	25분	자기이해, 전공 및 직업에 대한 지식, 진로결정 확신도, 의사결정 자신감, 관계활용 효능감, 구직기술	

측정하며, 진로미결정의 원인을 성격요인, 정보요인, 갈등요인으로 나타낸다. 다음으로 진로성숙도검사는 청소년 진로발달검사와 마찬가지로 진로성숙을 태도, 능력, 행동의 정도로 측정한다. 진로에 대해 계획하고 준비하는 데 필요한 태도, 능력, 행동을 어느 정도 갖추고 있는지에 대한 정보를 제공한다. 마지막으로 진로개발준비도검사는 개인이 자신의 진로를 탐색하고 준비하는 과정에서 요구되는 인지적·정의적 특성을 잘 갖추고 있는지를 측정한다.

(2) 진로사고검사

샘프슨, 페터슨, 렌츠, 리어든과 선더스(Sampson, Peterson. Lenz, Reardon, & Saunders, 1996)는 인지정보처리이론을 바탕으로 진로의사결정에서의 역기능적인 인지를 측정하는 진로사고검사(Career Thought Inventory, CTI)를 개발하였다. CTI 검사는 진로 관련 인지를 확인함으로써 진로문제해결과 진로의사결정을 돕기 위해 개발되었다(고홍월, 김계현, 2009). CTI 검사 결과는 진로사고, 정보처리 영역 피라미드, CASVE 주기 진로의사결정 단계에 대한 정보를 제공한다. 먼저, 진로사고검사 결과는 3개의 하위척도(의사결정 혼란, 수행불안, 외적 갈등)를 4점 리커트 척도로 측정한다. 다음으로 정보처리 영역 피라미드는 자기정보 영역, 직업정보 영역, 의사결정기술 영역, 실행과정 영역의 4가지 정보처리 영역에 대한 점수를 보여 준다. 국내에서 사용할 수 있는 진로사고검사는 한국가이던스에서 중·고등학생용, 대학·성인용 총 2종으로 출판하였다.

03 진로 심리검사의 실시와 해석

진로상담자는 진로상담의 목적에 맞게 내담자에게 필요한 검사도구를 선택할 수 있어야 한다. 더불어 신뢰도와 타당도를 고려하여 선택한 진로 심리검사를 표준화된 절차에 맞게 실시하여야 하고 바르게 해석할 수 있는 역량을 갖추어야 한다. 그래야만 진로 심리검사를 통해 내담자 개인에게 적합한 진로탐색 방향을 설정할 수 있고, 만족스러운 진로선택을 도울 수 있는 의미 있는 정보를 수집할 수 있다.

1) 진로 심리검사의 실시

(1) 검사 실시를 위한 준비

진로 심리검사를 통해 정확한 결과를 얻기 위해서는 내담자의 적극적인 협조가 필요하다. 이를 위해서 진로상담자는 내담자가 검사에 제대로 응답할 수 있는 환경을 만들어 줄 필요가 있다. 내담자가 검사에 대해 가질 수 있는 막연한 두려움과 긴장을 덜고, 검사에 대한 신뢰감과 기대를 가질 수 있도록 검사 실시의 목적, 필요성, 검사를 통해 얻게 되는 점, 검사 소요 시간, 검사 실시 방법, 검사 실시 비용, 결과 보고 방식 등에 대해서 충분히 설명을 하는 것이 중요하다.

(2) 검사 실시 절차

진로상담자는 표준화된 절차에 맞게 중립적인 태도로 검사를 실시하여야 한다. 이를 위해서 진로상담자는 검사 실시 전에 해당 검사의 내용과 실시 방법을 미리 숙지하고 있어야 한다. 내담자에게 해당 검사를 실시하기 전에 진로상담자가 먼저 동일한 조건에서 검사를 해봄으로써 검사에 걸리는 시간, 검사 실시 과정에서 경험할 수 있는 다양한 환경적 영향들을 사전에 확인해 볼 수 있을 것이다.

검사 실시가 완료되면 정확한 기준으로 채점할 수 있어야 한다. 최근에 개발된 표준화 검사들은 대개 온라인 채점 방식을 채택하고 있어서 예전에 비해 채점 과정의 정확성이 보장된다. 그러나 집단으로 검사를 실시하였거나 내담자가 수기로 응답한 결과를 온라인상으로 옮겨야 한다면 그 과정에서 오류가 발생할 수 있으므로 응답표가 제대로 수거되었는지, 개인을 식별할 수 있는 정보를 모두 기입했는지, 누락되었거나 잘못 기입한 정보는 없는지 꼼꼼하게 확인할 필요가 있다.

(3) 검사 실시 시 유의사항

내담자가 검사에 응답하는 동안에도 진로상담자는 내담자의 검사 태도를 관찰하고, 검사 결과에 영향을 줄 수 있는 상황은 없는지 파악해야 한다. 수치로 수량화되는 검사 결과뿐만 아니라 검사 실시 과정에서도 내담자의 특성에 대한 정보를 얻을 수 있다. 예를 들어, 응답 반응 시간이 지나치게 빠르다면 충동적이고 산만한 특성을 추측해 볼 수 있고, 응답 반응 시간이 지나치게 느리다면 강박적인 사고의 가능성을 염두에 둘 수 있을 것이다. 진로상담자는 내담자에게 방해가 되지 않는 수준에서 내담자의 검사 실시 태도를 관찰하고 기록할 필요가 있다.

2) 진로 심리검사의 해석

내담자에게 진로 심리검사 결과를 전달하는 것은 매우 중요하다. 표준화된 검사 도구일지라도 진로상담자의 해석 역량에 따라 그 효과가 달라질 수 있기 때문이다. 진로상담자는 검사에 대한 풍부한 지식과 해석 역량을 갖추고 있어야 한다.

(1) 검사 해석을 위한 준비

검사 결과 해석을 위해서는 해당 검사에 대한 풍부한 지식을 갖춰야 한다. 검사 개발의 근거 이론은 무엇인지, 검사가 측정하고자 하는 개념에 대한 조작적 정의가 무엇인지 충분히 이해하고 있어야 한다. 더불어 내담자의 교육수준, 내담자가 처한 진로 상황, 진로문제, 진로 심리검사에 대한 기대 등 내담자에 대한 기초적인 정보를 제대로 파악하고 있어야 해당 검사 결과를 통합적으로 해석할 수 있다.

(2) 검사 결과 해석 방법

첫째, 검사 해석 전에 내담자에게 검사 응답 동안 어떤 경험을 했는지, 검사 결과가 어떻게 나올 것 같은지 등에 대해 이야기를 나눈다. 검사에 대한 내담자의 태도, 검사 결과에 대한 내담자의 예상, 기대 등을 확인해 봄으로써 내담자에 대한 정보를 얻을 수 있다. 예를 들어, 진로적성검사 실시 결과 내담자는 언어능력이 높고 수리능력이 낮게 나올 것이라고 예상했으나 실제 검사 결과는 그 반대로 나올 수 있다. 이 경우 내담자의 이상적 자기와 현실적 자기의 괴리를 추측해 볼 수 있거나 검사 결과의 타당성을 의심해 볼 수 있을 것이다.

둘째, 검사 점수의 의미를 알고 있어야 한다. 원점수, 평균점수, T점수, 표준편차, 백분위와 같은 기준점이 무엇을 나타내는지 알고 있어야 함은 물론 각 점수들이 의미하는 바가 무엇인지 내담자에게 설명할 수 있어야 한다. 진로 심리검사의 활용 목적은 옳고 그름을 판단하기 위함이 아니라 개인의 특성을 제대로 이해하는 것이다. 진로 심리검사는 추상적인 개념을 간접적인 측정 방식을 사용하여 수량화하여 나타낸 것이므로 내담자의 실제 특성과 차이가 있을 수 있다. 그러므로 결과 해석은 예언적이고 단호한 태도로 점수 자체를 제시하기보다는 점수 범위 내에서 상대적인 수준에서의 경향성, 가능성의 관점으로 이루어져야 한다.

셋째, 결과 해석 시 결과로 인한 장단점을 모두 설명할 수 있어야 한다. 예를 들어, 기질 및 성격검사 결과 위험회피 점수가 높게 나타났다면 실패에 대한 대비를 하는 성향으로 인해 실수가 적을 수 있다는 장점과 위험에 대한 감지가 뛰어난 성향이므로 스스로 기회를 제한할 가능성이 있다는 단점을 고루 설명할 필요가 있다.

넷째, 내담자가 이해하기 쉽게 설명해야 한다. 진로 심리검사가 측정하는 개념이 추상적이고 모호하기 때문에 결과로 제시되는 용어가 내담자에게는 낯설고 어려울 수 있다. 전문용어 사용을 지양하고 내담자의 이해 수준에 맞게 익숙하고 쉬운 용어로 바꾸어 설명할 수 있어야 한다.

다섯째, 결과 해석에 대한 내담자의 반응을 고려해야 한다. 검사 결과 자체가 중요한 것이 아니라 내담자가 결과를 어떻게 이해하고 받아들이고 있는지가 관건이다. 내담자가 자신의 임의적인 기준으로 결과를 잘못 이해할 수 있기 때문에 결과 해석 과정에서 내담자의 반응을 섬세하게 살피는 것이 중요하다. 이를 위해서 진로상담자가 일방적으로 결과를 설명하기보다는 내담자가 검사 결과에 대해 반응할 수 있도록 격려하고, 진로상담자의 설명을 어떻게 이해하고 있는지 틈틈이 물어보아야 한다. 이렇게 내담자의 반응을 유도함으로써 내담자가 제대로 이해하고 있는지 확인할 수 있을 것이다.

(3) 검사 해석 시 유의사항

어떠한 검사도 인간 내면의 복잡한 특성을 완벽하게 드러내 줄 수는 없다. 그러므로 하나의 검사 결과로 내담자의 특성을 단정적으로 규정하지 않도록 한다. 진로상담의 목표에 맞게 몇 가지 진로 심리검사를 실시하였다면 검사 결과들 간의 공통점과 차이점을 분석해 보고, 이를 내담자의 진로문제와 연관 지어 통합적으로 해석할 수 있어야 한다. 이 과정에서 진로상담자는 내담자에게 검사 결과가 가리키는 일관된 특성과 모순된 특성에 대해 어떻게 생각하는지, 왜 이런 결과가 나타난 것 같은지, 현재 겪고 있는 진로 관련 어려움과 어떤 관계가 있는 것 같은지 등에 대해 물어보고 이에 대해 함께 이야기를 나누는 것이 중요하다. 진로 심리검사 결과 해석의 목적은 일방적으로 진로 심리검사 결과를 전달하는 것이 아니라 그 과정에서 진로상담자와 내담자의 상호작용을 통해 내담자가 스스로를 더 깊이 이해하고 자신에 대한 통찰을 얻을 수 있도록 활용하는 것이기 때문이다. 그러므로 진로상담자는 검사 결과 해석 과정 자체를 상담개입의 도구로 활용할 수 있어야 한다.

요약

진로 심리검사를 선택하는 기준은 진로상담의 목표, 진로상담의 실제적 여건, 검사도구의 기능에 따라 달라질 수 있다. 진로상담의 목표는 크게 진로탐색과 진로선택으로 볼 수 있는데, 각 목표에 따라 적합한 검사를 선택할 수 있다. 실제적 여건은 온라인·오프라인 검사, 무료·유료 검사, 검사 구매 자격 제한 등을 의미한다. 검사도구의 기능은 타당도와 신뢰도를 통해 알아볼 수 있고 이를 고려하여 적합한 검사를 선별할 수 있어야 한다.

진로 심리검사의 종류는 진로상담의 목표에 따라 크게 두 가지 종류로 구분할 수 있다. 진로탐색을 돕는 검사로는 개인의 진로 관련 흥미, 적성, 성격, 가치관의 특성을 파악해 볼 수 있는 검사들이 있다. 이를 통해 내담자는 자신에 대한 객관적 정보를 확인해 볼 수 있다. 진로선택을 돕는 검사로는 진로성숙도, 진로사고 등을 측정하는 검사들을 활용해 볼 수 있다. 이를 바탕으로 진로상담자는 내담자의 합리적인 의사결정을 조력하기에 적합한 상담전략을 세울 수 있다.

진로 심리검사를 실시하고 해석할 때에 고려해야 할 사항들이 있다. 검사를 실시할 때에는 내담자의 적극적인 협조를 이끌어 내기 위하여 적절한 검사 실시 구조화가 중요하다. 또한 표준화된 절차에 따라 검사를 실시할 수 있어야 하며, 검사 결과뿐만 아니라 검사 실시 과정에서도 내담자의 검사 실시 태도를 주의 깊게 관찰할 필요가 있다. 검사를 해석할 때에는 내담자에 대한 기초적인 정보와 해당 검사 결과를 통합적으로 해석할 수 있어야 한다. 더불어 검사 해석 전에 내담자가 검사 실시 동안 어떤 경험을 했는지, 검사 결과에 대해 어떤 예상을 하고 있는지를 탐색해 보고, 검사 실시 후에는 내담자가 검사 결과를 어떻게 받아들이고 있는지에 대해서 확인해 보는 것이 중요하다. 진로상담에서 진로 심리검사를 활용하는 목적은 검사 결과를 바탕으로 진로상담자와 내담자 간의 상호작용을 촉진하여 내담자가 자신에 대해 보다 깊이 이해할 수 있도록 활용하는 것이기 때문이다.

학습문제

1 진로상담에서 심리검사를 활용하는 목적은 무엇인가?

2 진로상담에서 진로탐색을 조력하기 위해 실시할 수 있는 진로 심리검사는 무엇인가?

3 진로 심리검사 결과 해석 시 고려해야 할 사항은 무엇인가?

제9장

진로교육과 상담 프로그램

학 습 목 표
1 진로교육에서 사용하는 프로그램의 목적과 의의를 이해하고 설명할 수 있다.
2 프로그램 구성의 원리를 설명할 수 있다.
3 프로그램을 효과적으로 운영할 수 있다.
4 프로그램의 효과를 다양한 방법으로 평가할 수 있다.

진로교육을 진행할 때 여러 가지 방법이 있을 수 있다. 앞에서 경험했던 것처럼 직업정보를 탐색하거나 심리검사를 실시하여 활용할 수 있다. 이 장에서는 상담 프로그램을 활용하는 것을 소개하고자 한다. 프로그램이라는 어휘는 매우 다양하게 사용되는데, 일상생활에서부터 학문적 영역에 이르기까지 매우 포괄적으로 사용된다. 여기에서는 진로교육에서의 학문적, 실천적 의미의 개념으로 사용하고자 한다. 일반적으로 교육학적, 상담학적 영역에서 프로그램을 이해한다면 프로그램은 일련의 내용(활동)으로 구성된 하나의 체계이다. 이러한 일련의 체계를 구성할 때는 몇 가지 주요 내용을 고려해야 한다. 즉, 무엇을 위해, 어떤 결과를 원하는지, 무엇을 어디에 적용해서 또는 어떻게 적용해서 그 결과를 얻을 것인지, 그 결과를 얻었는지 여부는 어떻게 알 수 있는지 등이 프로그램에 관한 중요한 내용이다. 상담 프로그램을 좀 더 단순하게 요약해서 설명하자면 집단 형태로 구성원들이 모여 어떤 활동을 함으로써 변화(성장)를 경험하는 것이다. 이와 관련된 일련의 활동을 통해 인지적, 정서적 변화를 경험하고, 교육적 성장을 얻는 것이다. 이 장에서는 이러한 내용을 중심으로 프로그램의 구성과 운영을 살펴보고자 한다. 즉, 진로교육에서의 프로그램이란 무엇이고, 어떻게 구성하고 운영하여 효과를 확인하는지 등을 알아보기 위해 프로그램에 관한 전반적인 내용을 학습할 것이다. 구체적으로는 프로그램의 개념, 프로그램의 목적과 목표, 프로그램의 구성 원리,[1] 프로그램 운영의 방법 및 유의점, 프로그램 운영성과에 대한 평가 등을 소개한다.

....

1 프로그램의 구성 원리는 기본적으로 프로그램의 개발 원리에 근거한 내용이다. 일반적으로 프로그램의 개발이 더 절차적 엄격성을 요구한다. 여기에서는 프로그램 응용을 더 권장하는 관점에서 프로그램을 구성해서 활용할 때 고려할 부분들을 중심으로 서술했다. 따라서 이 장에 국한해서 프로그램의 개발, 프로그램의 구성을 혼용하여 사용한다.

01 프로그램의 이해

1) 프로그램의 개념

프로그램은 계획된 일련의 활동과 과정을 활용하여 궁극적으로 달성하고자 하는 목표를 위해 조직한 활동을 진행하도록 안내하는 구조 및 내용이다(김창대, 김형수, 신을진, 이상희, 최한나, 2011). 일반적으로 프로그램은 목표, 여러 활동의 집합체, 논리적 상호연계성의 관계를 맺는 활동들, 구체적인 내용과 방법 등을 지니고 있다(Barker, 1995; Rapp & Poetner, 1992; York, 1982). 예를 들어, 진로성숙도 발달이라는 목표를 중심으로 아동·청소년을 대상으로 구체적인 변화를 촉진할 수 있다. 일반적으로 목표에 따라 주제가 설정되고, 해당 목표와 주제에는 적합한 대상이 있으며, 또한 대상의 특성을 고려하여 프로그램의 체계를 구성하는 큰 틀을 마련하게 된다. 여기에서는 프로그램을 구성하고 적용하는 방법 등에 관한 기초적인 내용을 소개하고자 한다.

2) 프로그램의 목적과 목표

프로그램을 다르게 표현하면 어떤 목적과 목표를 지향하는 과정이라고 할 수 있다. 여기에서 목적과 목표는 유사한 의미로 보이지만 프로그램의 목적과 목표는 다른 차원의 의미이다. 우선 목적은 전반적으로 큰 지향점을 뜻하며 교육적 목적, 발달적 목적과 같은 맥락의 거시적 의미라고 할 수 있다. 그리고 목표란 구체적인 행동 수준의 지향점을 뜻한다(Royse, Thyer, Padgett, & Logan, 2001). 어떤 활동을 하면 그 활동을 통해 달성하고자 하는 결과가 있을 것인데, 이 결과에 해당하는 것이 바로 프로그램이 달성하고자 하는 목표이다. 목적과 목표의 관계를 더 정확히 이해하기 위해 예를 들어보면 다음과 같다. A 프로그램의 목적은 학생들의 진로발달을 촉진하는 것이며, 이러한 목적을 달성하기 위해 자기이해에 초점을 맞추고 성격, 적성, 흥미, 가치관 등을 탐색하고 명료화하는 데 목표를 두고 있다. 이와 같이 목적을 달성하기 위해 여러 개의 목표로 나눌 수 있고, 또한 큰 목표와 이를 구성하는 세부적인 작은 목표로 나눌 수 있다. 종합해 본다면 프로그램의 목적은 비교적 거시적이고 근본적인 부분을 강조하고, 목표는 상대적으로 미시적이고 활동을 통해 달성하고자 하는 구체적인 작은 성과들을 의미한다. 이와 관련해서 더 구체적으로 기관 수준, 프로그램 수준, 활동 수준으로 제시(한국청소년개발원, 2005)하고 있는데, 이를 요약하여 인용하면 다음과 같다.

우선, 기관 수준이라는 것은 표면적으로 위임받은 해당 기관[2]의 목적이라고 할 수 있다. 결과적으로 기관을 통해 교육적 목적을 달성하고자 하는 것이 가장 궁극적이며 핵심적인 과정이라고 할 수 있다. 교육적 이념이나 철학을 실현하기 위해 교육기관을 운영하고, 교육기관에서 다양한 실천적 활동을 수행하는 것이 모두 그러한 궁극적 목적을 달성하기 위한 수단과 과정이다. 따라서 일반적으로 각 기관의 목적은 해당 기관의 구체적인 역할에 맞게 궁극적인 목적을 달성하고자 하는 것이다. 이렇게 봤을 때 기관 수준의 교육 목적은 매우 포괄적이고 추상적이다. 교육적 이념에서 출발하기 때문에 모호하고 단기간에 달성하기 어려울 수밖에 없다. 그래서 장기적·체계적 접근을 통해 거시적으로 교육의 역할과 목적을 지향한다. 이러한 거시적·장기적인 목적을 달성하기 위한 세부적인 접근이 바로 기관에서 운영하는 다양한 사업과 프로그램들이라고 할 수 있다.

둘째, 프로그램 수준의 목적은 앞서 살펴본 바와 같이 기관의 교육적 목적을 달성하기 위한 방법과 수단이다. 프로그램 수준의 목적은 비교적 구체적 목적이나 의도가 있으며, 세부목표를 명시하여 일련의 활동을 통해 구체적으로 실천해 나간다. 그래서 프로그램 수준의 목적은 구체적인 주제 중심으로 이루어진다. 예를 들어, 진로가치관 탐색 프로그램, 대인관계 향상 프로그램, 분노조절 프로그램 등과 같은 구체적인 주제의 프로그램은 각각의 목표를 달성하고자 운영되고 있다. 한 번 더 설명하자면, 이 장에서는 바로 프로그램 수준의 목적, 목표를 달성하기 위해 알아야 할 기본적인 지식들을 다루고 있다.

....
2   여기에서는 주로 교육을 목적으로 하는 기관을 중심으로 설명한다.

셋째, 활동 수준의 목적은 구체적인 목표와 더 가까워진다. 프로그램 수준의 목적을 달성하기 위해 여러 활동을 체계적으로 계획해서 구성한다. 활동들은 프로그램의 전체 목적을 달성하기 위한 것이며, 각 활동은 각자 구체적인 목표를 가지고 있다. 활동목표란 프로그램에 참여한 학생들이 구체적으로 어떠한 행동 변화를 보일 것이라는 기대를 현실로 만들어 가는 것이다(김진화, 2005). 그래서 구체적 행동 수준의 목표를 설정해서 접근하는 것이 프로그램의 목적을 달성하는 중요한 방법이 된다.

3) 프로그램의 대상과 주제

청소년 진로지도에 있어서 프로그램을 구성하고 운영할 때 대상과 대상의 특성에 따라 주제를 검토한다. 프로그램을 개발(구성)하거나 기존의 프로그램을 활용하고자 할 때 해당 대상 집단을 염두에 두고 프로그램의 개발과 응용을 기획하는 것이 일반적이다. 그래서 사실 프로그램의 기획 및 운영에서 평가까지 대상, 주제, 방법 등을 함께 고려할 수밖에 없다. 여기에서는 독자들의 이해를 돕기 위해 각각의 절로 구분해서 설명하고자 한다.

(1) 프로그램의 대상

프로그램의 대상은 프로그램의 목적 및 목표를 정할 때 이미 고려되었다. 예를 들어, 청소년의 진로발달을 촉진하기 위해 프로그램을 계획하고자 한다면 대상의 범위는 학교 안팎에 있는 청소년들이다. 좀 더 구체적으로 목표와 대상의 연령 수준을 좁혀 보자. 중학생들이 직업의 의미를 이해하고, 직업에 대한 긍정적 가치관을 형성하는 게 중요하다고 판단해서 일반 중학생을 대상으로 정할 수 있다.

프로그램의 대상을 설정할 때 발달 단계, 발달 주제, 특정 문제 등을 중심으로 선정 기준을 정할 수 있다. 대상을 구체화하지 않고 청소년에게 해당하는 광범위한 주제인 진로발달, 사회성 발달과 같은 주제로 프로그램을 개발하고 운영한다면 거의 모든 연령의 청소년들을 포함할 수 있겠지만 대상을 명확히 하지 않고 프로그램을 운영하면 매우 어려운 일이다. 따라서 프로그램 대상을 정할 때 구체적인 발달 단계나 특정 주제, 특정 영역의 문제를 중심으로 설정하는 것이 중요하다. 특히 보편적인 주제의 경우 발달 단계를 기준으로 정하는 것이 가장 일반적이다. 앞에서 봤던 예와 같이 중학생들이 직업의 의미를 이해하고, 직업에 대한 긍정적 가치관을 형성하는 프로그램을 기획하고자 한다면 중학교 저학년 학생을 대상으로 하는 것이 적절할 수 있다.

프로그램 목적과 내용은 프로그램의 대상자 특성과 잘 연계되어야 한다. 특정 주제로 프로그램을 운영한다면 주제에 해당하는 대상 집단을 선정해야 한다. 즉, 특정 주제와 그 특성을 가진 대상 집단과의 논리적 연계가 우선이다. 예를 들어, 비행 청소년의 진로성숙도를 촉진하고자 할 때 비행 청소년의 진로발달 특성을 이해하고, 그 특성에 맞게 비행 경험이 있는 청소년을 우선 선정해야 한다. 그리고 추가적으로 진로발달이라는 주제를 고려하여 비슷한 발달 단계에 속하는 청소년을 선정하는 것이 중요하다. 이때 학년(연령)이 완전히 동일하지 않을 수 있다. 진로성숙도가 낮고, 사회적 바람직성, 긍정적 직업 가치관 부재와 같은 특성을 가진 비행 청소년이라면 이 주제에 해당하는 대상일 가능성이 크다. 이와 같은 큰 주제에 적합한 대상자를 1차적으로 선정한 후 2차적으로 프로그램 진행 등을 고려해서 비슷한 발달 단계의 청소년을 더 좁혀서 선정해야 한다.

전반적으로 프로그램 대상을 설정할 때 프로그램의 목적, 내용, 세부 주제를 고려하여 누구에게 어떤 도움(변화나 성장)을 제공할지에 대해 종합해서 검토할 필요가 있다. 이때 주요 내용을 중요도에 따라 순차적으로 적용하는 방법과 여러 가지 사항을 모두 동시에 종합해서 검토하는 방법을 고려해 볼 수 있다.

(2) 프로그램의 주제

프로그램의 주제를 고려할 때는 당연히 누구를 위한 것인가에 대해 기획 단계에서 대상과 주제를 함께 검토했을 것이다. 이 소절에서는 진로 주제 설정에 대한 이해도를 높이기 위해 구분해서 설명하지만 실제 기획 단계에서 구분해서 검토하지는 않는다. 앞서 설명한 것을 상기해 보면 프로그램의 주제는 대상의 특성에 맞춰 무엇을 변화시킬 것인지와 관련이 있다는 것이다. 그래서 주제를 기획할 때 다음과 같은 몇 가지 질문에 답하면서 주제를 구체화하기를 권장한다.

- 지금 누구를 위해 진로 프로그램을 기획해야 하는가?
- 왜 그들을 위해 프로그램을 기획해야 하는가?
- 그 이유를 구체적으로 몇 가지로 구분해서 설명할 수 있는가? 그리고 각각 무엇인가?
- 이를 위해 하나의 프로그램으로 접근할 수 있는가? 아니면 또 다른 프로그램이

표 9-1 프로그램 기획 시 생각해 보아야 할 질문과 답

질문 예시	답 예시
누구를 위해 프로그램을 기획해야 하는가?	• 중학교 1학년 학생들을 대상으로 프로그램을 운영하고자 한다.
왜 그들을 위해 프로그램을 기획해야 하는가?	• 진로 체험을 준비하는 과정에서 학생 한 명이 "왜 직업을 가져야 하나요? 돈만 있으면 생활할 수 있잖아요"라고 말하니 많은 학생들이 동의하는 것 같다. 직업에 대한 이해, 가치관 등에 관한 프로그램이 필요하다. • 사회와 직업에 대한 이해, 바람직한 직업가치관 형성, 사회구성원으로서 공동체 의식을 갖도록 촉진할 필요가 있다.
그 이유를 구체적으로 몇 가지로 구분해서 설명할 수 있는가? 각각 무엇인가?	• 사회와 직업에 대한 이해가 필요하다. • 바람직한 직업가치관을 형성하고 사회구성원으로서 공동체 의식을 가질 필요가 있다. • 직업활동을 함으로써 개인의 삶이 더 의미 있다는 것을 이해시킨다. • 타인을 이해하고 배려하는 마음을 키워 주는 것도 중요하다.
하나의 프로그램으로 접근할 수 있는가? 다른 프로그램이 필요한가?	• 직업의 의미, 다양한 직업과 직업의 사회적 의미를 이해하기, 바람직한 직업가치관 형성 등을 하나의 프로그램으로 구성할 수 있다. • 사회적 관계를 이해하고, 타인과의 우호적 관계를 형성하기 위해 사회성 개발이 필요하다. 더 나아가서 대인관계 기술, 의사소통 기법 등을 다룬 프로그램으로 기획할 필요가 있다.
무엇이 개선되기를 기대하는가? 무엇이 변화하기를 기대하는가?	• 직업에 대한 이해를 증진시키고, 바람직한 가치관을 형성하게 할 필요가 있다. • 직업에 대한 포부, 개인적 성취 욕구를 인식하고, 사회적 · 공동체적 의식이 향상되기를 기대한다.

필요한가?

- 구체적으로 진로 영역에서 무엇이 개선되기를 기대하는가? 또는 무엇이 변화하기를 기대하는가?

이와 같은 질문들에 답하다 보면 누구를 위해 어떤 주제를 설정할지가 점점 분명해질 수 있다. 표 9-1의 예시와 같이 위의 질문들에 답하면서 프로그램 주제에 대해 탐색하는 과정을 살펴보자.

4) 프로그램의 운영자

프로그램의 운영자는 프로그램 운영에 대해 책임을 지고 프로그램의 효과를 만들어 내기 위해 노력하는 사람이다. 프로그램 운영자는 프로그램 개발(기획, 구성)과 운영을 모두 담당하는 사람이거나 개발된 프로그램을 운영하는 사람일 수 있다. 어떤 경우든 프로그램 운영의 효과를 내기 위해 전반적인 이해를 바탕으로 참여자에게 프로그램의 목표를 달성시켜야 한다. 이를 위해 프로그램 운영자는 다음의 몇 가지 특성을 갖춰야 한다(선혜연, 이제경, 이자명, 이명희, 2017).

우선, 프로그램 운영자는 인간 발달에 대해 긍정적인 태도를 갖고, 아동·청소년 발달에 관심을 기울여야 한다. 프로그램 운영 자체가 아동·청소년의 발달, 특히 진로 발달을 촉진하고 구체적인 변화를 일으키려는 것이기 때문에 인간 발달에 대한 관심은 프로그램 운영자의 기본적인 태도라고 할 수 있다.

둘째, 담당하고 있는 프로그램에 대한 이해와 체계적 준비가 선행되어야 한다. 프로그램의 목적과 목표, 주제와 참여자 특성, 프로그램의 구성 내용 등을 모두 종합적으로 검토해야 한다. 그리고 프로그램을 실제 운영할 때 참여자에게 보다 효과적으로 전달하고 참여자의 변화(성장)를 극대화해야 한다.

셋째, 아동·청소년을 대상으로 교육 및 상담을 제공하는 전문 분야에서 전문성을 향상시키기 위해 지속적인 자기개발이 필요하다. 인간 발달에 대한 기본적인 관심과 태도를 바탕으로 전문성을 갖춰야만 프로그램 운영 및 관련 업무에서 자신감과 성취감을 느낄 수 있다.

02 프로그램의 기획·구성 및 운영

1) 프로그램의 기획

프로그램 기획 단계는 달성하고자 하는 목표를 성취하기 위해 체계적으로 준비하는 과정이다. 프로그램 기획이 체계적이고 논리정연할수록 그 이후의 과정이 비교적 순조롭고, 프로그램 실제 운영 및 운영 후 평가를 진행하기 수월하며, 평가 자체 또한 유용한 과정일 가능성이 크다. 따라서 프로그램 기획 단계에서는 다음과 같은 내용들을 검토하고 보다 체계적으로 준비해야 한다.

(1) 프로그램의 사전 기획

프로그램 사전 기획 단계에서 프로그램의 목적과 목표를 명확히 할 필요가 있다. 앞에서 살펴본 바와 같이 기획하고자 하는 프로그램은 누구를 대상으로 할지, 어떤 문제를 구체적으로 다루고자 하는지, 어떻게 변화하기를 기대하는지 등을 구체적으로 검토해야 한다. 이러한 내용을 종합해서 프로그램의 주제를 결정한다.

(2) 문제 분석 및 요구조사

프로그램의 목적과 목표를 검토한 후 프로그램의 주제를 보다 구체적으로 정하기 위해 대상 집단의 특성이나 문제를 분석한다. 특정 문제를 확인하기 위해 문제의 원인, 문제의 진행 과정, 문제를 악화시키는 요인이나 감소시키는 요인 등을 확인하고, 문제를 개선하기 위해 개입할 수 있는 요인과 방법을 검토한다. 이러한 결과를 바탕으로 프로그램의 목적과 목표를 다시 확인해서 프로그램의 주제를 보다 구체적으로 정한다. 문제를 분석하는 동시에 또는 그 과정에서 필요하다면 요구조사를 실시할 수 있다.

요구조사는 개선점이나 불충분한 상태를 파악하기 위해 다양한 대상의 요구를 알아보고자 하는 것으로 여러 방법이 있을 수 있다. 비행 청소년의 진로성숙도를 촉진하고자 한다면 요구조사를 통해 비행 청소년의 진로발달에서의 특성을 이해하고, 바람직한 사회적 가치의 결여, 진로포부의 부재 등 문제를 분석해 낼 수 있다. 실제 요구조사는 비행 청소년뿐만 아니라 비행 청소년을 지도하는 사람을 대상으로 실시할 수 있다. 비행 청소년을 지도한 경험이 있는 교사, 상담자, 사회복지사, 기타 전문가 등이 대상이 될 수 있으며, 비행 청소년의 부모나 보호자도 요구조사의 대상이 될 수 있다. 당연히 비행 청소년 당사자도 요구조사의 대상이다. 어떤 대상을 상대로 요구조사를 진행할지를 결정하기 위해서는 필요한 정보와 그 정보의 출처를 정확히 파악하는 것이 선행되어야 한다. 그래서 정보의 유형, 문제 개선에 도움이 되는 정보를 제공하는 조사 대상 등을 고려해서 조사 대상자 및 조사 내용, 조사 대상자 수, 적합한 조사방법을 검토해야 한다. 조사방법은 일반적으로 면담, 관찰, 설문조사, 집단토의 등의 형식이 있을 수 있다.

(3) 표적 집단 및 주제 확정

프로그램의 목적과 목표를 명료화하고, 프로그램의 목적에 맞게 대상 및 주제를 선정한 후, 해당 대상의 문제 특성을 종합적으로 검토했다면 구체적으로 무엇을 위해 어떤 목표를 달성할지에 대해 큰 그림을 그릴 수 있어야 한다. 이에 따라 대상을 보다 세분화하여 중간 단위의 집단과 하위 집단의 특성을 체계적으로 이해하는 것이 중요하다. 이를 검토한 후 어느 수준의 집단을 개입 대상 집단으로 설정할지를 결정한다. 집단의 특성이나 주요 문제를 구분하는 기준에 따라 동질성을 엄격히 요구하는 집단부터 동질성에 대한 요구가 낮은 집단까지 그 폭이 매우 클 수 있다. 또한 이에 따라 집단의 크기를 결정할 수도 있다. 특정 문제를 다루기 위해 동질성에 대한 요구가 높은 경우 보통 집단의 크기가 상대적으로 작다. 동질성에 대한 요구가 높지 않은 경우는 집단이 상대적으로 더 커질 가능성이 높다. 집단을 어떤 방식으로 구분할지, 구분하는 기준에 따라 표적 집단이 다르고 이에 따른 주제 설정 또한 적절해야 한다.

(4) 운영자 및 운영 매뉴얼 준비

프로그램의 내용이 명료해지는 동시에 향후 운영에 대해서도 함께 준비해야 한다. 프로그램 실행을 위해 구체적으로 준비할 내용은 운영 매뉴얼이라고 할 수 있다. 운영 매뉴얼은 프로그램의 구성 내용을 운영자에게 체계적으로 전달하는 역할을 한다. 운영자는 운영 매뉴얼에 따라 프로그램을 적용하면서 참여자의 변화를 일으키는 활동을 한다. 프로그램 특성에 따라 운영 매뉴얼이나 운영자 전문성에 대한 요구가 다를 수 있다. 비교적 구조화되고 진행이 복잡하지 않은 프로그램의 경우 운영자 전문성에 대한 요구가 상대적으로 낮다. 대신 운영 매뉴얼은 보다 자세히 제시되는 것이 좋다. 반대로 프로그램이 비구조화 특성이 강하고 운영자의 전문성에 대한 요구가 높으면, 운영 매뉴얼은 필요하지만 실제 운영 과정에서 운영자의 전문성, 활용능력 등이 더 강조된다. 즉, 구조화, 정형화된 매뉴얼보다는 참여자 특성에 따른 운영자의 역할을 더 크게 요구한다. 이때 매뉴얼은 기본적인 구조나 흐름도 같이 포괄적인 방식으로 제공되는 것이 좋다.

2) 프로그램의 구성

프로그램 구성은 프로그램의 활동 내용을 체계적으로 조직하는 과정인데, 이때 거시적·미시적 목적을 고려하여 내용 간에 상호 연관성을 잘 갖도록 해야 한다. 구성된 프로그램이 하나의 체계라면 그 체계를 마련하는 과정 또한 프로그램 구성 원리에 따라 체계적이어야 한다. 즉, 프로그램이란 목적과 목표를 지니며 그것들의 달성을 위해 프로그램의 구성 원리에 따라 일련의 구체적인 내용 및 활동을 체계화한 것이다(김창대 외, 2011). 그래서 프로그램은 하나의 체계이고, 프로그램의 운영은 그 체계에 따라 실행하는 과정이다.

(1) 프로그램의 구성 원리

프로그램을 구성하는 원리는 이론에 근거하고 있다. 진로 영역에서 변화를 촉진하고자 하는 목표를 달성하기 위해서는 변화를 끌어낼 수 있는 진로상담의 이론적 근거를 명확히 하는 것이 중요하다. 즉, 진로 영역에서 개선하고 변화시키고자 하는 부분이 무엇이고, 긍정적인 변화를 촉진하는 요인이나 변화를 저지하는 요인이 어떤 것이 있는지, 그리고 어떻게 작용하는지에 대한 이해가 선행되어야 한다. 이렇게 이론적 근거를 바탕으로 확인한 요인들을 검토하고 종합해서 구성요소로 활용해야 한다.

(2) 프로그램 구성요소의 조직화

추출한 구성요소를 프로그램 목표에 맞게 조직하기 위해 구성요소 간의 관계를 파악할 필요가 있다. 구성요소 간의 관계는 크게 두 가지 특성이 있다. 하나는 순서가 결정적으로 중요하지 않은 병렬적 관계일 경우이고, 다른 하나는 순서가 중요한 연계형 관계의 경우이다. 이러한 특성에 따라 구성요소들을 조직할 때 내용의 순서나 논리적 관계를 고려해야 한다. 순서가 덜 중요한 구성요소들을 조직할 때는 상대적으로 쉬울 수 있으나 순서를 정할 때 활동의 난이도나 접근성을 고려해야 한다. 이때 친숙한 주제나 쉬운 활동부터 시작해서 점차 어렵고 집단 응집력을 요구하는 활동들을 배치해야 한다. 즉, 전반적으로 운영의 수월성, 실용적 측면 등을 염두에 두어야 한다. 다른 한편, 구성요소 간의 논리적 관계가 중요한 경우, 추출한 구성요소를 어떤 방식으로 조직화할지가 매우 중요하다. 이 과정에서 또한 이론적 근거와 운영의 수월성을 동시에 고려해서 체계적으로 조직해야 한다.

(3) 프로그램 활동요소의 조직화

프로그램의 구성요소를 충분히 검토한 후 구성요소들의 특성 중심으로 실제 활동을 어떻게 구성할 것인지에 대해 활동요소를 준비해야 한다. 구성요소와 활동요소를 구분해서 설명해 보자면 구성요소는 이론적 요소에 더 가깝고 활동요소는 프로그램 대상자들이 접하는 활동과 관련된 요소라고 할 수 있다. 활동요소를 선정할 때 크게 두 가지 측면을 고려해야 한다. 하나는 구성요소를 반영하여 프로그램 목표 달성에 직접적인 효과를 도출할 수 있는가이며, 다른 하나는 프로그램 참가 대상자들이 쉽게 이해하고 잘 따라 할 수 있는가이다. 아동·청소년의 경우, 집단의 인지적 특성, 신체적 활동성 등을 고려해서 활동요소를 선정하고 조직화할 필요가 있다. 구성요소와 활동요소의 관계가 이론-응용 관계라고 보면 비교적 이해하기 쉽다. 따라서 하나의 구성요소는 실제 프로그램 활동으로 구현할 때 구성요소의 특성에 따라 여러 개의 활동요소로 구분할 수 있다. 대부분의 경우 하나의 구성요소(예: 진로가치관 탐색)를 대략 2~3개의 활동요소(예: 진로가치관, 체크리스트, 가치관 경매)로 나눠서 프로그램을 구성한다.

(4) 프로그램 운영 매뉴얼 제작

앞서 기술한 과정을 거쳐 프로그램의 내용을 전반적으로 구성(개발)하였다면 프로그램 실시를 위해 더 준비할 것이 있다. 프로그램이 잘 구성되어도 운영에서 그 내용을 충분히 반영하지 못하면 결국은 아무런 효과도 거두지 못할 것이다. 프로그램 운영은 구성한 프로그램이 충분히 그 역할을 할 수 있게 하는 것이다. 이때 프로그램 자체의 효과를 극대화하는 동시에 프로그램 운영자의 상담자 효과를 충분히 발휘할 수 있도록 준비해야 한다. 프로그램의 구성에서 운영까지 같은 사람이 담당하는 경우도 있지만, 운영자는 미리 개발된 프로그램을 다루기만 하는 경우도 많다. 따라서 프로그램을 개발한 목적이 운영까지 잘 연결되어 효과가 나타나도록 전달하는 수단으로서 운영 매뉴얼이나 지침서 같은 자료가 잘 구비되어야 한다.

프로그램 운영 매뉴얼은 기본적으로 프로그램의 거시적·미시적 목표, 회기의 구성, 회기별 목표, 각 회기의 활동 내용, 진행 방법, 회기별 시간, 활동별 운영 시간, 각 회기의 준비물 및 주의사항 등을 포함해야 한다. 운영자는 이러한 자료를 중심으로 프로그램의 전체 취지, 방향, 이론적 근거, 프로그램의 전반적 목표와 회기별 목표와 같은 큰 그림을 머릿속에서 그리면서 프로그램을 적용한다. 운영자는 자연스럽게 프로그램의 내용과 절차를 통해 진행 과정과 달성하고자 하는 목표를 예상하여 개인의 전문성을 발휘한다. 또한 운영자는 실제 운영 환경이나 참여자들의 특성을 고려해서 프로그램의 목표와 취지를 존중하는 범위 안에서 더 효과적인 접근이나 변형을 시도해 볼 수 있다.

3) 프로그램의 운영

프로그램의 운영은 넓은 의미와 좁은 의미가 있다. 넓은 의미에서의 프로그램 운영은 프로그램을 진행하기 위한 계획, 홍보, 선발, 실시, 평가 등 전체 과정을 의미한다. 좁은 의미에서의 프로그램 운영은 프로그램의 각 회기를 실시하는 과정으로 해당 회기 내용을 구체적으로 진행하는 것을 의미한다. 여기에서는 넓은 의미에서의 운영을 설명할 것이다. 좁은 의미에서의 운영은 '프로그램 실시'(258쪽)에서 다루고 있다.

우선 전반적 운영을 위해 보통 연간 또는 학기별 사업 계획에서 해당 연도나 학기의 사업을 계획하고 예산을 편성한다. 사업 계획을 세운 후 프로그램 운영 기획단계에서는 적절한 시기, 사용할 수 있는 예산, 담당 인력 배정 등을 포함해서 초기 계획을 세워야 한다. 사업 계획이 세워지면 기관 특성이나 사업 특성에 따라 대략 다음과 같은 단계를 거쳐 프로그램 운영을 준비한다. 홍보 단계, 모집 및 선발 단계, 운영 시작부터 종결 및 평가 단계, 운영 후 사업 보고 단계 등 일련의 과정을 통해 기관의 사업을 수행한다.

(1) 프로그램 운영 계획 수립

프로그램의 운영 계획은 프로그램 실시와 관련된 전반적인 내용을 준비하는 것이다. 사업 계획에 따라 운영 기간, 시간, 장소, 담당자 배정, 홍보 방법 및 기간, 모집 및 선발 방법 등을 구체적으로 정해야 한다. 프로그램 운영을 준비하기 위해 앞서 구성(개발)한 프로그램의 목표, 전체 내용, 회기 수 및 진행 과정을 확인하고 사전 준비를 시작한다. 예를 들어, 학교에서 진행하는 프로그램의 경우 회기 수가 8~10회기 정도면 학기 초부터 시작해서 한 학기를 예상하고 진행한다. 그 과정에서 중간시험 기간, 기말시험 기간 등의 경우 학생들의 심적 부담과 운영 효과를 고려해서 피하는 것이 낫다. 3~4회기 정도 짧은 프로그램의 경우 중간시험 기간 전이나 중간시험 기간 후 학기말 전에 운영하는 것이 적절할 수 있다.

시간과 장소의 경우 대상자의 연령 및 개인 특성 등을 고려해서 정해야 한다. 아동·청소년으로 구분해서 생각해 본다면 연령이 낮을수록 보호자의 동행이 필요하고,

청소년의 경우 참가 가능한 시간과 안전하게 귀가할 수 있는 시간대를 고려해야 한다. 장소는 접근성, 편안함, 주제 내용과의 연관성 등을 고려해서 사전에 계획하는 것이 좋다.

(2) 프로그램 홍보

프로그램 운영을 준비할 때 홍보를 소홀히 하는 경우가 많은데 사실 무엇보다 프로그램 홍보가 중요하다. 처벌 성격의 프로그램이 아닌 이상 어떤 프로그램도 참여자들을 강제로 참여시킬 수 없으며, 프로그램이 실제 운영되려면 프로그램에 관심을 가지고 자발적으로 참여하는 대상자들이 있어야 한다. 따라서 프로그램 홍보의 중요성을 인식하고 적극적으로 홍보에 임해야 한다. 홍보를 준비할 때는 홍보 시기와 기간, 홍보 대상, 홍보 방법, 홍보 내용들을 고려할 필요가 있다.

먼저, 홍보 시기와 기간은 프로그램 실시 수개월 전부터 실시 1~2주 전까지 프로그램 대상자의 접근성 등을 고려해서 정해야 한다. 또는 시기와 방법을 동시에 고려해서 진행해야 할 필요가 있다. 예를 들어, 방학 기간이라면 포스터를 부착하는 방식보다는 이메일이나 스마트폰 문자 방식으로 포스터를 파일로 보내는 것이 더 현실적이고 적절하다. 특히 대중화된 소셜 미디어를 적극적으로 활용해야 한다. 그리고 일정 기간을 정해서 가능한 수차례 반복적으로 잠재 대상에게 알리고 관심을 자극하는 것이 좋다.

둘째, 홍보 대상은 크게 두 가지로 생각해 볼 수 있다. 하나는 직접적인 잠재 대상군이고 다른 하나는 대상군에게 영향을 미칠 수 있는 집단이다. 예를 들어, 학부모, 교사 등은 청소년에게 중요한 정보와 조언을 제공하는 사람이기 때문에 그 영향력을 잘 활용할 필요가 있다. 따라서 때로는 프로그램 대상을 상대로 집중적으로 홍보하는 전략과 프로그램 대상에게 영향을 미칠 수 있는 대상을 상대로 홍보하는 전략을 고안해야 한다. 즉, 홍보 대상을 고려해서 홍보 방법을 다르게 하고, 모집 및 선발까지 포괄적으로 준비해야 한다.

셋째, 홍보 방법은 매체 활용과 연결해 보면 매우 다양하다. 전통적인 방식부터 가장 최신의 방식까지 매우 폭넓고 다양하다. 그리고 비용 측면에서도 판촉물 제작부터 이메일 발송까지 매우 광범위하다. 이 과정에서 프로그램의 홍보 대상이 선호하는 매체나 홍보 방법이 무엇인지에 대한 고려가 필요하다. 따라서 홍보 방법은 활용할 매체, 주요 대상자를 고려해서 프로그램의 운영 예산, 대상자 특성 및 대상자에 따른 매체 접근성 등을 종합적으로 검토해야 한다. 그리고 홍보 방법은 시점에 따라 효과가 다를 수 있으며 시점 등을 고려해서 여러 홍보 방법을 적절히 혼합해서 사용하는 지혜가 필요하다.

마지막으로 가장 쉬우면서도 어려운 부분이 홍보 내용을 준비하는 것이다. 쉬워 보인다는 것은 프로그램의 목표, 내용, 대상, 방법 등이 이미 구축되었기 때문에 핵심 내용을 요약 정리하면 된다고 생각하는 것 때문이다. 그러나 어려운 부분은 홍보 대상자들이 그 내용을 보고 매력을 느껴 참여 의도가 생기는가이다. 참여 의향뿐만 아니라 참여 행동까지 유발할 수 있어야 한다. 홍보 내용을 인상적이고 매력적으로 만들지 못하면 이러한 효과를 유발할 수 없기 때문에 매우 어려운 일 중의 하나이다. 구체성, 직접성, 시급함 등 개인 내적 요구를 반영한 내용이 거시적인 내용보다 더 효과적이다. 그리고 이러한 내용을 적절한 언어, 상징, 기호, 아름다운 문장 등으로 표현해서 호기심과 관심을 자극하고, 내담자의 내적 요구를 충족시킬 수 있다는 암시를 주어야 한다.

(3) 대상자 모집 및 선발

홍보를 통해 잠재 대상군의 관심을 끌었다면 참여 신청을 하는 사람들이 많을 것이다. 적극적인 홍보를 통해 최대한 많은 신청자들을 확보하고 그중에서 선발기준을 명확히 해서 참여 대상자를 선발해야 한다. 대상자를 선발할 때 고려할 사항은 다음과 같다.

첫째, 프로그램의 성격에 따라 대상자를 선발하는 기준이 엄격하지 않은 경우가 있다. 이런 프로그램의 경우 대상자에게 특별히 어떤 자격요건이나 특성을 요구하지 않아도 되며 프로그램 목적에 적합하면 다수의 대상자를 선발할 수 있다. 이때 수용 가능한 범위 안에서 최대한 많이 모집하는 것이 좋고, 프로그램 특성에 따라 수용인원, 장소의 규모 등을 고려해서 참여자를 결정한다. 대표적으로 선착순 모집·선발이 이런 경우이다. 예를 들어, 스포츠 선수를 초청해서 특강을 진행한다면 스포츠 분야에 관심 많은 청소년이면 누구나 참여 가능하다. 또 다른 예로 청소년기 관심 주제인 진로·진학 탐색, 특히 고등학교 진학과 관련된 주제로 프로그램을 진행한다면 중1학생보다 중3학생으로 대상을 설정해야 한다.

둘째, 신청을 받은 후 몇 가지 선발기준을 적용하는 경우가 있다. 예를 들어, 장애학생의 사회성 증진을 통한 직업능력 향상 프로그램을 운영하고자 한다면 장애학생의 기준을 프로그램의 목적과 목표에 맞게 정확히 설정할 필요가 있다. 장애의 종류가 매우 다양하고, 또한 장애의 수준에 따라 이해력, 타인과의 상호작용 정도가 다르기 때문이다. 프로그램이 지향하는 방향, 내용, 수준에 따라 장애의 종류, 수준, 인지발달·정서적 상호작용 정도, 보호자 동행 여부 등을 중심으로 기준을 설정해야 한다.

마지막으로 모집·선발 과정에서 대상자의 특성에 따라 개인의 의사결정 능력 및 인지발달 수준 등을 고려해서 보호자의 사전 동의가 필요한지에 대한 검토가 필요하다. 특히 아동·청소년의 경우 부모 및 법적 보호자의 사전 동의는 프로그램 운영 전에 필수 확인 조건이다.

03 프로그램의 실시 및 평가

1) 프로그램의 실시

프로그램의 실시는 좁은 의미에서의 프로그램 운영이라고 할 수 있다. 회기별로 진행할 내용을 준비해서 최종 확정된 참여자를 대상으로 프로그램을 실시하는 것이다. 프로그램 실시 자체가 운영자의 전문성을 요구하며, 프로그램의 구조화 정도, 내용의 구체성 정도, 매뉴얼의 세분화 정도, 회기별 지침 제시 정도 등에 따라 운영자의 전문성을 다르게 요구할 수 있다. 세부 운영 내용이 비교적 잘 정리되어 이에 따라 진행하기 수월할 경우 초보자들도 접근이 가능하다. 그러나 참여자들이 호소하는 문제가 매우 심각하고 위험한 경우에는 초심 상담자가 다룰 수 없으며 이는 전문성 문제일 뿐 아니라 윤리적 측면에서 저촉된다.

(1) 프로그램의 실시 요령

① 프로그램 회기 사전 준비

프로그램 실시는 일반적으로 운영 지침에 따라 진행한다. 운영 지침에는 매 회기에 필요한 준비물 등을 안내하고 있으며 이에 따라 매 회기 시작 전에 사전 준비를 철저히 해야 한다. 사전 준비는 준비물, 자료, 설문지 등 외적인 부분과 운영자가 내용을 숙지하고 진행 절차를 머릿속에서 계획하는 것까지 포함한다. 운영자가 내용에 대해 숙지하고 참여자 특성을 미리 확인하지 않고 운영 매뉴얼만 기계적으로 적용하면 예상 밖의 여러 가지 어려움이 발생할 수 있다. 또한 준비물이 부족하거나 운영자가 예상치 못한 상황을 만나면 당황하게 되고 운영이 순조롭지 않을 수 있다. 결국 이는 참여자에게 영향을 줘서 프로그램에 몰입하기 힘들게 만들 수 있다. 결과적으로 프로그램 운영 성과에 부정적인 영향을 미칠 수 있기 때문에 사전 준비를 소홀히 해서는 안 된다. 그리고 지침서에 나와 있지 않아도 프로그램 운영에 당연히 필요한 사항을 세심히 챙겨야 한다. 특히 장소, 기자재 등은 평소 준비되어 있고 잘 작동하기 때문에 사전에 확인하지 않는 경우가 있는데, 예외적으로 장소가 사용 중이거나 기자재가 작동하지 않는 등의 문제 상황이 발생할 때는 매우 곤란해질 수 있다.

② 촉진적인 운영자의 행동

프로그램 실시 전 또는 실시 중에 집단의 목표와 참여자들이 각자 설정한 목표를 중심으로 프로그램의 활동을 진행하는 것이 중요하다. 여기에서 몇 가지 주안점을 생각해 볼 수 있다. 첫째, 집단의 규범·목표와 연결하여 프로그램 활동들의 효과를 극대화하도록 한다. 둘째, 집단 및 개인 목표 달성에 도움이 되는 행동을 적극적으로 더 많이 할 수 있도록 촉진한다. 셋째, 각 회기의 활동들을 참여자 특성 및 개인 목표에 맞게 적용한다. 넷째, 집단 및 개인 목표 달성에 도움이 되는 아무리 사소한 행동이라도 강화하고 매우 작은 성과에도 칭찬을 아끼지 않는다(선혜연 외, 2017).

(2) 프로그램 실시의 단계

프로그램을 실시할 때 집단상담의 과정을 보면 프로그램의 운영 과정을 이해할 수 있다. 일반적으로 집단상담을 운영하는 경우 초기 단계, 과도기 단계, 작업 단계, 종결 단계의 과정을 거쳐 집단이 진행된다.[3]

① 초기 단계

초기 단계에서는 구성원들이 집단의 목표를 이해하고, 집단구성원들이 이 프로그램을 통해 달성하고자 하는 목표를 설정할 수 있도록 이끈다. 그리고 초기 단계에서는 집단의 규범, 약속, 윤리적 문제 등을 숙지하도록 하고 프로그램이 긍정적인 방향으로 진행될 수 있는 전제 조건을 만들어 간다.

② 과도기 단계

과도기 단계에서는 집단 참여자들이 자신의 목표를 인식하고 이를 달성할 수 있도록 촉진하는 노력을 해야 한다. 집단 참여자들은 자신의 고민과 개인적 이야기를 낯선 사람들 앞에서 꺼내 놓기가 불편하고 두려워서 방어적인 태도를 보일 수 있다. 집단에 대한 신뢰가 충분하지 않고 방어적인 태도를 보이더라도 운영자는 수용하고 도와주려는 자세를 일관성 있게 보여야 한다. 이를 통해 참여자들이 프로그램 운영자에 대한 신뢰, 다른 참여자에 대한 신뢰를 형성하고, 불편감을 해소하여 집단에 더 적극적으로 참여하게 된다. 즉, 운영자는 참여자에 대한 인정, 수용과 지지를 제공하여 적극적인 집단 참여를 촉진해서 프로그램의 운영 효과를 증진시킨다.

③ 작업 단계

프로그램이 점점 진행되면서 과도기 단계에서의 불안, 두려움과 저항이 해소되고,

....

3   아래의 단계는 Corey, Corey, & Corey,(2016)의 『집단상담: 과정과 실제(9판)』의 내용을 참고하였음.

집단은 서서히 작업 단계로 넘어가게 된다. 작업 단계에서는 보다 신뢰로운 관계가 형성되어 불안과 저항이 아니라 안정적으로 정서적 유대감을 형성하여 집단에 몰입하게 된다. 참여자들은 더욱 깊이 자신을 탐색하고, 설정한 목표를 달성하기 위해 구체적으로 노력한다. 집단 안과 밖에서 새로운 행동을 시도하고 구체적인 행동 변화를 경험한다. 그러나 이 단계에서 일부 집단원에게는 여전히 불안과 갈등이 남아 있을 수 있기 때문에 개개인의 상태를 파악하면서 개입해야 한다. 집단원의 특성을 고려해서 과도기 단계와 작업 단계의 특성을 모두 적절히 잘 다루어야 한다.

④ 종결 단계

종결 단계에서는 개인의 변화를 확인하고 긍정적인 피드백을 하여 더욱 발전할 수 있게 한다. 종결 단계에서는 참여자들이 초기 단계에서 각자 설정한 목표를 어느 정도 달성했는지, 집단 과정에서 어떤 학습과 성장이 있었는지, 어떤 결과를 얻었는지를 검토해 볼 필요가 있다. 실제 생활에서 변화가 있었는지, 변화를 지속하기 위해 어떤 노력이 필요한지 등에 대해 총체적으로 살펴보는 것이 좋다. 또한 향후 비슷한 어려움을 극복할 수 있는 용기를 주고 다른 어려움을 직면했을 때 다시 도움을 청할 수 있다는 것을 알린다.

2) 프로그램의 평가

(1) 평가의 의의와 목적

평가는 일반적으로 무엇의 가치나 중요성을 확인하는 행위라고 할 수 있다. 일상생활에서 사물의 가치, 행사의 경제적 가치 등과 유사하게 무엇을 다른 것, 예를 들어 경제적인 것으로 환산하는 것이다. 이러한 환산 방법을 사용하는 것은 그 중요성을 강조하고자 하는 의도가 있다. 이와 같이 평가 행위를 함으로써 무엇이 중요한지, 그리고 얼마나 중요한지를 알아볼 수 있다.

프로그램과 관련된 평가는 몇 가지 목적이 있다. 기본적으로 프로그램 개발 단계에서 프로그램이 효과가 있는지를 확인하는 작업이 필요하다. 효과가 있는 프로그램 이라는 것을 확인했다면 그 프로그램을 완성해서 보급하게 된다. 그래서 보급해서 사용하는 프로그램 중에서는 검증된 프로그램들이 많다. 그리고 프로그램 운영 단계에서 평가의 목적을 매우 다양하게 구분해 볼 수 있다. 개발 단계와 마찬가지로 프로그램을 운영하고 그 효과를 확인하기 위해 효과평가를 한다. 이러한 평가는 첫째, 프로그램 실시에서 효과가 있었다는 것을 확인함으로서 지속적인 인력, 예산 지원을 받아 향후에도 운영할 수 있는 기초 근거를 마련하는 것이다. 둘째, 프로그램 실시의 효과를 통해 참여자들의 변화와 발전을 확인하고 객관적인 자료를 제공함으로써 참여자들의 성장을 촉진한다. 셋째, 평가 결과를 활용하여 사업이나 정책 제안과 같은 거시적인 운영 관리 방향을 설정하는 데 근거를 제공한다. 넷째는 미시적 수준에서 긍정적인 평가 결과를 활용하여 기관 홍보, 프로그램 홍보, 참여자 모집 등에 활용한다(송병국, 2005).

(2) 평가 대상 및 내용

프로그램 평가의 목적이 다양하기 때문에 평가활동에서 평가 내용 및 평가 대상, 평가 방법 등이 약간의 차이가 있을 수 있다. 개발 단계에서는 프로그램의 실행 효과를 확인하기 위해 참여자 대상으로 사전-사후, 실험집단-통제집단 설계 방식으로 통계적 분석을 하는 것이 가장 기본적인 방법이다. 이에 따라 사전보다는 사후, 통제집단보다는 프로그램 개입을 제공한 실험집단이 더 성장하고 변화했다는 것을 입증해야 한다. 이러한 평가를 통해 확보된 자료를 중심으로 운영 단계에서도 비슷한 연구설계를 하거나 이를 더 응용해서 평가를 진행할 수 있다.

프로그램 운영 단계에서의 평가는 앞서 설명한 평가의 목적에 따라 평가 대상이 매우 다양하다. 평가 대상으로 프로그램, 프로그램 참여자, 운영자, 기관의 사업 관리자 등이 모두 가능하다. 첫째, 프로그램에 대한 평가는 프로그램 참여자의 성장과 변화를 객관적으로 측정함으로서 확인할 수 있다. 방법으로는 개발 단계에서 사용하는 연구설계 및 연구방법을 통해 진행할 수 있다. 둘째, 참여자의 생각이나 느낌을 평가할 수 있다. 참여자가 주관적으로 느끼는 변화를 평가하는 방법과 주관적인 만족도를 평가하는 방법을 사용한다. 셋째, 프로그램 운영자나 사업 관리자의 경우 프로그램 운영 및 기관 관리 차원에서 프로그램의 전반적 효과, 프로그램의 장점, 다른 프로그램과의 차별성 등을 종합적으로 평가하여 향후 사업 방향 및 프로그램 운영에 반영한다.

종합해 보면 평가에서는 평가 목적, 평가 대상 및 평가 내용을 종합해서 그 방법을 결정해야 한다. 크게는 주관적인 평가와 객관적인 평가 방식으로 나누어 이해할 수 있다. 객관적 평가 방식은 프로그램의 효과, 참여자의 성장 변화와 같은 객관적인 사실을 확인하고자 할 때 주로 사용하는 방법이다. 주관적 평가는 만족도나 개인적인 생각과 느낌을 알아보고자 할 때 주로 사용한다. 구체적으로는 민족도 조사, 면담, 글쓰기 등의 방식이 있다. 또한 제3자의 관찰을 통해 변화를 확인하는 방법도 가능하다. 이와 같은 다양한 방법을 적절히 혼합해서 사용하는 경우 보다 다양한 측면에서 프로그램의 효과를 알아볼 수 있다.

(3) 평가 결과의 활용 및 프로그램의 개선

프로그램 운영에 대해 전반적으로 평가한 후 그 결과를 보다 긍정적으로 활용하는 것은 매우 의의가 크다. 프로그램 평가를 잘 활용하면 다음과 같은 긍정적인 결과를 얻을 수 있다. 첫째, 프로그램 평가 결과를 통해 프로그램의 효과를 확인하고 효과적인 부분과 상대적으로 덜 효과적인 부분을 비교·구별할 수 있다. 평가 내용이 구체적일수록 프로그램 회기나 내용 중 어떤 부분이 참여자의 변화를 더 많이 촉진할 수 있었는지, 어떤 부분들이 반응이 좋지 않고 효과적이지 않았는지를 세부적으로 검토할 수 있다. 이를 통해 프로그램의 전반적인 효과를 촉진할 수 있는 방법을 마련하고 프로그램의 기능을 더 강화할 수 있다. 둘째, 프로그램을 운영하고 평가함으로써 운영자의 역량과 전문성을 더욱 확대할 수 있다. 프로그램 운영은 기본적으로 프로그램의 효과와 운영자(상담자)의 효과가 있으며, 환경적 영향을 받을 수 있다. 이 중에서도 운영자 효과가 매우 큰 비중을 차지한다고 볼 수 있으며, 특히 프로그램 운영자의 역량과 전문성에 따라 프로그램 효과의 전달 정도가 달라질 수 있다. 프로그램 운영 및 평가를 통해 운영자가 자신에 대해 점검하고 운영자 효과를 극대화할 수 있는 방법을 찾으려는 노력을 할 수 있다. 셋째, 개별 프로그램 및 사업에 대한 평가, 그리고 기관 차원에서 운영하는 프로그램에 대한 평가를 종합함으로써 기관 사업의 특성 및 성과를 분석하고, 이에 따라 적절한 예산, 인력, 자원 등의 배분을 고려할 수 있다. 결국 평가 결과를 다양하게 활용함으로써 기관 사업을 균형 있게 발전시키고 개별 프로그램과 전체 기관 기능을 향상시키는 데 좀 더 기여할 수 있다.

04 프로그램 체험활동

앞서 프로그램에 대한 전반적인 이해를 하고 여기에서는 이를 바탕으로 프로그램에 대한 체험을 시도해 볼 수 있다. 프로그램의 전체 목적과 회기별 목표를 이해하고, 더 구체적으로 프로그램의 활동요소를 통해 구성요소를 이해하게 된다. 또한 회기 소개 및 운영 절차에 대한 안내를 통해 운영 매뉴얼을 접하고 프로그램 운영자 입장과 참여자 입장을 모두 체험하는 경험을 촉진하고자 한다. 프로그램 체험활동을 진행하기 위해 프로그램 운영자, 프로그램 참여자 등 여러 역할을 구분해서 진행하기를 추천한다. 다음 활동 매뉴얼을 활용하여 '내 꿈의 변천사' 진로탐색활동을 시도해 보기 바란다.

프로그램 체험활동

활동명 내 꿈의 변천사

활동 목적 성장 과정에서 가졌던 진로와 관련된 꿈을 탐색함으로써 자신의 적성, 흥미, 가치관 등을 탐색하고 개인의 여러 특성 간의 균형과 갈등 등을 종합적으로 이해한다.

활동 시간 50분
* 활동 시간은 유연하게 적용 가능하다. 개인 활동의 경우, 10~20분, 집단 활동의 경우, 다루는 정도에 따라 30~50분, 60~90분 등 다양하게 적용 가능하며, 시간 설계에 따라 다루는 내용의 상세한 정도를 결정한다.

활동 절차와 방법
1. 활동의 목적과 대략의 진행을 소개한다.

2. 활동 내용에 대한 이해를 돕기 위해 다음과 같은 내용을 소개한다.
"누구나 성장 과정에서 여러 가지 꿈을 가지게 됩니다. 꿈에는 여러 요인이 영향을 끼칩니다. 예를 들어, 흥미나 적성 등 개인의 다양한 특성, 가족과 타인의 영향, 환경, 매체 등의 영향도 받게 됩니다."

3. 지금까지의 성장 과정에서 가졌던 꿈을 시기별로 적어 보고 영향 요인을 생각해 본다.

번호	꿈 내용	시기 또는 기간	주요 특성 및 영향 요인

4. 각자 작성한 자신의 꿈의 변천사를 중심으로 소집단에서 같이 이야기를 나눈다(이때 피드백, 공감, 질문 등 다양한 상담 기법을 활용해 본다).

5. 나의 꿈의 변천사와 다른 친구들의 꿈의 변천사를 함께 나눈 후 소감을 발표한다.

요약

　아동·청소년을 대상으로 하는 진로교육 및 상담에서는 프로그램을 많이 활용한다. 아동·청소년의 진로발달을 촉진하기 위해 핵심목표를 설정하고, 다양한 주제, 특정 대상 집단 등을 고려해서 프로그램을 기획 또는 개발할 수 있다. 또한 프로그램 운영자는 프로그램의 효과를 만들어 낼 수 있는 역량을 갖춰야 한다.

　프로그램을 실제 운영하기 위해서는 기획 단계부터 실시 및 평가까지의 과정을 체계적으로 계획해야 한다. 사업 계획을 진행할 때 예산, 인력, 장소 등을 고려해서 기획하고, 홍보, 모집, 선발(필요 시 사전 평가) 등 절차를 거친다. 프로그램을 실제 실시할 때는 참여자 특성을 최대한 이해하고 개인 목표를 설정하는 데 도움을 준다. 운영자는 전체적으로 각 회기의 목표를 숙지하고 해당 회기의 목표를 달성할 수 있도록 진행한다. 프로그램 진행 과정에서 나타나는 현상, 특성 등을 이해하고, 그 과정에서 운영자의 촉진적 행동과 비효과적인 행동을 점검하는 것이 중요하다.

　프로그램 체험활동은 소모임이나 전체 집단 형태로 진로와 관련된 과거 경험을 통해 참여자의 개인 특성을 탐색하는 활동이다. 적성, 흥미, 가치관, 타인의 영향, 환경 등과 같은 다양한 특성을 최대한 탐색하게 한다. 이를 통해 참여자 각 개인이 중요하게 인식하는 것이 무엇인지 확인하고, 앞으로 진로개발에서 어떻게 활용할 것인지에 대한 생각을 정리하도록 한다.

학습문제

1 프로그램 내용을 구성할 때 구성요소와 활동요소의 논리적 관계를 설명하시오.

2 프로그램 운영 초기 단계에서 참여자들이 나타내는 불안이나 저항을 어떻게 확인할 수 있는지를 예를 들어 설명하시오.

3 프로그램 평가에서 무엇을 평가하고 이를 어떻게 활용할 수 있는가에 대해 토론해 보시오.

4부

진로교육과 상담의 현장

제10장

초등학교 진로교육과 상담

학 습 목 표

1 2015 개정 교육과정에 나타난 초등학교 진로교육의 내용과 목표를 설명할 수 있다.
2 초등학생 진로발달의 특성을 진로이론에 근거하여 설명할 수 있다.
3 초등학생 진로발달 특성을 고려하여 초등학교 학년 수준에 적합한 진로교육 프로그램을 구안하고
   이를 지도할 1차시 분량의 교수·학습 지도안을 작성할 수 있다.
4 초등학생 내담자를 대상으로 진로 개인상담을 실시하고 상담의 성과와 과제에 대하여 설명할 수
   있다.

4차 산업혁명의 도래와 함께 현대사회는 급격한 변화를 경험하고 있다. 시대적 변화상과 맞물려 직업세계의 변화도 가속화하고 있다. 새로운 직업이 지속적으로 출현하는가 하면, 많은 수의 직업은 사라지고 있다. 4차 산업혁명은 경제 및 산업구조, 노동시장 등 여러 분야에 상당한 변화를 가져왔다. 이에 정부나 기업 차원에서는 산업구조의 고도화, 기업 환경의 개선과 같은 조치들을 취해 나가야 한다. 동시에 학교는 급변하는 고용시장에 대처할 직업 역량을 갖춘 인재를 양성하는 데 주력해야 한다. 이런 차원에서 학교의 교육과정은 궁극적으로 경쟁력을 갖춘 직업인 양성을 목표로 해야 한다. 더불어 진로교육은 가급적 조기에 이루어지는 것이 좋다. 그러므로 초등학교 시기부터 체계적이고 실효성 있는 진로교육이 이루어져야 한다.

개인의 진로행동을 발달적 측면에서 설명하고 있는 진로발달이론에 의하면 초등학교 시기는 자신과 직업세계에 대한 명확한 인식이 이루어지는 시기이다. 긍정적 자아개념의 형성, 일의 중요성 이해, 직업세계의 탐색, 진로 기초 소양의 함양 등과 같은 초등학교 시기의 발달 과업 성취는 이후의 안정적 진로발달로 이어진다. 따라서 초등학생 시기에 성취해야 할 진로발달 과제들을 초등학교 교육과정에 구체적으로 반영하고 이를 학교 장면에서 체계적으로 지도하는 것이 바람직하다. 이러한 점을 염두에 두고 이 장에서는 초등학교 진로교육의 내용과 목표, 초등학교 진로교육 프로그램, 초등학교 진로상담 사례 등에 대해 살펴본다.

01 초등학교 진로교육의 내용과 목표

1) 2015 개정 교육과정에 나타난 진로교육

2015 개정 교육과정에서 초등학교 진로교육에 대해 직접적으로 다루고 있는 '창

표 10-1 초등학교 창의적 체험활동 영역

영역	활동	교육 중점
자율활동	• 자치·적응활동 • 창의주제활동	• 입학 초기 적응활동, 사춘기 적응활동 • 민주적 의사결정의 기본원리 이해 및 실천 • 즐거운 학교생활 및 다양한 주제 활동
동아리활동	• 예술·체육활동 • 학술문화활동 • 실습노작활동 • 청소년단체활동	• 다양한 경험과 문화체험을 통한 재능 발굴, 신체감각 익히기와 직접조작 경험, 소속감과 연대감 배양
봉사활동	• 이웃돕기활동 • 환경보호활동 • 캠페인활동	• 봉사활동의 의의와 가치에 대한 이해 및 실천
진로활동	• 자기이해활동 • 진로탐색활동 • 진로설계활동	• 긍정적 자아개념 형성, 일의 중요성 이해, 직업세계탐색, 진로 기초 소양 함양

출처: 교육부(2015).

의적 체험활동'은 자율활동, 동아리활동, 봉사활동, 진로활동의 4개 영역으로 구성된다. 창의적 체험활동의 연간 수업 시간은 1~2학년 동안 272시간, 3~4학년 동안 204시간, 5~6학년 동안 204시간이다. 학년별 연간 수업 시간 내에서 학생의 발달 단계와 요구 등을 고려하여 학년별, 학기별로 영역 및 활동을 선택하여 집중적으로 운영할 수 있다. 각 영역별 활동과 중점 교육내용은 표 10-1과 같다.

이 표에서처럼 초등학교의 창의적 체험활동은 자율활동, 동아리활동, 봉사활동, 진로활동 등으로 구분되지만 넓은 의미에서는 진로와 모두 관련 있는 활동으로 볼 수 있다. 즉, 다른 영역의 활동을 수행하는 과정에서도 직간접적으로 자기이해를 도모하고 진로를 탐색하며 설계하는 효과를 얻을 수 있기 때문이다. 보다 넓은 관점에서는 모든 교과목과 교육활동이 진로교육과 연결되어야 하고, 학생들의 진로역량을 개발하는 결과로 이어지는 것이 바람직하다. 이는 2015 개정 교육과정이 추구하는 기본적인 방향이기도 하다. 하지만 창의적 체험활동에서 진로활동 영역을 별도로 명시함으로써 자기이해활동, 진로탐색활동, 진로설계활동 등의 구체적이고도 직접적인 진로 관련 활동을 하도록 안내하고 있다. 진로활동의 목표와 내용은 표 10-2와 같다.

표 10-2 초등학교 진로활동의 목표와 내용

활동	활동 목표	활동 내용(예시)

자기이해활동	긍정적 자아개념을 형성하고 자신의 소질과 적성에 대해 이해한다.	• 강점 증진활동
		  – 자아정체성 탐구, 자아존중감 증진 등
		• 자기특성 이해활동
		  – 직업흥미 탐색, 직업적성 탐색 등

진로탐색활동	일과 직업의 가치, 직업세계의 특성을 이해하여 건강한 직업의식을 함양하고, 나의 진로에 관한 교육 및 직업정보를 탐색하고 체험한다.	• 일과 직업 이해활동
		  – 직업세계의 변화 탐구, 직업가치관 확립 등
		• 진로정보 탐색활동
		  – 교육정보, 진학정보, 학교정보, 직업정보 탐색
		• 진로 체험활동
		  – 직업인 인터뷰, 직업인 초청강연, 산업체 방문,
		    직업체험관 방문, 인턴, 직업체험 등

진로설계활동	자신의 진로를 창의적으로 계획하고 실천한다.	• 계획활동
		  – 진로상담, 진로의사결정, 학업 및 진로설계 등
		• 준비활동
		  – 일상생활 관리, 진로목표 설정, 학업관리 및
		    진로실천 계획 수립, 구직활동 등

출처: 교육부(2015).

2) 초등학생 진로발달의 특징 및 교수·학습 방향

(1) 초등학생 진로발달의 특징

초등학생에게 적합한 진로교육을 위해서는 초등학생 고유의 발달적 특징을 이해하고 이를 고려한 접근을 해야 한다. 초등학교 시기는 진로발달 측면에서 다양한 명칭으로 개념화되고 있다. 진로의 발달적 측면을 강조한 수퍼(Super), 터크만(Tuckman), 갓프레드슨(Gottfredson) 등의 견해를 간략히 살펴보면 다음과 같다.

우선, 수퍼(Super, 1957)에 의하면 초등학교는 성장기(0~14세)에 해당하며, 이 시기에는 자기 자신과 일의 세계에 대한 기본적인 개념을 발달시킨다. 성장기는 환상기(4~10세), 흥미기(11~12세), 능력기(13~14세)의 세 하위 단계로 구분되며 각 단계의 연령은 고정적이기보다는 가변적이다. 환상기에 있는 아동은 환상에 기초하여 직업세계를 꿈꾸고, 관련된 역할놀이를 한다. 흥미기에 진입하면 직업적 환상에서 벗어나 자신의 흥미를 고려한 직업인식의 특성을 보인다. 능력기에 접어들면 능력을 중요시하며 직업의 요구조건을 고려하게 된다.

터크만(Tuckman, 1974)은 자아인식, 진로인식 및 진로의사결정의 세 요소를 핵심으로 하는 8단계의 진로발달 단계를 제시하였다. 그중에서 1단계에서부터 5단계까지를 초등학생의 발달 단계로 보았다. 터크만에 따르면 1단계(1학년)에서는 외적 통제, 즉 일에 대해 듣는 이야기를 중심으로 진로의식을 형성한다. 2단계(1~2학년)에서는 일에 대한 간단한 지식이나 개념을 이해하기 시작한다. 3단계(2~3학년)에서는 자아를 인식하기 시작하는데 동기와 욕구, 또래관계 등이 주요 초점이 된다. 4단계(4학년)에서는 일의 세계를 탐색하며 진로결정에 관심을 갖는다. 5단계(5~6학년)에서는 외부의 승인과 인정을 구하면서 직업흥미, 목표, 직업의 조건과 내용 등에 관심을 갖게 된다.

갓프레드슨(Gottfredson, 1981)은 직로와 관련한 개인의 발달을 4단계로 구분하고 1단계(3~5세)는 힘과 크기 지향성, 2단계(6~8세)는 성역할 지향성, 3단계(9~13세)는 사회적 가치 지향성, 4단계(14세 이후)는 내적 자아 지향성 등으로 설명하였다. 이 중에서 2단계와 3단계가 초등학교 시기에 해당하는 것으로 볼 수 있다. 따라서 8세경에 이르면 직업세계를 남성적인 직업과 여성적인 직업으로 구분할 수 있게 된다. 이어서 13세경까지 사회계층, 즉 직업의 사회적 지위 수준에 대한 이해를 하게 된다. 이러한 진로발달적 특성에 대한 이해는 학년 수준에 적합한 진로교육의 내용 구성에 이론적인 근거가 될 수 있다는 점에서 필요하다.

(2) 초등학교 진로활동의 교수·학습 방향

2015 개정 교육과정에서는 창의적 체험활동의 진로활동 편성 및 운영에 융통성을 부여하고 있다. 하지만 학생들의 발달 단계에 적합하도록 연간 계획과 활동 목표, 활동 내용 등을 수립하여 운영해야 한다(교육부, 2015). 더불어 진로상담활동은 담임교사, 교과전담교사, 전문상담교사, 전문상담사 등 관련 교원이 협력하는 것을 원칙으로 하면서도, 전문성을 갖춘 학부모 또는 지역사회 인사 등의 협조를 받을 수 있다.

창의적 체험활동에서 초등학교 진로활동의 교수·학습은 다음과 같은 방향으로 이루어져야 한다(교육부, 2015). 첫째, 초등학생들이 자신에 대해 이해할 수 있는 기회와 자신에게 맞는 진로를 찾아가는 과정을 제공하는 데 중점을 두어 지도한다. 둘째, 초등학생들이 개성과 소질을 인식하고, 일과 직업에 대해 편견 없는 마음과 태도를 갖도록 지도한다. 셋째, 학교 및 지역사회의 시설과 인적 자원 등을 활용하여 직업세계의 이해와 탐색 및 체험의 기회를 제공한다. 요컨대, 초등학교에서의 진로활동은 학년별 발달 수준을 고려하여 해당 학년에 적합한 내용과 방법으로 구성하되 연간 계획하에 체계적으로 실시해야 한다. 진로활동의 교수·학습은 자기이해와 직업태도 및 직업탐색을 고양하는 방향이어야 한다.

3) 초등학교 진로교육의 목표

2015 개정 교육과정에서 제시하고 있는 초등학교 진로교육의 목표는 자신과 일에 대한 이해와 긍정적 가치를 형성하고 다양한 진로탐색과 체험을 바탕으로 자신의 꿈을 찾고 진로를 설계할 수 있는 진로개발역량의 기초를 배양하는 것이다(교육부, 2015). 이를 위한 구체적인 하위 목표를 살펴보면 다음과 같다

(1) 긍정적인 자아개념을 형성한다

초등학교 시기에는 환상에 기초하여 직업세계를 꿈꾸면서(Super, 1957) 진로 자기개념(Super, 1990)이 형성되기 시작한다. 무엇보다 대인관계 속에서 자신의 정체성을 확인하면서 자신과 환경에 대한 긍정적 혹은 부정적 태도가 견고해진다(Stewart & Joins, 1987). 출생과 동시에 경험하는 최초의 대인관계는 가족 관계이다. 가족 관계, 특히 부모와의 상호작용 속에서 정체성에 대한 중요한 과업이 대부분 완성된다(Berne, 1961). 이렇게 형성된 정체성은 이후 학령기를 거치면서 경험하는 수많은 대인관계의 상호작용 속에서 타당화 과정을 거치며 확고해진다. 따라서 대인관계 속에서 인정과 칭찬, 격려와 같은 긍정적인 상호작용을 충분히 경험하며 자신을 수용하고 소중하게 여기는 마음을 갖게 해야 한다. 이는 학생의 긍정적인 자아개념 형성에 직접적인 영향을 준다. 그리고 인간은 자신의 자아개념과 일치하는 직업을 선택한다(Super, 1957).

즉, '나는 이런 사람이다'라는 바를 실현할 수 있는 직업을 선택한다는 것이다. 예를 들면, 스스로를 남을 잘 돕고 적극적인 사람이라고 여기는 사람은 자신의 이미지와 맞는다고 생각하는 직업을 찾고, 선택한다. 그렇기에 진로에서 자신에 대한 이해, 즉 긍정적인 자아개념을 형성하는 것은 핵심적인 과제라 할 수 있다.

(2) 의사소통능력의 기초를 기른다

의사소통능력은 직업 역량의 여러 영역 중에서 일반적으로 가장 먼저 지목되는 영역이다(김장회, 김계현, 2007). 이는 NCS 직업기초능력 10개 영역 중 하나로, 업무를 수행함에 있어 말과 글을 통해 상대방의 의견을 듣거나 자신이 뜻한 바를 표현할 때 그 의미를 정확하게 파악하고 전달할 수 있는 능력으로 정의된다. 하위 능력으로 문서이해능력, 문서작성능력, 경청능력, 의사표현능력, 기초외국어능력이 있다. 이러한 능력은 말하기·듣기, 읽기, 쓰기, 영어 등과 같은 교과목에서 직접적으로 다루고 있다. 하지만 교과교육뿐만 아니라 창의적 체험활동, 방과후활동 등 학교의 모든 활동과정에서 의사소통능력을 기를 수 있도록 노력할 필요가 있다.

의사소통능력에는 하위 요인들과는 별도로 심리적인 요인이 배경으로 작용하며 영향을 준다. 의사소통은 '나-너'라는 대인관계 맥락과 불가분의 관계에 있다. 효과적인 의사소통은 건강한 대인관계능력에서 나온다. 따라서 건강한 대인관계를 위해 갖추어야 할 개인의 심리적인 태도를 살펴보고 학생들이 건강한 심리적 태도를 형성하도록 도와야 하는 것이다. 의사소통능력과 관련되는 자신과 타인의 심리적인 태도를 인생태도이론을 통해 구체적으로 살펴보면 다음과 같다.

자신에 대한 태도와 타인에 대한 태도를 연결지어 설명한 인생태도는 대체로 어린 시절(3~7세)에 형성되는 것으로서 대표적으로 네 가지가 있다(Berne, 1961). 우선, 자기긍정과 타인긍정(I'm OK, You're OK)의 태도이다. 이는 나와 다른 사람을 모두 긍정적으로 보고 대하는 자세이다. 나는 이만하면 충분히 괜찮은 사람이고 상대방도 충분히 괜찮다고 본다. 자신과 다른 사람 모두를 존중하고 인정하는 것이다. 이는 건강한 자세이고 원만한 대인관계를 형성하고 발전시킬 수 있는 기반이 된다. 다음으로 자기부정과 타인긍정(I'm not OK, You're OK)의 태도이다. 이런 태도를 지닌 사람은 자신에 대한 신뢰는 낮은 반면, 다른 사람의 인정을 추구하고 의지하려는 모습을 보인다. 자기비하, 열등감이 심하고 자존감이 낮다. 세 번째는 자기긍정과 타인부정(I'm OK, You're not OK)의 태도이다. 이는 자신을 긍정하고 타인을 부정하는 태도로서 자신을 과신하는 반면 다른 사람의 존재나 능력을 인정하지 않는 모습을 보인다. 네 번째는 자기부정과 타인부정(I'm not OK, You're not OK)의 태도이다. 즉, 자신과 타인을 모두 부정하는 태도이다. 자신과 타인을 모두 부정적인 존재로 보기 때문에 아무도 자신을 도와줄 수 없다고 여긴다. 내적으로는 다른 사람의 인정과 관심, 사랑을 갈구하지만 외적으로는 상대방의 인정과 관심을 뿌리치기 때문에 대인관계에서 단절과 분리를 경험한다. 따라서 학생이 자신과 타인을 모두 존중하는 태도를 갖도록 지속적으로 지도할 필요가 있다. 이러한 태도는 '나-너'의 관계를 반영하며 의사소통의 기초가 될 뿐만 아니라 직업선택 및 직업수행과도 밀접하게 관련되기 때문이다.

(3) 변화하는 직업세계를 이해한다

진로발달(Super, 1990) 측면에서 아동은 흥미기(11~12세)에 일의 세계에 대한 흥미와 이해가 깊어지면서 일의 세계를 보다 현실적으로 지각하게 된다. 이어서 능력기(13~14세)에 이르면 관심 있는 직업에 대한 현실적인 정보를 축적한다. 초등학교 시기의 아동은 직업에 대한 다양한 호기심으로 환경을 관찰하고 경험을 통해 직업의 세계를 의식적 혹은 무의식적으로 학습한다. 이러한 직업세계에 대한 이해는 이후 직업세계의 탐색과 진로선택으로 이어진다(Gottfredson, 2004). 따라서 학생들이 직업세계와 변화상, 역할, 직업에 이르는 경로 등에 대해 관심을 갖도록 동기를 부여하고, 그러한 활동을 적절히 안내해야 한다.

(4) 건강한 직업의식을 형성한다

초등학생 시기에 일과 직업에 대한 올바른 가치관과 태도, 즉 건강한 직업의식을 형성하도록 지도해야 한다. 사람들이 일과 직업을 통해 생계를 해결한다는 점에서 직업은 중요한 경제적 의미를 지니고 있다. 또한 직업은 사회에 공헌하고 사회발전에 기여할 수 있게 하며 심리적으로는 욕구충족과 자아실현을 가능하게 하는 수단이 된다.

하지만 우리 사회에는 생계 지향적이고 결과 지향적이며 귀속주의적인 직업의식이 존재하고 있으며, 지위 지향적 직업관이나 직업에 대한 전통적인 귀천의식 등도 만연해 있다. 특히 부모는 자녀의 진로의식과 직업포부에 상당한 영향을 미친다(최보윤, 공윤정, 2009). 부모와 자녀의 밀접한 관계를 고려할 때, 부모가 지닌 전통적인 직업의식은 자녀의 진로선택에 직·간접적인 영향을 줄 수밖에 없다. 따라서 학생들이 올바른 직업관과 직업의식, 즉 직업에 대한 편견을 버리고 일 자체를 목적으로 여기는 자세를 갖도록 학생은 물론이고 부모 대상의 진로교육을 꾸준히 시도해야 한다.

02 초등학교 진로교육 프로그램

초등학교에서 진로활동을 체계적으로 운영하기 위해서는 창의적 체험활동 시간을 효과적으로 활용하여야 한다. 하지만 창의적 체험활동에는 자율활동, 동아리활동, 봉사활동, 진로활동의 네 영역이 있고, 학교 현장에서는 모든 영역의 활동을 골고루 해야 한다는 점에서 실제 진로활동을 위한 시간은 충분하지 않은 상황이다. 3~6학년의 경우 1년 102시간의 창의적 체험활동 시간을 네 영역의 활동으로 배분하면 산술적으로는 평균 25.5시간을 활용할 수 있다. 하지만 이 시간도 담임교사가 진로교육을 위한 시간으로 온전하게 사용할 수는 없다. 견학, 체험활동, 체육대회 등과 같은 각종 학교행사를 위한 시간으로 탄력적으로 배당하기 때문이다. 따라서 담임교사가 학년 교육과정을 융통성 있게 구성하더라도 진로교육을 실시할 수 있는 시간은 대략 10~20시간 정도인 것으로 파악된다.

제한된 시간과 촉박한 일정 중에 진로교육을 실시해야 하는 현실을 감안할 때, 교사가 활용할 수 있는 진로교육 프로그램이 영역별, 학년별로 체계적으로 구비되고 제공될 필요가 있다. 이런 점들을 고려하여 2015 개정 교육과정에서 제시한 진로활동 영역의 세부활동인 자기이해, 진로탐색, 진로설계에 관한 세부 프로그램들을 영역별로 제시한다. 교사는 학년 특성과 영역별 내용을 참고하여 체계적인 진로활동이 될 수 있도록 필요한 프로그램을 선택적으로 활용할 수 있다.

1) 초등학교 진로 자기이해활동

초등학교에서의 진로 자기이해활동을 자신에 대한 이해의 폭을 넓히고 건강한 대인관계를 형성할 수 있는 능력을 기르는 것에 초점을 두고 각 주제별로 세부 프로그램을 제시하면 표 10-3과 같다.

자기이해와 관련한 프로그램은 학급 단위나 집단상담 장면에서 사용할 수 있다. 표 10-3에서 제시한 프로그램을 참고하되 교사는 대상과 상황에 따라 재구성하거나 융통성 있게 운영할 수 있다. 다만 어떤 프로그램이든 학생의 참여 동기를 높여야 하고, 학습목표를 성취할 수 있도록 각 프로그램에 적합한 효과적인 교수·학습방법을 활용해야 한다. 더불어 자기이해활동이 미래 직업인으로서의 준비 과정에 필수적인 요소라는 점을 확실히 인식하도록 해야 한다. 각 프로그램별로 간략한 수업 과정과 활동지를 제시하면 다음과 같다.

표 10-3 진로 자기이해활동 주제(예시)

주 제	프로그램	내용	목표
나의 재발견	나의 장점	• 나의 장점 찾기	긍정적인 자아개념을 형성한다.
	나의 흥미	• 나의 흥미 찾기	
	나의 적성	• 나의 적성 찾기	
	나의 성격	• 나의 성격 이해하기	
바람직한 대인관계	소중한 가족	• 가족의 존재와 기능 이해하기	의사소통능력의 기초를 기른다.
	소중한 친구	• 소중한 친구 관계 형성하기	
	원만한 문제해결	• 갈등을 원만하게 해결하기	
	효과적 의사소통	• 효과적으로 의사소통하기	

단계	주요 활동	시간	유의점
도입	▶ 학습목표: 나의 장점을 알 수 있다. ▶ 동기유발: 토끼와 거북이 이야기에서 거북이의 장점 살펴보기	5분	장점을 솔직하고 구체적으로 표현하게 한다.
전개 및 정리	▣ 활동1: 나의 장점 찾기 ▣ 활동2: 친구가 보는 나의 장점 찾기 ▣ 정리	35분	

성공했던 경험

___학년 ___반 이름_____

지금까지 경험했던 성공 사례 중에서 가장 기억나는 것 한 가지를 써 보세요.

(1) 언제 있었던 일인가요?

(2) 어디서 있었던 일인가요?

(3) 무엇을 했나요?

(4) 어떻게 했나요?

(5) 왜 그렇게 되었나요?

(6) 성공 경험을 쓰면서 알게 된 사실이나 느낀 점은 무엇인가요?

단계	주요 활동	시간	유의점
도입	▶ 학습목표: 나의 흥미를 알 수 있다. ▶ 동기유발: 한국을 빛낸 100명의 위인들 노래 부르기	5분	흥미를 느꼈던 특별한 경험에 대해 솔직하고 구체적으로 표현하게 한다.
전개 및 정리	▣ 활동1: 나의 흥미 찾기 ▣ 활동2: 친구가 보는 나의 흥미 찾기 ▣ 활동3: 홀랜드 흥미검사 ▣ 정리	35분	

재미있었던 경험

___ 학년 ___ 반 이름 _____

친구와 다음의 질문을 주고받으며 특별히 흥미를 느낀 경험이나 활동에 대해서 살펴보아요.

(1) 기계부품, 장난감 조립, 만들기 등에 관한 특별한 경험이 있으면 말해 주세요.

(2) 과학 관련 독서, 자연현상 관찰, 실험 등에 관한 특별한 경험이 있으면 말해 주세요.

(3) 그리기, 만들기, 꾸미기, 노래, 악기 다루기 등을 특별히 좋아한 경험이 있으면 말해 주세요.

(4) 다른 사람 돕기, 봉사 등을 특별히 좋아한 경험이 있으면 말해 주세요.

(5) 의견주장, 설득, 발표, 리더활동 등에 관한 특별한 경험이 있으면 말해 주세요.

(6) 정리정돈, 심부름 등에 관한 특별한 경험이 있으면 말해 주세요.

단계	주요 활동	시간	유의점
도입	▶ 학습목표: 나의 적성을 알 수 있다. ▶ 동기유발: 자신 있는 몸동작 시연하기	5분	적성에 대한 자신의 경험과 친구의 의견을 경청한다.
전개 및 정리	▣ 활동1: 소질이나 재능 찾기 ▣ 활동2: 친구가 보는 나의 재능 찾기 ▣ 활동3: 적성검사 ▣ 정리	35분	

적성검사

___ 학년 ___ 반 이름 _____

다음의 문항을 잘 읽고 해당하는 곳에 ✔표시를 해 주세요.

영역	문항	그렇다	보통이다	아니다
신체 운동 능력	1. 나는 운동장 다섯 바퀴를 도중에 멈추지 않고 달릴 수 있다.			
	2. 나는 선생님이 처음으로 시범 보이는 동작을 잘 따라 할 수 있다.			
	3. 나는 피구를 할 때 아주 빠르게 던지는 공을 피할 수 있다.			
공간 시간 능력	4. 나는 짧은 시간 안에 사물의 특징이 잘 나타나게 그릴 수 있다.			
	5. 나는 종이접기나 로봇 조립을 할 때 그림으로 된 설명서를 잘 이해한다.			
	6. 나는 가구나 물건을 옮겨서 보기 좋고 편리하게 배치할 수 있다.			
음악 능력	7. 나는 처음 듣는 노래도 음의 높낮이와 장단에 맞게 따라 부를 수 있다.			
	8. 나는 악기로 간단한 곡을 잘 연주할 수 있다.			
	9. 나는 음악에 푹 빠져서 감상할 수 있다.			

영역	문항	그렇다	보통이다	아니다
언어 능력	10. 나는 글을 통해서 나의 느낌이나 주장을 잘 표현할 수 있다.			
	11. 나는 글을 읽거나 다른 사람의 말을 들을 때 내용을 잘 이해할 수 있다.			
	12. 나는 나의 의견이나 기분을 상대방에게 말로 잘 전달할 수 있다.			
수리 논리 능력	13. 나는 여러 가지 사실들로부터 일반적인 결론을 끌어낼 수 있다.			
	14. 나는 수학문제를 잘 파악하고 다양한 방법으로 답을 구할 수 있다.			
	15. 나는 복잡한 계산도 정확하게 할 수 있다.			
자기 성찰 능력	16. 나는 쉽게 화를 내지 않으며 화가 나더라도 잘 누그러뜨릴 수 있다.			
	17. 나는 잘못된 일에 대해서 내 책임을 인정하는 편이다.			
	18. 나는 목표를 세우고 이를 이루는 방법을 계획을 세워 실천할 수 있다.			
대인 관계 능력	19. 나는 친구의 어려운 사정을 들으면 마음이 아프다.			
	20. 나는 처음 만나는 사람과도 금방 편하게 이야기할 수 있다.			
	21. 나는 한 번 사귄 친구와 오랫동안 친구로 지낸다.			
자연 친화 능력	22. 나는 평소에 동물에 관한 프로그램이나 글을 관심 있게 본다.			
	23. 나는 식물을 잘 보살피며 내가 돌보는 식물은 잘 자라는 편이다.			
	24. 나는 환경보호를 위하여 일상생활에서 분리수거 등을 실천하고 있다.			

출처: 직업적성검사(한국직업능력개발원)

단계	주요 활동	시간	유의점
도입	▶ 학습목표: 가정과 가족 관계의 중요성을 알 수 있다. ▶ 동기유발: 상어가족 노래 부르기	5분	가족의 중요성을 체감할 수 있도록 한다.
전개 및 정리	▣ 활동1: 우리 가족의 경험을 생각 그물로 나타내기 ▣ 활동2: 가족에 관한 신문 기사 오려 붙이기 ▣ 활동3: 가족을 위한 나의 노력	35분	

소중한 가족

___ 학년 ___ 반 이름_____

친구와 다음의 질문에 관한 자신의 생각을 말해 보세요.

(1) 가족을 감동시킬 수 있는 방법에는 어떤 것이 있을까요?

(2) 형제자매와 우애 있게 지낼 수 있는 방법에는 어떤 것이 있을까요?

(3) 우리 집의 가훈은 무엇인가요?

(4) 가족과 함께 떠난 여행 중에서 가장 인상 깊었던 경험은 무엇인가요?
   (언제, 어디서, 무엇을 경험했나요?)

(5) 내가 바라는 가족의 모습을 그림으로 그려 보세요.

단계	주요 활동	시간	유의점
도입	▶ 학습목표: 소중한 친구가 되기 위해 노력할 수 있다. ▶ 동기유발: 친구에 관한 동영상 시청(5분)	5분	친구의 중요함을 알고 스스로 좋은 친구가 되겠다는 동기를 부여한다.
전개 및 정리	▣ 활동1: 어떤 친구가 좋은 친구인가? ▣ 활동2: 친구에게 편지 쓰기 ▣ 활동3: 우정을 가꾸기 위한 선언문 작성하기 ▣ 정리	35분	

소중한 친구

___ 학년 ___ 반 이름 _____

다음의 질문에 관한 자신의 생각을 정리해 보세요.

(1) 나에게 가장 소중한 친구는 누구인가요?

(2) 소중한 친구를 위해 내가 할 수 있는 일은 무엇인가요?

(3) 내 짝꿍의 장점 열 가지를 찾아보세요.

(4) 내 짝꿍의 장점 열 가지를 친구의 눈을 보며 차례로 진심을 담아 말해 주세요.

(5) 어려운 친구를 도와준 경험이 있으면 말해 보세요.

2) 초등학교 진로탐색활동

초등학교에서의 진로탐색활동을 일의 소중함과 직업세계로 구분하고 각 주제별로 구체적인 프로그램을 제시하면 다음 표 10-4와 같다.

표 10-4 초등학교 진로탐색활동 주제(예시)

주제	프로그램	내용	목표
일의 소중함	일의 의미	• 일의 의미 이해하기	건강한 직업의식을 형성한다.
	직업의 소중함	• 직업의 소중함 이해하기	
	직업과 삶의 보람	• 직업을 통한 삶의 보람 찾기	
직업세계	가족과 이웃의 일	• 가족 및 이웃의 직업 살펴보기	변화하는 직업세계를 이해한다.
	다양한 직업	• 직업세계의 종류 살펴보기	
	미래의 직업	• 미래의 직업세계 살펴보기	

자기이해와 관련한 프로그램은 학급 단위나 집단상담 장면에서 사용할 수 있으며 표 10-4에서 제시한 프로그램을 참고하되 대상과 상황에 따라 재구성하거나 융통성 있게 운영할 수 있다. 초등학교 과정에서 진로탐색은 직업세계에 대한 이해의 폭을 넓히고 직업에 대한 관심과 흥미와 직결된다는 점에서 다양한 프로그램을 고안하여 지속적으로 운영할 필요가 있다. 진로탐색활동에 관한 세부 프로그램을 예시로 제시하면 다음과 같다.

단계	주요 활동	시간	유의점
도입	▶ 학습목표: 직업의 역할과 소중함을 알 수 있다. ▶ 동기유발: 극한직업(EBS) 동영상 시청	5분	직업의 의미를 정확히 이해하고 모델링할 수 있는 직업인을 찾게 한다.
전개 및 정리	▣ 활동1: 사람들은 왜 직업을 갖는가? ▣ 활동2: 직업의 소중함 알기 ▣ 활동3: 존경하거나 좋아하는 직업인은? ▣ 정리	35분	

직업의 소중함

___ 학년 ___ 반 이름_____

직업의 개인적 · 경제적 · 사회적 의미를 이해하고 이에 대한 자신의 생각을 발표한다.

(1) 자아실현
　 – 인간은 직업을 가지고 일을 함으로써 만족감과 성취감을 느낀다. 따라서 직업은 경제적인
　　욕구충족 수단 이상의 의미를 지니고 있다. 사람들은 직업을 통해 자아실현을 하고 행복을
　　누린다.

(2) 생계유지
　 – 직업을 통해 돈을 벌고, 자신과 가족의 의식주를 해결할 수 있다. 동시에 세금을 냄으로써
　　사회구성원으로서의 역할을 담당하기도 한다.

(3) 사회유지
　 – 사회는 수많은 직업과 직업인을 통해 그 기능을 효과적으로 유지할 수 있다. 따라서 한
　　개인은 직업을 통해 사회를 유지하고 공동체를 지탱하는 중요한 역할을 하게 된다.

➡ 어떤 점에서 직업이 소중하다고 생각하나요?

➡ 내가 본받고 싶은 직업인은 누구인가요?

단계	주요 활동	시간	유의점
도입	▶ 학습목표: 다양한 직업의 세계를 알 수 있다. ▶ 동기유발: 직업 그림 퍼즐 맞추기	5분	직업의 세계를 즐겁게 탐색할 수 있도록 분위기를 조성한다.
전개 및 정리	◪ 활동1: 다양한 직업 종류 알기 ◪ 활동2: 처음 알게 된 직업 ◪ 정리	35분	

다양한 직업

___ 학년 ___ 반 이름 _____

특정 분야에 연관된 관련 직업의 명칭에 대해 서로 질문하고 말해 보세요.

(1) 영화 분야 직업
 − 영화감독, 영화기획자, 시나리오 작가, 영화배우, 조명기사, 영화 번역가, 촬영기사, 촬영감독
 − 특수효과전문가, 조명감독, 특수분장사, 분장사, 헤어디자이너, 영화기획홍보전문가
 − 녹화기사, 녹음기사, 편집기사, 음향효과원, 카피라이터, 영상편집가

(2) 방송 분야 직업
 − 방송 PD, 방송 작가, 촬영 기술자, 송출 기술자 등

(3) 게임 분야 직업
 − 게임 시나리오 작가, 게임 그래픽 디자이너, 게임 프로그래머, 게임 음향 기술자 등

(4) 음반 분야 직업
 − 기획자, 음반 창작자(작곡 · 작사가, 연주가, 가수), 음반 기술자, 음반 자켓 디자이너,
   홍보담당자 등

(5) 출판 분야 직업
 − 출판기획자, 출판편집자, 북디자이너, 출판영업원 등

(6) 애니메이션 분야 직업
 − 애니메이션 기획자, 캐릭터 디자이너, 애니메이터, 애니메이션 작가 등

출처: 커리어넷(careenet.go.kr)

단계	주요 활동	시간	유의점
도입	▶ 학습목표: 미래의 직업을 알 수 있다. ▶ 동기유발: 굴뚝 청소원에 대해 질문하기	5분	사라진 직업에 대해서는 교사가 정확하게 설명을 한다.
전개 및 정리	▣ 활동1: 사라진 직업은? ▣ 활동2: 미래에 생겨날 직업은? ▣ 활동3: 미래에 유망한 직업은? ▣ 정리	35분	

숨은 직업 찾기

___ 학년 ___ 반 이름_____

아래 표에는 옛날과 오늘날의 직업 이름들이 가로, 세로, 대각선으로 숨어 있습니다.
직업 이름을 찾아 해당 칸에 ▨ 표 하세요.

이	미	장	뱃	프	로	그	래	머	애
사	거	사	수	스	요	원	비	부	니
회	공	타	포	마	구	민	소	경	메
복	도	츠	정	연	선	청	라	파	이
지	강	대	봇	보	뚝	희	초	부	터
사	정	로	장	굴	처	물	장	수	통
소	인	주	시	장	달	리	종	역	옹
하	력	우	디	자	이	너	사	기	고
차	거	통	신	기	술	자	장	우	상
짐	꾼	연	나	무	장	수	길	풍	책

▶ 숨어 있는 직업 이름

애니메이터, 짐꾼, 프로그래머, 대장장이, 통역사, 디자이너, 물장수, 옹기장수, 스포츠강사, 뱃사공,
정보처리사, 인력거꾼, 로봇연구원, 굴뚝청소부, 나무장수, 통신기술자, 사회복지사

출처: 한국고용정보원(www.keis.or.kr)

3) 초등학교 진로설계활동

초등학교에서의 진로설계활동을 선택과 진로로 구분하고 각 주제별로 구체적인 프로그램을 제시하면 다음 표 10-5와 같다. 초등학교 시기의 진로활동은 자기이해와 진로탐색에 한정되지 않는다. 초등학교 수준에서 진로결정을 경험하도록 격려하는 것은 진로성숙에 도움이 되고 진로의사결정 능력을 신장시킬 수 있다. 따라서 초등학생이 자기이해와 진로탐색을 토대로 합리적인 진로선택과 미래의 진로를 설계할 수 있도록 적극 지도해야 한다.

표 10-5 초등학교 진로설계활동 주제(예시)

주제	프로그램	내용	목표
일의 소중함	진로선택 방법	• 진로를 선택하는 방법 이해하기	건강한 직업의식을 형성한다.
	진로선택 연습	• 진로를 선택하는 연습하기	
	나의 선택	• 나의 진로 선택하기	
직업세계	나의 미래 모습	• 나의 미래 직업 그려 보기	변화하는 직업세계를 이해한다.
	나의 직업 이후	• 직업을 가진 이후의 목표 살펴보기	
	진로설계	• 진로 설계하기	

단계	주요 활동	시간	유의점
도입	▶ 학습목표: 진로를 효과적으로 선택하는 방법을 찾을 수 있다. ▶ 동기유발: 선택하기가 어려웠던 경험 나누기	5분	가능한 많은 대안을 모색해
전개 및 정리	◼ 활동1: 선택이 중요한 이유 ◼ 활동2: 합리적인 선택의 장점과 단점 ◼ 활동3: 합리적인 선택의 단계 ◼ 정리	35분	보고, 가장 좋은 해결 방법을 찾는 과정을 학습하도록 한다.

합리적인 진로선택

___ 학년 ___ 반 이름_____

의사결정 과정의 7단계를 참고해서 나에게 주어진 문제에 대해 결정을 내려 보세요.

- 1단계: 문제를 정확히 한다.
- 2단계: 진로결정에 필요한 정보를 모은다.
- 3단계: 가능한 대안을 열거한다.
- 4단계: 대안을 비교·검토한다.
- 5단계: 대안 중에서 선택한다.
- 6단계: 행동을 취한다.
- 7단계: 결정한 내용과 그 결과를 검토한다.

다음의 질문에 대한 나의 결정은 무엇인가요?

- 나는 어떤 직업을 갖고 싶은가?

- 나는 어떤 친구를 사귀고 싶은가?

- 이번 여름(겨울)방학 동안에 가장 하고 싶은 일이 무엇인가?

단계	주요 활동	시간	유의점
도입	▶ 학습목표: 내가 원하는 진로를 선택할 수 있다. ▶ 동기유발: 부모님과 진로에 대해 이야기를 나눈 경험 발표	5분	선택에는 어려움도 따른다는 것을 알게 하고 갈등이 있을 때 현명하게 해결할 방법을 찾게 한다.
전개 및 정리	▣ 활동1: 내가 희망하는 직업과 부모님이 원하는 직업 ▣ 활동2: 직업에 대해 부모와 생각이 다른 경우 선택 방법 ▣ 활동3: 희망하는 직업을 갖기 위해 노력할 점 ▣ 정리	35분	

나의 진로선택

___학년 ___반 이름_____

직업선택에 영향을 미치는 다음의 내용을 읽고 올바른 진로선택을 해 보세요

(1) 사무 및 관리직 선호
 – 우리나라에는 전통적으로 선비의식과 관직 선호와 같은 직업의식이 자리 잡고 있다. 이러한 영향으로 지금도 화이트칼라로 지칭되는 사무직이나 공무원 직종에 대한 동경 심리가 있다.

(2) 부모가 원하는 직업선택
 – 부모가 자녀에게 특정 직업을 선택하게 만드는 경우가 있다. 부모 자신이 선호하는 직업을 자녀를 통해 성취하려고 하거나 자녀의 직업을 통해 자신의 욕구를 실현하려는 것이다.

(3) 성차별적인 직업의식
 – 자신의 적성과 흥미를 고려하기보다는 직업에 대한 성차별적인 고정관념을 바탕으로 직업을 선택하는 경우가 있다.

단계	주요 활동	시간	유의점
도입	▶ 학습목표: 미래 직업에 대해 구체적으로 설명할 수 있다. ▶ 동기유발: 미래의 변화상에 대해 발표하기	5분	희망하는 미래 직업을 친구들에게 자랑스럽게 이야기하도록 격려한다.
전개 및 정리	▣ 활동1: 나의 미래 직업은? ▣ 활동2: 희망 직업을 다양한 방법으로 나타내기 ▣ 정리	35분	

미래 직업전망

___ 학년 ___ 반 이름 _____

	자동화 대체 확률 높은 직업 상위 15개		자동화 대체 확률 낮은 직업 상위 15개
1	콘크리트공	1	화가 및 조각가
2	정육원 및 도축원	2	사진작가 및 사진사
3	고무 및 플라스틱제품 조립원	3	작가 및 관련 전문가
4	청원경찰	4	지휘자 · 작곡가 및 연주가
5	조세행정사무원	5	애니메이터 및 만화가
6	물품이동장비조작원	6	무용가 및 안무가
7	경리사무원	7	가수 및 성악가
8	환경미화원 및 재활용품 수거원	8	메이크업아티스트 및 분장사
9	세탁 관련 기계조작원	9	공예원
10	택배원	10	예능 강사
11	과수작물 재배원	11	패션디자이너
12	행정 및 경영지원관리 서비스 관리자	12	국악 및 전통 예능인
13	주유원	13	감독 및 기술감독
14	부동산 컨설턴트 및 중개인	14	배우 및 모델
15	건축도장공	15	제품디자이너

출처: 한국고용정보원(www.keis.or.kr)

03 초등학교 진로 개인상담

1) 초등학생 진로 개인상담 방법

초등학교에서 진로상담은 학생의 자기이해, 진로탐색, 진로결정, 진로설계 등의 과업을 체계적으로 조력하는 전문적인 활동이다. 초등학생 진로 개인상담은 개별 학생과 면대면으로, 방해받지 않는 조용한 장소에서 1주일에 1~2회, 1회당 20~40분 정도의 길이로 한다. 사례당 상담은 3~5회 정도 하는 것이 일반적이다. 간혹 진로상담으로 시작해서 심리상담으로 전환되는 경우가 있는데 이는 주의해야 할 일이다. 심리적인 문제의 심각성이 명백하고 학생과 학부모가 동의하는 경우에 한해서 제한적으로 실시해야 한다. 여기에서는 초등학생을 대상으로 한 진로 개인상담의 과정에 대해 간략히 살펴보고자 한다.

(1) 진로상담의 원리

- 학생들의 성격, 적성, 흥미, 취향, 가정환경 등이 다름을 인정하고 존중해야 한다.
- 학생의 문제를 학생의 입장에서 이해해야 한다.
- 올바른 진로선택을 위해서 정확한 정보를 제공해 주어야 한다.
- 최종적으로 학생이 올바른 진로를 선택할 수 있도록 조력해야 한다.
- 학생이 선택을 하지 못할 경우에는 가장 합리적인 선택을 하도록 도와야 한다.
- 학생의 잠재능력을 발견하고 그것이 발현되도록 조력해야 한다.

(2) 진로상담의 과정

진로상담은 일반적으로 문제의 평가와 진단, 목표 설정, 해결을 위한 개입, 종결 및 추수지도 등의 네 가지 과정을 거치는 것으로 볼 수 있다. 특히 상담이 진행되는 과정 전반에 걸쳐 학생이 상담자를 온전히 믿고 신뢰할 수 있는 분위기를 조성하는 데 주력해야 한다. 동시에 진로상담에서도 주의집중과 경청, 공감적 반영, 질문과 재진술 등과 같은 상담의 기본 기술이 충실히 활용되어야 한다.

① 문제의 평가와 진단

학생이 호소하는 문제의 특징, 내용, 심각성 등을 이론적 지식에 근거하여 효과적으로 파악하고 진단해야 한다. 문제에 대한 평가에는 학생의 성격, 성적, 심리, 관계 특성, 가정환경, 진로발달 수준 등의 여러 정보가 동원된다.

② 목표 설정

문제가 확인되면 상담을 통해 해결할 목표를 학생과 함께 설정한다. 목표는 학생과 상담자가 합의한 것이어야 하며, 구체적이고 실현 가능한 것이어야 한다.

③ 해결을 위한 개입

학생의 진로문제는 상담자의 이론적 관점에 따라 다르게 평가되고 진단될 수 있다. 예를 들어, 수퍼(Super)의 관점을 따르는 상담자라면 학생의 진로 자아개념, 진로 성숙도, 발달 단계에 따른 진로탐색 수준 등에 근거하여 문제를 파악하고 개입할 것이다. 크롬볼츠(Krumboltz)를 선호하는 상담자는 진로의 학습된 측면, 과제접근기술, 진로신념, 진로 우연사건 등의 개념을 동원하여 문제를 풀어 갈 것이다. 홀랜드(Holland)의 이론을 선호하는 상담자는 흥미유형, 직업정보, 직업선택 등에 초점을 둘 것이다. 더불어 여러 이론을 통합하거나 절충하여 적용할 수도 있다. 따라서 진로목표를 달성하기 위해 어떤 이론적 지식과 기술을 활용할 것인지 확인하고 해당 분야에 전문성을 갖출 것이 요구된다.

④ 종결 및 추수지도

마지막 종결 및 추수지도 단계에서는 학생과 합의한 상담목표를 달성한 정도를 확인하고 향후 행동계획을 점검한다. 구체적으로는 변화에 대한 평가, 상담에 대한 소감, 남아 있는 문제에 대한 예측, 향후 행동계획 등을 다룬다. 추수지도는 상담 후에도 상담 성과가 지속되는지를 상담 종결 후 일정 시간이 지난 시점에 확인하고 지도하는 것이다.

2) 초등학생 진로 개인상담 사례

초등학생은 발달적인 특성을 고려할 때 내적인 흥미나 가치를 충분히 고려한 진로의사결정은 가능하지 않을 것으로 판단된다. 따라서 진로포부를 명확히 밝힌 경우라 하더라도 의사결정이 가변적일 수 있음을 고려할 필요가 있다. 이런 점에서 상담 장면에서 진로의사결정 자체에 중점을 두기보다는 다음과 같은 점을 염두에 두고 상담을 진행할 필요가 있다.

사례 1 나에게 맞는 직업을 찾고 싶어요.

■ 내담자 정보
- 나이: 12세(초등학교 5학년)
- 가족: 아버지, 어머니, 동생
- 아버지(음악 강사), 어머니(피아노 강사), 동생(피아노와 지휘 수강 중)
- 좋아하는 일: 그림 그리기(옷 코디해서 그리기), 장식품 만들기

■ 상담목표
- 나의 흥미 분야를 찾고 흥미 분야에 맞는 직업 찾기

■ 상담내용
〔1회기〕
• 진로에 대한 고민
  - 부모님이 음악을 좋아하시고, 자녀들이 음악을 하길 원해서 어린 시절부터 첼로를 배움
  - 상을 받은 적은 많이 있지만 자신이 정말 첼로에 소질이 있고 흥미가 있는지 확신이 없음

- 별다른 고민 없이 어릴 적부터 첼리스트라는 직업을 생각해 왔지만 첼로를 그만두고 싶을 때도 있고 연습이 지겨울 때도 많음
- 첼리스트 외에도 자신에게 맞는 직업이 있는지 알아보고 싶음
- 내담자는 자신이 잘하는 분야에 대한 확신을 갖고 싶어 하였고 동경하는 직업으로는 패션 디자이너를 꼽음
• 과제 제시
  - 진학진로정보센터(www.jinhak.or.kr)에 접속해서 홀랜드 검사 후, 결과물 가져오기

〔2회기〕

• 홀랜드 검사 결과를 토대로 내담자의 유형을 파악하고 흥미유형에 어울리는 직업 탐색
  - 내담자의 흥미유형: 예술형(다음으로 높은 흥미유형은 탐구형)
  - 흥미 육각모형은 한쪽으로 찌그러진 모양으로 육각형의 크기가 매우 컸음
  - 예술적 성향이 매우 강하며 뚜렷한 관심을 보임
  - 본인이 관심을 가지고 있는 미술 관련 분야의 직업(패션디자이너, 공예관련) 역시 자신의 흥미유형 속에 들어가는 것으로 좀 더 깊이 있게 탐색할 필요가 있는 것으로 드러남

〔3회기〕

• 진로지도 사이트에서 직업사전을 통해 찾은 패션디자이너에 관한 정보를 제시하고 패션디자이너가 어떤 일을 하고, 되기 위해서는 어떻게 해야 하는지 자세히 설명함
• 패션디자이너에 관한 정보를 나눔
  - 패션디자이너는 주로 의류회사, 섬유회사, 개인 의상실 등으로 진출하며 자신이 직접 의상실을 경영하기도 함

- 패션디자이너가 되기 위해서는 전문대학 및 대학교에서 의상디자인학, 패션디자인과, 의류(의상)학 등을 전공하면 유리함을 알게 됨
- 현재로는 특정 직업 한 가지만을 선택하기보다 자신이 흥미 있는 분야(예술형)를 알아내고 흥미유형에 맞는 직업을 찾아보는 것에 중점을 두었음
- 평소 관심을 가지고 동경하는 직업이 마침 자신의 흥미유형과도 적합하여 가능성을 열어 두고 첼리스트와 패션디자이너에 대해 좀 더 알아보기로 함

〔상담종결〕

- 평소에 재미있겠다고 생각했던 패션디자이너라는 직업이 본인의 흥미유형에 맞는다는 것을 알게 되어 더욱 자신감이 생김
- 가끔 첼로를 연습하는 게 지겹기도 하고 그만두고 싶을 때도 있기는 하지만 현재 자신이 가장 잘할 수 있는 일이기에 좀 더 노력해 봐야겠다는 생각을 하게 됨
- 패션디자이너가 어떤 역할을 하는지 자세한 직업정보를 얻게 됨
- 앞으로 노력해야 할 점을 확인하고 실천하기로 다짐함

사례 2 제 꿈을 갖고 싶어요.

■ 내담자 정보
- 초등학교 6학년
- 다혈질에 욱하는 성격이 있어 순간적으로 화를 참지 못해 다툼이 많고 표현이 거침
- 전투기 조종사를 자신의 꿈이라고 표현하지만 막연하게 내 꿈이라는 식으로 진술함

- 내담자 진단
  - 의사결정 부족 문제: 여러 방면에 흥미나 적성을 가지고 있음에도 불구하고 특별한 흥미와 적성을 파악하지 못해 막막하고 답답하다고 느끼고 있음
  - 정보 부족의 문제: 자신이 꿈꾸는 직업에 대한 구체적 정보의 부족으로 그냥 막연히 멋져 보여서 하고 싶다는 표현을 함. 꿈을 향한 어떤 생각이나 결정을 하거나 문제를 해결하는 데 필요한 노력을 기울이지 않음
  - 전투기 조종사의 모습을 TV에서 보고 너무 멋지게 보여 전투기 조종사가 되기로 함
  - 자신이 선택한 꿈에 대한 확신이나 희망적 표현이 부족하며 성격이 급하고 과잉행동을 잘 하며 화를 잘 조절하지 못하는 평소 성격으로 진로의사결정에 대해 더 생각해 보고 자신의 부적응 행동이나 단점을 극복하고 장점을 더 신장시켜 진로계획을 수립할 필요가 있음

- 크롬볼츠의 사회학습이론에 근거한 진단
  - 유전적 요인과 특별한 능력: 신체운동능력이 뛰어나고 학업성취도 좋으며 외향적이고 활달하여 적극적으로 대인관계를 맺고 있으나 화를 잘 참지 못하고 다혈질이라 다툼이 많음. 자기주장이 강하고 자신이 납득되지 않는 의견에 대해 수용이나 배려를 하지 못함
  - 환경적 조건과 사건: 가정환경은 적극적이고 교육열이 높은 어머니가 계셔서 어머니의 눈치를 많이 보며 어머니의 기대에 부응하려는 마음과 한편으로는 반항심도 보이는 편임
  - 학습경험: TV 프로그램을 보다가 전투기 조종사가 되고 싶다는 막연한 꿈을 갖게 되었음
  - 과제접근기술: 자신이 할 일을 잘 수행하고 있고 이해력도 좋으며 문제해결력도 높은 편이고 운동능력도 좋은 편이나 승부욕이 강해서 가끔 다툼으로 이어질 때도 있음

■ 상담목표

- 내가 선택한 꿈에 대해 더 생각해 보고 부적응 행동이나 단점을 극복하고 장점을 더 신장시켜 새롭게 진로계획을 수립하기

■ 상담내용

〔1회기〕

• 내담자의 진로결정과 고민을 경청하고 진로결정에 대해 설명
• 과제 제시
  - 스스로 알아보는 의미에서 몇 가지 간단한 학습지(붙임 참고)를 준비해 왔는데 다음에 올 때 이 학습지를 풀어서 가지고 올 수 있을까요? 그리고 ○○의 꿈에 대해 부모님은 어떻게 생각하는지도 한 번 이야기를 나누어 보세요.

〔2회기〕

• 격려 및 검사 해석
  - 선생님이 본 ○○와 이 자료를 통해 본 ○○의 장점에 대해 이야기해 볼까요? 운동과 영어를 잘하는 것, 학업 성적도 좋고 어머니께서 교육열이 높다는 것은 선생님과 ○○가 알고 있는 장점이고요. 성격검사 결과부터 살펴보면 ENTP형으로 활발하며 표현력이 뛰어나고 다방면에 관심과 재주가 많으며 마음만 먹으면 못할 것이 없는 재주 많은 아이래요. 간편 다중지능검사에서 신체운동능력, 언어능력, 수리논리력이 높게 나왔고, 직업흥미검사에서는 실재형과 탐구형이 높게 나왔군요. 신체운동능력, 언어능력, 수리논리력은 조종사가 되는 데 좋은 강점이 될 것 같아요. 직업흥미검사에서 실재형 점수가 높게 나왔다는 점도 조종사가 되기에 도움이 되는 결과라고 느껴져서 ○○도 힘이 많이 날 것 같네요.
• 과제 제시
  - ○○가 관심을 가지고 있는 직업에 대해 정확한 정보를 알아보고 그 정

보를 토대로 자신에게 적합한 직업인지를 파악하는 것이 진로선택에 도움이 될 거라 생각해요. 커리어넷의 직업사전, 인터넷 검색을 통해 전투기 조종사에 대해 조사해 보세요. 선생님도 함께 조사해 볼게요.

〔3회기〕

• 격려 및 정보 제공

- ○○가 조사한 내용과 선생님이 조사한 내용을 바탕으로 전투기 조종사가 되기 위해 ○○의 강점과 약점에 대해 생각해 볼까요? 관심 분야 파일집을 만들어서 작은 관심거리라도 놓치지 말고 기록하고 모아 두면 좋을 것 같아요. 한 번 결정한 진로도 얼마든지 수정이 가능해요. 중학교와 고등학교를 거치면서 또 다른 의사결정을 할 수 있는 거예요. TV에서 우연히 전투기 조종사를 보고 반한 것처럼 또 다른 멋진 경험을 통해 또 다른 일을 꿈꿀 수도 있답니다. 그동안 시간 내 줘서 고맙고 열심히 해 줘서 기뻐요. 수고 많았어요.

■ 상담에 대한 평가

진로상담을 하면서 ○○에 대해 좀 더 알게 되었고 많은 대화를 나누고 ○○의 장·단점을 수용해 주다 보니 ○○도 자신에 대한 긍정적인 이해와 자신의 진로에 대해 좀 더 구체적으로 생각하게 되었다. 상담을 통해 ○○가 더 구체적으로 꿈을 꾸게 되었으며 꿈을 이루기에 부족한 면, 더 노력해야 할 점에 대해 알고 노력하겠다고 한다. 학교생활에서도 이전과는 다른 변화가 나타났다.

요약

　　초등학교 진로교육의 내용은 2015 개정 교육과정에서 제시한 창의적 체험활동의 네 영역을 통해 구체화되었다. 초등학교 진로활동의 목표는 자기이해, 진로탐색, 진로설계 등의 활동목표를 달성하는 것이다. 초등학생의 연령에 따른 발달적 측면을 고려할 때, 이들의 특성을 토대로 진로발달의 단계적 특징을 구체적으로 제시한 수퍼, 터크만, 갓프레드슨 등과 같은 이론가들의 개념을 숙지할 필요가 있다. 이 시기에 성취해야 할 진로교육의 목표는 긍정적인 자아개념의 형성, 의사소통능력의 기초 배양, 변화하는 직업세계의 이해, 건강한 직업의식 형성 등이다.

　　초등학교 진로교육 프로그램을 체계적으로 운영하기 위해서는 창의적 체험활동을 효과적으로 활용해야 하며 이를 위해 2015 개정 교육과정에서 제시하고 있는 자기이해, 진로탐색, 진로설계에 관한 세부 프로그램들을 참고로 하되 현장 여건을 고려한 재구성 및 보완이 요구된다. 초등학생에 대한 진로상담은 심리상담과 유사한 절차와 기법, 방법에 따르되 3회기 정도의 범위에서 진행한다. 진로이론에 근거하여 학생의 진로와 관련한 호소문제를 진단하고 개입전략을 수립하여 상담을 진행하고 평가한다.

학습문제

1　2015 개정 교육과정에 제시된 초등학교 진로교육의 내용과 목표에 대하여 설명하시오.

2　초등학생 진로발달의 특성을 진로이론에 근거하여 설명하시오.

3　초등학생 진로발달 특성을 고려하여 초등학교 학년 수준에 적합한 진로교육 프로그램을 구안하고 이를 지도할 1차시 분량의 교수·학습 지도안을 작성하시오.

4　초등학생 내담자를 대상으로 진로 개인상담을 실시하고 상담의 성과와 과제에 대하여 설명하시오.

중학교 진로교육과 상담

진로발달 측면에서 중학교 시기는 초등학교의 일과 사회에 대한 기초적인 가치관을 형성하는 인식단계를 거치고 고등학교의 구체적인 결정을 앞둔 시기여서 자신의 미래에 대한 관심이 보다 구체화되고 증가되는 때이다.

따라서 중학교 시기는 학령기 중에서 본격적인 진로교육의 시작점이라고 할 수 있다. 이에 발맞춰 중학교 진로교육의 현장에는 몇 가지 놀라운 변화가 일어나고 있는데 그중에서 대표적인 것이 진로진학상담교사 배치와 자유학년제 실시이다.

먼저 진로진학상담교사는 2012년부터 중고등학교의 진로교육을 전담하는 전문 인력으로서 대부분의 학교에 한 명씩 배치되었고, 이에 따라 진로교육에 대한 전문성이 부족한 일반교사가 지도했던 진로활동이 '진로와 직업'이라는 독립된 교과로 자리매김할 수 있었다.

또한 중학교 과정 중 한 학년 동안 학생들이 시험 부담에서 벗어나 꿈과 끼를 찾을 수 있도록 토론·실습 등 학생 참여형으로 수업을 개선하고, 진로탐색활동 등 다양한 체험활동이 가능하도록 교육과정을 유연하게 운영하는 제도인 자유학년제가 2020년부터 전국에 전면 실시될 예정이다. 자유학년제 실시에 따라 진로교육 프로그램 중 특히 진로체험이 강화되었는데, 그것도 대규모 견학 형태가 아닌 소규모 현장 직업체험이 활성화됨에 따라 진로체험의 양과 질이 과거에 비해 크게 향상되었다고 할 수 있다. 더 나아가 소규모 현장 직업체험의 국가적 인프라를 구축하고 학교 진로체험 운영을 지원하기 위해 전국에 다수의 진로체험센터가 설립된 것 역시 진로교육 역사에 있어 획기적인 일이라고 할 수 있다.

이 장에서는 먼저 중학교 진로교육의 목표를 2015 개정 교육과정 내용을 중심으로 제시했고 이어 자유학년제를 소개했다. 다음으로 교과를 통한 진로교육과 교과와 진로를 연계하여 수업하는 교과통합 진로교육을 안내했다. 중학교 진로상담 사례 영역에서는 중학생의 호소문제에 따른 단계적 상담전략을 소개한 후 체험을 통한 진로교육 영역에서는 진로체험 개념, 효과, 유형, 운영 절차, 안전지도 등을 다루었다.

01 중학교 진로교육 목표

중학생 시기는 아동기에서 성인기로 이행하는 과도기로, 정신적으로나 육체적으로 급격하게 성장하고 정체성의 혼란을 겪는 등 다양한 변화와 발달 양상이 나타난다. 그리고 학생들 사이에서는 신체적·지적·정서적 발달 면에서 개인차가 드러나고 남녀 간의 성차(sex difference)가 나타나는 특징을 보인다. 또한 이 시기에 이미 장래에 어떤 고등학교와 대학교에 진학할 것인지 결정하는 기초가 이루어지는데, 이러한 과정에서 불확실한 미래에 대한 불안감을 느낄 수 있다. 인지발달 단계에 따르면 대략 12세경에 구체적 조작단계의 사고에서 형식적 조작단계의 사고로의 전환이 시작된다. 그렇기 때문에 중학생이 문제해결을 하고 계획을 세우는 일 등은 상당히 비체계적일 수 있다(김봉환, 정철영, 김병석, 2006).

학자에 따라 차이는 있지만 중학교 단계에서는 자신의 특성에 대한 객관적인 이해가 성숙되어야 하며, 자신의 지적 능력, 소질과 적성, 성격, 흥미, 신체적 능력 등을 평가해 보고 그 결과를 자신이 원하는 직업적 특성과 관련해서 생각해 볼 수 있는 시기라고 본다. 중학교 교육 목표 중 하나가 "사회에서 필요한 직업에 관한 지식과 기능, 근로를 존중하는 정신과 행동 또는 개성에 맞는 장래의 진로를 결정하는 능력을 기른다"(교육법 제101조 2항)이다. 즉, 자신의 성격특성, 흥미, 적성, 가치관, 학업 성적, 직업에 대한 전망 등의 다양한 요소를 신중히 고려하게 되는 시기로, 진로탐색이 가장 필요한 시기이고, 진로를 결정하는 능력을 기르기 위해 진로지도를 충분히 받아야 하는 중요한 시기라고 할 수 있다(오은영, 2013).

1) 중학교 진로교육의 목표

교육부(2015)가 고시한 중학교 진로교육의 목표는 다음과 같다.

> 초등학교에서 함양한 진로개발역량의 기초를 발전시키고, 다양한 직업세계와 교육 기회를 탐색하여 중학교 생활 및 이후의 진로를 설계하고 준비한다.

- 긍정적 자아개념을 강화하고 자신의 특성에 대한 이해의 폭을 넓히며 다양한 사회적 관계에서의 대인관계능력 및 의사소통 역량을 발전시킨다.
- 직업세계의 다양함과 역동적인 변화의 모습을 이해하고 직업에 대한 건강한 가치관과 진취적 태도를 갖춘다.
- 다양한 정보원을 활용하여 중학교 이후의 교육 및 직업정보를 파악하고, 관심 분야의 진로경로를 탐색하는 역량을 기른다.
- 자신에게 적합한 진로목표를 수립하고, 중학교 이후의 진로를 다양하고 창의적으로 설계하고 실천하기 위한 역량을 기른다.

위 목표를 바탕으로 영역에 따라 세부목표와 성취기준이 마련되었다. 그 자세한 내용은 표 11-1과 같다.

표 11-1 중학교 진로교육의 세부목표 및 성취기준

대영역	중영역	세부목표	성취기준
I. 자아이해와 사회적 역량 개발	1. 자아이해 및 긍정적 자아개념 형성	자아존중감을 발달시켜 자기효능감을 갖도록 노력한다.	• 진로의 의미를 알고, 행복한 삶에 대해 자신의 의견을 말할 수 있다. • 자신이 가족, 친구, 주변 사람들에게 중요한 존재임을 설명할 수 있다. • 자신의 능력이나 특성, 강·약점 등을 존중할 수 있다. • 자신에게 주어진 과제와 행동을 성공적으로 수행할 수 있다는 자신감을 갖고, 그런 예를 설명할 수 있다.

대영역	중영역	세부목표	성취기준
		자신의 흥미, 적성, 성격, 가치관 등 다양한 특성을 탐색한다.	• 다양한 방법으로 자신의 직업흥미와 적성을 탐색할 수 있다. • 다양한 방법으로 자신의 성격과 가치를 탐색할 수 있다. • 자신의 여러 가지 특성을 종합하여 설명할 수 있다.
	2. 대인관계 및 의사 소통 역량 개발	대인관계의 중요성을 이해하고, 대상과 상황에 맞는 대인관계 능력을 함양한다.	• 대인관계의 중요성을 이해하고, 가족, 친구, 선생님, 이웃 등 주변 사람들과 적절한 관계를 맺을 수 있다. • 다른 생각, 감정, 문화를 가진 사람을 존중하는 태도를 기를 수 있다. • 진로체험 과정에서 만나는 사람들을 존중하고 배려하는 태도를 지닐 수 있다.
		사회생활에서 의사소통의 중요성을 이해하고, 효과적인 의사소통 방법을 이해하고 활용한다.	• 사회생활에서 팀워크와 의사소통의 중요성을 이해할 수 있다. • 경청, 질문, 설득 등을 상황에 맞게 활용하여 효과적으로 의사소통할 수 있다.
II. 일과 직업 세계 이해	1. 변화하는 직업세계 이해	직업의 역할을 알고 다양한 종류의 직업을 탐색한다.	• 직업의 개인적·사회적 역할을 설명할 수 있다. • 다양한 직업을 분야별로 분류하고 각 직업이 하는 일을 설명할 수 있다.
		사회변화에 따른 직업세계의 변화를 탐색한다.	• 다양한 사회변화가 직업세계에 미치는 영향을 이해할 수 있다. • 사회적 변화에 따라 새롭게 등장한 직업과 사라진 직업에 대해 설명할 수 있다. • 10년 후에 나타날 새로운 직업이나 일의 유형을 상상할 수 있다.
		창업과 창직의 의미를 이해하고 관련 모의활동을 해 본다.	• 다양한 진취적 역량(창의성, 협업능력, 창업가정신 및 리더십 등)들을 이해할 수 있다. • 다양한 창업과 창직 사례를 탐색할 수 있다. • 새로운 종류의 직업이나 사업을 상상하고 만드는 모의활동을 할 수 있다.
	2. 건강한 직업의식 형성	직업선택에 영향을 주는 다양한 가치를 탐색한다.	• 직업이 자신에게 주는 긍정적 가치(자아실현, 보람 등)를 이해할 수 있다. • 자신이 어떠한 삶을 살고 싶은지를 관심 직업과 연결 지어 그려 볼 수 있다.
		직업인으로서 가져야 할 직업윤리 및 권리를 이해한다.	• 직업인이 공통적으로 갖추어야 할 직업윤리를 이해할 수 있다. • 직업인의 기본적인 권리를 이해할 수 있다.

대영역	중영역	세부목표	성취기준
		직업에 대한 편견과 고정관념을 성찰하고 개선방법을 찾아본다.	• 직업에 대한 사회의 여러 가지 편견과 고정관념을 제시하고 이에 대한 문제점을 설명할 수 있다. • 직업에 대한 편견과 고정관념을 개선하기 위한 여러 가지 노력과 방법을 탐색해 볼 수 있다.
Ⅲ. 진로 탐색	1. 교육 기회의 탐색	진로에서 학습의 중요성을 이해하고 자기주도적 학습 태도를 갖는다.	• 진로에서 학습의 중요성을 이해하고 설명할 수 있다. • 자기주도적으로 학습계획을 세우고 실천할 수 있다.
		고등학교의 유형과 특성에 대한 다양한 정보를 탐색한다.	• 다양한 방법으로 고등학교 및 학과의 유형 및 특성을 탐색할 수 있다. • 고등학교 및 학과 선택을 위한 적절한 기준을 제시할 수 있다.
	2. 직업 정보의 탐색	다양한 방법과 체험활동을 통해 구체적인 직업정보를 탐색한다.	• 다양한 직업정보원(교과서, 위인전, 잡지, 서적, 인터넷 등)을 알고 구체적인 직업정보를 탐색할 수 있다. • 체험활동의 방법을 이해하고 적극적인 태도를 가질 수 있다.
		직업에 대해 수집한 정보를 분석하여 직업 이해에 활용한다.	• 탐색한 직업정보와 자신의 특성을 비교하고 분석할 수 있다. • 관심 직업 분야의 다양한 진로경로를 탐색할 수 있다. • 관심 직업 분야에 종사하는 인물들의 특성과 진로경로를 탐색할 수 있다.
Ⅳ. 진로 디자인과 준비	1. 진로 의사결정 능력 개발	진로의사결정 능력을 함양한다.	• 진로의사결정의 과정과 절차를 이해할 수 있다. • 진로의사결정에 필요한 정보와 조언을 수집할 수 있다.
		진로를 선택하는 데 영향을 주는 진로장벽 요인을 알아보고 해결 방법을 찾는다.	• 진로선택에 장애가 되는 진로장벽 요인에 대해 알아보고 설명할 수 있다. • 자신의 진로장벽 요인을 파악하고 해결방안을 모색할 수 있다.
	2. 진로 설계와 준비	자신의 특성을 바탕으로 미래 진로에 대해 잠정적인 목표와 계획을 세운다.	• 관심 있는 직업을 2~3가지 정하고, 그 직업에 관심을 갖는 이유를 말할 수 있다. • 잠정적인 진로목표(직업, 학과 등)를 세울 수 있다. • 잠정적인 진로목표와 관련된 다양한 교육, 진로경로를 계획할 수 있다. • 자신의 진로목표와 관련된 학교활동을 계획하고 참여할 수 있다.

대영역	중영역	세부목표	성취기준
		진로목표에 따른 고등학교 진학계획을 수립하고 준비한다.	• 자신이 원하는 진로와 관련 있는 고등학교를 선택할 수 있다. • 지망하는 고등학교의 입학정보를 알아보고 필요한 조건을 갖출 수 있다.
			• 고등학교 생활에 적응하기 위해 계획을 세우고 준비할 수 있다. • 자기 관리의 여러 가지 방법을 알고 실천할 수 있다. • 자신의 진로설계를 위해 담임교사, 진로교사 등에게 도움을 요청할 수 있다.

출처: 교육부(2015).

2) 중학교 진로교육과 자유학년제

(1) 자유학년제의 개념과 목적

중학교 과정 중 한 학년 동안 학생들이 시험 부담에서 벗어나 꿈과 끼를 찾을 수 있도록 토론, 실습 등 학생 참여형으로 수업을 개선하고, 진로탐색활동 등 다양한 체험활동이 가능하도록 교육과정을 유연하게 운영하는 제도로서 2020년부터 전국에 걸쳐 시행될 예정이다.

자유학년제는 크게 다음과 같은 세 가지 목적을 지닌다.

① **꿈·끼 탐색** 자신의 적성과 미래에 대해 탐색하고 설계하는 경험을 통해 스스로 꿈과 끼를 찾고, 지속적인 자기성찰 및 발전 계기 제공
② **미래 역량 함양** 지성·감성, 건강, 인성·시민성의 균형 있는 발달을 촉진하고, 미래사회 핵심 역량 함양이 가능한 교육으로 전환
③ **행복교육 실현** 학교 구성원 간 협력 및 신뢰 형성, 적극적 참여 및 성취 경험을 통해 학생·학부모·교원 모두가 만족하는 행복교육 실현

(2) 자유학년제의 운영

자유학년제 운영의 기본방향은 아래와 같다.

① 학생 중심 교육과정 운영 꿈과 끼를 키우는 교육활동이 원활하게 이루어질 수 있도록 학교 교육과정의 자율성을 확대하고, 학생 중심 교육과정 운영
② 수업방법 혁신 학습효과를 높일 수 있는 학생 참여 · 활동형 수업 강화와 교과특성에 맞는 소재를 활용한 융합수업, 토의 · 토론 학습, 프로젝트 수업 활성화
③ 과정 중심 평가 특정 기간에 집중된 지필식 총괄평가를 지양하고, 학생의 성장과 발달에 중점을 둔 과정 중심의 평가 실시
④ 진로교육 활성화 학생의 진로발달 단계에 맞게 집중적으로 진로를 탐색할 수 있도록 하고, "초등학교(진로인식)-중학교(진로탐색)-고등학교(진로설계)"로 연계 운영

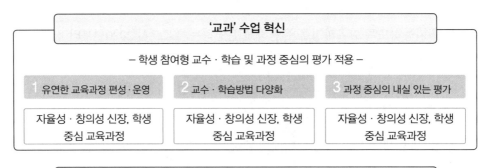

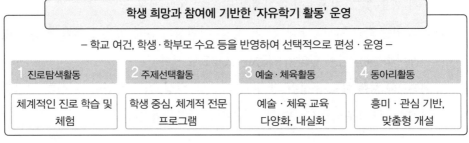

그림 11-1 자유학년제 교육과정 편성 · 운영
출처: 교육부(2019) 발췌 후 재구성.

⑤ 연계 자유학년제 운영 유연한 교육과정 운영, 수업 및 평가방법 개선 등 자유학기를 통한 학교교육 전반의 변화를 중2, 중3, 고등학교까지 연계 운영

위와 같은 방향하에서 교육과정은 그림 11-1처럼 편성·운영될 수 있다.

02 교과를 통한 진로교육

교과를 통한 진로교육은 진로상담, 진로체험과 함께 핵심적인 진로교육의 영역이다. 현재 중학교에서 이루어지고 있는 교과를 통한 진로교육은 크게 '진로와 직업' 교과를 통한 진로교육과 국어, 영어, 수학 등 일반교과에 진로교육의 내용을 포함하여 가르치는 교과통합 진로교육으로 나누어 볼 수 있다. 하나씩 세부적인 내용을 알아보면 아래와 같다.

1) '진로와 직업' 교과

(1) '진로와 직업' 교과의 목표

학교 진로교육의 목표는 학생이 자신의 진로를 창의적으로 개발하고 지속적으로 발전시켜 성숙한 민주 시민으로서 행복한 삶을 살아갈 수 있는 역량을 기르게 하는 데 있다. 이에 따라 중학교 '진로와 직업' 교육과정은 초등학교에서 함양된 학생의 진로개발 역량의 기초를 발전시켜 다양한 직업세계와 교육 기회를 탐색하고, 중학교 이후의 진로를 디자인하고 준비하는 것을 목표로 한다.

'진로와 직업' 교과의 세부목표는 다음과 같다.

① 긍정적 자아개념과 타인과의 의사소통능력에 기초하여 자아이해와 사회적 역량을 기른다.

② 직업에 대한 건강한 가치관과 진취적 의식을 갖도록 일과 직업세계에 대한 이해 역량을 기른다.

③ 중학교 이후의 교육 및 직업정보를 파악하고, 관심 분야의 진로경로를 탐색하는 역량을 기른다.

④ 자신에게 적합한 진로목표에 따라, 중학교 이후의 진로를 창의적으로 설계하고 준비하기 위한 역량을 기른다.

(2) '진로와 직업' 교과의 구성과 교수·학습방법

'진로와 직업' 교과의 단원·영역별 구성은 표 11-2와 같다.

표 11-2 '진로와 직업' 교과의 구성

단원	영역	핵심개념	성취기준	추천 교수·학습방법
Ⅰ	자아이해와 사회적 역량 개발	자아이해 및 긍정적 자아개념 형성	① 2015-MⅠ 1.1 자아존중감을 발달시켜 자기효능감을 갖도록 노력한다.	토의식수업, 협동학습 (팀프로젝트)
			② 2015-MⅠ 1.2 자신의 흥미, 적성, 성격, 가치관 등 다양한 특성을 탐색한다.	심리검사 기반 학습
		대인관계 및 의사소통 역량 개발	① 2015-MⅠ 2.1 대인관계의 중요성을 이해하고, 대상과 상황에 맞는 대인관계 능력을 함양한다. ② 2015-MⅠ 2.2 사회생활에서 의사소통의 중요성을 이해하고, 효과적인 의사소통의 방법을 이해하고 활용한다.	협동학습, 상황 기반 학습, 토의식 수업
Ⅱ	일과 직업세계 이해	변화하는 직업세계 이해	① 2015-MⅡ 1.1 직업의 역할을 알고 다양한 종류의 직업을 탐색한다. ② 2015-MⅡ 1.2 사회변화에 따른 직업세계의 변화를 탐색한다. ③ 2015-MⅡ 1.3 창업과 창직의 의미를 이해하고 관련 모의활동을 해 본다.	강의식 수업, 토의식 수업, 협동학습 (팀프로젝트) 인터넷 활용 학습

단원	영역	핵심개념	성취기준	추천 교수·학습방법
		(2) 건강한 직업의식 형성	① 2015-MⅡ 2.1 직업선택에 영향을 주는 다양한 가치를 탐색한다. ② 2015-MⅡ 2.2 직업인으로서 가져야 할 직업윤리 및 권리를 이해한다. ③ 2015-MⅡ 2.3 직업에 대한 편견과 고정관념을 성찰하고 개선방법을 찾아본다.	토의식 수업, 강의식 수업
Ⅲ	진로탐색	교육 기회의 탐색	① 2015-MⅢ 1.1 진로에서 학습의 중요성을 이해하고 자기주도적 학습 태도를 갖는다. ② 2015-MⅢ 1.2 고등학교의 유형과 특성에 대한 다양한 정보를 탐색한다.	강의식 수업, 토의식 수업
		직업정보의 탐색	① 2015-MⅢ 2.1 다양한 방법과 체험활동을 통해 구체적인 직업정보를 탐색한다. ② 2015-MⅢ 2.2 직업에 대해 수집한 정보를 분석하여 직업 이해에 활용한다.	인터넷 활용 학습직업체험 기반 학습
Ⅳ	진로디자인과 준비	진로 의사결정 능력 개발	① 2015-MⅣ 1.1 진로의사결정의 과정과 절차를 이해할 수 있다 ② 2015-MⅣ 1.2 진로를 선택하는 데 영향을 주는 진로장벽 요인을 알아보고 해결할 수 있다.	강의식 수업, 토의식 수업, 협동학습 (팀프로젝트)
		진로설계와 준비	① 2015-MⅣ 2.1 자신의 특성을 바탕으로 미래 진로에 대해 잠정적인 목표와 계획을 세운다. ② 2015-MⅣ 2.2 진로목표에 따른 고등학교 진학계획을 수립하고 준비한다.	토의식 수업, 협동학습 (팀프로젝트), 인터넷 활용 학습

출처: 교육부(2016).

위와 같이 구성된 내용을 다음과 같은 교수·학습 방향(교육부, 2016)에 따라 교육해야 한다.

① 선택과목으로서 '진로와 직업'은 한 학년에 편성하여 이수할 것을 권장하고 있지만 학교의 여건에 따라 한 학기 또는 그 이상의 학년으로도 편성할 수 있다.

② '진로와 직업' 수업은 창의적 체험활동의 진로활동, 타 교과의 교과통합 진로 교육과 연계하여 전반적인 중학교 진로교육의 목표를 달성하기 위해 활용된다. 이를 고려하여 학교 전반에 걸친 진로교육활동에서 '진로와 직업' 과목의 성격을 규정하고, 다른 교과목이나 창의적 체험활동과의 연계를 토대로 지도 계획을 수립한다.

③ '진로와 직업' 수업은 본 교육과정의 취지가 구현될 수 있도록 해야 한다. 이를 위해 '진로와 직업'은 융합·연계 교육, 학습자 중심 교육, 2015 개정 교육과정의 6개 핵심 역량 및 '진로와 직업' 4개 역량의 계발을 교수·학습 설계의 방향으로 한다.

④ 교수·학습의 중점은 학습자 스스로의 탐구와 흥미에 두도록 한다.

⑤ '진로와 직업' 수업은 차시별로 이루어지는 수업의 과정에 초점을 둔다. 또한, 학생 스스로 자신과 직업 및 교육 세계를 탐색하는 데 중점을 두도록 하며, 모든 영역에서 학생 중심의 체험과 활동 중심의 다양한 교수·학습방법을 적용한다. 또, 학생 주도적 학습이 이루어져서 스스로 자신의 진로를 찾도록 해야 하며 개별학습 및 모둠학습의 다양한 방법이 활용되어야 한다.

⑥ '진로와 직업' 수업 시 자기주도 역량 강화를 위해 긍정적 자아상을 갖도록 해야 하며 '자기이해' 단원의 경우 자신의 어두운 부분에 대해 억지로 발표하도록 하는 수업은 지양하고 학생들의 진로성숙에 따른 개인 맞춤식 수업이 진행되어야 한다.

2) 교과통합 진로교육

(1) 교과통합 진로교육의 개념과 유용성

교과통합 진로교육이란 한 개인이 생산적인 사회구성원으로서 그리고 행복한 개인으로서의 삶을 영위할 수 있도록 성장을 돕는 진로교육의 일환으로서 교과담당교사가 수업을 전개할 때 학생들의 진로와 관련된 사항들을 교과와 함께 동시에 지도하는 것을 의미한다.

진로교육을 하는 방법은 별도의 교과목으로 실시하거나 직업체험활동 기회를 제공하는 등 다양할 수 있다. 그중에서 교과지도와 함께 진로지도를 실시하는 교과통합 진로교육은 진로의식의 성숙을 통해 학생들의 진로선택을 돕고 학생들에게 교과 내용과 관련된 직업정보를 제공하거나 역할 모델을 제시함으로써 학습 동기를 유발하여 수업에 적극 참여하도록 유도하고 자신의 진로에 대한 밑그림을 확실하게 간직하여 비행 행동을 예방하는 데에도 매우 유용한 접근 방법이다.

(2) 교과통합 진로교육 수업 전략

① 교과 지식과 관련된 직업 소개

학생들에게 교과에서 배우는 지식과 관련된 직업군을 알려 주거나 직업 동영상을 통해 상세 정보를 제공하는 것은 교과 지식에 대한 의미를 증진시킬 수 있고 더 나아가 교과 흥미를 향상시킬 수 있는 교과통합 진로교육의 첫걸음이다. 예를 들어 수학에서 확률과 통계라는 단원을 배우기에 앞서 관련 직업으로서 보험계리사라는 직업을 소개하는 것이다. 보험계리사는 확률과 통계 지식을 활용하여 보험 상품을 개발하는 고소득 전문직인데 학생들은 확률과 통계라는 지식이 실제 직업세계와 매우 밀접하게 연결되어 있다는 인식을 바탕으로 자발적인 학습 동기를 가질 수 있다. 더 나아가 앞서 유발된 학습 동기에 의해 이 교과의 학업 성취가 증진된다면 자연스럽게 진로목표로 연결될 수도 있다. 교과와 관련된 직업목록 및 각 직업에 대한 상세한 정보가 필요하다면 다음의 사이트를 적극 활용할 수 있다.

워크넷(work.go.kr) → 직업 · 진로 → 직업정보 검색 → 분류별 검색 또는 키워드 검색

키워드 검색에서는 특정 직업에 대한 정보를 찾거나, '교사'를 입력하여 교사가 들어간 모든 직업을 검색하고 싶을 때 활용할 수 있다. 분류별 검색 메뉴는 직업군별로

직업을 찾을 때 유용한데 직업군 하나를 클릭하면 그 군에 포함되는 세부 직업군이 펼쳐지며 그중 하나를 클릭하면 직업명이 소개된다. 직업 중 하나를 클릭하면 하는 일, 준비 방법, 연봉과 전망, 관련학과 등 직업정보가 상세히 안내된다.

미술 교과를 예로 들어 활동 방법을 살펴보도록 하자. 학생들은 미술하면 화가나 조각가 등 몇 개의 직업만 생각할지 모르지만 이 메뉴에서 '디자이너'를 키워드로 검색할 경우 가구디자이너, 가방디자이너, 광고디자이너 등 무려 100개가 훨씬 넘는 다양한 디자이너가 소개되는 등 미술과 관련된 수많은 직업이 있음을 일깨워 준다.

다음으로 하나하나의 직업에 대한 세부 정보 찾는 방법을 알아보자. 왜냐하면 하는 일, 준비 방법, 관련학과 등을 알아야 내가 잘할 수 있는 일인지, 원하는 일이라면 앞으로 어떻게 준비해야 할지 등을 정확히 파악할 수 있기 때문이다. 간단한 내용은 요약 부분을 통해서도 살펴볼 수 있고 상단의 탭을 누르면 각 항목에 대해 자세한 내용이 소개된다.

그리고 직업 소개 화면에서 관련학과를 클릭하면 학과 소개, 적성과 흥미, 개설대학 목록이 안내된다. 개설대학 목록 중 학교 특성과 거주지역을 중심으로 관심 대학을 선택하고 학교명을 클릭하면 대학교의 홈페이지로 링크된다.

학교 홈페이지 중 입학 메뉴를 누르면 수시모집, 정시모집, 입학사정관제 등 대학 입시와 관련하여 꼭 필요한 정보를 수집할 수 있음을 안내한다.

그리고 워크넷(work.go.kr)→직업·진로→직업 동영상을 클릭하면 여러 직업에 대해 직업인이 직접 직업을 소개하고 있어 더욱 생생한 정보수집이 가능하다. 직업 동영상을 찾을 때에는 직업군별로 찾아볼 수도 있고 오른쪽 상단에 있는 검색창에 키워드 검색을 하는 방법도 있다. 각 동영상은 10분 내외이기 때문에 시간 부담을 느끼지 않아도 된다. 직업 동영상을 시청한 후 활동지에 그 직업의 하는 일, 준비 방법, 관련학과 등의 직업정보 요약과 함께 소감을 적게 한 후 그것을 여러 개 모으면 학기말 또는 학년말에 진로수행평가 자료로도 활용할 수 있다.

교과와 관련된 직업목록을 다양하게 알고 싶다면 교과에서 배우는 지식별로 관련 직업을 소개한 『직업백과사전』(무라카미 류, 2013)을 활용할 수 있다. 이 책을 통해 일단 교과별 직업목록을 확보하고 각 단원별로 연결시킨 후 위에서 안내한 워크넷 직업정보와 직업 동영상을 활용한다면 가장 손쉽지만 매우 효과적인 교과통합 진로교육을 할 수 있다.

② 교과 지식 관련한 단일 직업체험

이 활동은 교과에서 배우는 지식과 관련된 직업 중 하나를 선정하고 그 직업인이 하는 일을 소개한 다음 그 직업이 하는 일을 간접 체험을 통해 경험해 보게 하는 것이다.

예를 들면 도덕 시간의 '문화의 다양성과 도덕 단원'에서 다문화사회에서 인간의 존엄성과 보편적 인권을 기반으로 타문화 및 자문화를 성찰하려는 태도를 지닌다는 학습목표가 있다. 이를 달성하기 위해 '공정여행가'라는 직업을 소개하고 공정여행가가 되어 공정여행 프로그램을 기획해 보게 하는 것이다. '공정여행가' 직업체험은 문화의 다양성을 다루는 예를 들어 사회나 국어 등의 교과에서도 적용할 수 있다.

미술 시간에도 이 방법을 적용할 수 있다. 먼저 음식과 관련된 직업으로서 음식모형제작자(화학원료를 사용하여 본을 뜨고, 색칠을 하여 실제와 흡사하게 음식물 모형을 만드는 직업인)와 푸드스타일리스트(영화, 드라마, 광고 등에 내보낼 음식 관련 장면을 연출하며, 레스토랑의 새로운 메뉴를 개발하거나 요리책이나 잡지 요리코너에 소개할 요리 개발 및 조리법을 작성하는 등의 일을 담당하는 직업)를 소개한다. 다음으로 학생들에게 음식점을 창업한다면 어떤 음식으로 창업하고 싶은지 선택하게 하고 그곳에서 파는 음식모형을 지점토 등을 활용하여 만들게 하거나(음식모형제작자) 톱밥이나 지우개가루 등을 이용하여 음식을 예쁘게 꾸미기 위한 고명을 만들게(푸드스타일리스트) 한다.

③ 프로젝트 수업을 통한 다양한 직업체험

직업체험을 활용한 교과통합 진로교육의 두 번째 방법으로는 프로젝트 수업을 통해 한 분야에서 일하는 다양한 직업들을 체험하게 하는 활동이다. 다음 사이트에서 분야별 직업에 대한 정보를 상세하게 수집할 수 있다.

커리어넷-직업정보-분야별 직업정보(career.go.kr/cnet/front/base/job/realmList.do)

위 메뉴에 가면 녹색직업, 생명공학산업, 보건의료산업, 전자산업, 환경산업, 문화산업 등 6개 영역에 걸쳐 산업의 이해(산업의 미래, 활용 영역 등)와 직업 안내(업무에 따른 다양한 직업 및 세부 직업정보)가 자세하게 제시되어 있다.

음악의 경우 학생들을 모둠으로 묶어 뮤지컬 제작이나 오케스트라 체험을 하게 한다면 가수, 악기연주자 등 음악과 관련된 직업뿐만 아니라 연출자, 기획(홍보·마케팅·제작)자, 무대디자이너, 스토리작가 등 다양한 직업을 체험할 수 있게 된다. 국어 시간에는 책 만들기에 관련되는 직업으로 작가 외에 기획(출판기획자), 편집(출판편집자, 북디자이너), 제작(필름출력원, 제판원, 인쇄기 조작원, 제본원), 영업(출판영업원) 등 관련 영역 직업에 대해 폭넓게 소개하고 이 중에서 작가, 기획자, 편집자, 북디자이너, 출판영업원(출판 후 영업 전략까지 짜 보게 할 경우) 등을 체험해 볼 수 있을 것이다.

03 중학교 진로상담 사례

진로상담은 진로교육의 방법론 중 개인 서비스 측면에서 가장 중요한 영역이라고 할 수 있다. 여기서는 중학교 진로상담 사례를 자기이해, 진로정보 부족, 진로의사결정의 어려움, 부모와의 갈등 등 중학생의 호소문제에 따른 단계적 상담전략을 소개하고자 한다.

사례 1 자기이해: 제가 재미있게, 잘하고 싶은 직업을 찾고 싶어요

저는 어느 정도 공부도 하고 놀기도 하는 평범한 중학생입니다. 전 부모님을 닮아서 어렸을 때부터 손재주가 좋았어요. 아버지가 전통 금속공예(박음 상감 등)를 하시고 엄마가 홈패션을 하시거든요. 그래서 저도 잘하는 쪽으로 가면 좋겠지만 제가 어떤 직업을 잘할 수 있을지 잘 모르겠어요. 제가 재미있게, 그리고 잘할 수 있는 직업은 무엇일까요?

■ 자기탐색에 대한 칭찬　주관적이나마 자신의 적성을 파악하고 있고 부모님의 직업 및 하는 일까지 잘 알고 있음을 칭찬해 주고 싶네요. 이것조차 모르거나, 아예 잘하는 것이 전혀 없다고 생각하는 친구들도 적지 않거든요 이것은 진로선택을 위한 기본적 준비가 되어 있다고 볼 수 있답니다.

■ 적성과 흥미 탐색에 대한 지속적인 노력의 필요성 안내　직업선택에 있어 적성과 흥미가 중요하기는 하지만 그것이 매우 뚜렷하거나 또는 적성과 흥미만을 가지고 아무 고민 없이 직업을 선택한 사람은 많지 않답니다. 그런 직업을 찾았다 해도 그것은 자신의 적성과 흥미, 가치관 등에 대한 오랜 시간의 고민과 탐색 끝에 중학교 시절보다는 훨씬 나중에 발견되는 경우가 많지요. 또 더 많은 직업인들은 그 직업이 정말 하고 싶어서라기보다는 이 직업, 저 직업을 비교하면서 다 장단점이 있지만 자신이 직업선택에 있어 중요하게 여기는 조건에 비춰 살펴볼 때 그래도 이것이 조금이나마 장점이 많은 것 같다는 마음으로 타협하며 직업을 결정한답니다.

■ 자신의 경험 탐색과 다른 사람으로부터 정보수집하기　지금까지 자신의 생활을 스스로 돌아보세요. 시간 가는 줄 모르고 하는 일은 무엇이 있는지, 다른 사람에게서 칭찬을 받은 적은 언제였는지, 학교에 다니면서 어떤 분야에서 상장을 탔는지 등을 말입니다. 아울러 자신을 잘 알고 있는 사람들에게 내가 무엇을 좋아하고 잘했는지 물어보세요.

■ 객관적인 자기탐색 방법 안내　다음으로 할 일은 바로 자신의 적성과 흥미, 가치관 등을 좀 더 폭넓게 그리고 객관적으로 살펴보는 것입니다. 물론 현재 손재주라는 적성이 있지만 더 많은 흥미(자신이 좋아하는 것)와 적성(자신이 잘하는 것)이 있을 수 있으니까요. 그리고 사람마다 직업을 선택하는 데 있어 중요하게 여기는 조건이 있는데 이것을 직업가치관이라고 해요. 적성, 흥미 가치관을 종합적으로 자기탐색할 수 있는 방법으로서 커리어넷(career.go.kr)의 진로탐색 프로그램 '아로플러스'를 추천합니다.

■ 심리검사 결과에 제시된 직업에 대한 세부정보 탐색　커리어넷 사이트(career.go.kr)나 워크넷 사이트(work.go.kr)에서 직업정보 메뉴를 통해 직업에 대한 정확한 정보를 수집해 보세요. 왜냐하면 현명한 선택의 기본은 정확한 정보니까요. 물

건을 살 때 충분한 시장조사를 하지 않고 눈에 띄는 물건을 무심코 샀는데 나중에 더 마음에 드는 물건이 있어 속상했던 적이 있지 않나요? 물건 하나도 이렇게 후회와 손해를 불러오는데 하물며 인생에서 가장 중요한 직업을 선택하는 데 있어 정보수집을 소홀히 할 수 없겠지요? 구체적으로 하는 일, 필요한 적성과 흥미, 준비 방법(학력과 자격증), 연봉과 전망, 관련학과 등을 꼼꼼히 살펴보세요.

사례2 진로정보 부족: 계리사[1]라는 직업에 대해 자세히 알고 싶어요

저는 고등학생인데 어렸을 때부터 수학경시대회에서 상도 받고 수학을 좋아하는 편이어서요. 치과의사, 수학선생님도 되고 싶긴 하지만, 현재 제가 우선적으로 설계해 놓은 목표는 보험 상품을 개발하는 보험계리사입니다. 그런데 제가 이 직업을 진심으로 원하는지는 확신할 수 없습니다. 안정적이고 보수도 괜찮은 직업이라고 친구가 소개해 줘서 그때부터 목표로 잡기 시작한 것이거든요. 제가 선택한 이 직업에 대해 자세히 알고 싶고, 또 정말로 원하는 것인지를 알려면 어떻게 해야 할까요?

■ 내적 가치를 통한 자기탐색에 대한 칭찬　사실 다른 학생들은 계리사라는 직업이 있는 줄도 모르는데, 직업 이름뿐만 아니라 하는 일까지 파악하고 있는 학생이 참 성숙하게 느껴지네요. 또한 계리사라는 직업이 안정성 면에서 좋은 직업이지만 정말 이 직업이 나에게 잘 맞는 직업인지를 파악하여 그것을 최종 선택에 반영하고자 하는 현명한 자세 또한 돋보입니다. 특히 계리사라는 직업을 선택한 이유가 주로 안정적이다, 친구가 괜찮은 직업이라고 추천했다와 같은 외적 조건이기 때문에 내적으로 얼마나 자신에게 어울리는지를 탐색하는 과정은 학생에게 매우 적절하다고 볼 수 있어요.

■ 인터넷 직업정보를 통해 알아보기　바지를 하나 사기 위해 의류점에 갔는데 정

....
1　계리사(보험계리인)는 보험, 연금, 퇴직연금 등에 대한 보험료 및 보상지급금을 계산하고 보험 상품을 개발하며 보험 회사의 전반적인 위험을 평가하고 진단한다.

말 많은 종류의 바지가 눈앞에 펼쳐져 있습니다. 이 중에서 나에게 가장 어울리는 바지를 사려면 어떻게 해야 할까요? 색상, 디자인, 재질, 가격, 바느질 상태 등 세부 정보를 파악한 후 그것을 바탕으로 내가 원하는 것인가를 판단해야 합니다. 직업도 마찬가지예요. 세부적인 직업정보를 검색한 후 그것을 내가 원하는 조건을 바탕으로 평가해 보아야 합니다. 직업정보 검색을 위해서는 커리어넷(career. go.kr)과 워크넷(work.go.kr) 사이트의 직업정보 메뉴를 활용해 보세요. 구체적으로 그 직업인이 하는 일(직무), 관련 자격증과 학력, 연봉과 전망, 관력학과와 개설 대학, 필요한 적성, 흥미, 능력 등이 상세하게 안내되어 있으니 꼼꼼히 읽어 보며 내용도 파악하고 나에게 적합한 직업인지에 대한 평가도 함께 해 보기 바랍니다. 혹시 나중에 다른 직업에 대한 궁금증이 생겼을 때에도 꼭 활용해 보세요.

■ 직업 관련 동영상 시청 다양한 직업 또는 직업인 인터뷰 동영상을 볼 수 있는 다음 사이트에서 관심 직업에 대해 알아보세요. 다음을 활용하세요.

워크넷(work.go.kr)-진로 · 직업-직업정보-직업 동영상

31개 직업군별로 세부 직업명이 제시되어 있으며 직업명을 클릭하면 직업 동영상이 제공됩니다. 직업군별 대표적인 직업들을 비롯해 신직업, 국제기구 포함 약 300편의 동영상이 제공되고 있습니다. 영상을 통해 직업정보를 좀 더 생생하게 특히 그 직업에 종사하는 직업인의 목소리를 통해 직업선택 이유, 업무 수행 과정에서 어려움과 보람 등의 생생한 이야기를 엿볼 수 있으니 적극 활용하기 바랍니다.

사례 3 **진로의사결정의 어려움: 하고 싶은 일이 너무 많아서 고르기가 힘들어요**

저는 중학교 2학년인데 여러 직업 중 하고 싶은 게 너무 많아서 고르기가 참 힘드네요. 저는 초등학교 선생님도 하고 싶고, 영화를 정말 좋아해서 영화감독도

하고 싶어요. 또 또래 친구들 고민을 들어주고 싶어 상담선생님도 되고 싶습니다. 평소에 이벤트를 하거나 선물을 주는 걸 좋아해서 파티플래너도 하고 싶습니다. 정말 고민이에요. 어떻게 해야 저한테 가장 맞는 직업을 하루라도 빨리 고를 수가 있을까요?

■ 내적 가치의 중요성 인지 및 풍부한 직업정보에 대한 칭찬 직업결정에 있어 부와 명예를 얻는 수단으로서가 아니라 자신이 좋아하고 잘하는 일을 바탕으로 다른 사람을 위해 봉사하고 싶은 마음까지 담고 있는 것으로 보아 참 진지하고 성숙한 친구네요.

■ 결정에 대한 조바심 덜어 주기 먼저 하고 싶은 일이 많은 것은 고민이라기보다는 참 다행한 일입니다. 왜냐하면 진로상담을 청하는 친구들 중에는 하고 싶은 일이 없다고 호소하는 경우가 적지 않기 때문이지요. 중학생 시기는 진로발달에 있어 결정보다는 탐색이 필요한 단계로서 이때에는 무엇보다 자신과 직업에 대한 지속적이고 폭넓은 탐색이 필요해요.

■ 관심 직업에 대한 상세정보 수집 학생이 관심을 가지고 있는 직업에 대한 상세한 정보(준비 방법, 하는 일, 관련학과, 연봉, 필요한 적성과 흥미 등)를 수집하는 것이 필요한데 합리적 의사결정의 기본은 정확하고 풍부한 정보이기 때문이지요. 직업에 대한 정보를 수집할 때는 커리어넷과 워크넷 사이트 직업정보 메뉴의 '직업명 검색'을 활용할 수 있습니다.

■ 직업가치(직업선택에 있어 중요하게 여기는 기준)를 중심으로 선택하기 중학교 시기는 최종 목표를 선택하기에는 이르다고 말했지만 여러 직업 중 자신이 더 끌리는 몇 개의 대안을 갖는 것은 필요합니다. 학생의 경우에는 매우 다양한 직업에 대한 흥미를 가지고 있으므로 그중 어느 것이 더 자신에게 적합한지를 결정하는 방법을 활용하여 선택하는 연습을 하는 것을 권할 수 있습니다. 다음의 의사결정 비교표를 작성해 보세요.

직업선택을 위한 의사결정비교표 작성법

① 아래 표에서 세로 칸에 관심 직업을 적어 보세요.

② 가로 줄의 각 항목에 대해 직업선택에 있어 중요한 정도를 ( ) 안에 점수로 표시해 보세요. 이때 ( )를 다 더하면 100점이 되도록 합니다. 예를 들어 보수 30, 능력 20, 사회적 인정 10, 안정성 10 등이 되겠지요.

③ 각 직업을 가지고 ( ) 안 점수를 만점으로 항목별 점수를 매기고 총점을 계산해 보세요.

④ 가장 총점이 높은 점수의 직업이 자신에게 가장 적합한 직업이라고 할 수 있습니다.

직업가치 / 직업	능력발휘 (20)	보수 (20)	안정성 (10)	사회적 인정 (10)	사회적 봉사 (5)	발전성 (10)	창의성 (5)	자율성 (20)	합계 (100)	순위
A	15	20	3	7	3	5	3	10	66	2
B	20	15	5	5	5	8	5	15	78	1
C	10	10	7	3	3	8	3	15	59	3

사례 4 부모와의 갈등: 부모님이 제가 원하는 고등학교 진학을 반대하세요

고등학교 문제로 고민하고 있는 중3 여학생입니다. 성적은 중상위권인데, 부모님은 가난하게 살고 싶지 않으면 무조건 일반고 나와서 대학 가라는 말만 계속하세요. 하지만 전 특성화고 나와서 내신 잘 받아 회계에 관련된 과가 있는 대학교를 들어가서 회계사 자격증을 따고 싶어요. 아니면 바로 고등학교 졸업하고 은행에 취업하거나 투자상담사, 펀드매니저 등을 하고 싶구요.

■ **부모님과 갈등 때문에 힘든 마음에 대해 공감하기** 자신의 미래에 대한 비교적 구체적인 정보와 계획을 갖고 있는 상황임에도 불구하고, 입시를 코앞에 둔 시점에서 이렇게 부모님이 강하게 반대하시니 얼마나 답답하고 막막할까 하는 생각에

제 마음까지 무겁게 가라앉음을 느낍니다.

■ 좀 더 구체적인 관련 자료를 찾아 스크랩하여 부모님께 제시해 보세요. 부모님께서는 아무래도 과거 경험에 따른 정보를 갖고 계시기 때문에 현재의 교육제도나 특성화고에 대한 이해가 좀 부족하실 수 있어요. 따라서 학생이 가고자 하는 특성화고에 대한 좀 더 구체적인 자료를 제시한다면 부모님을 설득하는 데 효과적인 수단이 되어 줄 거예요. 예를 들어 특성화고의 취업 분야와 취업률(원하는 학교의 홈페이지나 전화 문의 또는 학교 알리미사이트를 통해 알아보세요), 특성화고 특별전형(특성화고 출신 학생이 대학을 갈 때 일반고 학생과는 별도로 뽑기 때문에 유리한 전형) 및 합격 사례, 회계학과가 개설된 대학의 특별전형 관련 자료 등을 찾아 스크랩해서 그것을 근거로 부모님과 대화를 나눠 보기 바랍니다.

■ 부모님의 이야기에도 진지하게 귀를 기울여 보세요. 부모님은 누구보다도 학생을 아끼고 사랑하시며 학생이 성공하고 행복하기를 바라시는 분들입니다. 부모님의 이야기는 무조건 반박하고 듣지 않으려고 하면 부모님은 감정적으로 서운할 수밖에 없지요. 이는 부모님과의 갈등의 골을 더욱 깊게 만들어 문제해결로부터 점점 멀어지는 결과를 초래할 수 있다는 점을 꼭 기억하세요.

■ 대화가 어렵다면 부모님께 편지를 보내 보세요. 대화를 나눌 경우 감정적으로 치달을 가능성이 있기 때문에 부모님께 학생의 뜻을 충분히 담은 편지를 드리는 것도 하나의 방법입니다. 왜 특성화고를 가고 싶은지, 특성화고를 갈 때 어떤 유리한 점이 있고, 진학을 희망하는 학교의 취업 분야와 취업률, 동일계 특별전형 합격 사례 등(위에서 찾은 자료를 바탕으로)을 글로 작성하여 드린다면 부모님께서는 훨씬 진지하게 학생의 뜻을 고려하실 것입니다.

■ 담임선생님 또는 진로진학상담선생님의 도움을 받아 보세요. 학생이 고민하고 있는 것을 담임선생님 또는 진로진학상담선생님과 상담을 한 후 부모님 설득을 위한 협조를 요청하는 것도 효과적일 수 있습니다. 담임선생님께서는 현재의 입시제도에 대한 정보뿐만 아니라 학생의 성적과 특성에 대해서도 가장 잘 알고 계시기 때문에 지금 상황에서 객관적인 판단을 내리는 데 큰 도움을 주실 수 있을 거예요.

■ 선택한 대안의 단점에 대해 대비하기 여기서 생각해 보아야 하는 점은 특성화

고를 갈 경우 일반고에는 없는 학과가 있기 때문에 혹시 현재 진학을 희망하는 학과가 자신의 특성에 잘 맞지 않을 경우 학교생활 만족도가 떨어질 수 있다는 점, 특별전형으로 대학에 진학해도 입학 후에는 일반고 학생과 똑같이 성적 경쟁을 해야 하기 때문에 학점 관리가 어렵다는 점, 취업 후 대졸자에 비해 고졸자에 대한 사회적 편견이 아직도 있다는 점 등 선택한 대안의 단점에 대해 대비해야 함도 꼭 기억하기 바랍니다.

출처: 허은영(2013) 발췌 후 재구성.

04 체험을 통한 진로교육

「진로교육법」 제2조에 의하면 진로체험은 학생이 직업 현장을 방문하여 직업인과의 대화, 견학 및 체험을 하는 직업체험과, 진로캠프·진로특강 등 학교 내외의 진로교육 프로그램에 참여하는 활동이라고 한다. 즉, 학생에게 다양한 진로와 직업을 탐색할 수 있도록 직·간접 경험을 제공함으로써 학생의 진로선택과 진로설계에 도움을 주는 교육활동이다.

1) 진로체험의 필요성과 활동 내용

청소년은 다양한 진로체험활동을 통해 자신의 꿈을 보다 넓게 확장하고 새로운 가능성을 발견할 수 있게 된다. 그 필요성과 효과는 구체적으로 세분화하면 다음과 같다.

① 자신의 진로를 찾아볼 수 있는 가장 적합한 방법이다.
② 학생들의 흥미 분야를 찾은 후 자신이 그 분야에 적합한지 여부를 점검할 수 있다.

표 11-3 진로체험 6가지 유형 및 활동 내용

유형	활동 내용
현장직업체험형	학생들이 관공서, 회사, 병원, 가게, 시장과 같은 현장 직업 일터에서 직업 관련 업무를 직접 수행하고 체험하는 활동(멘토 1인당 10명 내외 학생 지도 권장)
직업실무체험형 (모의일터 직업체험)	학생들이 직업체험을 할 수 있는 모의일터에서 현장직업인과 인터뷰 및 관련 업무를 직접 수행하고 체험하는 활동(현장직업인 멘토 필요)(멘토 1인당 15명 내외 학생 지도 권장)
현장견학형	일터(작업장), 직업 관련 홍보관, 기업체 등을 방문하여 생산·공정, 산업 분야의 흐름과 전망 등을 개괄적으로 견학하는 활동
학과체험형	특성화고, 대학(원)을 방문하여 실습, 견학, 강의 등을 통해 특정 학과와 관련된 직업 분야의 기초적인 지식이나 기술을 학습하는 활동
진로캠프형	특정 장소에서 진로 심리검사·직업체험·상담·멘토링·특강 등 종합적인 진로교육 프로그램을 경험하는 활동(1일 6시간 이상 운영)
강연·대화형	기업 CEO, 전문가 등 여러 분야의 직업인들의 강연(대화)을 통해, 다양한 직업세계를 탐색하는 활동(대화형은 30명 내외 학생 기준)

출처: 김봉환 외(2017).

③ 작업에 관한 현장감 있고 현실적인 정보를 좀 더 구체적으로 알 수 있다.

④ 직업인들의 직업 현장을 직접 살펴볼 수 있어서 실수를 줄일 수 있다.

⑤ 직업인 멘토링이나 실무체험을 통해 간접적인 직업체험의 효과를 볼 수도 있다.

⑥ 간접 직업체험은 원거리에서도 가능하여 도서 벽지의 학생들의 진로성숙도 꾀할 수 있다.

⑦ 집중적 시간을 들이는 캠프의 경우 진로결정이 급하게 필요한 경우 실수를 줄일 수 있다.

⑧ 1차 교육기관인 가족에서의 진로교육의 효과를 대신하거나 확장할 수 있다.

⑨ 자신이 살고 있는 지역 외의 직업에 대해서도 알 수 있다.

위와 같은 효과를 기대하고 실시하는 진로체험은 그 활동 내용에 따라 표 11-3과 같은 유형으로 나눌 수 있다.

2) 진로체험 운영체계

학교 진로체험은 사회적 협력 없이는 매우 어려우므로 교육지원청과 관할 지자체, 지역사회 유관 기관이 협력하여 학교의 진로체험활동을 지원하기 위한 지역 '자유학기제·진로체험지원센터(이하 지역센터)'가 운영되고 있다. 대도시에는 각 구청마다 1개씩 있어서 서울의 경우 25개의 행정구청에 각 1개씩 25개가 운영되고 있고, 지방의 경우 대도시 중심으로 수원진로직업체험센터처럼 운영되거나 강원도진로교육원과 같이 운영되고 있다. 운영체계는 그림 11-2와 같다. 이처럼 만들어지는 직업체험처에 대한 정보는 꿈길 사이트(ggoomgil.go.kr)에서 제공하고 있다. 또한 교육부 산하 국가진로교육센터는 17개 시·도 교육청의 지역진로교육센터를 관할하며 진로체험지원센터는 진로체험을 점검하고 진로상담도 실시한다. 각 지역 진로체험지원센터는 해당

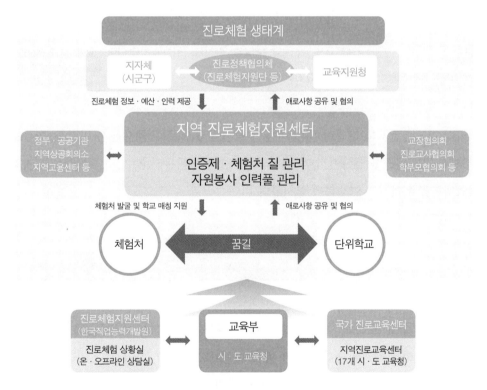

그림 11-2 직업체험 운영체계도
출처: 교육부, 한국직업능력개발원(2017). 2017 진로체험매뉴얼(학교용).

표 11-4 직업체험 관련 기관 및 역할

구분	주요 역할	
지역 자유학기제·진로체험지원센터 ('16년 기준, 전국 216개, 시군구별 1개)	• 체험처 발굴·관리 • 체험프로그램 컨설팅 • 자원봉사자 운영·관리	• 꿈길 활용 체험처–학교 매칭 • 학생, 학부모 대상 자체 체험프로그램 운영 • 교육기부 진로체험기관 인증제 심사
체험처	• 진로체험처(일터, 모의일터 등) 제공	• 체험프로그램 제공 및 운영
단위학교	• 체험프로그램 신청 및 운영	
진로정책협의체	교육지원청	• 지역사회 진로체험 기획·총괄 • 체험처 정보 제공 및 예산 지원
	지자체	• 공공기관, 기업 등의 체험처 정보 수집 및 제공 • 자유학기제·진로체험지원센터 행정·재정적 지원
	지역사회 유관 기관	• 지역사회 체험처 발굴 지원 및 정보 제공
진로체험지원센터 (한국직업능력 개발원)	• 진로체험 및 자유학기제 정책 연구 및 자료 개발 • 진로체험 상황실 및 온·오프라인 상담실 운영 • 체험활동 활성화를 위한 지역협력체계 구축 • 지역센터, 진로체험 유관 기관 컨설팅	
꿈길	• 체험처 및 체험프로그램 관리, 체험처 – 학교 매칭을 위한 진로체험지원전산망	

출처: 교육부, 한국직업능력개발원(2017). 2017 진로체험매뉴얼(학교용).

지역의 직업체험처를 관리할 뿐만 아니라 직업체험 인증제, 자원봉사 인력풀, 학부모 진로 코칭단 등을 운영하면서 각 지역의 진로전담교사들과 정기적인 협의회를 거쳐 직업체험을 논의하고 연계하여 실시한다.

3) 진로체험 운영 절차와 안전지도

진로체험은 꼼꼼하게 사전, 사후 계획을 세워서 실시한다. 그렇지 않으면 많은 학생들이 참여하는 행사이므로 사고가 날 가능성이 높아진다. 따라서 그 관리가 철저해야 한다. 각 기관별로 진로체험 운영 절차를 살펴보면 다음과 같다.

① 학교: 진로체험 계획 수립 → 학생 수요조사 → 체험처 발굴 또는 꿈길이나 진
로체험지원센터 연계 → 체험처 답사 및 사전협의 → 학생들의 체험터 배정 →
인솔교사 배정 → 사전 안전지도 → 진로체험 실시 → 사후교육(보고서 작성 및
포트폴리오 생성)을 실시한다.

② 지역센터: 진로체험활동에 적합한 지역사회 체험처 확보 → 체험처 특성에 맞
는 체험프로그램을 기획하여 컨설팅 → 학교에 배정 → 학교와 체험처의 의견
조율 → 사후 피드백을 통해 직업체험처와 만들어진 진로체험의 효과 유무를
판단하고 피드백한다. (※ '체험처 발굴 및 관리'는 지역센터를 중심으로 운영되는 것
이 적절함.)

그림 11-3 기관별 직업체험 운영의 흐름
출처: 교육부, 한국직업능력개발원(2017). 2017 진로체험매뉴얼(학교용).

③ 체험처: 일터를 개방하고 일터의 업무를 학생에게 적합한 체험프로그램으로 기획 및 운영하는 역할을 수행하며 체험처에서의 모든 일정을 관할한다.

진로체험활동은 체험 당일 체험처로 출발할 때부터 활동 종료 후 귀가할 때까지 이루어지는 활동을 의미한다. 아무리 좋은 진로체험이라 할지라도 안전하지 못하면 하지 않느니만 못하다. 따라서 시간, 인력, 여건이 부족하더라도 반드시 진로체험활동 중 학생들에 대한 철저한 안전관리를 해야 한다. 인솔자는 출발 전 인원 확인부터 체험처에 도착하여 체험활동 전, 중, 후 각 활동 단계에 맞는 안전요소 관리가 필요하다. 체험활동 운영 과정에 따른 안전 관리는 그림 11-4에서 확인할 수 있다.

체험활동 중 안전사고가 발생할 경우, 학교에 즉시 유선으로 보고하고, 인솔자는 반드시 전체 내용을 구체적으로 작성한 '진로체험활동 사안 보고서'를 제출한다. '진로체험활동 사안 보고서'는 육하 원칙에 따라 사안 내용을 작성하며 사고발생 원인 및 경찰 조사 내용과 현장 대처 내용을 구체적으로 작성한다.

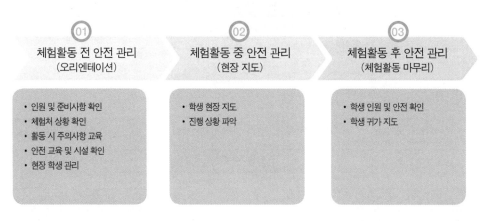

그림 11-4 체험활동과 운영 과정에서의 안전 관리

배상책임이 발생하는 처리 과정은 학교안전공제회(지역안전공제회)와 학교배상책임공제(중앙안전공제회)의 사고 통지 방법을 활용하여 대응한다. 보상 대상이 되는 학교안전사고는 '교육활동' 중 발생한 사고로 학생·교직원 또는 교육활동 참여자의 생

명 또는 신체에 피해를 주는 모든 사고로 정의한다. 구체적인 내용은 2017 진로체험 매뉴얼을 참고한다.

사고발생 시 후속조치

- 교장 보고 및 학부모 통보
  - 입원 치료 등 중대 인명 피해 사안 발생 시에는 신속하게 교육청으로 1차 구두 보고, 2차 서면 보고(육하 원칙에 의거) 실시
- 사고 경위 파악 및 증빙자료 확보
  - 목격자 증언 청취 및 증거자료 확보
  - 사고 경위 조사 시 학생들의 인권 존중 및 심리·정서적 안정에 유의
  - 사회적인 물의를 야기할 우려가 있을 경우 개인적인 견해 표명 자제: 사안에 따라 필요한 경우 교감, 학생부장, 설득력 있는 교사 등으로 대책위원회를 구성하여 발언 창구를 단일화하여 불필요한 오해의 발생 가능성 사전 예방
- 가해·피해 학생이 있을 경우, 한쪽에 치우치는 인상을 주지 않도록 유의
  - 가해·피해학생은 별도로 상담
  - 학부모 상담을 통해 학생지도에 상호 협조
- 피해 학생에 대한 위문·위로 등 성의 있는 자세로 신뢰 구축
  - 안전공제회의 보상제도 안내
- 분쟁 발생 시「학교배상책임공제」제도 활용 : 피공제자 대상 상담, 학부모와의 합의·절충·중재, 소송 대행 등의 법률 지원, 교직원 대상 경호 서비스 시행
- 학교와 학생의 조속한 안정화 조치 및 안전사고 재발 방지를 위한 추후 지도

출처: 교육부, 한국직업능력개발원(2017) 발췌 후 재구성.

요약

이 장에서는 먼저 중학교 진로교육의 목표를 자아이해와 사회적 역량 개발, 대인관계 및 의사소통 역량 개발, 일과 직업세계 이해, 진로탐색, 진로 디자인과 준비 등 2015 개정 교육과정 내용을 중심으로 제시했다. 이어 중학교 과정 중 한 학년 동안 학생들이 시험 부담에서 벗어나 꿈과 끼를 찾을 수 있도록 토론·실습 등 학생 참여형으로 수업을 개선하고, 진로탐색활동 등 다양한 체험활동이 가능하도록 교육과정을 유연하게 운영하는 제도로서 자유학년제를 소개했다.

다음으로, 교과를 통한 진로교육 내용으로서 '진로와 직업' 교과를 통한 진로교육과 국어, 영어, 수학 등 일반교과와 진로를 연계하여 수업하는 교과통합 진로교육을 안내했다. 중학교 진로상담 사례 영역에서는 자기이해, 진로정보 부족, 진로의사결정의 어려움, 부모와의 갈등 등 중학생의 호소문제에 따른 단계적 상담전략을 소개하였다.

끝으로, 학생이 직업 현장을 방문하여 직업인과의 대화, 견학 및 체험을 하는 직업체험과 진로캠프·진로특강 등 학교 내외의 진로교육 프로그램에 참여하는 활동을 의미하는 진로체험 영역에서는 효과, 유형, 운영 절차와 함께 체험활동 중 안전사고가 발생할 경우 대처 내용을 중심으로 한 안전지도 등을 다루었다.

1 중학교 진로교육의 목표를 2015 개정 교육과정 진로교육 성취기준을 중심으로 설명해 보시오.

2 '진로와 직업' 교과의 목표 및 교수·학습방법과 '교과통합 진로교육'의 효과 및 교수·학습전략을 사례를 들어 설명해 보시오.

3 중학생 대상 진로상담의 주 호소문제 및 그에 따른 단계적 상담전략을 알고 주변의 중학생을 대상으로 활용해 보시오.

4 진로체험의 효과, 유형, 운영 절차, 안전지도 등을 알고 이를 바탕으로 중학생 대상 진로체험프로그램을 기획해 보시오.

제12장

고등학교 진로교육과 상담

학 습 목 표

1. 고등학교 진로교육 목표, 성취기준(2015 개정안) 및 구현 방향을 설명할 수 있다.
2. 고등학교 진로교육 실태를 나열하고 긍정적인 점과 개선할 점을 설명할 수 있다.
3. 고등학교 진로교육의 문제점을 검토하고, 바람직한 방향을 제시할 수 있다.
4. 고등학교 진로상담 사례를 읽고, 상담자의 입장이 되어 느낌을 나눌 수 있다.

현대사회는 급속한 기술 발달과 정보통신 활용으로 산업구조도 변화하고 관련 인력 수요도 달라져 이전까지 경험한 것과는 전혀 다른 직업세계가 나타나고 있다. 교육은 이에 대비할 필요가 생겼고, 이런 변화는 고등학교에 진로교육과 상담이 본격적으로 등장하게 된 핵심배경이 되었다.

고등학교 진로교육과 상담은 2009 교육과정이 개정되고 진로진학상담교사가 배치되면서 체계를 갖추기 시작했다. 고등학교에서는 2009 교육과정에 따라 창의적 체험활동을 의무적으로 편성·운영하고, 학생과 학부모들도 대학입시에서 입학사정관제도가 도입되자 진로교육이 필요함을 인식하기 시작했다. 그리고 2015년에 「진로교육법」이 제정되고 그 내용이 교육과정에 반영되면서 이제 고등학교 진로교육과 상담은 교육과정의 전반을 아우르는 중요한 교육이 되었다.

2015 개정 교육과정에서는 고등학교 진로교육을 '진로와 직업' 교과 수업과 창의적 체험활동의 진로활동 영역에서 하게 했다. 그러나 대부분의 고등학교에서는 선택교과로 되어 있는 '진로와 직업' 교과를 선택하지 않고, 창의적 체험활동(총 24단위 이수)의 진로활동 영역만 6단위(총 102시간) 이수하도록 하고 있다. 또 학교에 한 명씩 배치되어 있는 진로진학상담교사들은 부장교사로서 행정업무도 맡고 있어 수업은 주당 8시간 이하로 하게 되어 있다. 따라서 고등학교 학생들은 6단위 중 일부 단위만 진로진학상담교사에게 배우고, 나머지 단위는 수업시수가 적은 일반교과교사에게 이수하고 있어 본래의 취지에 맞게 진로교육이 이뤄지고 있다고는 볼 수 없다.

이 장에서는 고등학교 진로교육을 통하여 학생 개개인이 전 생애적 관점에서 삶의 주도자로서 변화하는 미래사회의 직업세계에 적응할 수 있도록 돕기 위해 2015 개정 교육과정에 근거한 고등학교 진로교육의 목표·실태·이슈, 그리고 고등학교 진로상담 사례를 살펴보고자 한다.

01 2015 개정 교육과정과 고등학교 진로교육

1) 2015 개정 교육과정에 제시된 진로교육 구현 방향

2015 개정 교육과정(교육부, 2016)에 나타난 진로교육은 특정 교과의 하나로 국한되는 것이 아니라 학교 교육과정의 전반을 아우르는 중요한 교육으로 자리매김하였다. 고등학교에서는 이를 잘 구현하기 위해 다음과 같은 내용을 고려하여 진로교육이 운영되어야 한다.

첫째, 그동안의 진로교육이 주로 직업선택을 위한 단편적이고 협소한 개념으로 인식되어 왔던 점에서 벗어나 학생 개개인이 주체적인 삶의 방향성을 설정하여 능동적인 진로탐색을 할 수 있도록 '진로와 직업' 교과 수업 및 창의적 체험활동, 타 교과와의 통합 및 연계 등 다양한 방식을 통해 교육될 수 있어야 한다.

둘째, 학생들의 진로탐색을 촉진하기 위한 진로체험이 수반되어야 하며, 전 교육과정 안에서 학생의 참여와 직업에 대한 체험을 강조하면서, 이를 위한 국가 및 사회적 차원에서의 체험터를 발굴해야 한다.

셋째, 21세기 현대사회에서 요구되는 창의성, 직장생활에서 직무를 수행하는 데 있어 타인과의 조화 속에서 업무를 추진해 나가는 협업능력, 무에서 유를 창조해 가는 창업가정신, 다른 사람을 설득하고 이끌어 가는 리더십 등의 진로역량이 키워져야 한다.

넷째, 진로·직업의 의미와 개인의 삶과의 연계성을 성찰할 수 있도록 해야 한다. 진로교육이 단순한 직업정보 전달과 기계적인 체험에 치우쳐서는 안 되며, 학생 개개인이 자신의 삶 속에서의 진로의 중요성과 의미를 이해하도록 해야 한다.

다섯째, 직업세계가 어떻게 변해 가는지를 교육하는 수준을 넘어서서 학생들이 진취적으로 새로운 직업을 직접 만들고 계획을 세우는 구체적인 활동을 시도해 보도록 유도할 필요가 있다.

여섯째, 일과 직업의 의미를 이미 갖추어진 회사에 취직을 하는 구직활동의 일환으로 이해하기보다는 자신의 아이디어로 회사를 개척하는 창업, 변화하는 사회 속에서 자신이 원하고 사회가 필요로 하는 일을 하기 위해 새로운 일의 종류를 창조하는 창직(創職)이라는 방식도 있음을 이해시킨다.

일곱째, ICT 기술 및 스마트기기를 활용한 직업정보원 활용, 직업 및 산업구조 이해의 필요성을 강조한다. 또 현대사회에서는 학교 밖 직업세계의 변화뿐만 아니라 학교 안 교육현장에서도 다양한 환경적 변화가 일어나고 있다. 학생들도 교과서 및 서적 등과 같은 오프라인 매체뿐만 아니라 인터넷, PC 등을 활용한 온라인 정보 탐색능력을 향상시켜야 한다.

여덟째, 평생교육의 중요성 제고 및 선취업 후진학 방식의 대두 등과 같은 교육환경의 변화를 반영하여 단순히 초·중·고·대의 선형적 교육방식에 국한하기보다는 다양한 생애주기 관점을 반영하여 안내할 필요가 있다. 또 진로개발과 관련 있는 평생학습의 기회를 탐색할 수 있도록 안내한다.

2) 고등학교 진로교육의 목표 및 성취기준

고등학교 진로교육의 목표 및 성취기준은 학교 진로교육의 전체 목표와 대영역별 목표를 토대로 만들어졌다.

(산업 수요와) 미래 직업세계 변화에 대한 이해를 바탕으로 자신의 진로목표를 세우고 구체적인 정보 탐색을 통해 고등학교 이후의 진로계획을 수립하고 실천하기 위한 역량을 개발한다.

*( )안은 특성화고에 해당함

- 자신에 대한 종합적인 이해를 통해 긍정적인 자아정체감을 형성하고 직업생활에 필요한 대인관계 및 의사소통 역량을 발전시킨다.
- 미래 직업세계의 변화가 자신의 진로에 미치는 영향을 파악하여 대비하는 역

량을 기르고 건강한 직업의식과 태도를 갖춘다.

- 자신의 관심 직업, 전공(취업), 고등교육(평생학습) 기회에 대한 구체적인 정보를 탐색하고 활용하는 역량을 기른다.
- 자신의 진로목표를 바탕으로 고등학교 이후 진로에 대하여 체계적인 계획을 수립하고 상황 변화에 대응하는 역량을 기른다.

표 12-1 고등학교 진로교육 세부목표 및 성취기준

대영역	중영역	세부목표	성취기준
Ⅰ. 자아 이해와 사회적 역량 개발	1. 자아이해 및 긍정적 자아개념 형성	자아정체감을 갖고 자기효능감과 자신감을 향상시킨다.	• 자신의 특성을 이해하고 긍정적 자아정체감을 가질 수 있다. • 자신의 진로목표를 성공적으로 이루어 나갈 수 있다는 자신감을 가질 수 있다.
		관심 진로에 대한 자신의 강점과 능력을 평가하고 향상시키려고 노력한다.	• 자기 평가와 타인 평가를 종합하여 자신의 강·약점과 능력을 객관적으로 알 수 있다. • 자신의 강점을 발전시키고, 약점을 보완하는 방법을 찾아 노력할 수 있다.
	2. 대인관계 및 의사 소통 역량 개발	자신의 대인관계 능력을 점검하고 향상시킨다.	• 친구, 가족, 지인, 동료 등 주변 사람을 대하는 자신의 태도와 관계를 성찰하고, 부족한 부분을 개선할 수 있다. • 사회생활에서 대인관계의 중요성을 인식할 수 있다. • 진로체험이나 협동과제 수행에서 다른 사람들과 협력적인 관계를 맺을 수 있다.
		직업생활에서 의사소통의 중요성을 이해하고, 효과적인 의사소통능력을 향상시킨다.	• 직업생활에서 팀워크와 의사소통의 중요성을 이해할 수 있다. • 상황(대화, 발표, 회의 등)에 맞는 의사소통 방법을 알고 활용할 수 있다.
Ⅱ. 일과 직업 세계 이해	1. 변화하는 직업세계 이해	미래 직업세계의 변화와 인재상을 탐색한다.	• 미래사회의 모습과 변화를 상상하여 설명할 수 있다. • 미래 직업세계의 변화에 따른 새로운 직업과 인재상을 탐색한다.

대영역	중영역	세부목표	성취기준
II. 일과 직업 세계 이해	1. 변화하는 직업세계 이해	직업세계의 변화가 자신의 진로에 미치는 영향을 파악한다.	• 직업세계의 변화가 자신의 진로선택에 미치는 영향을 설명할 수 있다. • 직업세계의 변화에 맞추어 자신과 관련된 학과, 전공 및 자격의 변화를 예측하고 탐색할 수 있다.
		창업과 창직의 필요성을 이해하고 관련 계획을 세워 본다.	• 다양한 진취적 역량(창의성, 협업능력, 창업가정신 및 리더십 등)의 의미와 중요성을 설명할 수 있다. • 관심 분야의 동향 및 전망을 파악하고 관련 창업과 창직 사례를 탐색할 수 있다. • 관심 있는 분야의 직업이나 사업을 구상하고 계획하는 모의활동을 할 수 있다.
	2. 건강한 직업의식 형성	직업선택을 위한 바람직한 가치관을 형성한다.	• 직업이 자신에게 주는 긍정적 가치(자아실현, 보람, 경제적 독립 등)에 우선순위를 두어 설명할 수 있다. • 직업생활을 통한 개인적 독립의 중요성을 인식하고 주체적인 삶의 자세를 가질 수 있다.
		직업생활에 필요한 직업윤리 및 관련 법규를 파악한다.	• 자신이 관심을 가지고 있는 분야에서 갖추어야 할 직업윤리와 중요성을 설명할 수 있다. • 근로자의 법적 권리와 관련 제도 및 기관을 알아보고 활용할 수 있다.
III. 진로 탐색	1. 교육 기회의 탐색	진로에서 학습의 중요성을 이해하고 자기주도적 학습태도를 향상시킨다.	• 진로목표를 위해 자신의 학업성취 수준을 점검하고, 향상의 동기를 가질 수 있다. • 자신의 학습방법을 점검하고 효과적인 학습방법을 찾을 수 있다. • 자기주도적 학습계획을 세우고 지속적인 실천 노력을 할 수 있다.
	2. 직업 정보의 탐색	관심 직업에 대한 구체적인 직업정보와 경로를 탐색한다.	• 관심 직업의 현황, 전망, 산업구조 등 구체적인 정보를 수집할 수 있다. • 관심 직업의 직무, 직업경로, 학업 및 자격조건 등을 구체적으로 설명할 수 있다. • 취업과 학업을 병행하거나 선취업 후진학하는 방안을 탐색할 수 있다.
		수집한 직업정보를 선별하고 활용한다.	• 수집한 정보를 분석하고 평가하여 자신의 진로설계에 필요한 정보를 선별할 수 있다. • 체험활동을 통해 관심 직업 및 학과에 대한 이해를 심화할 수 있다. • 관심 진로(학과, 직업)와 자신의 특성을 비교·분석할 수 있다.

대영역	중영역	세부목표	성취기준
Ⅳ. 진로 디자인과 준비	1. 진로 의사결정 능력개발	자신의 진로의사결정 방식을 점검하고 개선한다.	• 자신의 진로의사결정 방식과 과정을 점검한다. • 잠정적인 진로의사결정의 결과를 점검하고 자신이 처한 상황에 맞게 수정·변경할 수 있다.
		자신의 진로장벽 요인을 해결하기 위해 노력한다.	• 자신의 진로목표를 이루는 데 영향을 미치는 진로장벽 요인을 이해할 수 있다. • 진로장벽을 해결한 사례를 알아보고 자신의 진로장벽 요인을 해결하기 위해 적절한 방안을 찾아 노력한다.
	2. 진로 설계와 준비	진로목표를 세우고, 구체적인 계획을 수립한다.	• 자신의 진로목표를 구체화할 수 있다. • 자신의 진로목표와 관련 있는 직업·대학·학과를 탐색할 수 있다. • 자신의 진로목표를 이루기 위한 중·장기적인 계획을 수립할 수 있다. • 자신의 진로목표와 관련된 학교활동을 계획하고 참여할 수 있다.
		상황 변화에 맞추어 진로계획을 재점검하고 보완한다.	• 개인 및 직업세계의 변화를 검토하여 자신의 진로계획을 재점검하고 수정할 수 있다. • 진로계획 수정 시에 결과보다 과정이 중요함을 인식하고 실패에서도 진로대안을 찾을 수 있다.
		고등학교 이후의 진로계획을 수립하고 실천하도록 노력한다.	• 진로목표와 관련된 대학, 학과(전공)를 선택할 수 있다. • 관심 있는 대학의 입학정보를 알아보고 필요한 조건을 갖출 수 있다. • 취업과 관련된 다양한 진로대안을 탐색하고 취업에 필요한 정보를 수집할 수 있다. • 자기관리능력을 갖고 생활에 적용할 수 있다.

3) '진로와 직업' 교과와 창의적 체험활동

(1) 진로와 직업 교과 내용 및 창의적 체험활동 영역

2015 개정 교육과정에서는 학교 현장에서의 진로교육 목표와 성취기준에 대한 이해도 및 활용도를 높이기 위해 진로교육의 내용, 목표 및 성취수준을 '진로와 직업' 과목과 연계하였다. 즉, '진로와 직업' 과목 내용은 진로교육의 성취기준의 영역인, '자기이해와 사회적 역량개발', '직업세계 이해', '진로탐색', '진로디자인과 준비'이며, 기

타 영역별 성취기준이 '진로와 직업' 과목의 학습목표이다.

창의적 체험활동은 교과활동과 상호보완적인 관계의 활동으로 다양하고 풍부한 체험활동을 통하여 교과활동에 의해서 습득된 것을 적용하고 실현해 보는 교과 이외의 활동이다. 창의적 체험활동은 그림 12-1에서 보는 바와 같이 자율활동, 봉사활동, 동아리활동, 진로활동의 4개 영역으로 구성되며 공동체 의식의 함양, 소질과 잠재력의 계발·신장에 중점을 두고 있다.

2015 개정 교육과정에서는 앞의 4개 영역에서 24단위(총 408시간)를 운영하게 되어 있다. 학교에 따라 영역별 시간 편성은 동아리중점, 자율활동중점, 봉사활동중점, 진로활동중점 등으로 자유롭게 할 수 있으나 총 408시간은 반드시 이수해야 하는 필수사항이다. 그리고 고등학교에서는 대개 어떻게 편성하든 학생들의 미래 진로선택 및 역량을 강화시키는 방향으로 운영한다.

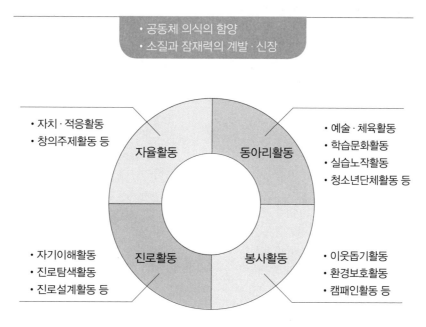

그림 12-1 창의적 체험활동 영역과 활동
출처: 교육부(2015).

(2) 창의적 체험활동 목표의 체계

2015 개정 창의적 체험활동 교육과정은 자율활동, 동아리활동, 봉사활동, 진로활동 각 영역의 실천을 통하여 달성하고자 하는 하위목표와 그 4개 영역의 실천이 통합적으로 이루어졌을 경우에 달성할 수 있는 최종목표를 제시하고 있다. 창의적 체험활동 목표의 체계는 그림 12-2와 같다.

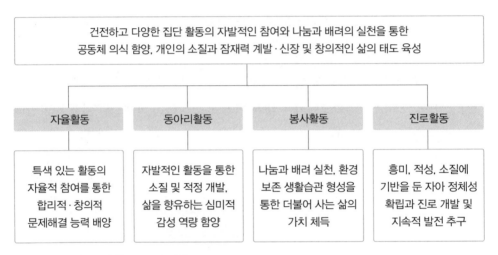

그림 12-2 창의적 체험활동 목표의 체계
출처: 교육부(2015).

02 고등학교 진로교육 실태

1) 진로교육이 버거운 학교

진로진학상담교사가 배치된 후 학교에서 진로교육의 중요성이 커지고 있는 것은 분명하나 지금도 고등학교에서는 진로를 전 생애적 관점에서 바라보는 교육(상담)이 이뤄지기보다는 당면한 대학 진학(취업)만을 위한 교육(상담)이 주를 이룬다. 실제 일반계 고등학교에서 정시전형으로 대학을 준비하는 학생은 진로교육을 거부하기도 한다. 고등학교 현장에서 실제로 일어나는 대표적인 진로교육 상황은 다음과 같다.

첫째, 각 학교에 진로진학상담교사가 단 한 명만 배치되어 있어 학생 개개인의 진로를 촉진하고 지지할 전문인력이 부족하다. 진로진학상담교사는 '진로활동 영역'을 담당하며, 학교의 진로프로그램을 총괄하면서 개인 상담도 진행해야 하므로 감당해야 할 업무가 과중하다. 또 학생들과의 진로상담에서는 단순히 진로문제뿐만 아니라 학생의 미해결 과제가 한꺼번에 표출될 수 있는데, 진로진학상담교사들도 아직 진로진학상담교사로서는 경력이 짧은 셈이어서 정서적인 문제를 다루기가 쉽지 않다. 따라서 학생에 대한 충분한 이해가 부족한 상태에서 학생이 호소하는 진로선택이나 성적 향상 문제로만 피상적으로 접근하는 경우가 많아 교사에게 자신의 진로문제를 전적으로 의지하기에는 한계가 있다.

둘째, 우리나라 대학은 엄연히 서열화되어 있고 학생들이 희망하는 대학이 서울에 몰려 있어서, 의예과를 비롯한 극히 일부 학과 또는 교육대학을 제외하고는 서울 소재의 명문대학에 충분히 합격할 수 있는 우수한 성적을 지닌 학생이 자신의 흥미와 적성에 맞는 전공을 고려하여 지방대학에 진학하는 경우는 드물다. 또 서울 소재 명문대학에 몇 명을 합격시켰느냐에 따라 교장은 학교 운영을 잘한 교장으로, 교사는 진로지도를 잘하는 유능한 교사로 인정받곤 한다. 따라서 학교에서는 진로교육보다는 내신성적을 우선시하고 내신성적이 낮으면 수능시험을 잘 치러 정시로 진학하는 방법으로 이끈다.

셋째, 실제 내신성적이 낮은 학생일수록 정시전형에 집착하므로 진로교육 및 비교과활동에 신경 쓸 여력은 없어진다. 따라서 수능 모의성적이 내신등급보다 우수한 학생이 더 많이 분포된 일반계 고등학교일수록 진로교육이 효과를 거두기 어렵다. 또 수능성적이 최상위권인 학생은 내신성적이 1등급대 초반 또는 적어도 2등급 이내일 경우에만 비교과활동이 의미가 있고, 한 학기 한 과목이라도 1, 2등급에서 밀리면 수시전형으로 희망하는 대학 진학이 어렵다고 판단하고, 진로교육을 시간 낭비라고 생각하기도 한다. 또 '진로활동 영역'은 정기고사로 평가하는 교과활동이 아니라는 이유로 그 시간에 밀린 잠을 자거나 영어나 수학 모의 수능 문제를 푸는 학생도 많다.

넷째, 교사들은 대학교육협의회에서 만든 성적분석 프로그램과 각종 입시전문기관에서 제공하는 성적분석 프로그램을 활용하여 학생들이 희망하는 대학의 합격 가능권을 가늠하며 상담한다. 간혹 교사들은 이 프로그램의 산출 결과에 따라 학생에게 세간의 평판이 더 좋은 대학 진학을 유도하면서 전공학과를 바꾸도록 종용하는 경우가 있다. 또 학생들도 교사들과 별반 다르지 않아 자신이 희망하는 대학보다 상위권 대학에 합격할 가능성이 보이면, 전공학과를 바꾸는 일에 크게 망설이지 않는다. 즉, 학교 진로교육이 강화된 지금도 고등학생들의 대학 희망 전공학과는 성적에 의해 수시로 변하고 있으며, 학생들이 수행한 교과나 비교과활동들도 수정한 전공학과 특성에 맞게 새롭게 꾸미는 상황이 일어난다. 이런 상황은 학생들에게 진솔한 자기탐색을 촉진했던 그동안의 진로교육이 순식간에 허물어지는 모습으로 다음에 소개된 수진이 사례에서 확인할 수 있다.

■ 수진이 이야기

수진이는 초등학교 때 아버지를 여읜 터라 안정적인 취업만이 어머니께 효도하는 길이라 생각했다. 수진이는 취업이 인생의 전부라고 생각하고 딱 길이 정해진 초등교사를 장래희망으로 정했다. 1학년 말쯤 몇몇 선생님들이 "네 성적(평균등급 1.02)으로 교대를 가기엔 아깝다"며 서울대를 권하셨다. 수진이는 서울대를 교사로부터 권유받으니 마치 합격을 보장받은 듯 가슴이 벅찼다. 선생님 말씀대로 수진이는 서울대 정치외교학과로 진로를 수정했다. 자신의 성격, 흥미, 적성, 그리고 가치관이 모두 맞아떨어지는 것 같았다. 계획을 세우면 주도면밀하게 실천하는 수진이는 정치외교학과에 어울릴 것 같은 활동들로 학교생활기록부를 꾸몄다.

수진이는 3학년 1학기 말쯤 어머니의 권유로 서울에서 내려온 한 사교육 담당자에게 진학상담을 받았다. 학교생활기록부를 살펴본 입시컨설팅 전문가는 정치외교학과는 외교관 자녀들이 가는 곳이니 합격하기 어렵다며 사회복지학과를 추천했다. 그때 수진이는 서울대학만 합격한다면 전공을 살짝 바꿔도 괜찮겠다는 생각이 들었다. 그 이야기를 건네 들은 담임교사는 합격이 더 쉬울 것 같다고 생각한 노어노문학과를 지원하라고 권하셨다. 수진이는 그 학과는 마음에 내키지 않아 다른 선생님들을 순례하며 자문을 구했다.

　이를 안타깝게 여긴 또 다른 선생님의 권유를 받아들여 서울대학교 홈페이지에 탑재된 인문사회계열 전공학과 안내 동영상을 시청하며 자신의 특성에 어울리는 학과를 다시 탐색했다. 사회복지학과는 봉사정신이 투철하지 않아 못할 것 같고, 경제학과는 많이 어렵고, 지리학과는 재미없고, 심리학과는 자신이 원하는 것보다 다소 정적이고, 언론정보학과를 공부하기엔 비판적인 분석력이 좀 부족하다는 생각이 들고, 언론인은 마감 일자가 계속 반복되는 게 힘들 것 같기도 하고, 인류학과는 재미있을 것 같긴 한데 학생부 기록 내용과 너무 안 맞아 합격 가능성이 적다는 생각이 들었다.

　수진이는 진로는 고민하지 말고 성적만 올리면 다 된다는 믿음과 빨리 취직해서 어머니께 효도해야 한다는 마음만으로 충분한 자기성찰과 전공특성에 대한 이해 없이 선생님들의 권유에 흔들렸던 자신을 원망했다. 그리고 짧지만 나름 성실하게 탐색한 전공학과 특성과 자신의 흥미를 고려하여 영어영문학과를 응시했다. 수진이는 정량적인 성적만으로는 충분히 합격 가능한 학생이었지만 100% 학생부종합전형인 서울대의 정성적인 평가가 가미된 수시전형에 실패했다. 그런 결과를 본 1학년 때의 진로진학담당교사는 수진이가 초등학교 선생님으로 적성이 충분하며 초등학교 교사가 되고자 하는 열망이 높았다며 아쉬워했다.

다섯째, 교실에는 자신의 실력에 비해 과도하게 높은 진로목표를 세우고 더 이상의 탐색을 미루는 학생이 있고, 아예 학습 동기나 진로 동기가 전혀 없는 무동기 상태의 학생도 있다. 학교에서는 잠을 자고, 수업이 끝나면 게임이나 아르바이트를 하러 가거나 학원에 간다. 이 학생들은 '진로활동 영역' 시간뿐만 아니라 학교에서 시행하는 진로교육 프로그램에도 거의 참여하지 않는다. 특히 진로활동 프로그램은 방과후에 운영하는 경우가 많아서 더욱 그렇다. 어찌 보면 이 학생들에게 '네 꿈이 뭔지 결정하라'고 강요하기 전에, 학생들의 내면을 공감해 주는 자아성장 프로그램이 있으면 좋을 텐데 그런 프로그램을 운영하는 학교는 드물다.

2) 진로결정을 재촉하는 학교

고등학교에서는 창의적 체험활동을 자신의 진로특성에 맞춰서 하도록 안내하면서 학생들에게 장차 어떤 직업을 가질 것이며 무슨 대학, 무슨 학과에 진학할 예정인지 묻는다. 교사들은 학교생활기록부에 학생들의 진로희망과 그 진로를 희망한 이유를 써야 하고, 학생들은 창의적 체험활동의 한 부분인 동아리 가입을 서둘러야 한다. 고등학교 교육과정에서는 모든 학생이 정해진 창의적 체험활동 과정을 이수해야 한다. 그리고 그 이수 내용이 전공 성격에 부합하는 활동이라 여겨지면 학생부종합전형을 비롯한 대학의 수시입학전형에 유리하기 때문에 빠르고 명료한 진로설정이 필요하기도 하다.

중학교 때 이미 진로를 결정한 학생은 동아리 가입이 수월하여 편안한 상태이고, 진로미결정 학생은 진로를 결정한 친구를 부러워하면서 무능감과 조급함을 느낀다. 고등학교 1학년 교실에서는 각자 자기소개를 할 때 대개 자신의 꿈이 들어가곤 하는데, 자신의 꿈을 친구들 앞에서 당당하게 밝히는 학생과 꿈이 없는 학생이라고 스스로 낙인찍으며 숨죽이는 학생으로 나뉨을 볼 수 있다. 마치 대학 진학의 성패가 빠른 진로 결정 유무에서 판가름 나는 것 같은 분위기이다. 때론 자녀의 진로미결정이 부모의 과제가 되기도 하여 고등학교 1학년 부모 중에는 꿈을 정하는 방법을 궁금해 하는 이들도 있다. 이런 현상은 매년 되풀이되고 있다.

그런데 실제 고등학교 1학년 교실에는 진로를 결정하지 않은 학생들이 많다. 이 학생들은 자신이 좋아하는 직업을 부모가 반대하거나, 어떤 직업이 있는지 또는 자신이 무엇을 잘하는지, 무엇을 좋아하는지 모른다고 답답해한다. 진로를 결정한 학생 중에서도 충분한 자기탐색이 없는 상태에서 부모님이나 사교육 선생님의 권유를 받거나 TV 드라마에 등장하는 직업을 보고 즉흥적으로 결정한 경우도 많았다. 진로를 결정한 학생은 자신이 설정한 진로경로를 따라 창의적 체험활동 등 여러 활동 이력을 쌓는 동안 진로미결정 학생은 급조된 꿈으로 서둘러 동아리에 가입하고, 활동은 소극적으로 한다.

또 자신에 대한 탐색이 충분하지 않은 상태에서 진로를 결정하면, 그것은 잠정적인 진로라 생각하면서 학교생활을 통해 탐색되는 자기의 모습에 맞춰 진로가 수정되어야 한다. 그러나 실제 학교에서는 진로를 결정하고 그에 맞는 창의적 체험활동을 꾸준히 한 내력 등이 입시에서 전공적합성을 증명하는 중요한 기준이라는 인식이 강하다. 그래서 진로를 자주 바꾸면 손해라는 의식이 만연해 있다. 한 번 결정한 진로를 쉽게 바꾸지 않고 유지하려는 경향이 강할 수밖에 없는 이유이다. 1학년 때 잘못 설정한 진로에 맞춰서 동아리에 가입하고, 희망 전공학과에 어울릴 만한 책만 골라 읽고, 학교에서 경험한 여러 활동들을 진로와 관련하여 의미 있었다고 부풀려 꾸미는 경우도 많다. 그리고 교사는 그 내용의 진위 여부를 확인하지 않고 학교생활기록부에 기록하는 경우가 있다.

3) 개개인에 특화된 진로교육이 없는 학교

백선희와 심우정(2018)은 일반계 고등학교가 제공하는 진로활동과 학생이 실제 경험한 진로활동 도움 정도를 분석한 결과, 학교에서 제공한 진로활동과 학생이 도움이 된다고 인식하는 활동과는 차이가 있는 것으로 보고했다. 일반적으로 고등학교 학생들은 학교에서 진로진학상담교사가 담당하는 「진로와 직업」 교과 지도, 일반교과에 진로와 직업지도 내용을 포함한 지도, 담임교사의 개별지도, 진로 중심 동아리 활용, 외부인사 초청강연, 진로캠프 운영, 선배·직업인 멘토링, 전공학과 체험활동, 지역사회 자원 활용 등으로 진로 경험을 하고 있다.

그런데 학생들이 보고한 진로활동 경험에는 부모와의 대화(87.9%), 담임교사와의 상담(79.0%), 진로 관련검사(76.6%), 대중매체(53.7%) 및 온라인 커뮤니티를 통한 정보수집(55.6%), 사교육 종사자와의 대화(41.1%), 이웃이나 친인척 등 타인으로부터 조언(42.5%) 순이었다. 상대적으로 진로캠프(11.1%), 진로직업박람회(10.8%), 상급학교 입시설명회(16.1%), 학과체험활동(19.3%)을 경험한 학생은 적었다. 또 해당 활동을 경험한 학생들이 인식한 가장 유용성이 높은 진로활동은 사교육 종사자와의 면담(73.8%), 상급학교 입시설명회 참석(65.7%), 온라인 커뮤니티 정보(64.2%), 학과체험활동(63.9%), 직업인 강연 참석(63.9%), 부모와의 대화(62.5%) 등 주로 학교 밖에서 이뤄지는 진로활동이었다. 또 학교에서 가장 많이 제공하는 진로 관련검사는 44.7%만 도움이 되었다고 응답하였다.

위 자료에서 살펴본 바와 같이 국가 수준의 교육과정 개정으로 학교에서는 막대한 인적·물적 자원을 투입하여 진로교육을 실시하고 있음에도 불구하고, 학생들은 학교 밖에서 제공되는 진로활동을 더 유용하게 인식하고 있음을 알 수 있다. 학생들은 일반적인 진로목표나 직업정보보다는 자신의 진로와 직접적 관련이 있고 개인적 특성에도 맞는 진로진학정보를 더 선호하는데, 학교가 그 역할을 충분히 하지 못함을 알 수 있다. 아직도 고등학교에서는 여러 여건상의 한계로 체험활동보다는 교과를 통한 일반정보 제공 중심의 진로활동을 가장 빈번하게 하고, 그것도 중학교 때와 별반 다르지 않은 내용이 많아 학생들의 관심을 받지 못한다.

03 고등학교 진로교육 이슈

기술 발달로 인한 사회의 급격한 변화로 이에 대비할 진로교육이 필요하다는 인식에는 어느 정도 동의하는 분위기이나 고등학교에서는 아직도 취업이나 상급학교 진학을 우선시하며 진로교육을 등한시한다. 이런 분위기에서 진로교육의 내실화를 기하려면 어떻게 해야 할까?

1) 진로-직업교육의 효과에 대한 자문

고등학교에는 '진로교육이 무슨 의미가 있으며 공부할 시간도 부족한 고등학생이 무슨 진로탐색이냐, 공부를 잘하면 나중에 여타의 일은 모두 해결된다'고 생각하는 교사가 많다. 과연 진로교육은 대학 진학에 걸림돌일까? 또 학교에는 공부도 열심히 하면서 학교에서 안내하는 비교과활동도 열심히 하는 학생이 있는가 하면, 공부를 왜 해야 하는지, 자신이 무엇을 잘하는지, 무엇을 하고 싶은지, 앞으로 어떻게 살지에 대해 전혀 고민 없이 잠만 자다 가는 학생도 많다. 이 서로 다른 학생 모두를 만족시킬 수 있는 교육은 뭘까? 그 해결방법을 진로교육에서 찾아야 할 것 같다.

(1) 학생부종합전형에 디딤돌이 되는 진로교육

고등학교는 교육과정에 제시된 기준에 의해 운영되고, 대학에는 고등학교 생활을 충실히 한 학생을 선발하는 학생부종합전형제도가 있다. 학생부종합전형은 학교생활기록부 내용에 기반한 종합적이고 다면적인 평가로 학업 역량 외에도 교내 수상, 창의적 체험활동, 행동특성 및 종합의견, 그리고 제출된 자기소개서, 추천서 등을 중심으로 학생의 대인관계 및 인성 등 개인적 특성을 판단한다.

이때 학생의 개인적 특성을 경험의 유무나 활동의 양으로 판단하지는 않는다. 또 임원활동 경력이 많은 학생이 리더십이 있다고 판단하지 않고, 임원활동의 횟수보다 맡은 역할과 활동 내용을 질적으로 판단하며, 봉사활동 역시 봉사활동의 양이 아닌 활동 내용과 학생에게 미친 영향을 중심으로 평가한다. 그리고 동아리활동을 통해 학생이 무엇을 배우고 어떻게 성장했는지 등을 평가한다(서울대, 2016).

이에 고등학교에서는 교과 수업뿐만 아니라 비교과 수업에서도 학생 개개인이 주도하는 활동·체험 중심으로 교육과정을 운영해야 한다. 이때 교사는 학생 각자가 자신의 긍정적 강점을 찾도록 돕고, 학생들이 체험하는 활동에서 각각 어떤 의미를 찾는지를 성찰하도록 촉진해야 한다. 이런 과정을 거쳐 학생이 참여한 의미 있는 다양한 활동을 집약하면 학생 개인의 특성이 집약된 진로 이야기가 만들어진다. 이 활동들을 주도하는 교육이 진로교육이고, 그것을 통해 향상된 진로역량, 즉 협업능력, 의사소통능력, 도전정신, 리더십 등은 대학 진학에 유리한 평가요소가 된다. 따라서 진로교육을 잘 받은 학생은 학생부종합전형에 유리하게 임할 수 있다.

(2) 무동기 학생에게 활력을 주는 진로상담(교육)

고등학교에는 교과·비교과활동에 전혀 참여하지 않는 무동기 학생들이 교실에서 점차 늘어나고 있는데 학교는 뚜렷한 대안 없이 방치하고 있다. 사실 교사는 이런 학생들도 앞으로 행복하게 살 수 있도록 준비시켜야 하지 않는가? 그 작업은 학생이 가진 긍정적인 강점을 찾는 일에서부터 시작해서, 진로교육과 상담에서 해야 할 일일 것이다.

학교에서는 무기력했던 학생들이 진로교육과 상담을 받으며 활력을 찾는 모습을 간혹 볼 수 있다. 다음 이야기의 학생은 평균 8등급의 성적으로 고등학교에 입학해서 노는 것을 즐기고 공부를 전혀 하지 않았다. 어떤 계기로 담임교사에게 진로상담을 받으면서 성적이 꾸준히 향상되고 정신적으로도 많이 성장했다. 학생의 성장 과정은 초기면접에서 호소한 내용과 '진로상담을 받으며 변한 나'에 드러나 있다. 이러한 사례를 보면 진로교육과 상담은 진로목표를 스스로 찾게도 하고 학습 동기로도 이어짐을 알 수 있다.

■ 초기면접: 진로호소문제

> 학생: 선생님, 저 … 대학을 가야겠는데, 어떻게 하면 가요?
>
> 교사: 어느 대학 가려는데?
>
> 학생: 최소한 … 국립대는 가야겠는데요.
>
> 교사: 최소한? 무슨 학과?
>
> 학생: 모르겠어요.
>
> 교사: 그럼 커서 무슨 일을 하고 싶어?
>
> 학생: 잘 모르겠는데요.
>
> 교사: 아니, 그럼 대학을 어떻게 가니?
>
> 학생: ….

나는 고등학교에 들어와서 진로상담을 받으며 많이 변했다. 가장 크게 변한 나의 모습은 모든 활동에 적극적으로 참여하려는 태도이다. 예전에 나는 싫어하는 수업이나 학교 행사에 적극적으로 참여하지 않고 귀찮아 했었다. 하지만 상담을 받으며, 나는 수업시간에 적극적으로 참여하려 했고 또 다양한 진로캠프나 진로활동에 참여했다. 그때 선생님께 칭찬도 듣게 되고 예뻐해 주셔서 더 열심히 하게 된 것 같다.

또 다른 변화는 도전을 해 본다는 것이다. 나는 두려움이 많았고 남들 앞에 잘 나서지 못했다. 하지만 고등학교에 올라와 적극적으로 참여하다 보니 '도전'이라는 것을 해 봤다. 나는 도전을 통하여 용기를 얻었다. 그리고 1학년 2학기 때는 부실장이 되었는데, 입학할 당시만 해도 상상도 못했던 일이었다. 부실장을 해 봄으로써 처음으로 책임감이라는 무겁고 힘든 느낌을 경험해 봤다.

마지막으로 포기하지 않고 긍정적으로 생각하는 것이다. 공부를 하다 보면 열등감을 느끼고 후회가 많이 되기도 한다. 왜 공부를 안 했을까? 나 자신이 미웠고 또 공부를 해도 성적도 잘 오르지 않고 어떻게 공부해야 하는지도 몰라서 포기하고 싶을 때도 있었지만, 포기하지 않고 긍정적으로 생각을 했다. 그럴 때마다 선생님께 도움을 요청했고, 선생님이 심리검사나 다른 방법들로 많이 도와주셨다. 포기하지 않는 것과 긍정적으로 생각하는 것이 제일 중요하다고 생각된다.

아직 학습 부분에서는 성장한 부분이 크다고 생각하지 않는다. 그동안 나는 공부방법도 잘 모르고 자기관리나 시간관리도 미흡했기 때문이다. 하지만 앞으로 더 효율적인 공부를 해서 성적을 올릴 것이다. 그동안 성적이 오르지 않아 포기하고 싶다가도 노력하는 나 자신은 성장한다는 생각으로 다시 했고, 또 주위의 엄청나게 잘하는 친구들을 보며 나도 포기하지 않고 저 친구들과 나란히 서고 싶다는 생각을 했다.

2) 진로교육 내실화를 위한 변화 모색

(1) 진로교육을 향한 전 교사의 유기적 연계

고등학교 진로진학상담교사가 지각한 어려움을 연구한 보고서(유정아, 홍지영, 김진희, 2015)에 의하면, 진로진학상담교사들은 정체성 혼란(업무 및 역할 모호), 개인상담과 학교 진로교육을 조율하는 역할을 동시에 수행해야 하는 부담, 중학교 과정과 연계성이 부족하고 차별화되지 않은 점, 진로교육과 진학지도를 병행하여 통합적으로 개입하는 데 자신의 전문적인 역량이 부족한 점 등을 어려움으로 인식했다. 특히 대학입시에 도움이 되지 않는다고 생각하는 다른 교사들의 진로탐색에 대한 이해와 협조 부족, 학생들의 진로교육에 대한 동기 부족과 때로 학부모들의 일방적인 요구 때문에 어려움을 겪고 있다.

진로진학상담교사들이 스스로 인식하듯이 한 명의 진로진학상담교사가 고등학교

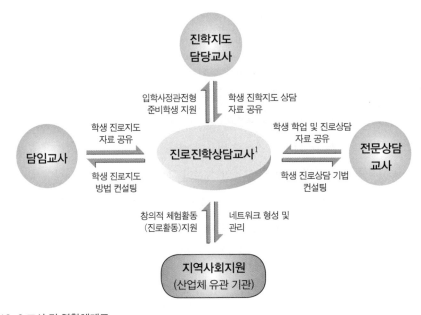

그림 12-3 교사 간 역할체계도
출처: 교육과학기술부(2011). 현장 중심 진로교육 활성화 방안.

....

1   2015년에 진로교육법이 새로 제정·시행됨에 따라 이러한 역할을 하는 교사를 '진로전담교사'라 지칭하게 되었다.

의 진로교육을 전담하기에는 한계가 있다. 진로교육이 국가 수준의 교육과정으로 학교에 제도적으로 정착했고, 학생들의 진로역량이 행복한 미래세계의 설계에 필요한 역량임은 의심할 여지가 없으므로 진로교육은 내실 있게 운영되어야 한다. 진로진학상담교사, 담임교사, 동아리담당교사, 교과교사, 전문상담교사 등이 진로교육 성취기준을 잘 숙지하고 학생에 대한 정보를 공유하면서, 각자의 전문 영역에서 학생들 각자의 개별 진로를 촉진하는 역할을 함께 이어간다면 진로교육이 내실 있게 운영되리라 본다.

(2) 진로교육에 대한 인식변화 및 교과연계 진로수업 유도

고등학교에서는 진로진학상담교사가 아닌 일반교사들도 학생을 이해하기 위해 상담을 하고, 학생에게 맞는 진로정보를 탐색하게 하며, 진로목표를 달성하기 위한 학습법을 제공하는 등 지금도 충분히 진로교육을 하고 있다. 특히 담임교사는 교과를 가르칠 뿐 아니라 창의적 체험활동 및 학생의 전반적인 활동을 관찰하는 가장 진로 접근성이 높은 교사로서 실질적으로 학생들의 진로결정에 크게 영향을 미친다. 그러나 진로를 전 생애적 관점으로 파악하고 학생 개개인의 진로성숙 수준을 고려해서 진로상담을 하며, 진로역량을 기르는 데 초점을 맞춰 지도하는지는 의문이다. 아직 일반교사들 중에는 진로교육을 입시를 위한 상담으로 생각하는 경향이 많고, 진로교육을 진로진학상담교사의 역할로만 인식하고 있다(김나라 외, 2018)는 보고를 지금은 더 눈여겨봐야 한다.

따라서 진로진학상담교사는 진로교육 성취기준과 교과연계 진로교육 방법 등에 대한 연수를 통해 교사들의 진로교육에 대한 인식을 변화시켜야 한다. 교사들이 평소에 학생의 긍정적 강점을 찾는 데 초점을 맞추도록 하고, 담당 교과에 진로연계 수업을 하도록 유도한다. 일반교과교사는 진로연계 수업이 필요하다는 인식만 있다면 큰 준비 없이도 할 수 있다. 예를 들어 다음과 같다.

① 진로교육 성취수준에 맞는 관련 교과단원을 선정해서 도입 부분에 간단히 한다.
② 정기고사를 치른 뒤 수업 부담이 적은 시간을 학생 중심 활동에 할애한다.
③ 교과특성에 맞는 도서를 선정하여 읽게 한 뒤, 자신에게 와닿은 구절과 그 이유

를 적는 수행평가를 실시한다.

④ 한 학기를 마무리할 때쯤 한 학기 동안 배우면서 이 교과가 자신의 삶(진로)에 어떤 변화를 가져왔는지, 또 자신의 진로에 어떤 영향을 끼쳤는지 찾도록 유도한다.

이러한 활동을 통해 학생들은 무엇인가 생각하게 되고, 그것을 교실에서 함께 나누면 곧 교과교사가 학생들의 진로교육에 참여하는 것이라 볼 수 있다.

일반교과교사가 진로연계 수업을 하면 학생들은 문제풀이에만 집중하던 교과에서 자신의 진로적성을 쉽게 찾을 수도 있다. 또 자신이 배우는 교과 지식을 대학 진학을 위한 일시적인 도구 교과가 아닌 미래에 자신의 삶과 밀접한 일에 활용할 지식이라는 생각을 갖게 되어 학습흥미가 높아질 수 있다. 또 교사는 그동안 몰랐던 학생들의 구체적인 꿈과 흥미를 느끼는 부분들을 관찰함으로써 학생들을 이해하는 계기가 되고, 교사로서의 자신감도 증진할 수 있다(김나라 외, 2018). 교사는 그때 관찰한 학생들의 활동 내용을 그대로 학교생활기록부에 기록할 수도 있다.

(3) 자기성찰을 촉진하는 체험학습 강화

고등학교 학생들은 입학 초 진로캠프에서 한 심리검사를 통해 자신의 진로특성을 이해한 뒤, 대학입학전형방법에 대한 강의를 듣는다. 곧 동아리에 가입하고 봉사활동은 스스로 찾아서 한다. 진로체험은 학교 교육과정에 계획된 활동을 함께하거나 자신의 흥미에 맞춰 선택한다. 이런 일련의 과정에서 자기성찰을 촉진할 안내가 필요하다.

이때 교사들은 학생 자신이 체험할 곳을 미리 찾아보고, 그곳에서 무엇을 체험하고 싶은지 자신이 조정할 수 있는 범위 내에서 구체적인 계획을 세우도록 안내하고, 체험한 뒤 반드시 경험한 느낌, 생각들을 자세하게 적어 내도록 해야 한다. 이런 성찰 과정이 쌓이면 학생은 자신의 진로를 스스로 관리하는 운영자가 되고, 자신의 진로활동에 대한 이야기가 만들어진다. 이 이야기는 학교생활기록부에 진솔하게 기록하는 자료가 되고, 축적되면 학생에게는 진로역량이 쌓여 자신의 미래 삶을 성공적으로 설계하게 된다.

다음은 고등학교 교사가 대학교(전북대학교, 2012)에서 운영하는 고교-대학 전공 연계프로그램에 학생들을 참여시켜 지도한 경험을 도내 고등학교 교장들에게 소개한 내용이다. 이 사례에서는 학생들의 자기성찰을 촉진하며 체험학습을 강화하려는 교사의 노력을 볼 수 있다.

대학에 입학사정관전형이 도입되면서 고등학교에서는 진로교육을 하느라 부산해졌다. 입학사정관전형에서는 진로를 일찍 결정하고 그 진로에 맞춰 학교생활을 통해 꾸준히 준비한 학생이 전공적합도에서 높은 평가를 받는다. 그런데 사실, 고등학교에는 진로미결정학생이 많다. 진로결정요인은 복합적이어서 원인 또한 복잡하다. 교사들은 학생들의 진로결정을 돕기 위해 나름 노력하나 역부족이다. 원인을 찾기도 쉽지 않지만 원인에 따른 적절한 처방 또한 쉽지 않았다.

나는 학급 학생들을 대상으로 진로탐색검사를 실시하고, 그것을 근거로 상담하여 전공희망학과를 정하게 한 뒤 대학교에서 학과 탐방을 하게 했다. 흥미와 적성이 비슷한 학생들을 팀으로 짜서 전공희망학과 교수들과 인터뷰하는 방법이었다. 나는 학과 탐방계획서를 제출하도록 하여 탐방하려는 이유와 인터뷰할 내용을 미리 점검해 주었고, 학과 탐방 섭외는 학생들에게 시켰으며, 탐방후보고서를 제출받고 적절한 피드백을 했다. 이 활동은 학생이 대학을 이해하고 학과의 성격과 전공 후의 진로 방향 등을 탐색하며 진학의지를 키우는 데 보탬이 되었다. 나는 그 활동을 계속 이어가고 싶었고 더 밀도 있는 학과 탐방을 계획 중이었다.

그러던 중에 반갑게도 인근 대학교에 '대학-고교 전공연계 S-G(study-group)프로그램'이 생겼다. 나는 학생들에게 대학-고교 전공연계 S-G 가입을 적극 권했다. 대학에서는 학기당 전공과 관련된 팀이 협력하여 해결하는 과제를 냈고, 방학 때는 전공학과를 방문하여 교수가 운영하는 강의를 듣는 프로그램이었다. 우리 학교 학생들은 내가 과제수행을 충분히 도울 수 없을 만큼 많은 350여 명이 가입하여 전공 관련 교과 선생님의 도움을 받았다. 그 가운데 212명(총 56팀)이 과제를 수행했고, 우수과제로 7팀(32명 수상)이 선정되었다. 또 여름방학 S-G 전공체험 프로그램에는 39팀 124명이 참여하여 전공과 연계된 학과에 대한 정보를 얻어 진로결정에 큰 도움을 받았다.

그 결과 우리 학교에는 고교 대학 연계 S-G 활동으로 꿈에 날개를 단 학생이 많다. 의류디자인을 하겠다며 부모와 겪는 진로갈등으로 학습 무기력에 빠졌던 인숙이는 의류학과에서 진행한 패션쇼체험에서 힘을 얻었고, 역사학과를 전공하겠다는 미영이는 사학과 S-G를 하면서 ○○대학 박물관에서 진행한 학예사 직업체험까지 마쳤으며, 심리학자와 의사라는 장래진로를 놓고 갈등하던 지원이는 전반기엔 심리학과 S-G에, 후반기엔 바이오메디컬공학부 S-G 활동을 하면서 뇌를 연구하겠다는 진로를 찾았다. 비슷한 사례를 열거하자면 끝이 없을 정도로 많다. 그만큼 대학-고교 전공연계 S-G 활동은 우리 학생들의 진로결정과 학습 동기의 촉매제가 되었다.

04 고등학교 진로상담 사례

고등학교 진로상담은 학생들의 긍정적인 자기발견, 자기존중, 자기격려를 돕는 일에서 시작되어야 한다고 생각한다. 교사들은 상담 방법이 좀 서툴더라도 긍정적 강점에 기반한 태도로 학생이 자신의 이야기를 편하게 털어놓을 장소를 제공하고, 주의 깊게 듣고 있음을 보여 주면 학생은 존중받는다는 느낌이 들면서 긍정적인 자기를 발견하게 될 것이라 본다. 이에 부합한다고 여겨지는 긍정적 강점 기반의 진로 집단상담 이야기를 소개하고자 한다.

1) 대표적인 집단상담 사례

사례 긍정적 강점 기반의 진로-진학 집단상담 이야기

다음은 일반계 고등학교 3학년 담임교사가 학급을 대상으로 실시한 진로-진

학 집단상담 사례이다. 담임교사는 자기패배적인 이야기를 쓰고 있는 학생들에게 내러티브기법으로 자기개방 및 다양한 긍정적 강점 기반 상호작용을 유도하여 자기탐색을 촉진했다. 그 결과 학생들은 열등한 자신을 토해 내고, '괜찮은 나'를 찾아 자신의 고유한 진로-진학이야기를 새로 쓰게 되었다.

■집단상담목표 '괜찮은 나'를 찾아 고유한 진로-진학이야기를 구성하다.

■학급집단특성 고등학교 연합고사가 있던 시절 학급에는 전기 고등학교에 떨어진 경험을 공유한 학생들만 있었다. 부모님들은 그런 딸들이 부끄러워 그 사실을 남이 알까 두려워하셨다. 어떤 학생은 어머니가 친구들에게 자기를 다른 학교에 다닌다고 했으니 혹시라도 엄마 친구들이 물으면 그렇게 대답해 달라고 부탁하셔서, "엄마 왜 그랬어요? 나는 우리 학교가 좋은데" 했다 했고, 또 다른 학생은 어머니께서 "어떻게 내 배 속에서 이런 딸이 나왔을까" 하시며 절망하는 소리만 듣고 살았다고도 했다. 이렇듯 학급에는 단지 전기 고등학교에 떨어졌다는 이유 하나만으로 가장 가까운 부모로부터 멸시와 수모를 받았던 기억이 또렷한, 상처받은 학생들로 가득했다.

학생들은 부정적 피드백을 받고 자란 탓에 자기는 자랑할 것이 전혀 없는, 쓸모없는 아이라고 스스로 규정하고 있었다. 따라서 대부분의 학생은 자신들을 꿈이 없고, 하고 싶은 것도 없으며, 잘하는 것도 없는 사람으로 이야기하며 무기력한 모습을 보였다. 3학년이 된 학생들은 공부를 열심히 하지도 않았고, 무엇을 전공할지에 대한 생각도 없었으며, 진학정보를 어디에서 어떻게 찾을지 방법도 몰랐다. 막연하게 대학은 가야 하는데, 어떻게 해야 할지 엄두를 내지 못하고 있었다.

■집단상담 과정 개요 및 주요 집단역동 담임교사는 자율활동 시간마다 학생들이 고3이 될 때까지 한 경험 중에서 인상적인 이야기 하나를 주제를 정하여 자유롭게 말하게 했다. 망설이던 학생들은 각자 심중에 있던 이야기를 쏟아 냈고, 아프지만 솔직한 이야기에 교실은 곧 울음바다가 되어 버렸다. 말하는 학생도 듣는 친구들과 담임교사도 함께 울며 순식간에 하나가 되었다. 학생들은 말하기 시간을 통해 거침없이 자신을 드러냈고 교실에는 그동안 담임교사가 몰랐던 아이들로 가득했다.

집단 경험은 학생들이 서로 비슷한 아픔을 공유하고 있음을 알게 해 주었고, 서로를 이해하는 폭을 키워 주었으며, 동시에 새롭게 자기를 보는 시발점이 되었다. 즉, 경청하는 학생들은 친구의 이야기에 공감하면서 인간에 대한 이해의 폭이 넓어지기 시작했다. 말하는 학생은 열등한 자신을 토해 내고 친구들의 공감을 받으며 괜찮은, 새로운 나를 만나기 시작했다.

담임교사는 상담자가 되어 학생의 상처를 쓰다듬어 주었다. 평소에 관찰한 학생의 긍정적 강점을 구체적으로 제시하며 반영하고, 이 주제를 왜 가져왔는지, 자신과 어떤 관련성이 있는지, 지금 이 순간의 감정과 생각은 어떤지를 물으며 자기 성찰을 촉진했다. 그뿐만 아니라 이야기 속에는 자신이 걸어온 길이 있고, 그것을 바탕으로 앞으로 가야 할 자신의 특정한 길이 있음을 느끼게 했다.

담임교사는 말하기 시간을 통해 학생들 안에 원래 들어 있던 자기 자신(성적이나 부모의 질책에 짓눌려 못 보고 지나쳤거나 귀하게 여기지 않았던)의 모습을 다르게 보는 연습을 시킨 셈인데 그것은 놀라운 결과로 나타났다. 학생들은 새로 쓴 자신의 이야기에 모두 뿌듯한 감정을 느꼈고, 삶에 활력을 얻었으며, 교실은 '괜찮은 나'로 꽉 차게 되었다.

학생들은 그 감동적인 자신만의 이야기들을 학과 특성에 맞게 엮어 대학의 문을 열었고, 이제 모두 부모의 자랑스러운 딸들이 되었다. 어떻게 저런 아이가 내 배에서 태어났을까 했던 어머니는, 합격자 발표가 있던 날 감격스러운 목소리로 "선생님, 선생님이 우리 아이에게 자신감을 심어 줬습니다. 이제 어느 곳에서든 최선을 다해 낼 아이라는 생각이 들어요. 고맙습니다."라고 말했다.

2) 대표적인 개인상담 사례

사례 1 영아원 봉사활동에서 만난 영준이를 아들 삼았다던 은아 이야기

은아는 공부에는 전혀 관심이 없이 툭하면 싸우고 이기적이어서 학급 친구들이 꺼리던 학생이다. 대학 진학 의사가 없다고 했던 은아는 입학사정관의 특강을

들은 후 서럽게 울었다. 자신은 꿈이 없어 막막하며 최근에 자살한 친구가 비좁은 납골당에서 숨 막힐 것 같아 불쌍하지만 대학 걱정이 없을 테니 부럽다고 하면서, 자신은 성적(8등급)도 나쁘고 가난해서 대학에 갈 수 없다고 흐느꼈다. "만약 네 부모가 부자라면 넌 무엇을 할 것 같으냐?"고 물으니 그림을 그리고 싶다며 말끝을 흐렸다. 그런 은아는 말하기 시간에 '내 아들 영준이를 소개한다'며 영아원에서 봉사활동하며 만난 6살 영준이 이야기를 했다. 담임교사는 은아가 1년 동안 120시간이나 계속 자발적으로 봉사활동을 했다는 사실에 놀라면서 그 사실에 주목하고, 영아원 봉사를 계속하게 하면서 자신의 특성을 관찰하게 했다. 은아는 가난한 가정의 네 딸 중 둘째로 전혀 관심받지 못하는 자신과 영준이의 처지가 비슷하기에 공감이 쉽다는 사실을 알게 되었다. 그 관심받지 못한다는 사실이 때론 분노로 때론 우울로 올라옴을 직면하게 했더니, 영준이처럼 상처받은 어린이를 치유해 주고 싶다고 했다. 담임교사는 은아의 예술적 적성과 봉사활동을 접목하여 예술치료학과를 안내했다. 은아는 예술치료를 탐색했고, 봉사활동 내용을 중심으로 자기소개서를 작성했다. 두 달이 걸렸다. 은아는 꿈이 생기자 생기가 돌았고, 그 일만은 적극적이어서 예술치료학과에 합격할 수 있었다.

사례 2 외모 콤플렉스에 머리카락으로 눈을 덮고 책만 읽던 인혜 이야기

인혜는 꿈도 없고 무언가 하고 싶은 것도 없이 수업시간에 잠만 자던 무동기 학생이었다. 인혜는 말하기 시간에 얼굴이 못생겨서 초등학교 때부터 남학생들에게 집단 따돌림을 당했다며 졸업하면 얼굴의 광대뼈부터 성형하겠다는 각오를 말하더니 서럽게 울었다. 친구들은 "예쁜데 왜 그래?"라며 왕따시킨 남학생들이 마치 옆에 있는 듯 큰 소리로 반응했다. 아이들은 구체적으로 집어서 인혜 외모를 긍정적으로 평가했다. 인혜는 그간 줄곧 못생겼다고 생각한 자신의 얼굴을 친구들이 칭찬하자 어리둥절했지만, 친구들의 따뜻한 위로가 힘이 되었다. 잠이 줄고 수업 태도도 좋아졌으며, 이마가 보이도록 앞머리를 올렸다. 하지만 여전히 꿈은 없다고 했다.

인혜는 친구들과는 잘 어울리지 않으며 혼자 책만 읽었다. 담임교사는 인혜의

책 읽는 모습을 강점이라 칭찬하며 문헌정보학과를 권했다. 인혜는 자신에게 어울릴 것 같은 학과가 있다는 사실에 동기부여가 되어 문헌정보학과에 대한 탐색을 주도적으로 했다. 인혜는 사서교사를 찾아가기도 하고 인터넷을 통해서 문헌정보학에 대한 궁금증을 풀었다. 자신의 특성에 적합한 학문인지 저울질해 보기도 하고, 문헌정보학과에서 배우는 과목들이 무엇인지, 사서교사가 되기 위해 필요한 능력이 무엇인지 적극적으로 탐색했다. 인혜는 동아리활동으로 한 도서부 활동과 풍부한 독서이력을 제출하여 입학사정관전형으로 문헌정보학과에 합격했다.

사례 3 문제아로 살았던 10대의 한을 풀겠다며 공부에 전념한 혜빈이 이야기

혜빈이는 2학년에 진급한 첫날, 노랗게 염색한 머리로 교복을 입지 않은 채 등교했다. 그런 모습을 처음 본 담임교사는 당황했으나, 교복은 어디 있느냐고 담담하게 물었다. 혜빈이는 집에 있다고 대답했고, 언제 입고 올 거냐고 물었더니 다음날부터 입고 왔다. 혜빈이는 어린 시절 맞벌이 부모님 때문에 아침 일찍부터 밤늦게까지 어린이집에 맡겨졌고, 부모는 미안해서 용돈을 넉넉하게 줬다. 혜빈이는 그 돈으로 담배 피우고, 술 마시며, 유흥주점을 들락거려 문제아로 낙인찍혔다. 혜빈이는 고등학교 1학년 때까지 질책받는 일에 익숙했다. 그러다 새 담임교사가 비난하지 않고 담담히 묻기만 하니 존중받는 느낌이 들었다. 그때부터 학생은 담임교사의 말을 무조건 신뢰하며 무서운 집중력과 인내력을 발휘하여 공부하기 시작했다. 어릴 때 다져진 한자 실력으로 독해력이 뒷받침되자 혜빈이의 성적은 지속적으로 향상되었다. 말하기 시간에 혜빈이는 문제아로 살았던 10대의 한을 풀겠다고 말하며 울었다. 1학년 때 평균 6등급이던 학업 성적이 3학년 1학기에는 1.5등급이 되었다. 특히 문학, 독서, 한문, 윤리는 2년 내내 1등급이었다. 보통 학생들이 이해했을 법한 내용도 모르는 것이 많았던 혜빈이는 이해될 때까지 선생님들께 여쭙는 것을 부끄러워하지도 주저하지도 않았다. 이런 것까지 질문하냐는 핀잔도 들었지만, 전혀 굴하지 않고 모르는 것은 확실히 이해될 때까지 확인했다. 이런 특징의 바탕에는 혜빈이의 우수한 논리력이 있었고, 그것은 내적 신념에 영향을 주었다. 옳다는 믿음이 생기면 그것을 꾸준히 실천하는 저력이 있기에 담임교

사는 발전 가능성에 주목했다. 문제아 낙인이 찍혔던 혜빈이는 전교 150등쯤에서 전교 5등으로 졸업하고 지방 국립대학의 사학과에 입학했다.

사례 4 학급임원 및 봉사활동을 성실하게 하면서 속내는 감추었던 가은이 이야기

가은이는 언니와 남동생 사이에 낀 공부 못하는 둘째였다. 언니는 엄마의 자랑이었고, 언제나 가은이는 ○○의 동생, 언니는 잘하는데 너는 왜 못하느냐는 소리에 못이 박혀 엄마도 싫고 언니도 싫었다. 가은이는 교실에서도 언니와 엄마의 위치에 놓인 사람에게 적대적이었고, 가끔 소화가 안 된다며 울상을 지었다. 가은이는 모든 학생이 자기 이야기를 스스럼없이 꺼내서 울고 있는 교실에서 유일하게 자신과 관련된 이야기를 하지 않았고, 자신을 들여다보자는 교사의 제안에 표정이 일그러졌다. 대신 학생회활동이나 봉사활동 등 겉으로 드러나는 외적인 활동에는 적극적으로 성실히 참여했다. 거기서 엄마의 인정에 대한 갈증을, 소외된 친구들을 따뜻하게 보살피면서 채웠다. 담임교사는 소외된 특수학생들을 애틋하게 챙기는 가은이의 배려만은 언니보다 나은 강점임을 부각시켰다. 선생님은 특수교육학과에 대한 진학정보를 주며 교사의 꿈을 꾸게 했다. 가은이는 내신성적이 낮아도 학생회활동과 봉사활동으로 진학할 수 있는 희망이 생기자 얼굴이 환해지며 열심히 준비했다. 가은이가 진학을 희망하는 대학은 그해에 입학전형방법이 바뀌어 다단계전형이 되었고, 내신성적은 1단계전형의 합격 여부를 결정하는 기준으로만 쓰였고, 2단계전형에서는 면접으로만 평가했다. 이 전형은 내신성적이 낮은 가은이에게는 유리한 것이었다. 1단계를 통과한 가은이는 면접 준비를 충실히 해서 어렵게만 느껴지던 대학에 합격했다. 어머니께 자신도 교육대학을 다니는 언니처럼 교사가 되는 것이므로 언니와 차별하지 말라고 문자를 드리고 후련하다며 웃었다.

요약

　고등학교 진로교육과 상담은 2009 개정 교육과정에 의해 학교에서 창의적 체험활동을 운영하고, 진로진학상담교사가 배치되면서 체계를 갖추기 시작했다. 또한 대학입시에 입학사정관전형(현 학생부종합전형)이 늘어남에 따라 학생과 학부모의 관심이 커지고, 2015년에 제정된 「진로교육법」이 2015 교육과정에 반영되면서 진로교육과 상담은 고등학교 교육의 전반을 아우르는 중요한 교육이 되었다.

　2015 교육과정에 근거한 고등학교 진로교육과 상담은 산업 수요와 미래 직업세계 변화에 대한 이해를 바탕으로 자신의 진로목표를 세우고 구체적인 정보 탐색을 통해 고등학교 이후의 진로계획을 수립하여 실천하기 위한 역량을 개발하는 데 목표를 두었다. 이를 위해 교육과정에 자아이해와 사회적 역량, 일과 직업세계의 이해 역량, 진로탐색 역량, 진로디자인과 준비 역량 개발 등을 세부목표 및 성취기준으로 정하여 진로교육 내용을 구체적으로 제시하였다.

　이에 고등학교에서는 창의적 체험활동을 통해 진로교육이 제도적으로 정착하여 학생부종합전형을 대비하고 무기력한 학생들에게 활력을 주는 교육으로 성과가 있었다. 그러나 진로진학상담교사가 각 학교에 한 명씩 배치되어 학생 개개인의 진로탐색을 촉진하고 지지할 만큼 전문인력이 확보되지 않았을 뿐만 아니라 아직도 고등학교에서는 취업이나 상급학교 진학을 우선시하며 진로교육에 회의적인 분위기가 우세하다.

　앞으로 고등학교에서 진로교육이 내실 있게 운영되려면 전 교사의 진로교육에 대한 인식 변화 및 유기적 연계가 필요하고, 교과연계 진로수업과 학생들에게 자기성찰을 촉진하는 진로 체험을 늘려야 한다. 동시에 교사들은 학생들의 긍정적인 자기발견, 자기존중, 자기격려를 돕는 일에서 진로상담을 시작하여야 한다. 교사가 긍정적 강점에 기반한 태도로 학생이 자신의 이야기를 편하게 털어놓을 장소를 제공하고 주의 깊게 듣고 있음을 보여 주는 것만으로도 학생들의 자기이해를 촉진할 수 있을 것이다.

1 다음은 모 방송국에서 방영한 '넌 어떤 공부를 하니'에 나온 교육전문가들의 이야기이다. 세 명의
  이야기를 읽고 현재의 고등학생을 미래의 직업세계에 성공적으로 진입시키려면 학교에서 어떤
  진로교육을 해야 할까 이야기를 나눠 보시오.

- 초등학교 입학부터 대학 졸업 때까지 16년을 열심히 공부했는데도 대학 졸업 후 일자리를 구하
  지 못하는 경우가 많다. 이런 '청년 백수' 문제를 해결하기 위해서는 교육부터 달라져야 한다. 빠
  르게 변하는 환경에 적응하는 교육이 필요하다. 그렇다면 아이들을 어떻게 교육해야 할까.
  (○○대학 교수 A)

- 수많은 학생이 배우고 있는 지식 중에서 상당 부분은 미래 직업사회에서 그다지 활용될 가능성
  이 없죠. 미래 지향적인 콘텐츠를 배우면 좋은데 지금은 죽은 지식에 너무 많은 투자를 하고 있어
  안타깝다.
  (□□대학교 경력개발센터 소장 B)

- 미래사회에서는 어떤 특정한 인재만 요구하는 것이 아니라 다양한 분야의 영역을 넘나들 수
  있고, 그 영역을 융합할 수 있고, 협업할 수 있고 공감할 수 있는 창의력 있는 인재들을 요구하고
  있다. 현재도 마찬가지지만 머지않아 우리 아이들이 살 세상에서는 창의융합형 인재를 원하지 않
  을까 생각한다.
  (◇◇초등학교 교사 C)

---

2 2015 개정 교육과정 총론에서 제시하는 인재는 '창의융합형' 인재다. 이 총론에서 제시하는 핵심
  역량은 진로교육 목표 및 성취기준의 역량과 어떻게 연결되는지 이야기를 나눠 보시오.

3 고등학교 때 했던 진로활동이나 상담 중에서 가장 기억에 남는 활동은 무엇이며, 그 활동이 지금의
  여러분에게 의미 있게 다가오는 부분은 무엇인지 나눠 보시오. 또 기억에 남는 활동이 하나도
  없다면 그 이유가 무엇인지도 나눠 보시오.

대학교 진로교육과 상담

이 장의 목적은 대학생의 진로발달을 촉진하기 위한 효과적인 개입방법을 이해하고 자신에게 적용해 보는 것에 있다. 이를 위해서 크게 네 개의 절로 학습내용을 구성하였다. 1절에서는 전 생애 발달의 관점에서 대학생의 심리사회적 발달과 진로발달의 특성에 대해 살펴봄으로써 대학생이 미래의 성인기 삶의 준비를 위해 개발해야 할 심리사회적 자원이 무엇인지 확인할 수 있다. 2절에서는 국내에서 개발된 대학생의 진로교육 및 상담목표가 무엇인지 알아보고 대학생의 진로발달을 촉진하기 위해서는 자기이해, 학업 및 직업적 탐색, 그리고 진로계획과 실천의 세 가지의 목표로 수렴되는 것을 이해할 수 있다. 나머지 두 개의 절에서는 생애 발달 관점에서 대학생의 발달 과업과 진로교육 및 상담의 목표를 성취하기 위한 진로개입의 실제 내용을 학습할 수 있다. 그중 3절에서는 진로선택 및 결정을 촉진하기 위한 개입과 진로목표 실행을 촉진하기 위한 개입의 내용과 실제 프로그램의 예시를 살펴볼 수 있다. 구체적으로 다양한 수업활동을 통해서 대학생이 진로를 결정한 때 탐색할 필요가 있는 정보들이 무엇인지 확인할 수 있고, 현재 자신은 진로선택과 결정을 위해서 얼마나 준비되어 있는지 자가진단할 수 있다. 마지막 4절에서는 진로목표 추구의 과정을 촉진하기 위한 개입으로서 일자리 탐색 방법과 취업전략에 대해서 간략히 살펴보고 진로 포트폴리오 만들기의 수업활동을 통해서 자신의 진로목표 추구의 과정에서 실행에 대한 동기를 부여할 수 있다.

01 대학생의 발달적 특성

특정한 인생의 시기에 해당되는 발달 단계에 대한 보편적인 이해는 복잡하고 다양하게 변화하는 삶 속에서 개인을 이해하는 데 도움이 된다. 전 생애 발달의 관점에서 대학생의 발달적 특성은 대학생이 성인으로서의 삶을 살아가기에 필요한 심리사회적 자원을 개발하는 데 지침의 역할을 한다. 대학생 시기는 발달심리학적으로 청소년 후기 또는 성인 전기에 속하며, 이 시기의 핵심 발달 과업은 성인기의 삶을 준비하는 것이다. 즉, 가족의 울타리를 벗어나 독립하여 성인으로서의 역할을 수행하기 위해 직업생활을 준비하고 친밀한 인간관계를 형성하고 유지하기 위해 요구되는 심리사회적 자원을 개발할 필요가 있다. 이에 이 절에서는 대학 졸업 후 대학생이 원만하게 직업인의 삶으로 이행하는 데 요구되는 발달적 특성이 무엇인지 에릭슨의 심리사회적 발달이론과 수퍼의 진로발달이론을 통해서 살펴보기로 한다.

1) 심리사회적 발달

인간이 인간답게 살아가기 위해서는 인간관계가 필수적이다. 아이가 세상에 태어나서 건강한 성인으로 독립해 자신의 생계를 유지하며 살아가기까지는 대략 20년이 걸린다. 에릭슨(Erikson)은 인간이 자신이 속한 사회적 환경 안에서 경험하는 타인과의 관계에서 어떻게 성장하고 발달하는지에 대해 정신분석이론에 기초하여 인간의 전 생애 발달을 설명하는 심리사회적 발달이론을 제시하였다. 에릭슨은 인간의 일생을 여덟 단계로 나누어 각 단계마다 건강한 성장과 발달을 위해서 해결해야 하는 심리사회적 위기가 있고 이러한 위기를 잘 극복하여 대처하게 되면 다음의 발달 단계로 좀더 수월하게 이행할 수 있다고 가정한다. 에릭슨의 이론은 미국에서 성인 발달의 종단 연구(Vaillant, 2002)를 통해서 행복하고 건강한 삶을 살아가는 개인을 잘 설명하는 것으로 지지되고 있다.

에릭슨의 심리사회적 발달이론에 의하면, 대학생의 심리사회적 발달 단계는 성인 초기에 해당된다(18세~35세, 친밀성 대 고립감). 그러나 우리나라의 경우에는 대학 입시 준비로 인해 고등학교 시기 동안 자신을 이해하고 탐색하는 시간이 충분하지 않아서 개인에 따라 청소년기 발달 단계에 성취해야 하는 자아정체감 대 역할 혼미(12세~18세)의 심리사회적 위기와 성인 초기에 해당되는 친밀성 대 고립감의 심리사회적 위기를 동시에 겪고 해결해야 하는 발달적 특성이 있다. 자아정체감이란 자신에 대한 현실감으로서 성취와 같이 완성되는 것이 아니며 고정적이거나 불변하는 것도 아닌, 즉 사회적 현실 속에서 끊임없이 개선되어 가는 것으로 간주된다(Erikson, 1982). 전국 23개 대학교에 재학 중인 남녀 대학생 980명(90% 이상 4학년)을 대상으로 자아정체감 수준에 따른 집단 유형을 탐색한 연구(황매향, 임효진, 임지숙, 손보영, 2012)에 의하면, 정체감-최상 집단은 7%, 정체감-상 집단은 33.6%, 정체감-평균 집단은 43.2%, 정체감-하 집단이 16.2%로 나타나 약 60%에 해당되는 대학생은 성인기 초기보다는 청소년기의 심리사회적 위기를 겪을 수 있음을 알 수 있다.

자신이 어떠한 사람인지에 대한 이해뿐만 아니라 자신에 대해서 긍정적으로 수용할 수 있을 때, 타인과의 관계에서 진솔하게 소통하고 나눌 수 있는 친밀한 관계를 형성할 수가 있다. 이러한 심리사회적 발달은 직업인의 삶을 살아가는 데 필요한 자율성과 대인관계능력에 영향을 미치게 된다. 만약 자신이 어떠한 사람이고 어떠한 삶을 원하는지에 대한 진정한 자기를 탐색한 대학생이라면 자신의 진로를 스스로 선택하여 선택한 진로목표를 성취하기 위한 노력을 보다 적극적으로 실천할 것이다. 앞의 연구 결과에 기초하여 정체감-최상 및 정체감-상 집단이 40%, 평균 이하 집단이 60%라 가정한다면, 60%의 대학생들은 취업을 준비하기 이전에 자신을 이해하고 탐색하는 시간이 필요하다. 따라서 우리나라 대학의 진로교육 및 상담은 대학생이 직업인의 삶을 준비하기 위해서 진로발달을 촉진하는 개입에 앞서 스스로 자신의 삶을 개척해 나아갈 수 있는 심리사회적 자원을 개발하는 것을 일차적인 목표로 삼을 필요가 있다.

2) 진로발달

진로란 일생 동안 하게 되는 일이나 일의 집합체를 의미하며 돈을 버는 일과 그렇지 않은 일을 모두 포함하는 용어로 생애 발달 관점에서 일과 직업뿐만 아니라 다양한 역할을 통해 수행하는 모든 일을 의미한다. 우리가 살아가는 동안 어떤 진로를 선택하고 직업생활을 하는지에 대해 발달적 관점으로 설명하기도 하는데, 수퍼(Super)의 진로발달이론이 대표적인 이론이다.

앞서 살펴본 심리사회적 발달에서 자아정체감 확립의 과제와 함께 원만한 진로발달을 위해서는 자신에 대한 이해가 우선적으로 이루어져야 한다. 수퍼는 진로발달 단계마다 자신에 대해서 어떤 개념을 갖고 있는지를 나타내는 자아개념과 이러한 자아개념을 실현하기 위해 자신이 처한 환경 속에서 적절하게 자신이 좋아하고 잘할 수 있는 일을 선택하여 실행할 수 있는 진로성숙도를 진로발달의 핵심 지표로 보았다. 즉, 개인들은 다양한 생애 역할들(자녀, 학생, 직장인, 시민, 배우자, 부모)과 조화를 이루면서 자신의 자아개념을 통해 자신이 추구하는 삶의 가치를 적절히 표현하고 각 단계의 발달 과업을 잘 수행하기 위한 진로성숙도를 갖추어야 한다.

수퍼의 진로발달이론에 기초하여 탐색기(15~24세), 확립기(25~45세), 유지기(45~65세), 은퇴기(65세 이후)의 진로발달 단계에 따라서 우리가 어떤 진로를 선택하고 입직하여 직장생활을 유지하게 되는지를 살펴볼 수가 있다. 대학생은 탐색기에 해당되는데 탐색기는 다시 결정화기(crystallization), 구체화기(specification), 실행기(implementation)의 하위 단계로 구분된다. 표 13-1에서 확인할 수 있듯이, 대학생의 진로발달 과업은 자아정체감 확립의 수준에 따라서 다르게 적용될 수가 있다. 자신이 무엇을 잘하고 좋아하는지 그리고 성장하는 동안 자신이 개발한 능력은 무엇인지에 대한 충분한 이해가 없다면, 결정화기의 발달 과업을 이루어야 할 것이다. 적어도 대학 졸업 전에는 자신의 이해와 직업정보들을 바탕으로 구체적인 진로를 선택하는 구체화기의 발달 과업을 이루기를 기대하지만, 오늘날 고등교육 기간의 연장으로 인해 진로 결정 및 실행의 시기가 늦춰지고 있는 추세이다. 일반적으로 대학 4학년이 되면, 본격적으로 구직을 위한 노력을 하여 취업을 성취하는 실행기의 발달 과업이 요구된다. 그러나 비정규직 증가와 고용 양극화의 노동시장 변화는 취업을 준비하는 대학생들에게 많은 어려움과 불안을 야기하고 있어(Heinz, 2009), 실행기의 진로발달 과업을 달성하는 데 어려움을 겪고 있는 현실이다. 과거의 대학생에 비해서 요즘 대학생들의 경우, 교육에서 입직의 전환 과제를 이루는 데 소요되는 시간이 연장되고 있고 고용의 질도 떨어지고 있어 진로목표 추구의 과정에서 어려움을 겪고 있는 시대적인 상황을 고려할 필요가 있다(홍수현, 최윤정, 2018).

표 13-1 대학생의 진로발달 과업

발달 단계	하위 단계	발달 과업
탐색기 (15~25세)	결정화기 (crystalization)	직업 과업을 분명히 하며 자신에 대한 이해와 직업에 대한 이해를 바탕으로 어떤 직업을 선호하는지 분명히 알 수 있게 됨
	구체화기 (specification)	고려했던 직업들 중 선택할 수 있는 의사결정 능력이 요구됨
	실행기 (implementation)	본격적으로 입직하여 직업생활을 시작하는 단계

02 대학교 진로교육 및 상담의 목표와 내용

우리나라에서 국가적 수준에서 합의된 대학생 및 성인의 진로발달의 지표와 그에 따른 진로교육의 목표는 부재하나, 정책 연구를 통해서 제안된 생애 발달 단계별 진로교육 목표와 내용(이영대 외, 2004)에 기초하여 대학생 대상의 진로교육 및 상담의 목표를 살펴보고자 한다. 특히 최근에 개발된 국가직무능력표준(National Competency Standards, NCS)에서 제시하고 있는 직업기초능력은 직업인들이 업무 수행을 하는 데 기본적으로 갖추어야 하는 능력으로, 대학생의 진로교육을 위한 새로운 지침이 되고 있다. 각 대학들은 NCS 직업기초능력을 기반으로 학과별 교과과정을 개발하고 직업기초능력을 배양하기 위한 진로교과목을 개설하고 있으므로 직업기초능력이 무엇인지 살펴보기로 한다.

1) 우리나라 대학생을 위한 진로교육 목표

교육정책 연구를 통해서 제안된 생애 발달 단계별 진로교육 목표 및 내용의 체계는 미국, 캐나다, 호주, 영국, 일본 등의 해외 진로발달 지침을 토대로 시안을 마련하여 다양한 진로교육 전문가들의 의견을 수렴하여 개발되었다. 이영대 외(2004)에 의해 개발된 진로교육 목표와 내용은 5단계의 생애 발달 단계별 9개 영역으로 구성된다. 1단계는 유치원과 초등학교를 포함한 진로인식 단계, 2단계는 1단계의 진로인식과 진로탐색을 강조하는 중학생 시기, 3단계는 진로인식과 진로탐색을 바탕으로 진로결정과 진로계획을 수립하는 단계로 고등학교 시기, 4단계는 학교에서 직업세계로의 이행을 본격적으로 준비하는 단계로 대학생 시기, 5단계는 직업생활의 유지와 은퇴를 포함하는 시기로 구분된다. 9개 영역은 ① 자기이해 및 긍정적인 자아개념, ② 다른 사람과의 긍정적인 상호작용, ③ 평생학습의 중요성 인식 및 참여, ④ 진로정보의 탐색, 해석, 평가, 활용, ⑤ 일, 사회, 경제 관계 이해, ⑥ 긍정적인 직업가치와 태도, ⑦ 합리적인 의사결정 및 진로계획 수립, ⑧ 진로계획의 실천, ⑨ 효과적인 구직·직업유지·전환이다.

위의 9개 영역은 크게 자기이해, 학업적·직업적 탐색, 진로선택과 진로목표 실행의 세 가지 목표로 분류할 수가 있다. 구체적으로 살펴보면, 첫째, 자기 자신에 대한 이해가 없다면 타인과 긍정적인 상호작용을 하는 것이 어렵기 때문에 ① 자기이해 및 긍정적인 자아개념과 ② 다른 사람과의 긍정적인 상호작용의 목표는 결국엔 '자기이해'의 목표로 수렴이 된다. 둘째, 학업성취와 교육훈련 경험과 진로계획 사이의 관계를 이해하는 것은 자신이 어떤 능력을 개발하였느냐에 따라서 일할 수 있는 분야가 제한된다는 것을 깨닫는 것이며, ③번부터 ⑥번까지의 진로교육 목표는 서로 연동되는 학업 및 직업탐색의 목표로 볼 수가 있다. 셋째, 자신 및 타인의 이해를 바탕으로 자신이 이룬 학업적 성취를 발휘할 수 있는 직업세계를 찾아 진로를 선택하여 결정하는 과정과 선택한 진로목표를 실행하는 것은 진로교육이 궁극적으로 지향하는 바이며, ⑦번부터 ⑨번의 진로교육 목표들이 이를 포괄한다. 대학생 시기의 영역별 진로교육 목표와 구체적 내용은 표 13-2와 같다.

표 13-2 대학생의 진로교육 목표와 내용

영역		영역별 진로교육 목표와 내용
자기 이해	① 자기이해 및 긍정적인 자아개념	● 진로교육 목표: 자기이해를 심화하고, 자신을 긍정적으로 수용한다. • 자신의 개인적인 특징들이 교육적 · 직업적 목적을 달성하는 데 어떠한 　기여를 할 수 있는지 이해한다. • 자신의 특성에 맞는 직업의 특징(근무여건, 대인 상호작용 정도, 일의 　내용 등)을 분석 · 종합한다. • 다양한 상황(가정, 학교, 사회활동 등)에서의 자신의 모습을 조망하고 　자신의 모습을 총체적으로 이해한다. • 자신의 모습에 대한 긍정적인 수용에 바탕을 두고 더 나은 모습으로 　성장해 나갈 가능성에 대한 믿음을 가진다.
	② 다른 사람과의 긍정적인 상호작용	● 진로교육 목표: 다양한 상황에서 다른 사람과 긍정적으로 상호작용한다. • 직업생활 및 일상생활에서 다른 사람과의 긍정적인 관계가 중요한 영향을 　끼친다는 사실을 이해한다. • 다른 사람과 효과적으로 상호작용하기 위하여 어떠한 지식, 기능, 태도가 　필요한지 이해하고 이를 위해 필요한 기술을 익힌다. • 개인 및 집단 상황에서 자신의 감성과 생각을 적절한 방식으로 표현한다. • 다양한 활동을 통하여 상호작용의 기회를 확대한다. • 자신의 대인관계능력을 높이기 위한 전략을 세운다.
학업 및 직업 탐색	③ 평생학습의 중요성 인식 및 참여	● 진로교육 목표: 평생학습의 중요성을 이해하고 다양한 학습의 장에 　적극적으로 참여한다. • 고용 및 산업구조의 변화로 인하여 요구되는 평생학습의 필요성을 　이해한다. • 학습에 대한 긍정적인 태도와 습관을 함양하는 것이 진로결정 및 자신의 　지속적인 진로개발에 어떠한 도움을 주는지 이해한다. • 자신에게 맞는 학습전략을 정하고, 학교 내 · 외에서 제공하는 다양한 　학습활동에 참여한다.
	④ 진로정보의 탐색, 해석, 평가, 활용	● 진로교육 목표: 자신의 진로준비에 필요한 정보를 탐색 · 해석 · 평가 · 　활용한다. • 알고 하는 선택(informed choice)을 위한 진로정보의 중요성을 인식한다. • 특정 직업 분야 종사자를 포함하여 다양한 정보원(각종 핸드북 및 　직업사전, 진로 관련 인쇄매체, 현직자, 웹기반의 직업 관련 데이터베이스 　등)이 있음을 인식한다. • 다양한 정보원을 활용하여 직업정보, 노동시장 정보, 그리고 최근의 　직업세계에서의 동향(채용 동향 포함)을 파악한다. • 탐색한 정보의 신뢰성을 해석 · 평가하고 활용한다. • 특정 분야에서의 전문가를 정보원 또는 멘토로 삼아 자문을 요청한다. • 다양한 종류의 정보원(각종 안내 자료집, 팸플릿, 각종 인쇄매체, 　웹기반의 교육정보 데이터베이스 등)을 활용하여 교육 및 훈련(대학원, 　편입, 훈련기관 및 프로그램 등)에 대한 정보를 수집 · 평가 · 활용한다.

영역		영역별 진로교육 목표와 내용
⑤ 일, 사회, 경제 관계 이해		● 진로교육 목표: 사회 · 경제적 환경 변화가 개인의 삶과 직업에 끼치는 　영향을 이해하고 예측한다.
		• 일이 개인의 삶의 다양한 측면(여가, 가정생활, 사회생활 등)에 끼치는 　영향을 이해하고, 일이 삶에서 가지는 중요성을 안다. • 사회 · 경제적인 변화(세계화 등)가 개인의 진로개발에 끼치는 영향을 　이해하고 대응한다. • 사회적 · 기술적 산업 및 직업의 변화가 개인의 삶에 끼치는 영향을 　이해한다.
⑥ 긍정적인 직업가치와 태도		● 진로교육 목표: 긍정적인 조직 문화 형성과 생산적 사회구성원으로서 　요구되는 태도와 습관을 갖는다.
		• 직업활동과 사회활동에 필요한 긍정적이고 적극적인 태도를 함양한다. • 자신에게 내재한 성역할 고정관념의 실체를 파악하고 이를 적극적으로 　타파한다. • 직업활동과 사회활동에 필요한 긍정적이고 적극적인 습관을 형성한다. • 다양한 작업 상황에 요구되는 전이할 수 있는 역량(문제해결력, 진취성, 　협업능력, 학습능력 등)이 무엇인지 안다. • 시간 및 기타 자원관리, 자기관리, 모험을 감수할 수 있는 적극성 등을 　적극적으로 개발한다.
진로 선택과 진로 목표의 실행	⑦ 합리적인 의사결정 및 진로계획 수립	● 진로교육 목표: 진로목표를 구체화하고 이를 달성하기 위한 실천전략을 　계획한다.
		• 자기주도적 의사결정 및 진로계획의 수립이 미래의 불확실함을 실현 　가능한 세계로 변화시킴을 이해한다. • 자신에게 중요한 주위 사람(부모, 친구, 선배, 교수 등)의 의견을 수렴하여 　의사결정 과정에 반영한다. • 삶의 장기적 목표에 준하여 대학 재학 중의 실행 계획을 수립한다. • 삶의 장기적 목표에 기초하여 자기 자신 및 직업세계에 대하여 　탐색 · 수집한 다양한 정보들을 평가하고 자신에게 적합한 여러 　가지의 진로대안(career alternatives)을 구체화하며, 각각의 장단점을 　비교 · 분석한다. • 수립된 계획은 개인 및 환경의 변화에 따라 수정될 수 있으며, 지속적으로 　모니터링의 대상이 된다는 것을 이해하고 실천한다.
	⑧ 진로계획의 실천	● 진로교육 목표: 진로계획의 실천과정 및 결과를 지속적으로 　모니터링한다.
		• 자신의 진로목적을 달성하기 위하여 대학 재학 중 실천해야 할 중 · 단기 　목표를 실천하기 위한 세부 전략을 수립한다. • 학교 내 또는 지역사회에서 자신의 진로목표와 관련한 다양한 　체험(인턴십, 자원봉사)활동에 참여한다. • 목표 실행과정을 지속적으로 모니터링하고 계획을 수정한다.

영역		영역별 진로교육 목표와 내용
⑨ 효과적인 구직· 직업유지· 전환		● 진로교육 목표: 구직 및 직업의 유지·전환을 위해 요청되는 역량을 강화한다.
		• 취업을 준비함에 있어서 학교 내 또는 지역사회의 다양한 취업정보기관을 활용한다. • 일에 효과적으로 임하는 태도를 보여 줄 수 있다. • 직업을 전환할 수 있다는 사실을 인식하고, 이에 필요한 지식, 기술, 태도를 이해한다.

출처: 이영대 외(2004) pp. 73-75에서 발췌·수정함.

2) 국가직무능력표준에서의 직업기초능력

국가직무능력표준(NCS)은 산업 현장에서 직무를 수행하기 위해 요구되는 지식·기술·태도 등의 내용을 국가가 산업부문별·수준별로 체계화한 것이다. 즉, 산업 현장의 직무를 성공적으로 수행하기 위해 필요한 능력(지식, 기술, 태도)을 국가적 차원에서 표준화한 것을 말한다. 근로자가 해당 직업 내에서 담당 업무를 성공적으로 수행하기 위하여 요구되는 실제적 수행능력으로, 직무별 능력과 직업기초능력으로 구성된다. 대학에서는 직업인들이 자신의 직무를 수행하는 데 기본적으로 갖추어야 하는 직업기초능력을 키울 수 있도록 진로·직업교육 및 상담을 실시할 필요가 있다. 직업기초능력은 직무수행능력을 최대로 발휘하기 위해 대부분의 산업 분야에서 공통적으로 요구되는 10개의 능력과 34개의 하위 영역으로 구성되어 있다(박윤희, 2018). 표 13-3에서 확인할 수 있듯이, 직업기초능력 중 의사소통능력, 자기개발능력, 대인관계능력, 그리고 직업윤리는 대학에서 공통적으로 적용할 수 있는 진로·직업교육의 목표로서 이에 대한 개입을 제공할 필요가 있다.

1절에서 살펴보았듯이, 대학생의 심리사회적 발달과 진로발달의 영역은 분리될 수 없다는 것을 지금까지 살펴본 진로교육의 목표와 직업기초능력의 내용에서도 확인할 수 있다. 직업생활뿐만 아니라 인간의 삶 자체가 자신이 속한 사회에서 타인과의 끊임없는 상호작용을 통해 이루어지기 때문에, 직장인의 삶을 준비하는 대학생들은 진로를 계획하고 실천하기 위해서는 심리사회적으로도 건강한 발달을 성취하는 것

표 13-3 직업기초능력과 하위 영역

	직업기초능력	하위 영역		직업기초능력	하위 영역
1	의사소통능력	문서이해능력 문서작성능력 경청능력 의사표현능력 기초외국어능력	6	대인관계능력	팀워크능력 리더십능력 갈등관리능력 협상능력 고객서비스능력
2	수리능력	기초연산능력 기초통계능력 도표분석능력 도표작성능력	7	정보능력	컴퓨터활용능력 정보처리능력
3	문제해결능력	사고력 문제처리능력	8	기술능력	기술이해능력 기술선택능력 기술적용능력
4	자기개발능력	자아인식능력 자기관리능력 경력개발능력	9	조직이해능력	국제감각 조직체제이해능력 경영이해능력 업무이해능력
5	자원관리능력	시간관리능력 예산관리능력 물적자원관리능력 인적자원관리능력	10	직업윤리	근로윤리 공동체윤리

출처: 국가직무능력표준 홈페이지(ncs.go.kr).

(예: 대인관계능력, 자원관리능력, 자기개발능력 등)이 중요하다.

앞서 살펴본 진로교육의 목표를 달성하기 위한 대학생의 진로교육 및 상담의 개입은 크게 진로선택과 결정을 촉진하기 위한 개입과 선택한 진로목표 실행을 촉진하기 위한 개입으로 나누어 살펴볼 수 있다. 대체로 고등학교 재학 기간 동안 대학의 전공선택을 통해서 1차적으로 자신이 개발할 수 있는 직무 역량의 범위가 좁혀지기는 했지만, 대학 입학 후에도 자신을 이해하고 실험하는 시기가 지속될 뿐만 아니라 선택한 전공 영역에서 좀 더 구체적인 진로선택과 결정이 계속해서 요구된다. 구체적인 진로를 선택한 후에는 대학-직장으로의 성공적인 전환을 위해서 취업 준비와 구직 행동 전략들을 개발할 필요가 있다. 이에 다음 절에서는 진로선택 및 결정을 촉진하기 위한 개입과 선택한 진로목표 실행을 촉진하기 위한 개입에 대해서 살펴보기로 한다.

03 진로선택과 결정을 촉진하기 위한 개입

이 절에서는 기존의 진로상담과 관련된 연구들을 기초로, 진로선택과 결정에 어려움을 겪고 있는 대학생과 상담자에게 진로선택을 촉진하기 위한 전략과 실질적인 정보를 제공한다. 진로개입(career intervention)이란 개인의 진로발달을 향상시키거나 더 나은 진로 관련 결정을 내릴 수 있도록 의도된 치료 또는 노력으로 정의된다(Spokane & Oliver, 1983). 구체적으로 진로상담과 다른 양식들(예: 워크숍, 진로 수업, 컴퓨터 보조 프로그램의 활용, 자기보고 형식의 심리검사)을 포괄하는 개입으로서 광범위한 정의라 할 수 있다.

먼저 진로선택과 결정을 촉진하기 위한 진로개입의 효과에 대해서 알아보고 진로선택을 촉진하는 데 효과가 있는 것으로 확인된 5가지 요소와 함께 구체적인 개입 프로그램의 예를 살펴보기로 한다. 이를 토대로 마지막 절에서는 진로결정에서 어려움을 겪는 문제에 대한 개입에 대해서 알아보도록 한다.

1) 진로개입의 효과성

진로선택을 촉진하기 위한 진로개입의 효과에 관한 메타 분석 연구들(Brown & Ryan Krane, 2000; Whiston & Rahardja, 2008)에 의하면, 진로선택을 위한 개입들은 대체로 .30에서 .60의 효과 크기로 나타났다. 이것은 진로선택 개입은 개입을 받지 않은 집단에 비해서 보통에서 중간 이상의 효과를 낸다는 것을 의미한다. 복잡한 가중치 절차가 일반적으로 메타 분석에서 사용되지만 효과 크기는 본질적으로 개입을 받은 사람들과 그렇지 않은 사람들의 평균 차이를 말한다. 예를 들어서, 진로선택을 촉진하는 개입의 경험이 있는 사람들은 개입 경험이 없는 사람들보다 진로성숙도나 진로정체감, 그리고 직업탐색의 시간 등의 지표에서 좀 더 향상된다고 할 수 있다. 다시 말해서 효과 크기 .30이란 진로개입을 받은 사람들이 개입을 받지 않은 대조군보다 1/3 표준편차 점수를 보이고 효과 크기가 .60인 것은 치료군이 대조군보다 2/3 표준편차 점수를 나타낸다는 것을 말한다. 진로상담의 효과는 시간이 지나서도 지속되는 것으로 나타난 바 있다. 힐리(Healy, 2001)는 상담을 받은 후 1~12개월 사이에 내담자의 85%가 계속해서 진로 성과에서 진전도(예: 학위 취득, 정보수집 및 직업 변경)가 있다는 것을 밝혔다.

이러한 효과 크기는 내담자의 태도와 처치 양식(예: 개인상담, 집단상담, 수업, 워크숍 등), 개입 요소, 회기의 수에 따라 다양하게 나타난다. 대체로 상담자가 없이 진행되는 진로개입의 효과는 미미하며, 개인 진로상담 > 수업 > 집단상담의 순서로 효과가 있는 것으로 나타났다(Whiston & Rahardja, 2008). 어떤 접근이 더 효과적인지에 대해서는 개입 양식 간 큰 차이는 없었으나, 상담자가 없는 개입(예: 혼자서 하는 컴퓨터 보조 프로그램의 활용)은 다른 양식들에 비해서 효과가 매우 떨어지는 것으로 확인되었다(Whiston, Brechiesen, & Stephens, 2003). 한편, 진로상담 회기의 수가 효과에 미치는 영향을 살펴본 메타 분석 연구 결과(Brown et al., 2003)에 따르면, 1회기의 효과 크기는 .24, 2~3회기는 .47, 4~5회기는 1.26으로 나타났으나 5회기 이후에는 효과가 떨어지는 것으로 나타났다. 이러한 연구 결과들에 기초해 볼 때, 대체로 진로개입은 효과가 있으며 4~5회기 정도로 진행했을 때 가장 효율적임을 알 수 있다.

한편, 효과적인 진로개입의 요소에 관한 메타 분석 결과(Brown et al., 2003)에 의하면, 워크북이나 글쓰기 활동하기, 진로 심리검사의 개인 해석과 피드백 제공하기, 직업세계에 대한 정보 제공하기, 역할 모델링, 환경적 지지 확대하기의 5가지 결정적인 요소들이 개별적으로 이루어지기보다는 서로 조합을 이루어 진행되었을 때(예: 워크북+개인 해석, 피드백 제공+직업정보 제공하기 등) 진로선택과 관련된 성과를 높이는 것으로 확인되었다(Brown et al., 2003).

2) 효과적인 진로개입의 5요소

앞서 언급했듯이 다음의 5가지 요소가 다양하게 결합된 형태의 진로개입이 보다 효과가 있으므로, 대학에서 진로선택을 촉진하기 위한 개입을 위해서는 이를 고려하여 상담 및 교육을 실시할 필요가 있다. 진로개입의 효과성에 기여하는 5가지 결정적인 요소에 대해 간략히 살펴보면 다음과 같다.

(1) 워크북 활동 또는 글쓰기 활동

워크북이나 글쓰기 활동은 내담자의 신상기록, 일기, 문장 완성부터 자가 평가, 그리고 논평에 이르기까지 매우 다양하다. 이러한 글쓰기 활동은 내담자로 하여금 진로 발달과 관련된 자신의 생각, 고민 사항, 질문, 호기심을 반영하도록 하는 목표를 갖고 있으며, 진로목표 달성을 위한 활동을 수립하고 계획하도록 도와준다(Brown & Ryan Krane, 2000). 특히 워크북을 활용하여 직업 분석과 분석한 내용을 비교·검토하는 활동과 개입 후반부에서 이루어지는 목표 설정 및 향후 계획 수립에 참여하는 기회는 진로개입의 효과에 기여하는 활동으로 확인되었다(Brown et al., 2003). 진로검색과 관련된 정보를 기록하도록 내담자를 안내하는 것은 진로선택을 촉진하는 개입의 중요한 요소라 하겠다. 이 장의 후반부에 제시된 수업활동들은 글쓰기 활동으로 이루어진 개입의 예가 된다.

(2) 개인 해석 및 피드백 제공

이러한 요소는 상담자와 내담자 사이의 면대면 상호작용(또는 전화와 같은 직접적인 의사소통)과 관련된다. 상담자는 특정 과제(예: 목표 설정) 또는 상담 과정 전반에 걸쳐 내담자에게 서면 또는 구두로 피드백을 제공할 수 있다. 진로개입으로 많이 활용되고 있는 진로 심리검사는 개인 해석과 피드백 없이 제공할 경우 크게 도움이 되지 않기 때문에 반드시 내담자와 대면하여 결과에 대한 개인 해석 상담을 제공해야 한다.

(3) 직업세계에 대한 정보 제공

진로선택을 촉진하기 위한 개입의 요소로서 직업세계에 대한 정보는 직업정보를 탐색하고 특정 직업선택에 관한 정보를 수집하기 위한 기회를 제공하는 활동과 관련된다(Brown et al., 2003). 직업정보란 직업별 직무내용, 직업전망, 직업의 입직 및 근로조건 등에 관한 정보를 말한다(송병일, 박영주, 2005). 이러한 직업정보는 취업준비 및 자신이 관심을 갖게 된 직업에 대한 정보를 다음의 내용에 맞게 작성해 봅시다.

내용	관심 직업 1	관심 직업 2
하는 일		
되는 길		
관련학과		
관련 자격		
관련 훈련기관		
보수		
전망		
필요한 능력		
필요한 지식		
업무 환경		
알맞은 성격		
알맞은 흥미		
알맞은 가치관		

관심 직업에 관한 정보를 수집하고 평가하기 위해 다음의 질문에 답해 봅시다.

❶ 직업정보의 출처를 얼마나 신뢰할 수 있나요? 그 이유는 무엇인가요?

❷ 자신이 찾은 직업정보는 얼마나 최신의 정보인가요?

❸ 앞으로 더 필요한 직업정보는 무엇인가요?

❹ 원하는 직업이나 회사에 취업하는 데 도움을 줄 수 있는 인적 자원은 누가 있을까요?

❺ 관심 있는 직업을 얻기 위해 어떤 노력이 필요한가요?

❻ 이 활동을 통해서 자신과 직업세계에 대해 새롭게 배우고 깨달은 점이 있다면 무엇인가요?

구직 단계에 있는 사람에게는 진로의사결정을 위해서 반드시 알아야 할 정보이다. 최근 성역할의 변화와 기술의 발전 등 급변하는 현대사회를 고려할 때 직업세계에 대한 정보는 더욱 중요해지고 있다. 4차 산업혁명 시대에는 틀에 박힌 육체노동 기술과 인지 기술을 요하는 직업은 감소하고 전문적인 분석 기술과 대인관계 기술을 요하는 직업군은 증가한다고 한다. 따라서 진로상담에서 직업정보를 수집하고 정보를 처리하는 방법에 대한 안내뿐만 아니라 현대사회의 특징과 노동시장의 변화가 자신의 진로에 어떻게 영향을 미칠지에 대해 조망해 볼 수 있도록 내담자를 조력하는 것은 필수적인 개입의 요소라 하겠다. 직업정보 탐색을 통한 직업세계를 이해하고 자신과 직업세계를 연결해 볼 수 있는 **수업활동 1**을 실시해 보도록 하자.

(4) 모델링

성공한 사람들의 사례를 내담자에게 제공하는 것이 모델링의 기초이다(Ryan, 1999). 모델링 형태로는 진로 경험, 홀랜드 코드를 사용한 개인적 진로탐색이나 진로의사결정 경험에 대한 공유, 멘토 또는 연사 초청(워크숍, 수업 개입), 발표 영상 등이 있다. 진로상담 또는 수업에 참가하는 사람들이 서로의 성공적인 진로선택 경험을 통해 배울 수 있는 동료 모델링(peer modeling)보다 전문가 모델링을 사용한 연구에서 훨씬 큰 효과 크기가 산출되었다(Brown et al., 2003). 따라서 진로상담자는 진로선택 프로그램에서 유일한 모델링 개입으로 동료 모델링을 사용하는 것을 피하도록 한다.

(5) 환경적 지지의 확대

환경적 지지를 확대하는 것은 내담자가 자신의 환경으로부터 재정적 또는 정서적 지지를 얻는 방법에 관한 실제적인 제안, 정보, 도움을 주는 것과 관련된다(Ryan, 1999). 진로선택과 결정은 내담자의 삶과 분리되지 않고 내담자가 처한 상황과 조건에서 이루어지기 때문에 많은 요인들이 내담자의 진로선택을 촉진하거나 방해할 수 있다. 예를 들어 가족 부양과 같은 지각된 장벽은 진로목표 실행을 방해할 수 있는 반면에, 가족이나 학교 환경의 지지와 같은 보호 요인들은 진로선택에서 자신감을 촉진하고 궁극적으로 성공적인 직업 전환을 이끌 수 있다. 그러므로 내담자로 하여금 자신의 진로목표를 추구하는 과정에서 예상되는 장애요인들을 작성하게 하고 이러한 장애를 극복하기 위한 지지를 구축하는 방안에 대해 탐색하는 활동은 환경 조건을 다룰 수 있는 대처 능력을 증진할 수 있다.

3) 대학교 진로개입의 현황

최근 한국직업능력개발원(2018)에서 실시한 대학(일반대학, 산업대학, 교육대학) 진로교육 현황조사 결과[1]에 의하면, 대학 진로 및 취·창업지원 교과목의 경우, 취업지도 및 지원(45.7%), 창업지도 및 지원(34.9%), 진로지도 및 지원(12.0%)의 순서로, 취·창업지원 프로그램 및 서비스 현황의 경우, 취업지도 및 지원(53.8%), 진로지도 및 상담(17.6%), 창업지도 및 지원(17.6%)의 순서로 나타나 대부분의 대학이 취업지도에 치중한 진로개입 서비스를 제공하고 있음을 알 수 있다. 특히, 이러한 현황 조사에서 교과목(37.6%) 및 프로그램 서비스(65.6%) 운영의 가장 큰 어려움은 학생의 관심 및 참여부족인 것으로 나타나 수요자의 요구에 맞는 프로그램의 개발과 프로그램 서비스의 홍보가 부족한 것으로 나타났다.

대학 진로교육에 대한 학생 조사 결과에 의하면, 대학생활 고민으로 졸업 후 진로(57.9%), 학업(24.5%), 경제적 어려움(9.4%)의 순서로 나타났고 진로 및 취·창업지원 프로그램에 대해서 '알고 있지만 이용한 적 없음'이 56.3% 그리고 '없음·잘 모름'이 29.5%로 나타나 86%의 대학생들은 대학 졸업 후 진로에 대해서 고민은 하고 있지만 이를 해결하기 위한 방법의 일환으로 진로개입 서비스를 활용하지 않고 있음을 알 수 있다. 응답자의 70.3% 대학생들은 졸업 후 진로 계획이 취업으로 나타났고 계획이 없는 학생들의 경우도 7.5%로 나타났다. 진로미결정의 이유로는 36.4%의 학생들은 '무엇을 하고 싶은지 몰라서'라고 답하였으며 24.0%의 학생들은 '좀 더 알아보고 결정

....
1   응답자의 수는 대학 진로교육 담당자 186명(모집단 340명), 대학생은 42,670명(모집단의 13%에 해당되는 목표 모집단 수 69,600명 중)의 결과임.

해도 될 것 같아서'라고 응답하였다. 진로 및 취·창업 준비를 위한 대학의 지원에 대한 요구 조사 결과, 전공 분야 진로·직업탐색 과목(42.7%), 자기이해 및 진로·직업 탐색 교양과목(37.7%), 현장실습 및 인턴 프로그램(36.1%), 현직자 진로·직업 멘토링(33.9%)의 순서로 나타났다. 이러한 결과는 국내 대학생의 진로선택을 촉진하기 위해서 필요한 진로개입은 진로를 결정하기 전에 자신에 대한 충분한 이해와 탐색, 그리고 전공 관련 직업정보 탐색에 초점을 둘 필요가 있음을 시사한다.

요컨대, 대학에서 제공하는 진로개입이 대부분 취업지원에 편중되어 있고 대학 생활의 가장 큰 고민이 졸업 후 진로문제이다. 그런데도 대학에서 지원하는 진로개입 서비스의 참여도가 저조한 이유는 대학생들의 심리사회적 발달 특성을 고려하지 않은 채 취업지원만을 강화하고자 한 개입전략에 문제가 있다 하겠다. 따라서 대학생의 진로선택을 촉진하기 위한 진로개입은 자기이해를 바탕으로 자신이 원하는 삶의 모습을 구체화하고 자신이 속한 사회에서 자신이 원하는 삶을 실현하는 데 요구되는 능력(예: 대인관계능력, 자원관리능력, 자기개발능력)을 개발하는 것을 목표로 삼아야 할 것이다.

4) 진로선택 및 결정을 촉진하기 위한 프로그램의 예

앞서 살펴보았듯이 진로선택을 하기 위해서는 자기에 대한 이해를 바탕으로 자신이 원하는 진로와 관련된 직업세계에 대한 이해가 필요하다. 자신의 진로목표가 무엇인지 선택하기 위해서는 다음의 '진로 수레바퀴'(Amundson & Poehnell, 2004)를 활용하여 내담자가 무엇을 알아야 하는지 구체적으로 안내할 수가 있다. 즉, 상담을 진행하기 전에 진로 수레바퀴를 활용하여 내담자로 하여금 빈칸에 자신이 알고 있는 정보를 작성하게 해 보면 진로를 선택하기 위해서 얼마나 준비되어 있는지 스스로 진단할 수 있을 것이다. 다음의 그림 바깥 원에 나타난 주제는 크게 자신의 이해와 직업세계의 이해, 그리고 타인의 영향을 살펴보는 것이다. 수레바퀴의 모든 요소에 대한 탐색을 완료했을 때 내담자는 진로의 방향을 어디로 잡아야 할지 스스로 결정할 수 있게 된다(Amundson, Harris-Bowlsbey, & Niles, 2013).

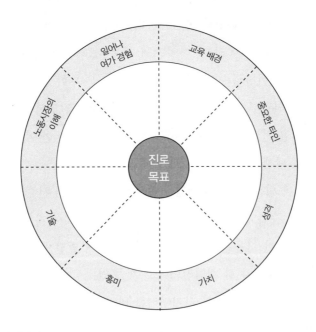

그림 13-1. 진로 수레바퀴
출처: Amundson & Poehnell(2004).

(1) 자기이해: 기술, 흥미, 가치, 성격

자신을 이해하는 데 도움을 줄 수 있는 진로개입은 진로 심리검사를 통한 양적 평가와 내담자 스스로 자신이 현재까지 살아오면서 쌓은 학습경험과 이력, 그리고 취미활동, 대인관계 등을 성찰해 봄으로써 파악하는 질적인 평가를 적용할 수가 있다. 진로 심리검사는 8장에서 자세하게 다루었기 때문에 여기서는 질적인 평가의 방법으로 내담자 스스로 자신을 살펴볼 수 있는 '내가 즐기는 20가지 활동'(Amundson, Harris-Bowlsbey, & Niles, 2013)을 소개한다(수업활동 2).

자신이 즐기는 활동 20가지를 적어 보자.

❶	
❷	
❸	
❹	
❺	
❻	
❼	
❽	
❾	
❿	
⓫	
⓬	
⓭	
⓮	
⓯	
⓰	
⓱	
⓲	
⓳	
⓴	

관심 직업에 관한 정보를 수집하고 평가하기 위해 다음의 질문에 답해 보자.

❶ 자신이 즐겨 하는 각 활동을 마지막으로 한 것이 언제인가?

❷ 그 활동을 하는 데 얼마만큼의 비용이 드는가?

❸ 그 활동은 혼자 하는 것인가, 아니면 다른 사람과 함께하는 것인가?

❹ 그 활동은 마음 내킬 때 그냥 하는 것인가? 아니면 계획을 해야 하는 것인가?

❺ 그러한 활동이 자신의 신체적 · 정신적 · 정서적 · 영적 필요에 잘 맞는가?

(2) 직업세계의 이해

자신의 전공과 관련된 직업세계를 탐색하기 위한 방법은 웹기반 상담 방안(컴퓨터 보조 프로그램)을 활용하는 것이다. 고용노동부에서 운영하는 대표적인 웹사이트인 워크넷(work.go.kr)은 직업 심리검사를 실시할 수 있고 직업정보를 제공하기 때문에 진로를 선택하는 과정에서 직업세계를 탐색하는 데 활용할 수가 있다. 직업·진로→직업정보→직업정보 찾기, 한국직업전망, 한국직업사전, 직업 동영상, 직업인 인터뷰를 살펴봄으로써 자신의 흥미나 가치, 그리고 개발된 능력에 맞는 진로목표의 대안을 작성할 수가 있다. 검색이나 직업 탐방, 직업, 취업, 학과 동영상 탭을 통해 직업세계를 탐색할 수가 있다. **수업활동 1**(376쪽)을 활용하여 워크넷을 통해 탐색한 정보를 기록하고 직업정보를 분석하는 활동을 실시해 보자.

5) 진로미결정 문제의 개입

대학생 진로상담에서 다루어지는 전형적인 진로문제는 진로와 관련된 의사결정으로서 내담자가 의사결정 과정에서 겪는 다양한 어려움을 극복할 수 있도록 조력하는 것은 진로상담의 중요한 목표 중의 하나이다(Gati, Krausz, & Osipow, 1996). 진로의사결정에서 겪는 어려움을 이해하기 위한 연구는 개인이 자신의 진로를 결정하는 데 지닌 문제들을 언급하는 것으로서 '진로미결정'이라는 개념을 사용하여 연구해 왔다(Brown & Rector, 2008; Gati, Krausz, & Osipow, 1996). 대학생의 진로미결정을 설명하는 국내 연구들을 종합하여 메타 분석적으로 요인분석을 실시한 연구 결과(최윤정, 2015)에 의하면 진로미결정의 문제와 관련된 원인으로 자율성 부족, 심리·정서적 문제, 사회적 지지의 부족, 공적 정체감 중시의 네 가지가 나타났다. 이에 대해 간략하게 살펴보면 다음과 같다.

(1) 자율성 부족
자율성 부족은 자기효능감, 진로결정 자기효능감, 자아존중감, 진로성숙도, 목표의식, 책임감, 진로결정 자율성 등의 자기조절능력과 유사한 하위 요인들로 구성되어 있다(최윤정, 2015). 자율성은 성격의 성숙도를 의미하는 것으로 진로상담에서 내담자의 문제를 이해하기 위해서 현재 대학생 내담자가 성격적으로 얼마나 자율성을 획득했는지에 대해 먼저 진단할 필요가 있다. 자신의 진로를 선택하여 취업을 준비하고 구직을 하는 과정은 자기조절적이고 역동적이며 자율적인 과정으로서(Kanfer, Wanberg, & Kantrowitz, 2001), 대학생들은 진로선택과 실행의 과정에서 수반되는 인지적·정서적 기복에 잘 대처해야 한다.

앞서 대학생의 발달 특성에서 살펴보았듯이, 진로목표를 선택하고 결정하는 삶의 과업을 성취하기 위해서는 자신의 이해를 바탕으로 환경과 자신과의 관계에서 자신의 내적인 반응들을 조절하여 자신이 의식적으로 선택한 목표와 가치를 추구할 수 있어야 한다. 따라서 상담자는 내담자의 진로선택과 결정을 촉진하기 위해서 성격의 성숙도를 증진하는 방향의 개입을 할 필요가 있다.

(2) 심리·정서적 문제

실수 염려, 수행 의심, 내현적 자기애, 우울, 특성 불안 등의 심리·정서적 문제가 진로미결정과 관련되는데 대체로 회피 대처전략을 통해서 자신의 가치를 유지하려는 문제로 이해할 수 있다(최윤정, 2015). 만약, 자신의 심리적 문제에 대해 인식하고 수용하지 못한 채 진로선택과 준비를 하려는 내담자라면 우선적으로 심리·발달적 문제를 상담의 주요 이슈로 다루어야 할 것이다.

개인 진로상담에서 심리·정서적 문제를 다룰 경우, 그 문제의 이면에 내담자가 진정으로 추구하고자 하는 목표와 가치가 무엇인지를 살펴보게 함으로써 자신이 원하는 바와 실제 행동 간의 비효율적인 결과에 대한 책임감을 높이는 방향으로 개입하는 것이 필요하다. 즉, 진로미결정의 문제로 내방하는 대학생 내담자를 이해하기 위해서는 앞서 살펴본 자율성 부족과 그 원인인 심리·정서적 어려움이 있는지를 먼저 살펴보고 심리·정서적 문제에 대해 성격의 적응적 발달 측면에서 개입해야 할 것이다.

(3) 사회적 지지의 부족

사회적 지지의 부족은 대인관계 어려움, 경제적 어려움, 중요한 타인과의 갈등, 부모나 친구의 지지와 관련되는 요인으로, 진로상담에서 내담자를 이해할 때 개인의 특성과 환경 간의 관계의 측면(Schultheiss, 2003)을 고려할 필요가 있다. 직업세계에서 전환기를 맞고 있는 실직자들의 구직 행동에 영향을 미치는 요인들을 살펴본 연구 결과(Slebarska, Moser, & Gunnesch-Luca, 2009)에 의하면, 사회적 지지는 탐색 행동의 유지와 빈도에 의미 있게 영향을 주는 것으로 나타났다. 따라서 진로상담자는 내담자의 개인 특성과 환경적 여건을 함께 고려하여 적절한 사회적 지지를 제공하고 내담자가 주변의 정서적 지지와 격려를 통해 보상을 추구하는 성향을 어떻게 조절하고 대처하는지를 점검해 볼 필요가 있다. 사회적 지지가 부족하다고 느끼는 개인일수록 자신이 속한 환경에서 사회적 지지를 제공할 수 있는 인적 네트워크를 형성하는 관계능력이 떨어질 수 있다. 부족한 사회적 지지가 진로발달에 걸림돌이 되기도 하지만, 상담자는 내담자로 하여금 사회적 지지를 획득하기 위한 노력을 어떻게 하고 있는지 성찰하게 함으로써 사회적 자원을 넓히기 위해 요구되는 대인관계능력을 향상시킬 수 있는 개입을 실시할 필요가 있다.

(4) 공적 정체감의 중시

공적 정체감의 중시는 권력특권의식, 우월감, 과시욕구 등의 하위 요인으로 구성된다. 진로선택과 결정이 개인의 정체감의 표현이 아니라 가족의 정체성 표현으로 이해되는 집단주의 문화적 특성(Lent & Brown, 2013)과 최고 성공 신화를 지향하는 진로에 대한 우리나라의 토착심리학적 특성(김병숙, 김소영, 박선주, 2007)과 관련이 있을 수 있다.

직업이라는 것은 한 개인의 사회적 지위와 정체성에 대해 많은 것을 보여 주는 기능이 있다. 그러나 타인의 시선을 의식하고 타인들로부터 존경과 성공적인 직업이라는 인정을 중시하는 공적인 정체감을 지나치게 강조하는 것은 성숙한 진로의식의 발달에 지장을 준다. 만약 진로결정 과정에서 공적 정체감을 중시하는 내담자라면, 일에 대한 다차원적 의미를 점검할 수 있도록 조력할 필요가 있다. 일의 의미는 기본적으로 생계유지와 같은 욕구충족, 개인의 정체성, 집단 정체성, 사회적 기여, 그리고 자아 실현과 정신건강 등으로 살펴볼 수 있다(Lent & Brown, 2013). 내담자가 어떠한 이유로 타인의 시선을 의식하고 존경과 성공적인 직업을 지향하는지, 그렇게 되었을 경우에 얻게 되는 개인적인 가치와 보상에 대해 일의 여러 가지 의미에서 찾아볼 수 있도록 함으로써 자신의 삶에 진정성 있게 책임을 지는 성인으로 성장할 수 있도록 도와야 할 것이다.

04 진로목표 실행을 촉진하기 위한 개입

진로목표를 선택하고 결정했다면 진로발달 과정에서 다음의 과제는 선택한 진로를 실행하는 것이다. 청년 실업의 문제가 증가하고 있는 불확실한 노동시장의 상황에서 대학생들이 자신이 선택한 진로목표를 성취하도록 실행을 촉진하는 개입은 그 어느 때보다도 중요한 진로개입의 주제가 되고 있다. 상담자는 내담자가 원하는 진로목표를 성취할 수 있도록 일자리 기회를 찾아보고 취업을 위해 필요한 기술들(예: 이력서나 자기소개서와 같은 서류 작성, 면접 준비 등)을 개발하도록 도와야 한다. 선택한 진로목표 실행을 촉진하기 위한 개입으로 일자리 탐색 방법과 취업전략에 대해 살펴보기로 한다. 끝으로, 진로목표 추구 과정에서 실행에 대한 동기를 부여할 수 있는 프로그램의 예시로 진로 포트폴리오 만들기 수업활동을 소개하고 이 장을 마치고자 한다.

1) 일자리 탐색 방법

일자리 탐색의 일반적인 방법에는 구직 광고를 보거나 구직 사이트 방문, 인적 네트워크 활용, 직업소개소나 고용센터 방문, 인턴십이나 실습사원, 그리고 자원봉사활동, 고용주에게 지원서를 직접 제출하기 등이 있다(Van Hoye & Saks, 2008). 기술 발전으로 인하여, 요즘은 인터넷을 활용하여 노동시장의 일자리를 탐색하는 경우가 대부분이다. 국내 취업 포털사이트에는 인크루트(www.incruit.com), 사람인(www.saramin.co.kr)과 같은 사기업이 제공하는 사이트와 고용노동부에서 제공하는 워크넷(work.go.kr)이 있다.

공식적인 방법으로 일자리를 탐색하는 방법과 달리, 인맥을 활용하는 방법은 친구, 가족, 지인과 같은 개인적 네트워크를 이용하는 것으로 비공식적인 방법이다. 인맥의 활용은 가족과 친구와 같은 강력한 유대를 활용하는 것과 지인이나 친구의 친구와 같은 약한 유대를 활용하는 방법이 있다. 여러 연구 결과 강력한 유대를 통한 일자리 탐색보다 사회적 네트워크와 같은 약한 유대를 이용하는 것이 고용의 질이나 연봉에서 좀 더 나은 결과를 가져오는 것으로 확인되었다(Granovetter, 1995). 인턴십이나 실습사원, 자원봉사활동 또한 자신이 원하는 일자리를 구하기 위한 구체적인 방법으로 인턴십은 직업세계로 진입하는 졸업생 또는 졸업예정자에게 유용한 방법이다. 자원봉사활동의 경우, 이력서에 추가할 수 있는 경험이 될 뿐만 아니라 중요한 인맥을 형성하여 구직활동에서 여러 가지 장점을 지니는 방법이라 하겠다.

직업을 구하는 것이 주된 목적이라면, 대학생, 미취업 성인, 근로자 등 상황에 관계없이 시간을 많이 투자하고, 많은 노력을 기울이는 것이 구직에 큰 도움이 되는 것으로 보고되고 있다(Creed, King, Hood, & McKenzie, 2009). 가장 중요한 것은 집중적인 직업탐색이다. 상담자는 내담자가 자신과 직업을 탐색하는 과정에서 가능한 한 많은 시간과 노력을 투입하도록 조력할 필요가 있다. 또한 직업탐색을 하는 데 장벽이 될 수 있는 개인적 특성이 있는 내담자의 경우, 상담자는 구직 과정에서 발생할 수 있는 장벽을 안내하고 변화를 위한 개입을 해야 한다. 연구 결과에 의하면 외향적 성향의 구직자가 다양한 구직활동에 참여하여 좋은 결과를 나타낼 가능성이 높은 것으로 나타났다(Kanfer et al., 2001; Turban, Stevens, & Lee, 2009). 덜 외향적이고, 덜 성실하거나, 또는 심리·정서적인 문제가 있는 구직자는 구직활동 자체에 겁을 먹고 불안해할 수 있으므로 개인 진로상담을 통해 정서를 조절하는 전략과 행동 변화를 끌어내는 개입이 효과적일 수 있다.

2) 취업전략

취업을 하기 위해서는 자신이 일하고 싶은 조직에서 무엇을 할 수 있으며 조직의 발전에 어떻게 기여할 수 있는지에 대해 다채롭게 홍보를 해야 한다. 취업전략이란 대학 4년 동안 자신이 쌓아 온 다양한 경력과 개발한 능력을 알리는 수단과 방법을 의미한다. 대표적인 방법으로 이력서와 자기소개서와 같은 서류 작성과 면접이 있다. 서류 작성은 자신을 고용주에게 적극적으로 홍보할 수 있는 면접의 기회를 얻기 위한 1차 관문이므로 구직 단계 이전부터 서류 작성을 준비하고 자신에게 부족한 이력들을 보완하고 갖추어 나갈 필요가 있다. 서류 작성과 면접에 대해 간략히 살펴보도록 한다.

(1) 서류 작성

고학력을 요하는 직업일수록 이력서는 더욱 중요하다. 고용주를 설득하는 첫걸음은 자격과 경력을 기재한 이력서를 제출하는 것이다. 이력서를 통해 구직자는 잠재적 고용주와 처음으로 상호작용하게 된다. 이력서를 작성하는 것이 곧 면접은 아니지만 이력서를 통해 면접으로 이어질지가 결정되므로, 이력서를 읽는 인사 채용자의 입장에서 자신의 이력서를 작성할 필요가 있다. 이력서와 함께 지원 분야와 관련한 자신의 흥미와 전문지식을 포함한 자기소개서를 제출하기도 한다. 이 과정에서 상담자의 중요한 역할은 내담자의 경력 사항을 간결하고 오해의 여지 없이 표현하도록 돕는 것이다. 물론 오탈자도 없어야 하겠다. 자신을 잘 이해하고 명확한 구직 목적을 지닌 구직자는 이력서와 자기소개서를 통해 자신의 상황을 고용주에게 명확하게 표현할 수 있다.

자기소개서를 작성하는 과정은 먼저 지원하고자 하는 조직의 인재상이나 요구하는 직무 역량 그리고 지원하고자 하는 직무에 대한 이해에서부터 시작된다. 이후 지원하고자 하는 조직에 자신이 얼마나 적합한지에 대해서 설득력 있게 자기소개서를 작성하기 위해서는 자신의 인생사와 주요 경력 등을 검토하여 고등학교 때부터 현재까지 자신의 경험이나 경력을 선별하여 동아리, 봉사활동 연수, 연구활동, 아르바이트 등 중요한 주제 중심으로 내용을 구조화해야 한다. 다음은 조직과 자기를 연결짓는 단계로서 조직이 요구하는 업무에 맞는 자신의 경험이나 경력을 선별하고 조직의 요구 역량과 자신의 경력이 일치하는 내용을 선별한다. 이러한 내용 등을 검토하여 최종적으로 자기소개서 항목을 선정하고 작성한 후에, 타인의 피드백 과정을 거쳐 완성도를 높이는 것이 중요하다.

(2) 면접 준비

인터뷰는 구직 과정의 중요한 과정인 동시에 구직자에게는 불안의 근원이기도 하다. 면접에 대해 구직자와 인사담당자는 상반된 입장임을 이해할 필요가 있다. 구직자는 선발절차에 대한 투명성과 피드백에 가치를 두며, 인터뷰에 집중할 수 있는 온화한 환경을 원하지만, 인사담당자는 목적성을 가지고 인터뷰의 표준화에 가치를 둔다. 따라서 상담자는 형식적이고 딱딱한 면접 환경을 미리 경험하게 함으로써 구직자가 실제 면접에서 당황하지 않도록 도울 필요가 있다.

모의 면접을 위한 역할연기(role-playing)는 즉각적인 피드백이 가능하여, 면접 준비를 위해 특히 효과적인 방법이다. 친숙한 질문(당신의 강점과 약점은 무엇인가? 자신을 소개해 보세요, 지원 분야에 관한 관심은 무엇인가?)과 일반적인 질문(몇 살입니까? 결혼은 하셨나요? 최근에 아픈 적 있나요?)을 먼저 제시하고 구직자의 상황에 맞는 구체적인 질문의 순서로 모의 면접을 진행하는 것이 좋다.

3) 진로목표 실행을 촉진하기 위한 프로그램의 예

대부분의 취업준비자들은 학점관리나 외국어 시험 성적, NCS 기반 직업기초능력 등 취업에 필요한 조건들을 준비하기 마련이다. 대동소이한 스펙을 지닌 지원자 중에서 특별한 이력과 경험을 쌓은 지원자들은 눈에 띄기 마련이므로 어떻게 자신의 진로를 개발할 것인지에 대한 숙고와 실천적 노력은 차별화된 역량을 키우는 방법이 된다. 이 절에서는 자신을 홍보하면서 스스로 자신의 진로목표를 추구하는 과정이 드러나는 진로 포트폴리오를 활용하는 방안을 제안한다. 미국 대학들에서는 신입생 때부터 커리어센터에서 커리어 코치와 학생의 전공에 맞는 진로대안들을 탐색하여 원하는 진로를 선택하고 그에 맞는 준비를 한다. 그 과정에서 진로 포트폴리오를 구축하는 것을 필수 이수 학점으로 하는 경우가 종종 있다.

포트폴리오(portfolio)란 칸막이로 나뉘어 있는 서류가방을 의미하는 것으로, 칸이 나뉘어 있기 때문에 자료를 잘 구분해서 넣을 수 있고 필요할 때 쉽게 찾아볼 수 있는 유용성이 있다. 예를 들어, 건축가가 자신이 설계한 건물들에 대한 사진이나 설계 자료들을 연대기별 또는 건축물의 종류에 따라 정리해 두면 필요할 때마다 자신의 특별한 능력과 건축 설계 스타일을 건축주에게 쉽게 보여 줄 수 있다. 즉, 디자인이나 건축, 광고 등에 종사하는 사람들은 입사 지원 시 자신의 작품을 모아 정리한 포트폴리오를 제출하기도 한다. 이렇듯 진로 포트폴리오는 개인의 능력이나 경력을 쉽게 보여 주고 교육이나 훈련받은 정도를 증명하기 위해 관련 자료들을 체계적으로 수집하여 정리한 것을 말한다(Williams & Hall, 2004). 진로 포트폴리오는 가시적으로 여러분 자신이 어떻게 진로를 준비하고 직무수행에 필요한 역량을 개발하였는지 그 여정을 한눈에 알아볼 수 있게 하는 증빙 자료로서의 가치가 있다. 진로 포트폴리오를 만들기 위해서 어떤 자료들을 정리해야 할지에 대해서 **수업활동 3**을 통해서 각자 진로 포트폴리오를 만들어 보자.

먼저 진로 포트폴리오에 포함시켜야 할 자료들에 대해서 각자 조사해 봅니다. 아래의 표를 참조하여 자신이 원하는 분야에 취업하기 위해 자신의 직무 역량에 대한 증빙 자료를 어떻게 구성할 수 있을지 조원들 간 조사한 내용을 공유하고 토의를 하세요.

항목	내용
일과 관련된 자료	삶의 가치관과 전문적 목표
	진로목표
	이력서
	자기소개서
	전문가 추천서
	고용 이력
	성취 경험
	수상 경력
	전문 자격증
교육 관련 자료	취득 또는 취득 예정 학위, 자격증
	이수과목 현황
	수상 경력
	글쓰기 이력
	워크숍과 컨퍼런스 참여 경력
	자기주도적 학습을 통한 교육과 훈련의 내용
	특별한 역량 개발을 위한 이수증
다양한 활동과 취미	인턴십 프로그램 활동 보고서
	현장실습 프로그램 활동 보고서 및 평가서
	봉사활동(봉사활동 증빙 서류와 사진 등)
	공모전 참여 경험(참여 신청서, 참여 사진, 최종 결과물, 수상목록)
	취미나 흥미(시간을 들여 참여한 활동 내용, 사진 등)
	리더십 발휘 활동
	지역사회 활동 경험

_____

_____

_____

_____

_____

_____

_____

위의 활동을 통해서 자신의 진로 포트폴리오를 만들기 위해서 필요한 자료가 무엇인지 정리해 보고 포트폴리오의 레이아웃을 만들어 봅니다. 온라인 포트폴리오로 구성할지, 아니면 클리어파일을 이용하여 자료들을 정리하여 만들지에 대해 생각해 보고 자신의 진로 포트폴리오를 만들어 보세요. 아래 제시되어 있는 레이아웃의 예시를 참조하세요.

진로 포트폴리오 예시 내용

1장 지원자 ○○○의 소개

　1-1 삶의 가치관과 전문적 목표

　1-2 이력서

　1-3 자기소개서

　1-4 전문가 추천서

　1-5 고용 이력

2장 지원자 ○○○의 기업 분석

　2-1 기업 분석 내용

　2-2 지원자 ○○○와 기업의 공통점

3장 지원자 ○○○의 역량

　3-1 취득 학위(또는 예정 학위)

　3-2 이수 과목 현황 및 심화학습의 내용

　3-3 마케팅 역량 개발을 위한 활동 이력

요약

지금까지 대학생의 진로발달을 촉진하기 위한 효과적인 개입방법을 학습하고 자신에게 적용해 보았다. 1절에서는 전 생애 발달의 관점에서 대학생의 심리사회적 발달과 진로발달의 특성에 대해 살펴봄으로써 대학생이 미래 성인기 삶의 준비를 위해 개발해야 할 심리사회적 자원은 자신에 대한 이해와 정체감 확립이라는 것을 알 수 있었다. 2절에서는 국내·외에서 개발된 대학생의 진로교육 및 상담목표와 NCS의 직업기초능력의 내용을 살펴봄으로써 대학생의 진로발달을 촉진하기 위한 진로교육의 목표에 대해 학습하였다. 3절에서는 진로선택과 결정을 촉진하기 위한 개입이 무엇인지 학습하기 위해서 진로개입의 효과성과 효과적인 진로개입의 요소에 대해 학습하였고, 실제 대학교 진로개입의 현황을 통해서 효과적인 진로개입이 이루어지고 있는지 살펴보았다. 프로그램 예시를 통해서 대학생 자신이 자신의 진로를 결정할 때 탐색할 필요가 있는 정보들이 무엇인지 살펴보았고, 이를 바탕으로 자신이 현재 진로선택과 결정을 위해서 얼마나 준비되어 있는지 자가진단해 보는 시간도 가져 보았다. 끝으로, 진로선택과 결정의 과정에서 어려움을 겪을 수 있는 대학생을 이해하기 위해서 진로미결정 문제에 대한 개입의 요소를 학습하였다. 마지막 4절에서는 진로목표 실행을 촉진하기 위한 개입의 내용으로 일자리 탐색 방법과 자기소개서와 이력서 그리고 진로 포트폴리오와 같은 취업전략에 대해서 학습하고 프로그램의 예시를 통해 진로목표 추구의 과정에서 실행력을 높이는 구체적인 방안에 대해 학습하였다.

학습문제

1 대학생의 진로교육과 상담에서 이들의 심리사회적 발달과 진로발달의 특성을 이해하는 것이 왜 필요한가?

2 대학생의 진로교육 및 상담의 목표는 무엇인가?

3 대학생의 진로교육 및 상담의 목표를 성취하기 위해 어떠한 진로개입을 할 수 있는가?

전 생애 진로교육과 상담

4차 산업혁명과 고령화라는 사회적 변화로 인해 성인기 진로전환을 위한 교육과 상담의 필요성이 대두되고 있다. 발달적 진로상담이론에서는 일회적인 진로선택이 아닌 생애 전반에 걸친 진로교육의 중요성을 강조하고 있으며, 성인기의 새로운 진로선택 및 일과 삶의 조화로운 연계 등 삶의 전 영역에 걸친 통합적 진로가 고려되고 있다.

진로정책에서도 그간 학령기 단계에서의 진로교육이 강조되어 왔으나 빠르게 변화하는 4차 산업혁명 시대에서는 성인기 이후 취업과 진로전환, 직업훈련, 평생교육, 은퇴준비 등을 위한 정책적 지원과 제도가 요구되고 있다.

이에 본 장에서는 발달적, 생애통합적 이론에 근거하여 생애 진로교육 및 상담의 의미를 알아보고, 평생교육, 공공정책, 고용서비스 등 실제적 관점에서 전 생애 진로교육의 의미를 살펴보고자 한다. 진로교육의 목적은 개인의 성공적인 진로개발뿐 아니라 사회적 관점에서 노동시장의 유연화, 사회평등 기회 제공 등 보다 나은 사회를 구현하는 것과도 관련되므로 공공정책 및 고용서비스 관점에서 생애 진로교육의 정책적 의미를 살펴보는 것은 의미가 있다. 나아가 본 장에서는 국내의 성인 대상 진로 · 직업교육 사례를 제시함으로 현장에서 이루어지고 있는 생애 진로 · 직업교육을 이해하도록 한다.

01 전 생애 진로이론

1) 생애 진로발달이론

생애 전반(life-span)에 걸친 진로교육의 개념은 발달적 관점의 진로상담이론에서 출발하였다. 고전적 직업상담가들은 직업선택을 인생의 특정 시기에 이루어지는 일회적 결정으로 가정한 반면, 발달적 관점의 직업상담이론은 진로선택이 일회적 의사결정이 아니라 전 생애에 걸쳐 반복적으로 일어나는 것으로 보고 있다.

초기 진로발달 이론인 긴즈버그(Ginzberg, 1951)의 진로발달이론은 진로발달 단계를 구분하여 성인 초기까지의 진로발달 단계만을 제시하였으나, 이후 수퍼(Super, 1992)는 진로발달이 아동기에서부터 노년기에 이르기까지 전 생애에 걸쳐 이루어지는 지속적인 과정이라는 포괄적 관점에서 진로발달 단계를 확대하였다. 즉, 개인의 진로발달 과정을 성장기(growth stage: 출생~14세), 탐색기(exploration stage: 15~24세), 확립기(establishment stage: 25~44세), 유지기(maintenance stage: 45~65세), 쇠퇴기(disengagement stage: 65세 이상)로 구분하였으며, 각 단계에서 자녀, 학생, 시민, 근로자, 부모, 배우자 등 다양한 역할을 수행하게 됨을 언급하였다. 즉, 수퍼는 개인의 진로발달을 단순히 하나의 평생직업으로서의 문제가 아니라 전 생애에 걸쳐 삶의 다양한 영역(life-space)에 걸쳐 일어나는 지속적이고 연계적인 과정임을 제시하고 있다.

이후 수퍼는 모든 사람의 발달 단계가 연령에 따라 일치하지 않을 수 있음을 고려하여 개인의 특성과 환경에 따른 차이를 인정하였고, 이직, 전환 등 진로변경에 따라 특정한 발달 단계로 다시 돌아오는 재순환(recycling)이 여러 차례 나타날 수 있음을 전제하였다(정의석, 2013).

전 생애 진로발달을 설명한 레빈슨(Levinson, 1978)은 출생에서 사망에 이르기까지 개인적·문화적 차이를 초월한 보편적 유형이 있다고 보고, 생애주기를 특정단계나 기간이 연속적으로 지속되는 계절의 개념으로 제시하였다. 즉, 생애주기에는 아동·청소년기, 성인 초기, 성인 중기, 성인 후기라는 질적으로 상이한 네 개의 계절이 존재하며, 각 계절은 독특한 특성을 가지며 각 시기 사이에 세 번의 전환기를 설정하였다. 즉, 성인들은 5년에 걸친 이 전환기 동안에 이전 시기의 삶을 평가하고 통합하며 다음 시기를 설계하게 된다고 보았다.

레빈슨(Levinson, 1978)은 생애주기 모형을 17~65세까지 주요 단계로 구분하여 각 발달 단계의 특징과 주요 과업에 대해 설명하였다. 먼저 성인 초기 과도기(17~22세)는 성인 초기로 들어가는 전환기로 성인세계로 첫발을 딛는 시기이다. 또한 성인세계 도입기(22~28세)는 결혼과 가족으로부터 분리되어 첫 번째 주요 생애구조를 형성하고, 꿈을 추구하는 시기이다. 성년기 전환기인 과도기(28~33세)에는 탐색시기가 끝나고 개인의 생활양식이 어느 정도 확립되며, 인생에 대해 성찰해 보는 시기이다. 성년기의 절정기인 정착기(33~40세)에는 사회에의 안정적인 정착으로 젊은 시절의 꿈과 목적을 성취해 나갈 수 있는 생애구조를 형성한다. 중년기의 전환기인 성인 중기 과도기(40~45세)는 성인 초기와 중기 사이의 교량 역할을 하는 시기이며, 노화가 나타나고 삶의 유한성을 깨닫고 지난 삶을 진지하게 평가한다. 또한 이 시기에는 젊은 시절의 꿈이나 포부에 미치지 못하는 현실을 깨닫고 상실감과 회의를 경험하는 중년의 위기를 겪기도 한다. 중년기 진입기인 성인 중기 도입기(45~50세)는 중년기를 시작할 첫 생애구조를 만드는 때로서 새로운 직업을 갖거나 현재의 일을 재정립하는 등 새로운 생애구조를 수립한다. 중년기 과도기(50~55세)는 성년 전환기와 유사한 시기로 중년 위기를 겪을 가능성이 있는 시기이며, 중년기 절정기인 성인 중기 수렴기(55~60세)는 중년기의 야망과 목표 실현을 위한 생애구조를 추구하여 안정된 중년기에 안착하는 시기이다. 성인 후기 과도기(60~65세)는 중년기를 마치고 노년기를 시작하는 시기로, 노화가 뚜렷해지고 은퇴와 더불어 사회적 영향력이 줄어든다. 따라서 이 시기에는 심리적 위축이나 우울감을 경험하기도 하지만 제한된 에너지와 자원을 잘 활용하여 남은 생을 건강하고 즐겁게 살아가기 위한 준비에 많은 시간을 보낸다. 노년기인 성인 후기(65세 이후)는 은퇴와 신체 쇠퇴에 적합한 새로운 형태의 생애구조를 수립하고, 질병에 대처하고 잃어버린 젊음에 대한 심리적 충격에 적응을 하는 시기이다.

이러한 생애 발달적 관점에서 성인기의 '진로전환'은 매우 중요한 과제로 여겨지고 있다. 레빈슨의 진로발달이론은 각 단계에서의 갈등해결을 통한 성인기의 성공적인 진로전환을 언급하고 있으며, 폰드라체크와 라이츨레(Vondracek & Reitzle, 1998)도 생애 진로발달이론에 따른 생애 역할과 진로성숙도는 진로전환에 있어서 매우 중요한 영향을 미친다고 주장하여 성인기 진로전환 과업의 중요성이 강조되고 있다.

2) 성인기 진로전환

전환이란 친숙한 삶의 방식에서 익숙하지 않은 삶의 방식으로 바뀌는 것을 의미하는 것으로, 진로전환은 직업에서의 이직, 전직, 전업뿐만 아니라 학생에서 직장으로 이동하는 것, 퇴직하여 실직자가 되는 것, 동일 직장 내에서의 재배치까지를 포함하는 것으로 볼 수 있다(손민정, 2016). 따라서 진로전환은 인간이 평생에 걸쳐 진로를 추구해 가는 과정에서 생애 단계에 따라 일어나며, 성인기의 각 발달 단계에서 주요한 과업으로 볼 수 있다. 슐로스버그(Schlossberg, 1984)는 전환의 의미를 "삶의 전환은 어떤 사건이나 비사건으로 인해 자기 자신과 세계관에 변화가 생겨 자신의 행동과 관계 측면에서 그에 상응하는 변화가 요구될 때 발생한다"고 설명하였다.

비지언과 살로몬(Bejian & Salomone, 1995)은 35~45세에서 성장, 탐색, 확립, 유지, 쇠퇴의 각 단계에 더하여 제6의 발달 단계로 중년 진로전환(mid-life career renewal)을 제시하여 성인기 진로전환의 독자적인 중요 단계를 나타내었다. 즉, 이 시기는 전환적 단계로 자신의 진로를 변화하거나 기존의 진로를 재확인하고 재평가하는 전환기(transitional stage)로 설명하였다. 또한 이때에 자신의 진로선택에 대한 재분석, 자신의 양극적인 측면(polarities)에 대한 대처, 자기 인생의 성공적인 결말을 위한 삶의 구조적 변화를 추구하여야 한다고 설명한다. 비지언과 살로몬은 전환 과정에서 각 개인의 대응방식에 따라서 부정적인 효과를 가져올 수도 있지만 진로를 새롭게 수정하는 효과를 가져오기도 한다고 하였다. 즉, 전환 과정에서 개인은 자신의 직업선택을 재평가하고 일의 의미를 재형성하며 진로결정 전략을 새롭게 발달시킬 수 있다는 것이다.

이러한 성인기 진로전환은 직업전환, 경력전환, 진로수정, 노동시장 이동, 직장 이동 등을 포함하는 것으로 일과 직업의 세계가 복잡해지고 다양해지는 사회변화 속에서 이전과 달리 진로전환의 기회와 반복적인 발생 가능성은 높아지고 있다. 변화에 대한 적응, 효율적인 진로전환에 대한 대처, 진로역량의 새로운 개발 등 성인들의 진로전환에 대처하는 과업의 중요성이 더욱 부각되고 있다. 이에 학령기 진로지원에서 나아가 생애 전반에 걸친 진로전환을 위한 개인 역량 개발 및 진로지원은 매우 중요하다.

3) 생애통합적 진로

한센(Hansen, 1996)은 이전의 진로개발은 개인이 이미 설정되어 있는 직업으로 향하도록 하는 직업선택 접근법의 한계를 갖고 있으며 다양한 변화를 겪는 현대사회에 더 이상 적합한 패러다임이 아님을 강조한다. 그보다 삶과 진로를 통합적이고 연계적인 관점에서 재설계하는 새로운 패러다임이 필요하다는 것이다. 생애통합적 진로 관점은 진로선택이 평생 동안 삶의 다양한 단계에서 지속적으로 이루어져야 하며, 현재와 같이 단순히 사람과 일을 매칭시키는 단선적인 방법에서 벗어나야 함을 강조한다. 사회적 상황의 변화, 진로에 대한 개념의 변화, 인구학적 변화, 삶의 변화, 조직과 일터의 변화, 개인적 전환 등의 요인은 이와 같은 단선적인 모형의 변화를 요구하고 있다.

끊임없이 변화하는 사회·경제적 상황에서는 현재와 같이 자신의 지식과 기술을 제공하고 임금, 혜택, 종신고용 등을 받는 관계적 유형(relational pattern)의 고용관계에서 벗어나 장기적이거나 제한된 시간 내에서 노동의 대가와 임금을 주고받게 되는 고용계약적 유형(contractual pattern)으로 변화할 것이다. 또한 성역할의 변화로 인해 일과 가정에서도 새로운 역할의 변화를 갖게 되므로 단선적·정적인 진로발달에서 벗어나 중년기에는 다양하고 실제적인 양상의 새로운 진로발달 모습이 나타나게 될 것이다.

이러한 변화에 대응하여 진로발달은 정해진 몇 가지 진로(직업)유형이 아니라 삶 전체, 지역사회, 사회 전체의 맥락 속에서 자신의 진로를 살펴볼 수 있는 통합적 인생설계(integrative life planning)가 강조되고 있다. 한센의 통합적 진로발달 관점은 직업과 일, 그 밖의 삶 영역 간의 연계(connectedness), 지역과 국가 간의 연계 등 삶을 구성하는 다양한 부분 간 연계를 강조하고, 진로발달 과정 자체가 직선적인 성공사다리와 같은 형태가 아니라 나선적 유형과 같은 유연한 형태임을 강조한다. 따라서 일과 가정, 지역사회 등에서의 다양한 역할이 강조되는 성인기의 특성을 고려할 때 통합적 진로발달의 이론은 의미가 있다(진미석, 윤형한, 2003).

02 생애 진로·직업교육의 의미와 필요성

1) 평생교육 관점에서의 생애 진로·직업교육

4차 산업혁명으로 대두되는 과학기술 발전 및 이로 인한 산업변화, 고령화로의 인구구조 변화, 노동시장 변화, 글로벌화 등 전 세계적으로 사회구조가 빠르게 변화하고 있다. 저출산 고령화로 인력구조가 새롭게 개편되고 있으며, 새로운 산업과 직업의 생성 및 소멸의 주기는 점차 짧아지고 있고, 이에 일자리 채용방식과 고용형태, 일과 여가 균형을 중시하는 조직문화 등 삶의 전 영역에 대대적인 변화가 예상된다. 따라서 미래사회의 변화에 적응하고 새로운 기회를 발굴하기 위해서는 학령기뿐 아니라 성인기에도 지속적인 직업교육 훈련이 중요시되고 있다.

또한 4차 산업혁명의 도래로 미래사회에 요구되는 인재의 역량이 변화됨에 따라 기존 지식을 학습하는 역량보다 새로운 아이디어를 창출하는 창의성, 다양한 분야를 통합하는 융·복합 역량, 문제해결능력, 협업능력, 의사소통능력 등이 중요하게 되어 새로운 역량 개발을 위한 평생직업교육은 더욱 의미를 갖게 된다.

미국국가직업정보조정위원회(National Occupational Information Coordinating Committee, NOICC)에서는 진로교육 및 진로개발을 "사람들이 일의 세계와 관련하여 자신을 배워 나가는 전 생애에 걸친(life-long) 과정이며, 개인이 정보를 찾고 활용하고 자신의 삶에 있어 시의적절한 선택을 할 수 있는 평생학습자가 될 수 있도록 도와주는 과정"이라고 규정한다. 이는 평생에 걸친 학습으로서의 진로·직업교육의 중요성을 강조하는 정의로 볼 수 있다.

직업교육은 대상에 따라 학령기 학생을 대상으로 하는 중등직업교육 및 고등직업교육과 성인을 대상으로 하는 평생직업교육으로 구분할 수 있다. 학령기 대상 중등직업교육과 고등직업교육은 주로 교육부의 관할로 정책적으로 이루어지며, 성인 평생직업교육은 주로 근로자, 구직자, 전직·이직자 등을 대상으로 정규 학교교육 외에 실시되는 경우가 대부분이다. 즉, 평생직업교육은 직업인으로서의 역량을 갖추기 위하여 노동시장의 수요를 기반으로 실시하는 목적이 구체화된 것으로, 직업인으로서 갖추어야 할 특정 직무 역량과 직업능력을 개발하거나 향상시키는 교육훈련의 의미로 통용되어 왔다(정지선 외, 2017).

평생직업교육이라는 용어에는 직업교육과 직업훈련이 모두 포함되며 개인의 평생에 걸쳐 수행되는 모든 학습이 해당된다. 이러한 측면에서 OECD는 '모든 이를 위한 평생학습에의 투자 증대'라는 슬로건 아래 전 생애에 걸친 능력 개발과 일과 학습의 연계 강화를 통한 순환 교육(recurrent education) 모델과 생애 능력 개발을 주장하는 바, 평생직업교육을 통한 직업 역량 개발은 미래사회 대비를 위해 더욱 의미가 있다.

과학기술의 진보로 일자리와 산업(기업)은 빠르게 변화하는 반면 고령화로 인한 평균수명은 증가함에 따라, 개인 역량 개발을 통해 노동시장 변화에 유연하고 신속하게 대응할 수 있는 능력(agile and transferable skills)을 키우는 직업교육이 중요하다. 이전에는 중등과 고등 수준의 학령기 위주 직업교육과 특정 직무 역량 개발이 산업화에 기여하는 한편 개인의 취업 성공에도 필요했다. 그러나 이제 4차 산업혁명 시대에는 생애 어느 시점에서든지 희망하는 능력을 개발할 수 있도록 평생에 걸쳐서 진로와 경로를 다양하게 열어 주는 평생직업교육 훈련 체계가 더욱 필요하다(정지선 외, 2017).

2) 공공정책으로서의 생애 진로·직업교육

진로·직업교육은 개인의 진로선택과 관련될 뿐 아니라 공공정책의 목표에도 기여하는 것으로 여겨진다. 이는 직업진로지도를 통해 교육제도를 효율화할 수 있으며, 노동시장의 효율성을 개선하는 데에 도움을 주고 사회적 평등을 실현하는 데 기여할 수 있다는 점에서 공공정책적 의미가 있다(OECD, 2004).

첫째, 교육, 훈련, 기술개발 등 교육제도의 효율화 측면에서 진로·직업교육이 중요하다는 점이 강조된다. 즉, 진로·직업교육을 통해 청소년 및 성인들이 높은 교육수준을 유지하는 데에 도움이 될 수 있으며, 또한 이로 인해 교육과 노동시장을 연계

(school to work)하는 수단이 된다. 이는 교육과정에서의 진로·직업교육을 통해 일자리로의 이행이 원활하게 된다는 의미이다.

둘째, 노동시장의 효율화 측면에서 진로·직업교육은 노동시장 결과물 및 효율성 개선에 중요한 역할을 한다. 진로·직업교육을 통해 개인의 역량과 특성에 적합한 일자리로의 탐색이 가능해지면서 노동력 이동성이 개선될 수 있으며, 직업에서 요구하는 역량 개발을 위한 노력으로 노동력 공급이 개선되고 기술 부족 현상이 해결될 수 있다. 또한 올바른 진로·직업교육은 개인이 노동시장의 폭넓은 변화에 적응하도록 지원한다. 고령화사회로의 변화에 어떻게 대응해야 하는지를 이해하도록 하며 이를 통해 일자리에서의 조기퇴직을 감소시킬 수 있는 중요한 방편이 된다.

노동경제학자와 노동정책 입안자들은 진로·직업교육이 노동시장 효율성 제고에 기여한다는 사실을 오래전부터 인식하여 왔다(Ginzberg, 1971; Autor, 2001). 이는 개인의 능력과 자격요건이 고용주의 요구에 부합할 때 그 결과로 노동시장의 수요와 공급에 적합한 균형이 이루어질 수 있기 때문이라는 점이다. 즉, 자신의 역량과 자격요건, 기회에 잘 부합하는 일을 모색하도록 지원함으로써 노동력의 수급균형을 개선할 수 있다고 본다. 노동시장의 효율성 제고를 위한 진로·직업교육의 역할은 다음과 같다.

- 자신의 관심, 능력, 자격요건을 이해하여 성공하고 즐기며 감당할 수 있는 진로를 찾을 수 있도록 도움
- 진로에 대해 파악하여 어떤 직종을 원하고 잘할 수 있는지 알도록 도움
- 취업 가능한 특정 진로에 대한 내용 및 신청방법 제공
- 노동시장, 교육제도에 대한 정보를 체계화하여 사람들이 필요로 하는 때와 장소에 제공함으로써 접근성 높임
- 진로정보의 검색, 이해, 평가방법을 가르침

이러한 진로·직업교육으로 자발적 실직이 감소하거나 구직기간이 줄어들 수 있으며 또한 실직자의 자격요건이 개선되거나 타 지역에서 새로운 진로를 찾도록 유도하게 되어 결과적으로 실업률을 낮출 수 있다고 볼 수 있다. 이러한 측면에서 진로·직

업교육은 노동시장의 효율성에 중요한 역할을 하고 있다.

셋째, 진로·직업교육은 사회평등의 목표를 달성하는 데 기여한다는 점이다. 사회적 취약계층에 대한 진로·직업교육을 통해 폭넓은 사회통합 및 포용이 가능하게 된다. 또한 여성인력의 경제사회 참여 지원도 진로·직업교육을 통해 가능하다는 점 등에서 진로·직업교육이 사회평등 목표에 기여하는 바를 알 수 있다. 다수의 진로·직업교육은 개인이 성별, 사회적 배경 또는 인종에 상관없이 자신의 역량을 최대한 활용하도록 유도한다. 따라서 진로·직업교육을 통해 사회소수자인 이민자 및 난민들을 직장과 교육 현장으로 통합하고 노동시장에서 성 분화를 감소시키며 사회적 응집력을 강화할 수 있다. 이러한 측면에서 진로·직업교육은 사회평등 배분의 효과를 갖는 것으로 나타나고 있다.

3) 고용서비스로서의 성인 진로·직업교육

진로·직업교육은 적극적 고용서비스 관점에서도 그 의미가 있다. 적극적 노동시장정책은 주로 구직서비스, 직업훈련, 고용보조 프로그램으로 이루어지며 예방적 차원에서 취업자의 실업으로의 이행을 방지하는 것과 실업자가 된 사람들을 가능한 한 빨리 재취업하도록 직업훈련 및 구직서비스 제공 등의 도움을 주는 것을 의미한다(Calmfors & Skedinger, 1995, pp. 3-4; 강철희, 김교성, 김영범, 2001, pp. 10-11; 정희정, 2005, p. 68; 채구묵, 2011에서 재인용).

역사적으로 살펴보면, EC 회원국들을 위한 1998년 고용 가이드라인에서는 "성인 실업자들의 실직기간이 12개월에 이르기 전까지 개별적 직업지도를 동반하면서 훈련, 공공근로 및 다른 고용 가능성에 대한 조치를 제공받도록" 하는 지침을 수립하였다 (Freedland, Craig, Jacqueson, Kourtouris, 2007). 즉, 이는 예방적이며 적극적으로 고용 가능성을 높이는 전략으로 진로·직업교육의 중요성을 강조하는 것이다.

적극적 공공 고용서비스로서의 성인 진로·직업교육은 다음과 같은 기능을 갖는다(OECD, 2004).

첫째, 복지의존도에 대한 적극적 상호책임으로서의 고용서비스와 진로·직업교육의 상호호혜성이다. OECD 국가는 실업률 상승에 따라 수동적 실업급여 지급보다는 적극적 접근방식의 노동시장 프로그램을 강조하고 있다. 이러한 적극적 노동시장 프로그램은 교육, 훈련 또는 고용지원을 포괄하는 개념이며, 실직자가 적극적으로 구직을 해야 하고 실업수당 자격을 갖추기 위해 지속적으로 훈련을 받아야 함을 의미한다. 1997년 유럽에서 청년 실업자들에 대해 실업 6개월 내 훈련 실습, 개인별 진로지도 제공 등의 개입을 한 고용전략이 그 사례가 될 수 있다. 복지 차원에서 단순한 경제적 지원에 그치지 않고 적극적인 구직활동을 지원하는 방향으로의 진로·직업교육 정책이 강조되고 있는 것이다.

둘째, 진로·직업교육 정책은 노동시장 정책 도구로서 고용 가능성을 제고하는 역할을 한다. 즉, 개인들이 실직 상황에 능동적으로 대처하도록 하며, 개인의 구직 역량, 변화하는 노동시장 대응 역량 등을 강화하는 목적으로서 진로·직업교육이 강조됨에 따라 각 개인의 고용 가능성을 높이는 역할을 한다.

셋째. 진로·직업교육은 고령화사회에서 유연한 취업지원을 위한 기능을 갖고 있다. 전 세계적으로 고령사회로의 빠른 변화에 대비하는 정책은 주로 퇴직연령 변경, 경제적 지원 등 재정적·경제적 개혁들이었다. 그러나 이러한 경제적 개혁들은 사회 구조적인 대응에는 효과가 있으나 개인을 변화에 적응시키는 것에는 한계가 있다. 따라서 각 개인이 고령화사회에서의 유연한 진로(점진적 퇴직, 파트타임, 자기 사업, 자원봉사 등의 다양한 진로경로)탐색이 가능하도록 하는 진로·직업교육의 중요성이 강조되고 있다.

적극적 고용서비스로서의 진로·직업교육의 기능과 관련하여 OECD(2015)에서는 '포괄적 노동시장을 위한 활성화 정책'을 언급하여 적극적이고 유연한 노동시장 조성을 위해 '심층적인 직업상담 기능'이 중요함을 강조하고 있다. 즉, 실직자들의 근로의욕을 강화하기 위해 심층적인 직업상담 개입으로 구직탐색을 지원하는 것이 중요하며 이를 통해 고용 가능성과 기회를 확대할 수 있다고 본다. 직업상담은 적극적 공공 고용서비스로 기능하고 있으며, OECD 주요국들에서 실직자뿐 아니라 직업을 찾는 모든 사람들(현재 직업을 갖고 있는 사람들 포함)에게 직업상담 서비스를 제공하고 있다. 초기 상담 이후 심층적인 직업상담을 제공하는 것은 구직자의 스킬을 업데이트하고 직업탐색 전략을 세우도록 도와 이후 고용 가능성을 높이는 데 기여하고 있다.

생애적 관점에서 진로·직업교육의 미래 역할과 관련하여 'The European Network of PES(Public Employment Services)'에서는 직업세계 및 노동시장의 변화와 개인 경력개발 요구의 변화로 공공 고용서비스에서의 진로지도 및 생애 학습의 중요성과 역할을 강조하였다(EC, 2017). 즉, 4차 산업혁명 등 직업세계 및 노동시장의 변화로 개인의 경력경로에도 완전한 변화가 예상되고 있으며 학교-직업-개인 삶의 역동적인 변화가 발생하므로 이러한 환경에 적응하는 새로운 관점에서의 개인 경력개발이 요구되고 있다.

이와 같이 진로·직업교육 및 상담정책은 적극적 공공 고용서비스로서의 의미와 기능을 갖고 있다. 나아가 최근 평생교육 실현 및 적극적 노동시장 정책 수립으로서의 진로·직업교육의 의미가 좀 더 강조되고 있으며 새로운 도전과제가 제시되고 있다. 미래 진로·직업교육의 과제는 생애 경력설계의 관점으로 요약될 수 있다. 범위적 측면에서 특정 그룹에 대해 일생 어느 한 시점에서의 서비스 제공이 아닌, 전 생애에 걸쳐 광범위하게 제공되는 진로지도가 강조된다. 그리고 내용적 측면에서는 즉각적인 진로의사결정보다 자기주도적 진로관리 기술 개발이 강조되고 있다. 즉, 진로지도의 대상이 학생과 실직자뿐 아니라 모든 사람으로 확대되며 이를 위해 최소비용으로 다양한 사람들에게 진로지도의 혜택이 주어지는 아이디어가 요구된다(이효남 외, 2019).

03 성인 진로·직업교육 프로그램

1) 성인 직업교육 및 훈련 사업

정부는 국민의 생애 직업 역량 강화를 위해 직업교육 및 직업훈련 사업을 추진해

오고 있으며 주로 교육부와 고용노동부의 정책사업으로 전개되고 있다.

(1) 평생학습계좌제[1]

교육부는 「평생교육법」 및 평생교육진흥기본계획(2013~2017)에 근거하여 성인학습자를 위한 평생교육 강화, 온라인 평생학습지원체제 구축 등 성인학습자들의 지속적인 평생학습 기회를 제공하고 있다.

평생학습계좌제는 「평생교육법」 제23조 "국가는 국민의 평생교육을 촉진하고 인적자원의 개발·관리를 위하여 학습계좌를 도입·운영할 수 있도록 노력해야 한다"에 기초하여 일반 국민을 대상으로 개인의 다양한 학습경험을 학습계좌에 기록하여 체계적인 학습설계를 지원하고 그 결과를 학력이나 자격인정, 고용정보로 활용할 수 있도록 지원하는 종합정보시스템이다. 이 사업의 목표는 평생학습 이력관리로 수요자 중심 직업능력개발체제로 개편, 취약계층(실업자, 중소기업 근로자, 비정규직 등)에게도 자기주도적 능력개발 기회를 제공하고자 하는 것이다(장명희 외, 2008).

최근 사회변화로 인해 교육의 패러다임을 학령기 학생 중심의 학교교육에서 전

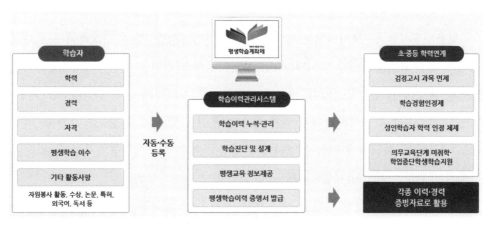

그림 14-1 평생학습계좌제 제도 안내
출처: 평생학습계좌제 홈페이지(www.all.go.kr)

....

1   교육부 평생학습계좌제 홈페이지(www.all.go.kr) 참조.

생애에 걸친 생애주기별 평생교육으로 전환시키는 것이 시대적 과제로 떠오르고 있다. 이에 따라 국민들의 다양한 평생학습 결과를 체계적으로 관리할 필요성이 제기되어 2008년 교육과학기술부와 노동부가 공동으로 평생학습계좌제협의회를 구성하여 제도적 마련에 돌입하게 되었으며, 현재는 국가평생교육진흥원이 교육부의 위탁을 받아 전국적으로 시행하고 있다.

평생학습계좌제는 개인이 학습이력을 등록·누적할 수 있는 학습이력관리시스템을 중심으로 운영되는데, 학교교육뿐만 아니라 비형식, 무형식교육을 포함한 다양한 평생교육 프로그램 이수 결과를 등록할 수 있다. 이 중 평생교육기관(시설) 등에서 운영한 학습과정 이수 결과는 학습과정 평가인정 절차를 통해 시스템에 최종 기록되며, 확인된 학습 결과는 평생학습 이력증명서로 출력할 수 있다. 평생학습계좌제를 통해 등록된 다양한 평생교육 프로그램(학습과정) 이수 결과로 성인의 학력 취득, 검정고시 응시과목 일부 면제, 학교 밖 학습 결과에 대한 학점인정 등이 가능하다. 특히 개인의 노동시장 진입이나 사회활동 참여를 위해 본인의 학습활동 이력을 증명하는 공신력 있는 근거자료로 활용될 수 있다(정지선 외, 2017).

(2) 직업능력개발 지원 사업[2]

고용노동부는 「근로자직업능력개발법」 및 「직업안정법」 등에 근거하여 근로자의 생애에 걸친 직업능력개발 및 구직자 및 실업자들의 재취업을 위한 다양한 직업훈련 과정을 개설하여 지원하고 있다. 재직자 훈련은 재직자의 직무능력 향상을 위하여 사업주가 직업훈련을 실시하거나 근로자 스스로 훈련을 받는 경우 정부가 비용을 지원하는 제도이고, 실업자 훈련은 실업자의 취업능력 혹은 기초직업능력 향상을 위하여 정부가 지원하는 제도이다(한국고용정보원, 2017).

재직자 직업능력개발 지원은 기업지원, 개인지원, 공동훈련 사업으로 구성된다. 기업지원은 사업주직업훈련 지원, 유급휴가훈련 지원, 일학습병행제 등으로 지원하고 있다. 재직자 개인지원은 고용센터에서 훈련받을 수 있는 카드를 발급받아 본인이

....

2   고용노동부 HRD-Net 홈페이지(www.hrd.go.kr) 자료 참조.

원하는 훈련 과정을 신청하여 참여할 수 있는 근로자 내일배움카드제와 자영업자 고용안정 도모를 위한 자영업자 고용안정·작업능력개발 지원 등이 있다. 공동훈련 차원으로는 다수의 중소기업과 컨소시엄을 구성하여 해당 중소기업 근로자를 대상으로 직업능력개발 훈련을 실시하는 국가인적자원개발 컨소시엄, 지역별 기업인력수요 기반 산업계 주도의 새로운 인력양성체계 구축을 위한 지역·산업 맞춤형 훈련 등의 사업이 있다.

직업능력개발사업 실업자 지원으로는 구직자 내일배움카드제, 국가 기간·전략산업직종 훈련, 4차산업혁명선도인력 양성 훈련, 직업훈련생계비 대부 등 민간훈련과 다기능기술자 양성 훈련, 기능사 양성 훈련 등 공공훈련 과정이 있다.

근로자 직업능력개발 훈련 사업은 근로자의 직무능력 향상 및 경쟁력 강화를 도모하기 위하여 근로자가 자율적으로 직업능력개발 훈련에 참여할 경우 훈련비용의 일부를 지원하는 제도이다. 이 제도는 고용보험에 가입한 기간제, 파견, 단시간, 일용, 45세 이상(대기업)근로자, 이직예정자, 3년간 훈련이력이 없는 자, 무급휴직·휴업자, 우선지원 대상 기업근로자, 자영업자 등을 대상으로, 이들이 근로자 직업능력개발 훈련 카드를 신청 발급받아 고용노동부 장관의 인정을 받은 훈련 과정을 수강하는 경우에 훈련비 일부를 지원한다.

구직자 내일배움카드제(직업능력개발계좌제)는 구직자가 고용시장으로 원활히 진입하도록 가교역할을 위해 2009년에 도입되었다. 이는 구직자(신규실업자, 전직실업자)에게 바우처 등으로 일정한 금액을 지원하고 그 범위 내에서 자기주도적으로 직업능력개발 훈련에 참여할 수 있도록 하며 훈련이력 등을 개인별로 통합·관리하는 제도이다. 구직자 내일배움카드제는 전직실업자 및 신규실업자 등 구직자와 월 60시간 미만 근로자 중 고용보험 피보험자격 미취득자를 대상으로 1인당 연간 최대 200만 원 한도에서 훈련비가 지급된다. 직업훈련을 희망하는 구직자, 실업자 등이 각자의 필요와 수준에 적합한 훈련 프로그램에 참여할 수 있도록 과정 선택을 위한 상담자와의 상담 절차를 제공함으로써 효율적인 직업훈련을 지원한다(심지현, 2017, p. 204).

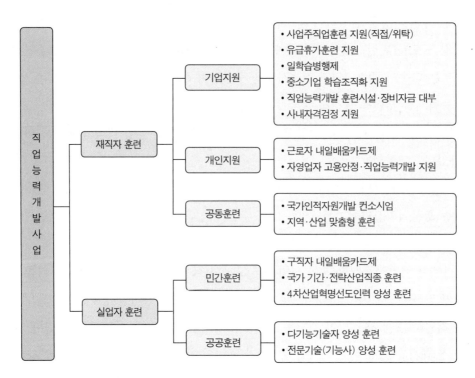

그림 14-2 직업능력개발 사업 체계

출처: 한국고용정보원(2017).

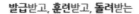

내일배움카드제(구직자)란?

취업하고자 하는 청년 등 구직자에게
훈련비를 지원하여 직무능력 교육을 받고
취업할 수 있도록 돕는 제도입니다

누가 신청할 수 있나요?

· **구직자** : 전직실업자 및 신규실업자
· **근로자** : 월 60시간 미만인 근로자 중
고용보험 피보험 자격 미취득자

어떤 혜택이 있나요?

훈련비 지원 (1인당(연최대) 200만원)
훈련장려금 지원 (최대 11만 6천원)

그림 14-3 내일배움카드 제도

출처: 고용노동부 HRD-Net 홈페이지(www.hrd.go.kr)

2) 구직자(실직자) 직업상담 사업

성인 구직자들의 직업 역량을 강화하고 취업상담을 지원하기 위한 직업교육 및 상담서비스가 부처별 다양한 기관을 통해서 제공되고 있다. 전국 고용복지플러스센터는 고용센터, 여성새로일하기센터, 제대군인지원센터 등이 동일 공간에서 통합적으로 연계된 서비스를 지원하고 있으며 각 지원 대상별 특성에 적합한 직업상담을 제공하고 있다. 고용센터에서는 성인 구직자들의 취업 역량 강화를 위한 집단상담 프로그램 및 개별 직업상담 서비스를 제공하고 있으며, 여성새로일하기센터에서는 경력단절여성들의 재취업 역량 강화 및 자신감 제고를 위한 다양한 프로그램과 상담서비스를 제공하고, 제대군인취업지원센터에서는 제대군인을 위한 취업상담 프로그램 등 성인구직자들의 이전 경력과 특성을 고려한 직업상담이 특화되어 운영되고 있다.

(1) 고용센터 구직자 집단상담 프로그램 사례[3]

고용노동부 산하 전국 100여 개 고용센터에서는 구직자 및 실직자들을 위한 다양한 집단상담 프로그램을 운영하고 있다. 각 프로그램은 대상별 특성에 따라 구분

표 14-1 고용센터 구직자 집단상담 프로그램 예시

프로그램명	프로그램 개요		
	주요 내용	대상	교육기간
성취 프로그램	• 구직동기 부여와 구직기술 향상에 따른 장기실업 가능성 예방, 상실된 자신감과 자존감 회복을 통한 재취업 동기 제고	장기구직자	5일 30시간
취업희망프로그램	• 자신감 향상 • 근로의욕 증진 • 사회성(대인관계) 향상	심리적 취약계층	4일 24시간

....

3   고용노동부 홈페이지(www.moel.go.kr) 참조.

프로그램명	프로그램 개요		
	주요 내용	대상	교육기간
행복내일 취업지원프로그램	• 자신에 대한 이해, 강점 발견, 구직기술 습득, 직장 적응 이해 등을 통한 취업능력 향상	경제적 취약계층	4일 24시간
성장(성실)프로그램	• 중장년층 취업 자신감 제고 • 중장년층 구직기술 향상	50세 이상 중장년층	4일 24시간
청년층 직업지도 프로그램(CAP+)	• 청년층의 합리적 직업선택 지원 • 자기탐색 및 기업탐색, 서류 작성 • 모의면접 등 구직기술 향상	청년구직자 (만15~34세)	4일 24시간
청년취업 역량(청취력) 프로그램	• 역량기반 채용 관행에 적합한 구직기술 강화 및 역량 개발계획 수립	청년구직자 (만19~34세)	4일 24시간
청년니트진로역량강화 프로그램(allA)	• 취업 자신감 제고 • 사회적 기술 향상 • 생애 비전설계	취업취약 청년층	4일 24시간
(고졸)청년취업지원 프로그램(Hi)	• 취업의욕 제고 • 취업기술과 직장적응력 강화 • 특성화고 및 인문계 비진학 대상자	고졸(예정) 취업준비생	12시간
여성결혼이민자 취업지원 프로그램(WIND)	• 여성결혼이민자 취업의욕 제고 • 구직기술 향상 • 한국 직장생활 이해	여성결혼 이민자	3일 12시간
북한이탈주민(새터민) 취업지원프로그램	• 북한이탈주민의 자기이해 • 남한의 직업세계 및 기업 이해 • 경력개발계획 수립	북한이탈 주민	4일 26시간
직업행복프로그램 (출소예정자)	• 출소예정자의 원활한 사회적응 • 출소 후 취업준비와 미래설계	출소예정자	16시간
제대군인취업지원 프로그램(V-TAP)	• 제대군인 전직준비 동기부여 • 일자리 탐색 및 전직 계획	제대(예정) 군인	5일 30시간
생산직 퇴직지원 프로그램	• 퇴직에 대한 인식 전환 • 퇴직 준비와 인생설계	베이비부머 퇴직예정자	4일 22시간
사무직 베이비부머 퇴직설계 프로그램	• 퇴직에 대한 인식 전환 • 퇴직 이후 경력설계 및 생활설계	베이비부머 퇴직예정자	5일 30시간

출처: 이효남 외(2019).

되며 주로 구직동기 증진, 구직기술 향상, 강점 특성 진단 등 구직효능감 향상을 위한 목적으로 개발되었다. 고용센터 집단상담 프로그램은 3~5일간 15명 이내의 소규모 집단으로 운영되며 훈련받은 진행자가 프로그램 매뉴얼을 숙지하여 집단상담을 진행한다.

(2) 여성새로일하기센터 경력단절여성 취업상담 프로그램 사례[4]

여성가족부 여성새로일하기센터에서는 혼인·임신·출산·육아 등으로 경력이 단절된 여성들에게 취업상담, 직업교육훈련, 인턴십 및 취업 후 사후관리 등 종합적인 취업서비스를 제공하고 있다.

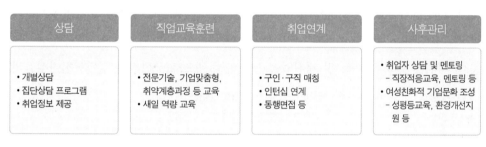

상담	직업교육훈련	취업연계	사후관리

• 개별상담
• 집단상담 프로그램
• 취업정보 제공
	• 전문기술, 기업맞춤형, 취약계층과정 등 교육
	• 새일 역량 교육
		• 구인·구직 매칭
		• 인턴십 연계
		• 동행면접 등
			• 취업자 상담 및 멘토링
			  - 직장적응교육, 멘토링 등
			• 여성친화적 기업문화 조성
			  - 성평등교육, 환경개선지원 등

그림 14-4 경력단절여성 재취업지원 사업체계
출처: 여성가족부 홈페이지(www.mogef.go.kr/sp/geq/sp_geq_f002.do)

1일차	2일차	3일차	4일차	5일차
OT 나의 취업 동기 나의 삶과 일	변화하는 세상 여성고용환경의 변화 직업세계 변화와 재취업 직종 직업선호도검사	나의 특성 재발견 나의 성향 탐색 MBTI 검사 나의 직업수행 역량	성공·경단 여성 경단여성의 재취업 성공요인 경단여성의 재취업준비도	새출발·나의 직업 새로운 인생, 나의 직업 함께 가는 새로운 출발 다짐과 격려 수료식

* 기간 및 일정: 1일 4시간 총 5일(09:30~13:30, 총 20시간)

그림 14-5 경력단절여성 집단상담 프로그램 기본과정 예시
출처: 구미 여성새로일하기센터 홈페이지(www.gumiwoman.or.kr/?c=5/52)

....

4   여성가족부 홈페이지(www.mogef.go.kr) 참조.

1일차	2일차	3일차
취업희망 분야 살펴보기	재취업 걸림돌-역량 부족	재취업 걸림돌-일자리 정보
취업희망 분야 살펴보기 **나의 강점 알기**	**역량부족** **가족갈등**	**재취업 걸림돌 및 해결방안 찾기** **(취업정보 100% 활용하기)** **실행계획 및 마무리**

* 기간 및 일정: 1일 4시간 총 3일(09:30~13:30, 총 12시간)

그림 14-6 경력단절여성 집단상담 프로그램 심화과정 예시

출처: 구미 여성새로일하기센터 홈페이지(www.gumiwoman.or.kr/?c=5/52)

이 중 취업능력 향상을 위한 집단상담 프로그램은 경력단절기간이 오래되고 진로 설정이 되지 않은 경력단절여성들을 위한 기본과정 프로그램과 진로가 설정되어 있으며 구체적인 취업준비가 필요한 경력단절여성들을 대상으로 하는 심화과정 프로그램으로 운영된다. 각 프로그램은 3일~5일 동안 이루어지며, 나의 특성 탐색, 성공사례 분석, 재취업 걸림돌 분석 및 재취업설계 등의 내용으로 구성되어 경력단절여성들의 취업 역량을 강화하기 위한 목적으로 실시되고 있다.

(3) 고용노동부 취업성공패키지 사업 사례[5]

고용노동부 취업성공패키지 사업은 저소득 취업취약계층에 대하여 개인별 취업 활동 계획에 따라 '진단·경로 설정 → 의욕·능력 증진 → 집중 취업 알선'에 이르는 통합적인 취업지원 프로그램을 제공하고, 취업한 경우 취업성공수당을 지급함으로써 노동시장 진입을 체계적으로 지원하는 종합적인 취업지원 사업이다. 본 사업은 대상 유형에 따라 취업성공패키지 Ⅰ과 Ⅱ유형으로 구분되며, Ⅰ유형(만 18~69세)은 기초생활수급자, 중위소득 60% 이하 저소득자, 여성가장, 북한이탈주민, 결혼이민자 등의 기타 취업취약계층을 대상으로 하며, Ⅱ유형은 청년(만18~34세) 및 중위소득 100% 이하 중장년(만 35~69세)을 대상으로 한다.

....

5   고용노동부 취업성공패키지 홈페이지(www.work.go.kr/pkg/succ/index.do?isIapIng= false&view Type=A) 참조.

취업성공패키지는 최장 1년의 기간 내에서 지원 대상자에게 단계별로 종합적인 지원이 적용된다. 1단계는 진단·경로 설정 과정으로 개인별 심층상담 및 직업 심리검사를 통해 개인의 취업 역량, 구직의욕, 적성 등을 진단하여 개인별 취업활동 계획을 수립한다. 2단계는 의욕·능력 증진 과정으로 실질적인 취업 역량 향상을 목적으로 '개인별 취업활동계획(IAP)'에 따라 집단상담, 직업훈련, 일경험지원 프로그램 등의 세부 프로그램에 참여하게 된다. 마지막으로, 3단계는 집중 취업 알선 과정으로 '3개월'의 기간을 원칙으로 고용센터 및 민간위탁기관에서 직접 일자리 알선과 함께 동행 면접 등을 실시하여 지원 대상자가 성공적인 취업에 이르도록 지원하고 있다(문한나,

그림 14-7 취업성공패키지 사업 체계
출처: 고용노동부 홈페이지 자료(문한나, 윤수린, 박동진, 2018 재구성)

윤수린, 박동진, 2018).

3) 중장년 생애 경력개발 프로그램

제2의 인생을 설계하는 중장년들의 경력개발을 지원하기 위해 중장년일자리희망센터, 고령자인재은행, 서울시50플러스센터 등의 기관에서 중장년들을 위한 다양한 직업 및 진로교육 프로그램을 제공하고 있다. 이 중 중장년일자리희망센터는 퇴직(예정)한 40세 이상 중장년에게 재취업, 창업, 생애설계, 직업체험, 직업훈련 등을 제공하는 전직지원서비스를 제공하며, 서울시50플러스센터는 서울특별시 조례에 따라 만 50~64세 장년층을 대상으로 취업, 복지, 교육상담 등 중장년 정책을 통합해 50플러스 세대들을 위한 맞춤형 서비스를 제공하고 있다.

(1) 노사발전재단 생애 경력설계 프로그램 사례[6]

노사발전재단은 중장년층의 생애주기별 맞춤형 생애 경력설계 서비스를 제공하고 있으며, 커리어 컨설턴트가 중장년 재직자 및 구직자들을 위해 직업교육 및 상담, 취업 알선 서비스를 전문적으로 제공하고 있다. 생애 경력설계 프로그램은 만 40세 이상 재직근로자 및 구직자 대상으로 삶의 중반기에 본인의 생애 경력을 점검하고, 제2의 인생을 위한 계획을 수립하는 기회를 제공하는 프로그램이다.

이 프로그램은 생애 경력설계를 위한 자가진단 프로그램, 40대, 50대, 60대 재직자 경력설계 프로그램, 구직자 프로그램으로 구성되며, 만 50세 이상 장년을 대상으로 하는 신중년 인생3모작 패키지 프로그램도 제공하고 있다.

구체적인 내용으로, 40대 경력전성프로그램은 현재의 상태를 진단하는 경력관리와 변화 민감성에 대처할 수 있도록 하는 변화관리, 인맥을 위한 평판 및 네트워크관리, 마지막으로 대표적인 역량을 기를 수 있도록 도와주는 역량 갭(Gap) 극복을 통한 성과관리의 총 4가지 모듈로 구성된다. 각 모듈은 3시간 단위이며 나의 위치를 알아보

생애 경력설계 자가진단	재직자		구직자
• 자신의 생애 경력준비 상황을 점검하고 그에 맞는 경력준비 가이드라인을 제공 • 진단결과에 따라 유형별 특성과 행동 전략을 파악, 추천 서비스를 제시	40대	40+ 경력전성프로그램	생애 경력설계 서비스 구직자 과정
		만 40세 이상 재직자 대상의 프로그램으로 생애 경력관리의 필요성을 인식하고 경력단계에서의 현재 위치 점검과 개인의 경력유지 개발방법 학습	만 40세 이상 구직자 대상의 프로그램으로 생애 중간 시점에 본인의 경력을 되돌아보고 제2의 인생 준비
	50대	50+ 경력전성프로그램	
		만 50세 이상 재직자 대상의 프로그램으로 삶의 6대 영역을 진단하여 나의 강점 영역, 직업 역량 도출, 경력설계 방법을 학습하고 자기개발 계획을 수립	
	60대	60+ 경력전성프로그램	
		만 60세 이상 재직자 대상의 프로그램으로 일과 삶의 행복을 위해 잠재된 가능성과 생각을 발견해 새로운 방향의 실행 방안 수립	

그림 14-8 생애 경력설계 서비스 체계
출처: 노사발전재단 홈페이지(www.nosa.or.kr/portal/nosa/majorBiz/senJob/snirCrerPgmBiz)

....

6   노사발전재단 홈페이지(www.nosa.or.kr) 자료 참조.

고 점검해 효과적인 경력관리 방안을 제시하고 있다. 50대 경력확장 프로그램은 본격적인 장년에 진입하는 50세부터 생애 경력설계 기회를 제공하여, 재직 단계에서부터 미래를 위한 경력 관리·능력 개발 등을 지원한다. 중년의 의미를 일깨우고 긍정적인 인식을 고취시키는 나의 생애 조망하기, 직업 역량 검사를 통해 강점과 약점을 발견하는 직업 역량 도출하기, 성공의 핵심요소를 파악하는 경력대안 개발하기, 현재와 미래를 위한 평생경력계획 수립하기 등으로 구성되며, 경력설계에 대한 이해 및 계획 수립을 통해 경력을 확장시킬 수 있도록 제시한다. 60대 이상은 경력공유 시대로 분류되어 자존감을 회복하고 긍정적인 100세 시대를 위한 숨고르기와 자신의 강점과 가치관을 발견할 수 있도록 하는 발견하기, 60대 경력공유 프로그램은 균형 있는 삶과 똑똑한 실천 방안을 위한 균형 잡기, 마지막으로 꼭 필요한 정보를 습득해 직접 실행을 위한 뛰어들기의 총 4가지 모듈로 구성된다. 각 모듈은 모두 3시간 단위로 구성되어 있고 신중년들이 더 나은 삶을 발견하고 도전할 수 있도록 다양한 정보를 제시하고 있다.

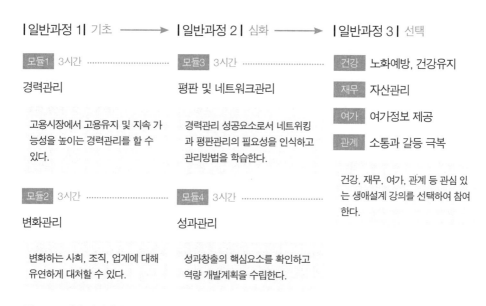

그림 14-9 생애 경력설계 프로그램 : 40대 경력전성프로그램 예시
출처: 노사발전재단 홈페이지(www.nosa.or.kr/portal/nosa/majorBiz/senJob/snirCrerPgmBiz)

(2) 서울시50플러스센터 프로그램 사례[7]

서울시50플러스센터는 50플러스 세대의 인생설계와 경력개발을 지원하여 사회
참여와 일자리 창출을 돕는 지역 활동거점으로 중장년층의 성공적인 인생전환을 지원
하고 있다. 주요 사업으로는 50세 이상 중장년층들에게 ① 상담→인생설계→경력개
발/커뮤니티/문화조성에 걸친 양질의 종합패키지 서비스 제공, ② 교육과 일거리, 활
동거리 연계를 통한 특색 있는 50+성공모델 발굴, ③ 열린학교 등 당사자 프로그램 직
접 운영 기회 확대를 통해 당사자 참여를 활성화, ④ 사회공헌 및 지역 활동주체인 커
뮤니티를 발굴하는 사업을 추진하고 있다.

서울시도심권50플러스센터의 생애설계 프로그램 사례로는 50플러스인생설계 동
년배상담, 오십 이후 삶의 설계를 위한 인생강좌, 성공적인 제2인생 안착을 위한 인생
설계아카데미 등이 있다. 또한 50플러스 세대의 전문성을 활용한 경력개발을 위해 유
튜브크리에이터 양성 과정, 소상공인 SNS 학교, 서울 50+ 보람일자리사업 등을 운영
하여 새로운 경력창출이 가능하도록 역량 개발을 지원하고 있다.

표 14-2 서울 도심권 50플러스센터: 인생설계아카데미 프로그램 예시

구분	내용
목적	생애 7대 영역을 기반으로 오십 이후 삶의 새로운 변화에 원만히 적응할 수 있도록 개별 관심 분야에 맞춘 인생 재설계의 구체적 실천 방향을 50+ 동료들과 함께 고민하며 준비하는 생애설계 입문단계 프로그램
대상	보다 전문적인 강좌를 통해 50+ 이후의 삶에 원만히 적응하여 성공적인 제2 인생설계를 목표로 하는 50+세대 누구나
방법	총 3개의 프로그램을 2회에 걸쳐 진행
교육	• 오십 이후의 삶을 재정립하기 위해 내 삶을 돌아보는 수필 강좌 '글이음교실' • 50+ 세대의 체계적인 자산 관리를 위해 우리은행과 협업하는 '자산관리로 인생설계' • 오십 이후, 오늘의 삶을 제대로 성찰하기 위해 의미를 되새기는 웰다잉교육 '삶이음교실'

출처: 서울시 50플러스재단 홈페이지(www.50plus.or.kr/dsc/life-design.do) 재구성.

....

7   서울시 50플러스재단 홈페이지(www.50plus.or.kr) 자료 참조

요약

　　전 생애 진로이론은 생애 진로발달, 성인기 진로전환, 생애통합적 진로 관점에서 설명되고 있다. 생애 진로발달의 관점은 진로선택을 일회적 의사결정이 아니라 전 생애에 걸쳐 반복적으로 일어나는 것을 의미한다. 성인기 진로전환 관점에서는 인간이 평생에 걸쳐 진로를 추구해 가는 과정에서 진로전환이 생애 단계에 따라 일어난다고 보며, 진로전환은 성인기 발달 단계에서 주요한 과업이라고 본다. 생애통합적 진로 관점은 삶과 진로를 통합적이고 연계적으로 재설계하는 패러다임을 의미한다.

　　4차 산업혁명 및 고령화 등 변화하는 사회구조에서 진로교육은 성인기까지 이어지는 평생교육으로서의 의미가 있으며, 교육제도 효율화 및 노동시장의 효율성 개선, 사회평등 실현 등 공공정책으로서 생애 진로·직업교육의 의미도 강조된다. 또한 고용서비스 관점에서 생애 진로·직업교육은 실직을 예방하고 구직자들의 역량을 강화시켜 주는 예방적 차원에서도 의미가 있다.

　　전 생애 진로역량 개발을 위한 성인 대상 진로·직업교육 프로그램은 성인 직업교육 훈련, 구직자 직업상담, 중장년 생애 경력개발 프로그램 등 민간사업뿐 아니라 공공정책 사업으로 다양하게 전개되고 있다.

학습문제

1 생애 진로교육이론 중 성인기 진로전환에 대해 설명하시오.

2 평생교육 및 고용서비스 관점에서 생애 진로·직업교육의 의미와 필요성을 설명하시오.

3 국내 성인 대상 직업훈련 사례 중 하나를 조사하여 훈련 목적, 훈련 대상, 훈련 성과, 훈련 개선방안 등에 대해 발표하시오.

참고문헌

제1장

교육부(2015). 초·중등학교 교육과정 총론.

김수향(2009). 진로 및 직업상담자의 역량분석. 광운대학교 석사학위논문.

박제윤(2013). 2009 개정교육과정에 따른 일반 고등학교 교과 교육과정의 적용방향. 한국교육과정평가원.

어윤경(2008) 진로교육 만족도에 따른 진로성숙 수준 변화에 대한 다층분석. 진로교육연구 21(4), 23-41.

어윤경(2015). 진로성숙도를 매개로 한 진로체험 활동의 창의성 함양 효과 연구. 한국교육학연구 21(2), 197-219.

어윤경, 황여정(2016). 진로탐색 교육기부 컨설팅단 연구보고서. 한국과학창의재단.

이지연, 김재희, 이서정(2017). 해외 진로개발 정책과 우리나라 진로-직업교육의 발전 방안. 한국직업능력개발원.

지용근, 김옥희, 양종국, 김희수(2009). 진로상담의 이해. 동문사.

진로교육법(법률 제13336호, 2015)

통계청(2014). 「사회조사」.

Drucker, P. F. (1992). *Managing for the future*. NY: Truman Talley Books/Dutton.

Gottfredson, L. S. (1981). Circumscription and compromise: A developmental theory of occupational aspirations. *Journal of Counseling Psychology, 28*(6), 545-579.

Gribbons W. D. & Lohnes P. R. (1965). Shifts in adolescents' vocational values. *Personal And Guidance Journal, 44*, 248-252.

Guilford, J. P. (1967). *The nature of human intelligence*. New York: McGraw-Hill.

Lee, J.-Y. & Vuorinen, R. (2017). *Reforming career services in education and labour to focus on career competencies and successful transitions*. 8th ICCDPP International Symposium 2017 Seoul.

Savickas, M. L. (2002). Career construction: A developmental theory of vacational behavior. In D. Brown & L. Brooke(eds.). *Career choice and development*(4th ed.), pp.149-205, San Francisco: Jossey-Bass.

Schmitt-Rodermund, E., & Vondracek, F. W. (2002). Occupational dreams, choices and aspirations: adolescents' entrepreneurial prospects and orientations. *Journal of Adolescence, 25*, 65-78.

Sternberg, R. J. & Lubart, T. I. (1991). An investment theory of creativity and its development. *Human Development, 34*, 1-31.

Super. D. E. (1990). A life-span, life-space to approach to career development. In D. Brooke(Eds). *Career choice and development: Applying contemporary theories to practice* (2nd ed), pp.197-261. San Francisco: Jossey-Bass.

Zunker, V. G. (2002). *Career counseling: Applied concept of life planning*(6th), pp.560-562. CA: Brooks/Cole.

제2장

교육부(2018). 진로교육 활성화 방안. 2018. 11. 16. 교육부 보도자료.

강진령, 이종연, 손현동(2007). 학교상담자들이 직면하는 윤리적 갈등과 대처방법 분석. 청소년상담연구, 15(1), 17-27.

강진령, 이종연, 유형근, 손현동(2007). 학교상담자 윤리 교육 및 인지 실태 분석. 상담학 연구, 8(2), 751-768.

김경동, 김여진(2010). 한국의 사회윤리-기업윤리, 직업윤리, 사이버윤리. 철학과 현실사.

김영미(2018). 저출산, 고령사회 기본계획에 대한 젠더분석. 비판사회정책, 59, 103-152.

김한준, 김중진, 여인국(2017). 4차 산업혁명 시대의 신직업, 2017 신직업연구. 한국고용정보원

김혜진(2012). 입학사정관의 윤리성. 윤리문화연구, 8, 125-153.

박성호(2015). 고령화사회, 고령사회, 초고령사회. KDI 경제정보센터.

박용호, 박소연(2016). 직업에 대한 대학생의 인식 분석: Q 방법론을 중심으로. 직업교육연구, 35(1), 45-66.

박정숙, 이충섭, 박춘래(2010). 세무전문가의 윤리적 민감도에 영향을 미치는 요인. 세무학연구, 27(1), 67-99.

박춘래, 김상우(2013). 세무전문가들의 윤리적 사상이 윤리적 판단과 행동의도에 미치는 영향. 회계정보연구, 31(2), 263-291.

박화춘, 문승태(2018). 한국인의 직업윤리의 현황: 학력, 직업유형, 고용형태별 비교 분석. 진로교육연구, 31(1), 175-202.

서규선(2010). 21세기 노동윤리의 변화. 윤리교육연구, 23, 271-286.

손현동(2014). 학교상담전문가 윤리세미나: 개인상담 진행 과정 안내자로서의 학교상담 윤리. 제2회
　　학교상담전문가 자격연수 자료집, pp. 41-51.

유연숙, 이효선(2016). 사회복지사가 경험한 윤리적 갈등과 윤리적 의사결정의 의미 재구성. 사회복지
　　실천과 연구, 13(1), 73-114.

윤명희, 신현순, 서희정(2010). 대학생의 직업세계 인식에 관한 연구. 직업교육연구, 29(4), 305-327.

이관춘(2006). 직업은 직업이고 윤리는 윤리인가. 학지사.

이관춘(2016). NCS직업기초능력 직업윤리: 경쟁의 새로운 패러다임. 학지사.

이상대, 박신영, 홍순영(2011). 저출산 고령사회 진입에 대응한 도시정책 전환방향 연구.
　　경기개발연구원 기본 연구 2011-08, 1-129.

이재숭(2014). 후쿠시마 원전사고와 전문가 윤리: 공학윤리적 관점에서. 철학논총, 76, 573-593.

이종호(2017). 4차 산업혁명과 미래 직업. 북카라반.

이지은, 이상직(2014). 직업윤리가 임금 및 고용형태에 미치는 영향. 한국부패학회보, 19(3), 65-85.

이지현(2007). 고령자 취업지원 직업상담자의 교육 요구 탐색. 상담학연구, 8(3), 1011-1029.

이혜선(2015). 미술치료전문가의 윤리적 딜레마의 실천행동 연구: 근거이론 중심으로. 미술치료연구,
　　22(4), 1063-1084.

이효선(2016). 사회복지윤리와 철학. 서울: 학지사.

임상수(2007). 정보전문가를 위한 정보윤리교육. 윤리연구, 65, 155-183.

장명희, 황성수, 김현수, 오석영, 박선미, 한세롬(2015). 고등학교 교과서에 나타난 직업 관련 내용
　　분석. 직업교육연구, 34(1), 127-148.

장홍근(2012). 직업 위세에 대한 인식의 국제 비교. 직업과 고용서비스 연구, 7(1), 15-32.

전미경, 오경선(2010). 가정교과에서의 저출산, 고령사회를 위한 교육과 실천 사례.
　　한국가정과교육학회지, 22(3), 95-116.

정성호(2009). 저출산에 관한 이론적 접근. 한국인구학, 32(2), 161-183.

주태현, 이혜옥, 박춘래(2010). 세무전문가의 윤리적 판단에 관한 연구. 세무학연구, 27(2), 9-47.

최지영(2010). 전문가윤리의 관점에서 본 교사의 도덕성에 대한 탐색적 논의. 교육발전연구, 26(1), 73-
　　90.

최지영(2013). 협동학습상황에서 예비교사의 도덕성 변화과정 탐색연구. 학습자중심교과교육연구,
　　13(1), 265-290.

최지영, 김민강(2008). 예비교사의 도덕판단력과 교사역할개념의 관계 연구. 열린교육연구. 16(1), 57-
　　75.

통계청(2019). 완전생명표(1세별). 통계청 자료.

한겨레, "'아내가 입학사정관' 자랑했다가…", 2010.09.13.

황매향, 김연진, 이승구, 전방연(2011). 진로탐색과 생애설계: 꿈을 찾아가는 포트폴리오. 학지사.

홍성훈(2000). 의료윤리 교육 프로그램의 개발 연구. 서울대학교 박사학위논문.

Rest, J. R., & Narváez, D. (1994). *Moral Development in the Professions: Psychology and Applied Ethics*, Lawrence Erlbaum Associates, Publishers.

Rojewski, J. W. (2004). The role of globalization and context. In J. W. Rojewski (Ed.), *International perspectives on workforce education and development*, (pp.1-16). Greenwich, CT: Information Age.

Rojewski, J. W., & Hill, R. B. (2014). Positioning research and practice in career and technical education: A framework for college and career preparation in the 21st century. *Career and Technical Education Research, 39*(2), 137-150.

제3장

선혜연(2008). 청소년기 진로의사결정에서 부모의 관여 방식. 서울대학교 박사학위논문.

손진희(2017). 관계적 진로이론의 기법. 임은미 외 공저. 진로진학상담 기법의 이론과 실제. 사회평론아카데미.

Brooks, L. (1990). Career counseling methods and pra1ctice. In Brown, D. Brooks, L., & Associates. (2nd eds.), *Career choice and development*(pp.455-472). San Francisco: Jossey-Bass.

Krumboltz, J. D. (1988). *Career Beliefs Inventory*. Palo Alto, CA: Consulting Psychologists Press.

Krumboltz, J. D. (1996). A learning theory of career counseling. In M. L. Savickas & W. B. Walsh(eds.), *Handbook of career counseling theory and practice*(pp. 55-80). Palo Alto, CA: Consulting Psychologists Press.

Krumboltz, J. D., Mitchell, A., & Gelatt, H. G. (1975). Application of social learning theory of career selection. *Focus on Guidance, 8*, 1-16.

Mitchell, L., & Krumboltz, J. D. (1996). Krumboltz's learning theory of career choice and counseling. In Brown, D & Brooks, L., & Associations(eds.). *Career choice and development*(3rd ed.). San Francisco: Jossey-Bass. 230-280.

Parsons, F. (1909). *Choosing a vacation*. Boston: Houghton Mifflin.

Phillip, S. D., Christopher-Sisk E. K., & Gravino, K. I. (2001). Making career decisions in a relational context. *The Counseling Psychologist, 29*, 193-213.

Sharf, R. S. (2016). 진로상담: 아동기부터 성인기까지 진로발달 이론의 적용(*Applying career development theory to counseling* 6th. ed.). (김진숙, 김정미, 서영숙 역). 서울: 박학사(원전은 2014년에 출간).

Williamson, E. G. (1939). *How to counsel students*. New York: McGraw-Hill.

Williamson, E. G. (1965). *Vocational counseling*. New York: McGraw-Hill.

제4장

고향자(1992). 진로의사결정모형의 문헌적 고찰. 인간이해, 13, 3-19

김봉환 외(2018). 진로상담 2판. 학지사.

이윤주(2001). 상담사례 개념화 요소목록 개발 및 타당성 검증 연구. 서울대학교 박사학위논문.

임은미 외(2017). 진로진학상담 기법의 이론과 실제. 사회평론아카데미.

Bandura, A. (1986). *Social foundations of thought and action: A social cognitive theory*. Englewood Cliffs, NJ: Prentice Hall.

Bandura, A. (1997). *Self-efficacy: The exercise of control*. New York, NY: Freeman.

Betz, N. E., Klein, K. L., & Taylor, K. M. (1996). Evaluation of a short form of the career decision making self-efficacy scale. *Journal of Career Assessment, 4*(1), 47-57.

Brammer, R. (1997). Case conceptualization strategies: The relationship between psychologists' experience levels, academic training, and mode of clinical inquiry. *Educational Psychology Review, 9*, 333-351.

Buck, J. N. & Daniels, M. H. (1985). *Assessment of career decision making manual*. Los Angeles : Western psychological Service.

Gati, I., Krausz, M., & Osipow, S. H. (1996). A taxonomy of difficulties in the career decision making. *Journal of counseling psychology, 43*, 510-526.

Gelatt, H. B. (1962). Decision making: A conceptual frame of reference for counseling. *Journal of Counseling Psychology, 9*, 240-245.

Ginzberg, E. (1972). Restatement of the theory of occupational choice. *Vocational Guidance Quarterly, 20*(3), 169-176.

Ginzberg, E. (1984). Career development. D. Brown & L. Brooks (eds.), *Career choice and development*. San Francisco: Jossey-Bass.

Ginzberg, E., Ginsburg, S. W., Axelrad, S., & Herma, J. L. (1951). *Occupational choice*. New York: Columbia University Press.

Gottfredson, L. S.(2002). Gottfredson's theory of circumscription and compromise. and self-creation. D. Brown (eds.), *Career choice and development*(4th ed.), San Francisco, CA: Jossey-Bass. S. D. 85-148.

Gottfredson, L. S. (2003). The challenge and promise of cognitive career assessment. *Journal of Career Assessment, 11*, 115-135.

Gottfredson, L. S. (2005). Applying Gottfredson's Theory of Circumscription and Compromise in Career Guidance and Counseling. In S. D. Brown & R. W. Lent (Eds.), *Career development and counseling: Putting theory and research to work* (pp. 71-100). Hoboken, NJ, US: John Wiley & Sons Inc.

Harren, V. H. (1979). A model of decision making for college student. *Journal of Vocational Behavior, 14*, 119-133.

Katz, M. R. (1963). A model of guidance for career decision-making. *Vocational Guidance Quarterly, 15*(1), 2-10.

Kivlighan, D. M., Jr.(1990). Career group therapy. *The Counseling Psychologist 18*, 64–79.

Lent, R. W. (2005). A social cognitive view of career development and counseling. S. D. Brown & R. W. Lent(eds.), *Career development and counseling: Putting theory and research to work*(pp. 101-127). Hoboken, NJ: John Wiley & Sons.

Lent, R. W., Brown, S. D., & Hackett, G. (1994). Toward a unified social cognitive theory of career and academic interest, choice, and performance. *Journal of Vocational Behavior, 45*, 79-122.

Lent, R. W., Brown, S. D., & Hackett, G. (1996). Career development from a social cognitive perspective. D. Brown & L. Brooks (eds.), *Career: choice &development*(373-421). San Francisco, CA: Jossey-Bass.

Osipow, S. H., Carney, C. G., & Barak, A. (1976). A scale of education vocational undecidedness: A typological approach. *Journal of Vocational Behavior, 9*, 233-243.

Sampson Jr, J. P., Peterson, G. W., Lenz, J. G., Reardon, R. C., & Saunders, D. E. (1996). *Improving your career thoughts: A workbook for the Career Thoughts Inventory*. Odessa, FL: Psychological Assessment Resources.

Sampson Jr, J. P, Peterson, G, W., Lenz, J, G., Reardon, R, C., & Saunders, D, E. (1999). *The use and development of the career thought inventory.* Lutz, FL: Psychological Assensment Resources.

Sampson, J. P., Jr., Reardon, R. C., Peterson, G. W., & Lenz, J. G. (2004). Career counseling E services: A cognitive information processing approach. Belmont, CA: Brools/Cole.

Sharf, R. S. (2016). 진로상담-아동기부터 성인기까지 진로발달이론의 적용. 김진숙, 김정미, 서영숙 공역. 박학사(원서는 2014년 출간).

Sternberg, R. J. & Kaye, D. B. (1982). Intelligence. In H. E. Mitzel(Ed.), *Encyclopedia of Educational Research*(5th ed.). vol. 2. N.Y.: MacMillan.

Saunders, D. E. (1996). *Career Thought Inventory: Professional manual.* Odessa, FL: Psychological Assessment Resources.

Super, D. E. (1955). Dimensions and measurement of vocational maturity. *Teachers College Record, 57*(3), 151-163

Tiedeman, D. V., & O'Hara, R. P.(1963). *Career development. Choice and adjustment.* Prinston, NJ: College Entrance Examination Board.

제5장

강창경, 강진령(2018). 대학생의 비합리적 신념과 계획된 우연기술의 관계에 영향을 미치는 진로적응성의 매개효과. 학습자중심교과교육연구, 18(19), 611-630.

강혜영(2010). Krumboltz의 사회학습 이론. In 김봉환, 이제경, 유현실, 황매향, 공윤정, 손진희, 강혜영, 김지현, 유정이, 임은미, 손은령: 진로상담이론: 한국 내담자에 대한 적용. 학지사, pp. 181-203.

강혜영(2017). 우연학습이론의 상담 기법. In 임은미, 강혜영, 고홍월, 공윤정, 구자경, 김봉환, 손은령, 손진희, 이제경, 정진선, 황매향: 진로진학상담기법의 이론과 실제. 사회평론아카데미, pp. 211-248.

곽다은(2012). 한국대학생의 진로신념 요인에 관한 연구. 서울대학교 석사학위논문.

김봉환(2019). 진로상담의 이론과 실제. 학지사.

김봉환, 강은희, 강혜영, 공윤정, 김영빈, 김희수, 선혜연, 손은령, 송재홍, 유현실, 이제경, 임은미, 황매향(2018). 진로상담: 한국상담학회 상담학 총서 6, 제2판. 학지사.

네이버 사전(2019). 체계. https://dic.naver.com

문화진(2019). 학교밖 청소년들의 불확실성에 대한 인내력부족과 진로 불안의 관계: 계획된 우연기술의 조절효과. 학습자중심교과교육연구, 19(1), 797-815.

손은령(2017). 진로무질서이론. In 임은미, 강혜영, 고홍월, 공윤정, 구자경, 김봉환, 손은령, 손진희, 이제경, 정진선, 황매향: 진로진학상담기법의 이론과 실제. 사회평론아카데미, pp. 407-432.

송보라, 이기학(2010). 한국형 진로신념척도(K-CBI)의 개발과 타당화 연구. 진로교육연구, 23(2), 1-22.

이제경(2017). 구성주의 진로상담이론의 기법. In 임은미, 강혜영, 고홍월, 공윤정, 구자경, 김봉환, 손은령, 손진희, 이제경, 정진선, 황매향: 진로진학상담기법의 이론과 실제. 사회평론아카데미, pp. 327-364.

이지원, 이기학(2018). 대학생의 불안정 성인애착과 계획된 우연기술의 관계: 정서조절 어려움과 사회불안의 매개효과. 한국심리학회지: 상담 및 심리치료, 30(4), 1271-1299.

조정자, 이종연(2017). 고등학생의 부모양육태도, 셀프리더십 및 계획된 우연기술과 진로적응성의 관계. 교육연구논총, 38(1), 79-113.

주은지(2018). 성인애착과 부모로부터의 심리적 독립이 진로탐색행동에 미치는 영향: 계획된 우연기술의 매개효과. 청소년학연구, 25(8), 181-201.

Amundson, N. E.(2009). *Active engagement: Enhancing the career counseling process* (3rd ed.). Richmond, Canada: Ergon Communications.

Amundson, N. E., Harris-Bowlsbey, J., & Niles, S. G. (2005). *Essential elements of career counseling*. Upper Saddle River, NJ: Pearson Education.

Arthur, N., & McMahon, M.(2005). Multicultural career counseling: Theoretical applications of the Systems Theory Framework. *The Career Development Quarterly, 53*, 208-222.

Bujold, C. (2004). Constructing career through narrative. *Journal of Vocational Behavior, 64*, 470-484.

Cochran, L.(1997). *Career counseling: A narrative approach*. Thousand Oaks, CA: Sage.

Ellis, A., & Dryden, W. (1987). *The practice of rational emotive therapy*. New York: Springer Publishing Company.

Gysbers, N. C., Heppner, M. J., & Johnston, J. A.(1998). *Career counseling. Process, Issues, and Techniques*. Needham Heights, MA: Allyn and Bacon.

Kim, B., Jung, S. H., Jang, S., Du, X., Ahn, S., Lee, B. H., Rhee, E., Cho., S. H., & Lee, S. M. (2014). construction and initial validation of the planned happenstance Career Inventory. *Career Development Quarterly, 62*, 239-253.

Lengelle, R. L., Meijers, F., & Hughes, D. (2016). Creative writing for life design: Reflexivity, metaphor and change processes through narrative. *Journal of Vocational Behavior, 97*, 60-67.

Maree, J. G. (2019). 진로구성상담의 원리와 실제[Counseling for career construction: Connecting life themes to construct life portraits: Turning pain into hope]. (김봉환, 장계영 역). 학지사(원서는 2013년 출간).

McMahon, M., & & Watson, M. (2012). Story crafting: Strategies for facilitating narrative career counseling. *International Journal for Educational and Vocational Guidance, 12*(3), 211-224.

McMahon, M., Watson, M., Chetty, C., & Hoelson, C. (2012). Examining process constructs of narrative career counseling: An exploratory case study. *British Journal of Guidance and Counseling, 40*, 127-141.

Mitchell, L. K., Levin, A. S., & Krumboltz, J. D. (1999). Planned happenstance: Constructing unexpected career opportunities. *Journal of Counseling and Development, 77*, 115-124.

Nevo, O. (1987). Irrational expectations in career counseling and their confronting arguments. *The Career Development Quarterly, 35*, 239-251.

Patton, W., & McMahon, M. (2014). *Career development and systems theory: Connecting theory and practice* 3rd ed.. Sense Publishers.

Patton, W., McMahon, M., & Watson, M. (2006). Career development and systems theory: Enhancing our understanding of career. In G. Stead & M. Watson(Eds.), *Career psychology in the South African context*(2nd ed.). Pretoria, South Africa: Van Schaik Publishers.

Peavy, R. V. (1992). A constructivist model of training for career counselors. *Journal of Career Development, 18*, 215-229.

Peavy, R. V. (1997). *SocioDynamic counseling. A constructivist perspective for the practice of counseling in the 21st Century.* Victoria, BC: Trafford.

Peavy, R. V. (2004). *SocioDynamic counseling: A practical approach to meaning making.* Chagrin Falls, OH: Taos Institute.

Pierce, L. M., & Gibbons, M. M. (2012). An ever-changing meaning: A career constructivist application to working with African refugees. *Journal of Humanistic Counseling, 51*, 114-127.

Raskin, J. D. (2002). Constructivism in psychology: Personal construct psychology, radical constructivism, and social constructionism. In J. D. Raskin & S. K. Bridges(Eds.), *Studies in meaning: Exploring constructivist psychology*(pp. 1-25). New York: Pace University Press.

Savickas, M. L. (1993). Career counseling in the postmodern era. *Journal of Cognitive Psychotherapy: An International Quarterly, 43*, 4-24.

Savickas, M. L. (2005). The theory and practice of career construction. S. D. Brown & R. W. Lent(eds), *Career development and counseling: Putting theory and research to work.* Hoboken, NJ: Wiley, 42-70.

Savickas, M. L. (2006). Counseling for career construction (facilitating the storied approach in (career) counseling: Practical implementation). Paper presented at the 15th Australian Career Counseling Conference, Sydney, Australia.

Savickas, M. L. (2012). Life design: A paradigm for career intervention in the 21st century. *Journal of Counseling and Development 90*(1), 13-19.

Super, D. E. (1953). A theory of vocational development. *American psychologist, 8*(5), 185-190.

Young, R. A., & Collin, A. (2004). Introduction: Constructivism and social constructionism in the career field. *Journal of Vocational Behavior, 64*(3), 373-388.

Young, R. A., & Valach, I. (2004). The construction of career through goal-directed action. *Journal of Vocational Behavior, 64*, 499-514.

제6장

교육부(2017). 고교학점제 추진 방향 및 연구학교 운영 계획(안).

김희대(2014). 미국 중등학교의 진로교육과 지역사회 연계 진로 체험 활용 사례. 한국교육개발원.

박경호(2016). 2015 개정 교육과정에 따른 대학수학능력시험 개선방향 탐색 연구. 한국교육개발원.

서울대학교 입학본부(2018). 2015 개정 교육과정에 따른 고교생활 가이드북. 서울대학교

온정덕(2015). 이슈페이퍼 07: 2015 개정 교육과정의 방향과 주요 개정 내용. 한국교육개발원.

이윤복, 강현석(2015). 2015 개정 교육과정 내용 분석 및 그 시사점 탐구. 중등교육연구, 63(4), 435-464.

진미석(2015). 기조발제: 진로교육법의 제정의 의미와 과제. 제58차 인재개발(HRD)포럼 자료집. 한국직업능력개발원.

진미석, 김도협(2012). 진로교육 활성화를 위한 법제도 정비 방안연구. 한국직업능력개발원.

진미석, 서유정, 김영식, 정윤경, 장현진, 이효영, 김승보, 손유미(2015). 진로교육법 제정의 의의 및 시행령 기본방향. 한국직업능력개발원.

진미석, 서유정, 이현경(2011). 진로교육목표체계와 성취기준. 한국직업능력개발원.

진미석, 손유미(2012). 주요국의 진로교육정책: 고용과 교육의 연계의 관점에서. 한국직업능력개발원.

진미석, 손유미, 김도협(2012). 진로교육강화를 위한 법령체계화 방안연구. 한국직업능력개발원.

한국교원대학교(2015). 2015 교육과정 안내. 한국교원대학교.

홍원표(2016). 2015 개정 고등학교 교육과정의 적용 방안과 후속 지원에 대한 탐색적 연구.
교육과정연구, 24(2), 69-94.

OECD(2014). *OECD Education at a glance 2014.*

제7장

고용노동부(2019). OECD 「2018 새로운 고용전략(Jobs Strategy)」, 미국과 일본의 「자영업자 규모
측정(플랫포머)」, 국제고용통계브리프 제5호, 고용노동부 미래고용분석과.

김준영(2019). 우리나라 플랫폼경제종사자 규모 추정, 고용동향 브리프, Vol. 2, 한국고용정보원.

김중진 외(2016). 직업세계변화(생성·소멸) 연구보고서, pp. 52-53, 한국고용정보원.

김중진(2012). 직업정보개발 가이드라인 연구. 한국고용정보원.

박가열(2002). 한국직업정보시스템(KNOW) 개발 중간보고서, 한국산업인력공단 중앙고용정보원.

박가열 외(2015). 2030 미래 직업세계 연구: 바이오기술을 중심으로. 한국고용정보원.

박가열, 박성원 외(2017). 인간기술융합 트랜스 휴먼 시대에 따른 미래직업연구. 한국고용정보원.

박제성(2016). 플랫폼 노동 혹은 크라우드 워크. 국제노동브리프 글로벌 포커스, pp. 3-6,
한국노동연구원.

서울대학교 교육연구소(1995). 교육학 용어사전. 하우동설.

이재성, 김흥식(2010). 스마트워크 현황과 활성화 방안 연구. 한국지역정보화학회지, 13(4), 75-96.

조원영(2016). 지능정보사회, 새로 등장할 유망 직업은?. 미래이야기 11월호. 미래창조과학부.

통계청(각 연도). 「인구총조사(1980, 1990, 2000, 2010)」.

통계청(각 연도). 「경제활동인구조사(2015, 2018)」.

한지영(2012). 이공계 인력의 미래 유망직업 연구동향: 한국·미국·호주의 직업전망을 중심으로.
공학교육연구, 15(5), 140-150.

Huws (2015). *A review on the future of work: Online labour exchanges, or 'crowdsourcing':
Implications for occupational safety and health.* European Agency for Safety and Health at
Work, https://osha.europa.eu

Huws, U., Spencer, N.H., Syrdal, D.S. & Holt, K. (2017). *Work in the European Gig Economy.*
FEPS – Foundation for European Progressive Studies, UNI Europa, Hertfordshire Business
School, University of Hertfordshire.

NCDA (2009). Guidelines for the Preparation and Evaluation of Career and Occupational information Literature. (http://www.ncda.org/aws/NCDA/asset_manager/get_file/3399)

Norris. W. (1979). *The Career Information Service*. Chicago; Rand McNally.

Tricot, A. (2002). Improving Occupational Information. OECD.

제8장

고홍월, 김계현(2009). 진로의사결정 측정도구에 대한 고찰. 상담학연구, 10(2), 967-987.

권석만 (2015). 현대 성격심리학: 이론적 이해와 실천적 활용. 학지사.

김봉환 외(2010). 진로상담이론: 한국 내담자에 대한 적용. 학지사.

김봉환 외(2013). 진로상담. 학지사.

김봉환(2019). 진로상담의 이론과 실제. 학지사.

김정숙 (2006). 중학생의 직업가치에 관한 연구. 한국청소년연구, 17(1), 79-102.

김효남(2011). 초등학교 고학년용 과학적성검사 개발 및 적용 결과분석에 관한 탐색적 연구.
     초등교과교육연구, 14(0), 1-22.

서울대학교 교육연구소(1994). 교육학용어사전. 하우동설.

선혜연, 황매향, 김영빈(2007). 진로상담: 부모의 양육태도에 따른 청소년의 직업가치 추구.
     상담학연구, 8(2), 549-563.

성태제(1995). 타당도와 신뢰도. 양서원.

Cloninger, C. R. (1994). *The Temperament and Character Inventory(TCI): a guide to its
     development and use.* Washington University. St Louis, Missouri: Center for Psychobiology
     of Personality.

Costa, P. T. Jr., & McCrae, R. R. (1992). *Revised NEO Personality Inventory (NEO-PI-R) and
     NEO Five-Factor (NEO-FFI) professional manual.* Odessa, FL: Psychological Assessment
     Resources.

Costa, P. T. Jr., & McCrae, R. R. (1994). "Set like plaster?" Evidence for the stability of adult
     personality. In T. F. Heatherton & J. L. Weinberger (Eds.), *Can personality change?* (pp. 21-
     40). Washington, DC, US: American Psychological Association.

Dawis, R. V., & Lofquist, L. H. (1984). *A psychological theory of work adjustment: An individual-
     differences model and its applications.* Minneapolis: University of Minnesota Press.

Holland, J. L. (1997). *Making vocational choices: A theory of vocational choices and work environments*(3rd ed.). Odessa, FL: Psychological Assessment Resources.

Kerr, B. A., & Sodano, S. (2003). Career Assessment with Intellectually Gifted Students. *Journal of Career Assessment, 11*(2), 168–186.

Lent, R. W., Brown, S. D., & Hackett, G. (2002). Contextual supports and barriers to career choice: A social cognitive analysis, *Journal of Counseling Psychology, 47*, 36-49.

Sampson, J. P. Jr., Peterson, G. W., Lenz, J. G., Reardon, R. C., & Saunders, D. E. (1996). *Career thoughts inventory*. Odessa, FL: Psychological Assessment Resources, Inc.

Strong Jr, E. K. (1927). *Vocational Interest Blank*. Palo Alto, CA: Stanford University Press.

제9장

김진화(2005). 청소년 프로그램 요구분석. 청소년 프로그램개발 및 평가론(pp.113-129). 교육과학사.

김창대, 김형수, 신을진, 이상희, 최한나(2011). 상담 및 심리교육 프로그램 개발과 평가. 학지사.

선혜연, 이제경, 이자명, 이명희(2017). 진로진학지도 프로그램의 기획 및 운영. 사회평론아카데미.

송병국(2005). 청소년 프로그램 요구분석. 청소년 프로그램개발 및 평가론(pp.91-111). 교육과학사.

정무성, 정진모(2001). 사회복지 프로그램 개발과 평가. 양서원.

한국청소년개발원 편(2005). 청소년 프로그램개발 및 평가론. 교육과학사.

Barker, R. L. (Ed.). (1995). *The social work dictionary* (3th ed.). Washington, DC: NASW Press.

Corey, M. S., Corey, G, & Corey, C. (2016). 집단상담: 과정과 실제 9판. (김진숙, 유동수, 전종국, 한기백, 이동훈, 권경인 역). 센게이지러닝코리아(원서는 2013년 출간).

Royse, D., Thyer, B. A., Padgett, D. K., & Logan, T. K. (2001). *Program evaluation: An introduction*(3rd ed.). Pacific Grove, CA: Brooks & Cole.

Rapp, C. A., & Poetner, J. (1992). *Social administration: A client-centered approach*. New York: Longman.

York, R. O. (1982). *Human service Planning*. The University of North Carolina Press.

제10장

김장회, 김계현(2007). 초등학생의 직업역량 육성에 대한 초등학교 교사들의 인식. 아시아교육연구,

8(3), 81-114.

교육부(2015). 초·중등학교 교육과정 총론 및 교과 교육과정 고시. 교육부 고시 제2015-74호(별책 1).

최보윤, 공윤정(2009). 부모의 성취압력 및 진로지도가 아동의 진로발달에 미치는 영향. 초등상담연구, 8(1), 67-78.

Berne, E. (1961). *Transactional analysis in psychotherapy*. New York: Grove Press.

Gottfredson, L. S. (1981). Circumscription and compromise: A developmental theory of occupational aspirations. *Journal of Counseling Psychology, 28*(6), 545-579.

Gottfredson, L. S. (2004). Using Gottfredson's theory of circumscription and compromise in career guidance and counseling. In S. D. Brown and R. W. Lent (eds.), *Career development and counseling: Putting theory and research to work* (pp. 71-100). New York: John Wiley & Sons.

Holland, J. L. (1973). *Making vocational choices: A theory of careers*. Englewood Cliffs, NJ: Prentice-Hall.

Krumboltz, J. D., Mitchell, A., & Gelatt, H. G. (1975). Applications of social learning theory of career selection. *Focus on Guidance, 8*(3), 1-16.

Stewart, I., Joines, V. (1987). *TA Today: A New Introduction to Transactional Analysis*. Nottingham & Chapel Hill: Life space Publishing.

Super, D. E. (1957). *The psychology of careers: An introduction to vocational development*. New York: Harper & Row.

Super, D. E. (1990). A life-span, life-space approach to career development. In D. Brown, L. Brooks, & Associates (Eds.), *Career choice and development: Applying contemporary theories to practice* (2nd ed., pp. 197-261). San Francisco: Jossey-Bass.

Tuckman (1974). An age-graded model for career development education. *Journal of Vocational Behavior, 4*(2), 193-212.

제11장

교육부(2015). 2015 학교 진로교육 목표와 성취기준.

교육부(2016). 2015 개정 '진로와 직업' 교육과정

교육부(2019). 자유학년제 운영 매뉴얼.

교육부, 한국직업능력개발원(2017). 2017 진로체험 매뉴얼(학교용).

김덕경, 김재균, 송정, 조윤성, 허은영(2017). 중학교 진로와 직업 교과서. 지학사.

김봉환, 김은희, 김효원, 문승태, 방혜진, 이지연, 조붕환, 허은영(2017). 진로교육개론.
사회평론아카데미.

김봉환, 정철영, 김병석(2006). 학교진로상담. 학지사.

무라카미 류(2013). 교과목별로 정리한 직업 백과사전. (김남미 역). 에듀벤토르(원서는 2013년 출간).

오은영(2013). 대학생의 성인애착이 진로준비행동에 미치는 영향: 진로결정 자기효능감과 사회적
지지의 매개효과. 광운대학교 석사학위논문.

허은영(2013). 묻고 답하는 청소년 진로카페. 북멘토.

허은영(2014). 청소년 진로지도 어떻게 할까: 교사를 위한 교과통합 진로교육 매뉴얼. 북멘토.

허은영, 김덕경(2018). 중학교 진로교육의 실제. 사회평론아카데미.

제12장

교육과학기술부(2011). 현장 중심 진로교육 활성화 방안.

교육부(2015). 2015 개정 교육과정 창의적 체험활동 교육과정 해설(고등학교).

교육부(2016). 2015 학교 진로교육 목표와 성취기준. 진로교육 2016-1.

김나라, 이현민, 이윤진, 정윤경, 조연수(2018). 근거이론을 활용한 고등학교 교사의 교과연계
진로교육 수업경험분석. 진로교육연구, 31(2).

백선희, 심우정(2018). 고등학교 학생들의 진로활동경험: 학교의 공급과 학생의 경험. 한국교
육개발원. 한국교육, 45(4).

서울대(2016). 2016학년도 학생부종합전형 안내.

유정아, 홍지영, 김진희(2015). 고등학교진로진학상담교사가 지각한 역할수행의 어려움.
학습자중심교과교육연구, 15(2).

제13장

김병숙, 김소영, 박선주(2007). 청소년의 진로신화 연구. 진로교육연구, 20(2), 15-34.

박윤희(2018). 진로 탐색 및 직업 선택(제3판). 시그마프레스.

송병일, 박영주(2005). 직업진로설계와 취업전략. 학지사.

이영대, 임언, 이지연, 최동선, 김나라(2004). 생애 단계별 진로교육의 목표 및 내용 체계 수립. 교육인적자원부.

천성문, 김미옥, 함경애, 박명숙, 문애경(2017). 대학생을 위한 진로코칭: 전략과 실제. 학지사.

최윤정(2015). 대학생의 진로 문제의 개념화를 위한 진로미결정 잠재요인 탐색. 상담학연구, 16(3), 175-193.

한국직업능력개발원(2018). 전국 대학 진로교육 현황조사.

황매향, 임효진, 임지숙, 손보영(2012). 자아정체감 수준에 따른 대학생 집단의 유형과 관련요인 분석. 아시아교육 연구, 13(3), 115-142.

홍수현, 최윤정(2018). 대학생이 지각한 진로불확실성에 대한 대처: 목표 참여, 목표 이탈과 자기 평가와의 관계. 상담학연구, 19(6), 1-19.

Amundson, N. E., Harris-Bowlsbey, J. E., & Niles, S. G. (2013). *Essential elements of career counseling: Processes and techniques* (3rd ed.). New Jersey: Pearson.

Amundson, N. E. & Poehnell, G. (2004). *Career Pathways* (3rd ed.). Ergon Communications.

Brown, S. D. & Rector, C. C. (2008). Conceptualizing and diagnosing problems in career decision-making. In S. D. Brown & R. W. Lent (Eds.), *Handbook of Counseling Psychology* (4th ed., pp.392-407). New York, NY: Wiley.

Brown, S. D. & Ryan Krane, N. E. (2000). Four (or Five) Sessions and a Cloud of Dust: Old Assumptions and New Observations about Career Counseling(pp. 740-766) in *Handbook of Counseling Psychology*, edited by S. D. Brown and R. W. Lent. New York: Wiley.

Brown, S. D., Ryan Krane, N. E., Brecheisen, J., Castelino, P., Budisin, I., Miller, M. and Edens, L. (2003). Critical Ingredients of Career Choice Interventions: More Analyses and New Hypotheses. *Journal of Vocational Behavior 5*, 458-465.

Creed, P. A., King, V., Hood, M., & McKenzie, R. (2009). Goal orientation, self-regulation strategies, and job-seeking intensity in unemployed adults. *Journal of Applied Psychology, 94*(3), 806-813.

Erikson, E. H. (1982). *The life cycle completed: A review.* New York: Norton.

Gati, I., Krausz, M., Osipow, S. H. (1996). A Taxonomy of Difficulties in Career Decision Making. *Journal of Counseling Psychology, 43*(4), 510-526.

Granovetter, M. (1995). Getting a Job: A Study of Contacts and Careers (2nd ed.). IL: University of Chicago Press.

Healy, C. (2001). A follow-up of adult career counseling clients of a university extension center.

Career Development Quarterly, 49, 363-373.

Heinz, W. R. (2009). Structure and agency in transition research. *Journal of Education and Work, 22*(5), 391-404.

Kanfer, R., Wanberg, C. R., & Kantrowitz, T. M. (2001). Job search and employment: A personality-motivational analysis and meta-analytic review. *Journal of Applied Psychology, 86*(5), 837-855.

Lent, R. W., & Brown, S. D. (2013). Understanding and facilitating career development in the 21st century. In S. D. Brown & R. W. Lent, R. W. (Eds), *Career Development and Counseling: Putting Theory and Research to Work* (2nd ed., pp. 1-27). NY: Wiley

Ryan, N. E. (1999). *Career counseling and career choice goal attainment: A meta-analytically derived model for career counseling practice.* Available from ProQuest Dissertations & Theses Global. (304513406). Retrieved from https://login.proxy. lib.fsu.edu/login?url= http://search.proquest.com/docview/304513406?accountid=4840

Schultheiss, D. E. P. (2003). A relational approach to career counseling: theoretical integration and practical application. *Journal of Counseling & Development, 81*(3), 301-310.

Slebarska, K., Moser, K., & Gunnesch-Luca, G. (2009). Unemployment, social support, individual resources, and job search behavior. *Journal of Employment Counseling, 46*(4), 159-170.

Spokane, A. R., & Oliver, L W. (1983). Outcomes of vocational intervention. In S. H. Osipow & W. B. Walsh (Eds.), *Handbook of vocational psychology* (pp.99-136). Hillsdale, NJ: Lawrence Erlbaum.

Turban, D. B., Stevens, C. K., & Lee, F. K. (2009). Effects of conscientiousness and extraversion on new labor market entrants' job search: The mediating role of metacognitive activities and positive emotions. *Personality Psychology, 62*, 553-573.

Vaillant, G. E. (2002). *Aging Well: Surprising Guideposts to a Happier Life From the Landmark Harvard Study of Adult Development.* Boston: Little, Brown & Company.

Van Hoye, G., & Saks, A. M. (2008). Job search as goal-directed behavior: Objectives and methods. *Journal of Vocational Behavior, 73*(3), 358-367.

Whiston, S. C., Brecheisen, B. K. and Stephens, J. (2003). Does Treatment Modality Affect Career Counseling Effectiveness? *Journal of Vocational Behavior 62*, 390-410.

Whiston, S. C., & Rahardja, D. (2008). Vocational counseling process and outcome. In S. D. Brown, & R. W. Lent (Eds.), *Handbook of Counseling Psychology* (4th ed., pp. 444-461). Hoboken, NJ: John Wiley & Sons Inc.

Williams, A. G. & Hall, K. J. (2004). *Creating Your Career Portfolio: At a Glance Guide for Students (3rd ed.)*. NJ: Prentice Hall.

제14장

강철희, 김교성, 김영범(2001). 적극적 노동시장정책의 실업 감소 효과에 관한 연구. 한국사회복지학, 45, 7-39.

문한나, 윤수린, 박동진(2018). 4차산업혁명시대 근로자 경력개발 지원방안. 한국직업능력개발원.

손민정(2016). 생애 진로분기점 진로정체성 혼돈에 따른 진로전략 분석. 경기대학교 박사학위논문.

심지현(2017). 내일배움카드제 훈련상담의 실태와 과제.

이효남, 강옥희, 서현주, 이윤선(2019). 공공 직업진로지도사업 모니터링 연구. 한국고용정보원.

장명희, 정태화, 정지선, 이병욱(2008). 새 정부의 평생직업교육부문 국정과제와 추진 전략. 한국직업능력개발원 정책사업, 2.

정의석(2013). 진로상담의 이론과 실제. 시그마프레스.

정지선, 김덕기, 김종우, 박동렬, 이영민, 정태화, 한상근(2017). 미래사회 변화에 대응하는 평생 직업교육 정책방향. 한국직업능력개발원.

정희정(2005). 유럽 노동시장의 새로운 대책: 이행 노동시장 Ⅴ-적극적 노동시장정책 및 실업과 관련된 이행. 국제노동브리프, 3(6), 67-74.

진미석, 윤형한(2003). 성인 진로개발 지원체제 구축 방안. 한국직업능력개발원.

채구묵(2011). 적극적노동시장정책이 실업에 미치는 영향. 한국사회복지학, 63(3), 187-211.

한국고용정보원(2017). 2017 직업능력개발 통계연보. 한국고용정보원.

Autor, D. H. (2001). Wiring the labor market. *The Journal of Economic Perspectives, 15*(1), 25-40.

Bejian, D. V., & Salomone, P. R. (1995). Understanding Midlife Renewal: Implications for Counseling. *Career Development Quarterly, 44*, 52-63.

Calmfors, L., & Skedinger, P. (1995). Does active labour-market policy increase employment Theoretical considerations and some empirical evidence from Sweden. *Oxford Review of Economic Policy, 11*(1).

EC(2017). For PES Building Career Guidance and Life long Learning. European Commision.

Freedland, M., Craig, P., Jacqueson, C., & Kountouris, N. (2007). Employment Serviced as a Public Service. *Public Employment Services and European Law*, Oxford Univ. Press.

Ginzberg, E., Ginsburg, S. W., Axelrad, S., & Herma, J. L. (1951). Occupational choice: an approach to a general theory. New York, NY, US: Columbia University Press.

Ginzberg, E. (1971). *Career guidance: Who needs it, who provides it, who can improve it.* New York: McGraw-Hill.

Hansen, S. L. (1996). *Integrative Life Planning: Critical Tasks for Career Development and Changing Life Patterns.* Jossey-Bass.

Levinson, D. J. (1978). *The seasons of a man's life.* Random House Digital, Inc..

OECD(2004). Career Guidance and Public Policy.

Schlossberg, N. K. (1984). *Counseling Adults in Transition.* New York:
Springer Publisher Company.

Super, D. E.(1992). Vocational Development Theory: Persons, Positions, Processs, In J. M. Whitely and A. Resnikoff(eds), *Perspectives on vocational guidance.* Washington DC: American Personnel and Guidance Association.

Vondracek, F. W., & Reitzle, M. (1998). The viability of career maturity theory: A developmental—contextual perspective. *The Career Development Quarterly, 47*(1), 6-15.

저자 소개

어윤경 (1장 집필)

고려대학교 사학과 학사, 고려대학교 교육학과 석사 및 박사

(전) 한국직업능력개발원 진로자유학기특임자문위원

(전) 한국잡월드 비상임이사

(전) 한국교육심리학회 전문위원장

(전) 고용노동연수원 객원교수

한국진로교육학회 편집위원장, 인간발달학회 편집위원장

충남교육청 평생교육정책자문위원

공주대학교 교육학과 교수

최지영 (2장 집필)

숙명여자대학교 교육심리학과 학사, 서울대학교 교육학과 석사, 미국 미네소타대학교 교육심리학 박사

(전) 서울대학교 교육연구소 한국인적자원연구센터 선임연구원

한국인간발달학회 회장

한국교육심리학회 연수위원장

한국생애개발상담학회 이사/대전세종충남상담학회 이사

한남대학교 교육학과 교수

청소년상담사 1급, 학습컨설팅전문가, 학부모지원전문가 1급

손진희 (3장 집필)

서울대학교 교육학과 석사 및 박사(교육상담)

(전) 서울대학교 학생생활연구소 연구원

(전) 서강대학교 학생생활상담연구소 전임상담원

(전) 한국상담심리학회 부회장/자격관리위원장

한국생애개발상담학회 회장

선문대학교 상담심리사회복지학과 교수

한국상담심리학회 상담심리사 1급, 한국상담학회 수련감독 전문상담사

김희수 (4장 집필)

서강대학교 국문학 학사 및 교육학 석사(상담심리), 건국대학교 교육학과 박사(교육심리)

(전) 전국대학교학생상담센터협의회 부회장

(전) 한국상담학회 편집위원장

(전) 한국진로교육학회 부회장

한국상담학회 부회장

한세대학교 상담학과 교수

한국상담학회 수련감독 전문상담사, 한국상담심리학회 1급 상담심리사(수퍼바이저)

임은미 (5장 집필)

이화여자대학교 교육심리학과 학사, 서울대학교 교육학과 석사 및 박사(교육상담)

(전) 한국청소년상담원 교수

(전) 한국상담학회 자격관리위원장, 학술위원장, 전북상담학회장

(전) 한국생애개발상담학회 회장

전북대학교 교육학과 교수

한국상담학회 수련감독 전문상담사

이형국 (6장 집필)

경북대학교 교육학과 교육심리 및 상담심리 박사

(전) 대구가톨릭대학교 자율전공학부

(전) 대구한의대학교 재활상담학과

(전) 한국상담학회 시험관리위원장, 전문가지원관리위원장

한국상담학회 기획위원장

상명대학교 교양대학 교수

박가열 (7장 집필)

중앙대학교 심리학과 학사, 석사 및 박사(문화사회심리학)

(전) 해군사관학교 전임강사

(전) 한국잡월드 설립 자문위원

(전) 국방부, 국무조정실 자문(평가)위원

한국고용정보원 연구위원

김경은 (8장 집필)

서울대학교 교육학과 석사 및 박사(교육상담)

(전) 한국청소년상담복지개발원 상담원

(전) 서울대학교 대학생활문화원 상담원

광주여자대학교 학생상담센터 센터장

광주여자대학교 상담심리학과 교수

한국상담학회 수련감독 전문상담사

고홍월 (9장 집필)

성신여자대학교 국어국문학과 학사, 서울대학교 교육학과 석사 및 박사(교육상담)

(전) 서울대학교 교육종합연구원 선임연구원

한국생애개발상담학회 기획위원장

충남대학교 자유전공학부 교수

청소년상담사 1급

김장회 (10장 집필)

춘천교육대학교 학사, 인디애나대학교 석사(상담심리), 서울대학교 박사(교육상담)

(전) 인제대학교 교수

(전) 한국상담학회 시험관리위원장, 교육연수위원장, 20년사편찬위원장

(전) 한국교류분석상담학회 회장

(전) 전국대학교학생상담센터협의회 회장

경상대학교 교육학과 교수

한국상담학회 수련감독 전문상담사, 한국교류분석상담학회 상담 수련감독

허은영 (11장 집필)

한국교원대학교 교육대학원 석사(상담심리), 한국기술교육대학교 인력개발대학원 박사(진로및직업상담)

국민대학교 교육대학원 진로진학상담전공 겸임교수

건국대학교 교육대학원 진로진학상담전공 겸임교수

중학교『진로와 직업』교과서(지학사) 대표저자

서울양강중학교 수석교사

강성현 (12장 집필)

전북대학교 교육학과 학사, 전북학교 교육학과 석사 및 박사 수료(교육심리)

(전) 장수고등학교 교사

(전) 한별고등학교 교사

(전) 전북대학교 사범대학 부설고등학교 교사

충남대학교 교육학과 강사

최윤정 (13장 집필)

연세대학교 교육학과 학사 및 석사(상담심리), 서울대 교육학과 박사(교육상담)

(전) 한국기술교육대학교 테크노인력개발전문 대학원 교수(직업 및 진로 상담 전공)

(전) 한국상담학회 (생애개발상담학회) 사례관리위원장

한국상담하회 (생애개발상담하회) 기획정책실장, 한국명상학회 편집위원장

강원대학교 교육학과 교수

한국상담심리학회 상담심리사 1급, 한국명상학회 명상지도전문가 R급

이효남 (14장 집필)

숙명여자대학교 교육심리학과 학사, 동 대학원 석사 및 박사(상담 및 교육심리)

(전) 건국대학교 교육대학원 진로진학상담 전공 강사

(전) 숙명여자대학교 교육대학원 강사

한국고용정보원 생애진로개발팀 연구위원